Greger/von Münchhausen
Verhandlungs- und Konfliktmanagement für Anwälte

Verhandlungs- und Konfliktmanagement für Anwälte

von

Prof. Dr. Reinhard Greger
Professor an der Friedrich-Alexander-Universität Erlangen-Nürnberg
Richter am Bundesgerichtshof a. D.

und

Dr. Christine Frfr. von Münchhausen
Rechtsanwältin und Wirtschaftsmediatorin, München

Verlag C. H. Beck München 2010

Verlag C.H.Beck im Internet:
beck.de

ISBN 978 3 406 60188 0

Wilhelmstraße 9, 80801 München
Druck: Nomos Verlagsgesellschaft
In den Lissen 12, 76547 Sinzheim

Satz: Druckerei C.H. Beck Nördlingen

Gedruckt auf säurefreiem, alterungsbeständigem Papier
(hergestellt aus chlorfrei gebleichtem Zellstoff)

Vorwort

Der Erfolg anwaltlicher Tätigkeit wird zunehmend daran gemessen, wie schnell, wirtschaftlich und interessengerecht der Konflikt des Mandanten gelöst wird. Aus diesem Grund nimmt das Interesse an neuen oder verfeinerten Formen des Konfliktmanagements rapide zu. Immer mehr Mandanten – im privaten wie im wirtschaftlichen Bereich – wollen eine gerichtliche Auseinandersetzung mit all ihren negativen Begleiterscheinungen möglichst vermeiden. Dies verlangt vom Anwalt ein differenziertes Konfliktmanagement, auf welches er in der herkömmlichen Juristenausbildung nicht vorbereitet wurde.

Hier setzt dieses Buch an: Es will dem Rechtsanwalt eine auf seine Praxis zugeschnittene Anleitung zur erfolgreichen, differenzierten Mandatsbearbeitung bieten. Es vermeidet daher den bei Ratgebern zum richtigen Verhandeln und Streiten oft anzutreffenden erzählerischen oder romanhaften Stil ebenso wie die wissenschaftliche Vertiefung psychologischer oder soziologischer Fragen. Im Vordergrund stehen die rechtlichen und praktischen Handlungsmöglichkeiten, ihre fallbezogene Umsetzung, ihre Risiken und ihre Potenziale – auch unter strategischen und kanzleiwirtschaftlichen Aspekten.

Der umfangreiche, vielschichtige Stoff reicht vom Kommunikationsverhalten bis zu Vollstreckungsfragen, von Verhandlungsstrategien bis zum Schiedsgutachten, von der Verjährungshemmung bis zu den Gebührentatbeständen und von der Familienmediation bis zu Besonderheiten des Baukonflikts. Dies erforderte eine kompakte Darstellung, die gleichwohl auf alle praktisch relevanten Fragen eingeht.

Damit das Buch sowohl zum Einstieg in die Materie als auch zum zielsicheren Nachschlagen verwendet werden kann, wurde folgender Aufbau gewählt:

- Der Teil 1 bietet einen in sich geschlossenen Gesamtüberblick über das anwaltliche Konfliktmanagement, vom Erstkontakt mit dem Mandanten bis zur Schlussabrechnung.
- In den Teilen 2 und 3 werden die für jede anwaltliche Tätigkeit wichtigen Kernkompetenzen des Kommunizierens und des Verhandelns vertieft behandelt.
- In Teil 4 werden die einzelnen Methoden der Konfliktlösung – von der Vermittlung über Schlichtung, Mediation und Evaluation bis zu den Entscheidungsverfahren – nach einem einheitlichen Schema umfassend erläutert.

– Teil 5 erschließt die Materie schließlich von Art und Gegenstand der Konflikte her.

Hinweise auf Institutionen und Verfahrensordnungen sowie Musterklauseln sollen die praktische Konfliktbehandlung erleichtern.

Mit Hilfe dieser Struktur, des Sachregisters und eines dichten Netzes von Querverweisen dürfte das Zurechtfinden trotz der Fülle und der Vielschichtigkeit des Materials gelingen.

Alle Hinweise auf Rechtsprechung, Literatur und Webseiten geben den Stand vom Juni 2010 wieder.

An Hinweisen und Rückmeldungen aus der Praxis sind wir sehr interessiert. Und die verehrten Leserinnen bitten wir um Verständnis dafür, dass wir bei Berufs- und Funktionsbezeichnungen, der Gesetzessprache folgend, nur die männliche Form verwendet haben, um die Vielschichtigkeit nicht noch mehr zu vergrößern.

Erlangen / München im Juni 2010

Reinhard Greger
regreg@t-online.de

Christine Frfr. von Münchhausen
info@cv-muenchhausen.de

Inhaltsübersicht

Inhaltsverzeichnis

1. Teil. Vom Erstgespräch bis zur Schlussabrechnung: Anwaltliches Konfliktmanagement im Überblick

Literaturverzeichnis

Acker/Konopka, Schiedsgutachten im Bau- und Anlagenbauvertrag: Grenzen und Möglichkeiten, SchiedsVZ 2003, 256 ff.
Bamberger/Roth, BGB, 2. Aufl., 2007
Bandel, Stefan, Einstweiliger Rechtsschutz im Schiedsverfahren, 2000
Bayerlein, Walter, Praxishandbuch Sachverständigenrecht, 3. Aufl., 2002
Berger, Klaus Peter, Die Rechtsstellung des Pre-Arbitral Referees, SchiedsVZ 2006, 176 ff.
Bleutge, Peter, Das Schiedsgutachten, 4. Aufl., 2002
Boldt, Antje, Adjudication-Verfahren: Regelungen für das Verfahren zur vorläufigen außergerichtlichen Streitentscheidung, in: Kapellmann/Vygen Jahrbuch Baurecht 2009 S. 115 ff.
Borowsky, Martin, Adjudication in Großbritannien – ein Modell für Baustreitigkeiten in Deutschland?, ZKM 2007, 54 ff.
Borris, Christian, Die „Ergänzenden Regeln für gesellschaftsrechtliche Streitigkeiten" der DIS, SchiedsVZ 2009, 299 ff.
Bühring-Uhle/Eidenmüller/Nelle, Verhandlungsmanagement, 2009
Casper/Risse, Mediation von Beschlußmängelstreitigkeiten, ZIP 2000, 440 ff.
Duve/Eidenmüller/Hacke, Mediation in der Wirtschaft, 2003
Duve, Christian, Was ist eigentlich Alternative Dispute Resolution (ADR)? Überblick über die außergerichtliche Streitbeilegung in den USA, BB 1998 Beil. 9, 15 ff.
Duve, Christian, Vermeidung und Beilegung von Gesellschafterstreitigkeiten, AnwBl 2007, 389 ff.
Eberl/Friedrich, Alternative Streitbeilegung im zivilen Baurecht, BauR 2002, 250 ff.
Eckardt/Dendorfer, Der Mediator zwischen Vertraulichkeit und Zeugnispflicht – Schutz durch Prozeßvertrag, MDR 2001, 786 ff.
Englert/Franke/Grieger, Streitlösung ohne Gericht, 2006
Erman, BGB, 12. Aufl., 2008
Feuerich/Weyland, BRAO, 7. Aufl., 2008
Fisher/Ury/Patton, Das Harvard-Konzept, 23. Aufl., 2009
Fiss, Owen, Against Settlement, in: 93 Yale L. J., 1073 ff., 1984
Friedrich, Fabian M., Verjährungshemmung durch Güteverfahren, NJW 2003, 1781 ff.
Germelmann/Matthes/Müller-Glöge/Prütting/Schlewing, ArbGG, 7. Aufl., 2009
Gerold/Schmidt, Rechtsanwaltsvergütungsgesetz, 19. Aufl., 2010
Glasl, Friedrich, Konfliktmanagement, 9. Aufl., 2010
Gould/Abel, Adjudication in the UK – Recent developments, SchiedsVZ 2005, 190 ff.
Greger, Reinhard, Hybride Formen der Wirtschaftsmediation, in: Gedächtnisschrift für Blomeyer 2004
Greger/Stubbe, Schiedsgutachten, 2007
Greger/Unberath, Die Zukunft der Mediation in Deutschland, 2008
Groß, Michael, Mediation im Gewerblichen Rechtsschutz und Urheberrecht, 2009
Hacke, Andreas, Der ADR-Vertrag, 2001
Hager, Günter, Konflikt und Konsens, 2001

Literaturverzeichnis

Haghsheno/Kaben, Konfliktursachen und Streitgegenstände bei der Abwicklung von Bauprojekten – Eine empirische Untersuchung, in: Kapellmann/Vygen, Jahrbuch Baurecht 2005, S. 263 ff.

Haft, Fritjof, Verhandlung und Mediation, 2. Aufl. 2000

Haft/von Schlieffen, Handbuch Mediation, 2. Aufl., 2009

Harbauer, Rechtsschutzversicherung, 8. Aufl., 2010

Harbst, Ragner, Adjudication – „Rough justice" in 28 Tagen?, SchiedsVZ 2003, 68 ff.

Harbst/Mahnken, Adjudication und Dispute Review Boards nach den neuen ICC-Regeln, SchiedsVZ 2005, 34 ff.

Henssler/Koch (Hrsg.), Mediation in der Anwaltspraxis, 2000

Herget, Kurt, „Kurz und gut" + „Recht und billig" – Das selbstständige Beweisverfahren nach § 485 Abs. 2 ZPO als Alternative zur Klage, in: Festgabe für Vollkommer, 2006, S. 97 ff.

Hilber, Marc, Alternative Konfliktbeilegung: Early Neutral Evaluation und das selbstständige Beweisverfahren gem. §§ 485 ff. ZPO, BB 2001 (Beil. 2) S. 22 f.

Hök, Götz-Sebastian, FIDIC Dispute Adjudication, 2007

Hobeck/Mahnken/Koebke, Schiedsgerichtsbarkeit im internationalen Anlagenbau – Ein Auslaufmodell?, SchiedsVZ 2007, 225 ff.

Hommerich/Kilian, Ein Jahr Erfolgshonorar, AnwBl 2009, 541 ff.

Hommerich/Prütting/Ebers/Lang/Traut, Rechtstatsächliche Untersuchungen zu den Auswirkungen der Reform des Zivilprozessrechts auf die gerichtliche Praxis, 2006

Jauernig, Zivilprozessrecht, 29. Aufl. 2007

Jost/Neumann, Etablierung der Mediation durch die Anwaltschaft!, ZKM 2009, 164 ff.

Joussen/Unberath, Mediation im Arbeitsrecht, 2009

Katzenmeier, Christian, Außergerichtliche Streitbeilegung in Arzthaftungssachen, AnwBl 2008, 819 ff.

Kniffka, Rolf, Anspruch und Wirklichkeit des Bauprozesses, NZBau 2000, 1 ff.

Köntges, Helmut, International Dispute Adjudication – Contractor's Experiences, ICLR 2006, 310

Lachmann, Jens-Peter, Handbuch für die Schiedsgerichtspraxis, 3. Aufl. 2008

Lachmann, Jens-Peter, Schiedsgerichtsbarkeit aus der Sicht der Wirtschaft, AnwBl 1999, 241 ff.

Lembcke, Moritz, Gesetzliche Streitschlichtung in England im Spannungsfeld von Entscheidungsfrist und rechtsstaatlichen Verfahrensgrundsätzen, ZZP 120 (2007) 73 ff.

Lembcke, Moritz, Außergerichtliche Streitbeilegung am Beispiel des englischen Bauvertrages, RIW 2006, 824 ff.

Lenz/Salzer/Schwarzinger, Konflikt, Kooperation, Konsens, 2010

Lionnet/Lionnet, Handbuch der internationalen und nationalen Schiedsgerichtsbarkeit, 3. Aufl. 2005

Lörcher, Gino, Mediation: Rechtskraft über Schiedsspruch mit vereinbartem Wortlaut?, Betrieb 1999, 789 f.

Lüer/Splittgerber, Anwalt (NJW-Beil.) 2002 (H. 1/2) 41 f.

Mähler/Mähler, Cooperative Praxis, ZKM 2009, 70 ff.

Margraf, Olaf, Systemaufstellung und rechtliche Beratung – Erfahrungen und Ausblick, in: Praxis der Systemaufstellung 2002, 49

Mayer/Kroiß, Rechtsanwaltsvergütungsgesetz, 3. Aufl., 2008

Mehrabian, A., Silent Messages, 2. Aufl., 1971

Meurer Außergerichtliche Streitbeilegung in Arzthaftungssachen, 2008

Meyer, Bettina, Der Schiedsgutachtervertrag, 1995

Montada/Kals, Mediation, 2. Aufl., 2007
Münchener Kommentar zur Zivilprozessordnung, 3. Aufl., 2007/2008
Münchener Kommentar zum BGB, Bd. 2, 5. Aufl., 2008
Nelle/Hacke, Die Mediationsvereinbarung, ZKM 2002, 257 ff.
Neuenhahn/Neuenhahn, Erweiterung der anwaltlichen Dienstleistung durch systematisches Konfliktmanagement, NJW 2007, 1851 ff.
Nicklisch, Fritz, Der Experte im Verfahren, 2006
Nicklisch, Fritz, Gutachter-, Schieds- und Schlichtungsstellen – Rechtliche Einordnung und erforderliche Verfahrensgarantien, in: Festschrift für Bülow, 1981, S. 159 ff.
O'Connor/Seymour, Neurolinguistisches Programmieren: Gelungene Kommunikation und persönliche Entfaltung, 13. Aufl. 2003
PricewaterhouseCoopers AG (Hrsg.), Commercial Dispute Resolution – Konfliktbearbeitungsverfahren im Vergleich, 2005
PricewaterhouseCoopers AG (Hrsg.), Praxis des Konfliktmanagements deutscher Unternehmen, 2007
Proksch, Roland, Praxiserprobung von Vermittlung (Mediation) in streitigen Familiensachen, 1998
Raeschke-Kessler/Berger, Recht und Praxis des Schiedsverfahrensrechts, 4. Aufl., 2006
Raeschke-Kessler, Hilmar, Die neuere Rechtsprechung zu Schiedsgutachten, BB 1993 (Beil. 17) 19
Risse, Jörg, Wirtschaftsmediation, 2003
Risse, Jörg, Neue Wege der Konfliktbewältigung, BB 2001 Beil. 2, 16 ff.
Rohde-Liebenau, Björn, Online-Mediation ist im Alltag angekommen, ZKM 2003, 155 ff.
Rosenberg/Schwab/Gottwald, Zivilprozessrecht, 17. Aufl., 2010
Schiffer, K. Jan, Mandatspraxis Schiedsverfahren und Mediation, 2005
Schmidt-Trenz/Graf, Wirtschaftsmediation online – Auf dem Weg zum virtuellen Konfliktmanagement?, ZKM 2001, 116 ff.
Schramke, Hein-Jürgen, Neue Formen des Streitmanagements im Bau und Anlagenbau – Dispute Review Board und Adjudication, NZBau 2002, 409 ff.
Schramke/Yazdani, Adjudication nach den FIDIC- Conditions of Contract – Effektiver Rechtsschutz oder Aufblähung des Streitbeilegungsverfahrens?, BauR 2004, 1073 ff.
Schröder, Rainer, Die statistische Realität des Bauprozesses, NZBau 2008, 1 ff.
Schröder/Gerdes/Teubner Oberheim, in: Kapellmann/Vygen, Jahrbuch Baurecht 2009, S. 81
Schütze, Rolf A., Schiedsgericht und Schiedsverfahren, 4. Aufl., 2007
Schütze, Rolf A. (Hrsg.), Institutionelle Schiedsgerichtsbarkeit, 2006
Schulz von Thun, Friedemann, Miteinander Reden Bd. 1, 2003
Schwab/Walter, Schiedsgerichtsbarkeit, 7. Aufl., 2005
Stein/Jonas, Zivilprozessordnung, Bd. 9, 22. Aufl., 2002
Stubbe, Christian, Schiedsgutachten als modernes ADR-Instrument, SchiedsVZ 2006, 150
Stubbe, Christian, Konfliktmanagement – bedarfsgerechte Streitbeilegungsinstrumente, SchiedsVZ 2009, 321 ff.
Sturmberg, Georg, Gehört das Schiedsgutachten der Vergangenheit an?, BauR 1992, 693 ff.
Volbert/Steller, Handbuch der Rechtspsychologie Bd. 9, 2008
Vollkommer/Greger/Heinemann, Anwaltshaftungsrecht, 3. Aufl., 2009
Wagner, Gerhard, Prozessverträge, 1998
Wagner, Gerhard, Heuristiken und Mediation, ZKM 2007, 172 ff.

Literaturverzeichnis

Wagner, Gerhard, Heuristiken und Urteilsverzerrungen in Konfliktsituationen, ZZP 121 (2008) 5 ff.
Wagner, Volkmar, Schiedsgerichtsbarkeit, Schiedsgutachten, Schlichtung, Dispute Adjudication, Mediation – Möglichkeiten der alternativen Konfliktlösung im Baurecht, NZBau 2001, 169 ff.
Walter, Gerhard, Dogmatik der unterschiedlichen Verfahren zur Streitbeilegung, ZZP 103 (1990) 141 ff.
Walz (Hrsg.), Formularbuch Außergerichtliche Streitbeilegung, 2006
Watzlawick/Beavin/Jackson, Menschliche Kommunikation, 11. Aufl., 2003
Weigand, Frank-Bernd, Alternative Streiterledigung – „Alternative Dispute Resolution" auch in Deutschland?, BB 1996, 2106 ff.
Werner/Pastor, Der Bauprozess 12. Aufl., 2008
Wolf/Weber/Knauer, Gefährdung der Privatautonomie durch therapeutische Mediation?, NJW 2003, 1488 ff.
Zerhusen, Jörg, Schlichtungs- und Schiedsordnung für Baustreitigkeiten (SOBau) der ARGE Baurecht im Deutschen Anwaltverein, BauR 1998, 849 ff.
Zöller, Zivilprozessordnung, 28. Aufl., 2010

Abkürzungsverzeichnis

Von der Erläuterung allgemein bekannter Abkürzungen wird abgesehen

AAA	American Arbitration Association
ADR	Alternative Dispute Resolution (international gebräuchlicher Sammelbegriff für die Verfahren der alternativen Konfliktlösung)
AFB	Allgemeine Bedingungen für die Feuerversicherung
AGS	Anwaltsgebühren spezial (Zeitschrift)
AHB	Allgemeine Bedingungen für die Haftpflichtversicherung
AKB	Allgemeine Bedingungen für die Kraftfahrtversicherung
AKL	Alternative Konfliktlösung (Übersetzung von ADR)
ARB	Allgemeine Bedingungen für die Rechtsschutzversicherung
BauR	Baurecht (Zeitschrift)
BaySchlG	Bayerisches Schlichtungsgesetz
BeckRS	Rechtsprechungssammlung in Beck-Online
BORA	Berufsordnung für Rechtsanwälte
BWSchlG	Baden-Württembergisches Schlichtungsgesetz
DIS	Deutsche Institution für Schiedsgerichtsbarkeit e. V.
DIS-SchO	Schiedsordnung der DIS
DL-InfoV	Dienstleistungs-Informationspflichten-Verordnung
FIDIC	Fédération Internationale des Ingenieurs Conseils Genf
HGCRA	Housing Grants, Construction and Regeneration Act 1996 (englisches Gesetz über Bauverträge)
ICC	International Chamber of Commerce (Internationale Handelskammer) Paris
ICC-SchO	Schiedsordnung der ICC
ICLR	The International Construction Law Review (Zeitschrift)
JAMS	JAMS – The Resolution Experts (größter privater ADR-Anbieter in den USA)
JurBüro	JuristischesBüro (Zeitschrift)
KV-GKG	Kostenverzeichnis zum Gerichtskostengesetz,
LCIA	London Court of International Arbitration
NZBau	Neue Zeitschrift für Baurecht
NZG	Neue Zeitschrift für Gesellschaftsrecht
NZV	Neue Zeitschrift für Verkehrsrecht
ÖRA	Öffentliche Rechtsauskunft- und Vergleichsstelle der Freien und Hansestadt Hamburg
RIW	Recht der Internationalen Wirtschaft (Zeitschrift)
SchiedsO	Schiedsordnung
SchiedsVZ	Zeitschrift für Schiedsverfahren
SchlO	Schlichtungsordnung
SLBau	Streitlösungsordnung für das Bauwesen, herausgegeben von der Deutschen Gesellschaft für Baurecht e. V. und dem Deutschen Beton- und Bautechnik-Verein e. V.

Abkürzungsverzeichnis

SOBau	Schlichtungs- und Schiedsordnung für Baustreitigkeiten der ARGE Baurecht im Deutschen Anwaltverein
VV-RVG	Vergütungsverzeichnis zum Rechtsanwaltsvergütungsgesetz
VHB	Allgemeine Bedingungen für die Hausratsversicherung
WahrnG	Gesetz über die Wahrnehmung von Urheberrechten und verwandten Schutzrechten
WpHG	Wertpapierhandelsgesetz
WIPO	World Intellectual Property Organization
ZKM	Zeitschrift für Konfliktmanagement
ZZP	Zeitschrift für den Zivilprozess

1. Teil
Vom Erstgespräch bis zur Schlussabrechnung: Anwaltliches Konfliktmanagement im Überblick

§ 1 Rollenverständnis des Rechtsanwalts

I. Der status quo

Schon die ersten Minuten können darüber entscheiden, ob eine Mandantenbeziehung erfolgreich verlaufen wird. Wenn der Anwalt die Fallschilderung des Mandanten von vornherein nur durch die juristische Brille betrachtet, also in das Raster von Anspruchsgrundlagen, Verteidigungsmitteln und Prozesshandlungen einordnet, ebnet er zwar den Weg zu einer rechtlichen Klärung des Falles; doch dieser Weg ist unter Umständen beschwerlich, und es ist ungewiss, ob das Ergebnis den Mandanten zufriedenstellen wird. Denn sehr oft stimmt die Interessenlage des Mandanten nicht mit der Rechtslage überein – und erst recht nicht mit dem, was das Gericht mit seinen begrenzten Mitteln für Recht erkennt. Daher darf sich der Anwalt nicht nur mit den juristischen Symptomen des Falles beschäftigen – wie ein Arzt, der den Kopfschmerz des Patienten behebt, aber nicht nach dem dahinter stehenden Grundleiden forscht. Der Mandant wendet sich nämlich in aller Regel nicht zwecks juristischer Begutachtung eines Falles an den Anwalt, sondern weil er sich in einer Konfliktlage befindet, in der er Hilfe benötigt; weil er sich ungerecht behandelt, missachtet, belästigt, geschädigt, gefährdet, vielleicht auch nur enttäuscht fühlt. Der (frühere) Lebensgefährte, Geschäftspartner, Kunde, Arbeitgeber, Nachbar ist zum Störer des eigenen Wertesystems, einschließlich des Selbstwertgefühls, geworden. Weil der Mandandt sich selbst nicht mehr helfen kann bzw. darf, greift er auf den in den zivilisierten Gesellschaftsordnungen etablierten Konfliktlösungsweg des Rechts zurück. Er will das Recht nicht um der Rechtsordnung willen instrumentalisieren, wie dies der Staatsanwalt oder die Verwaltungsbehörde tut, sondern um sich mit legalen Mitteln aus einer Konfliktlage zu befreien. 1

Deshalb wird ein Anwalt seinen Mandanten auf Dauer nur dann zufrieden stellen können, wenn er dessen wahre Bedürfnislage erkennt und ihr mit einer darauf abgestimmten Art der Konfliktbehandlung gerecht wird. 2

Geht es nur um die Titulierung offensichtlich bestehender Ansprüche oder die Abwehr fraudulöser Forderungen, wird er selbstverständlich sogleich auf den Rechtsweg verweisen. Besteht aber die Möglichkeit, dass das auf Obsiegen und Unterliegen abstellende System des Gerichtsverfahrens dem Grundanliegen des Mandanten nicht gerecht wird, da es nicht nur um die Wahrung objektiv bestehender Rechte, sondern um die Verwirklichung subjektiver Interessen, die Wiederherstellung von gestörten Beziehungen, Rechtsfrieden in einem personalen Sinne geht, bedarf es einer anderen Vorgehensweise (s. hierzu unten § 2).

3 Dass dies in der Rechtspraxis immer noch zu wenig beachtet wird, ist unserem perfekten Rechtsschutzsystem zuzuschreiben. Der Gesetzgeber des ausgehenden 19. Jahrhunderts hat Justizgesetze geschaffen, die dem Bürger ein komfortables Ausfechten seiner Rechtsstreitigkeiten ermöglichen. Zumindest in einfachen Fällen bekommt er auch relativ rasch eine gerichtliche Entscheidung. Dass er jedoch oftmals viele Jahre auf eine solche Entscheidung warten muss, wird eher als Betriebsunfall, der wirtschaftliche Schaden durch einen eskalierten Prozess als unvermeidlicher Kollateralschaden angesehen, sofern nicht – wie bei großen Wirtschaftskonflikten – der Ausweg in die Schiedsgerichtsbarkeit gesucht wird. Und dass der Richter in den meisten Fällen gar kein Recht spricht – bei den Landgerichten werden in erster Instanz mehr Vergleiche geschlossen als streitige Urteile erlassen – wird kaum als Fehlnutzung von Justizressourcen erkannt: Es ist eben die Normalität eines Rechtswesens, welches dem Gericht die zentrale Rolle für die Beilegung von Rechtsstreitigkeiten zuweist, auch wenn sie sich einvernehmlich erledigen lassen.

II. Aktuelle Tendenzen und Zukunftsperspektiven

4 Um Unzulänglichkeiten und Fehlentwicklungen eines Systems zu erkennen, bedarf es oft eines Blickes von außen. Dies geschieht gegenwärtig mit unserem Rechtssystem. Nachdem das Harvard Negotiation Project an der Harvard University in Boston in den 1970er Jahren aufzeigte, welche essentielle Bedeutung die Beziehungsebene sowie die hinter den Positionen verborgenen wirklichen Interessen der Verhandlungsparteien für das Erzielen zufriedenstellender Verhandlungserfolge einnehmen,[1] eroberte sich in den USA und in der Folge weltweit die Idee der **„Alternative Dispute Resolution (ADR)“**, d. h. der unstreitigen, außergerichtlichen Beilegung von Konflikten zunehmende Geltung. Sie kam in Deutschland in der etwas verkümmerten Form einer Mediationsbewegung an, die im Bereich familienrechtlicher Streitigkeiten bereits Fuß gefasst hat, sich darüber hinaus aber bisher nicht

[1] *Fisher/Ury/Patton* Harvard-Konzept S. 71 ff. Näher hierzu Rdn. 226 ff.

in vergleichbarem Maße etablieren konnte.[2] Dies ist zum einen auf die festen Strukturen des hergebrachten Systems, zum anderen auf ein zu wenig differenzierendes Angebot an außergerichtlichen Streitbeilegungsverfahren zurückzuführen.

Inzwischen mehren sich jedoch die Anzeichen, dass die Idee der **Alternativen Konfliktlösung** (im Folgenden: AKL) sich auch in unserer Rechtswirklichkeit auszubreiten beginnt:[3] 5

- Die Zahl der Zivilprozesse geht zurück.
- Es entstehen immer mehr Einrichtungen zur außergerichtlichen Streitbeilegung.
- Die Justizverwaltungen und Anwaltsorganisationen fördern diese Entwicklung.
- Die EU hat eine Richtlinie erlassen, die das Ziel verfolgt, den Zugang zur alternativen Streitbeilegung zu erleichtern.
- Das Bundesministerium der Justiz bereitet einen Gesetzentwurf vor, der weit über die Umsetzung dieser EU-Richtlinie hinausgehen wird.

Diese Entwicklungen werden dazu beitragen, dass sich sowohl im Selbstverständnis der Anwaltschaft als auch in der allgemeinen Wahrnehmung die Rolle des Rechtsanwalts in die Richtung eines **differenzierten Konfliktmanagements** mit Schwerpunkt auf außergerichtlichen Verfahren entwickelt.[4] Die immer noch weit verbreitete Vorstellung vom Anwalt als Vertreter vor Gericht und Verfasser kämpferischer Schreiben – die im Übrigen Viele auch davon abhält, zum Anwalt zu gehen – wird mehr und mehr einem neuen Anwaltsbild Platz machen. Der Rechtsanwalt wird dadurch nicht etwa zum Sozialarbeiter oder Lebensberater mutieren, sondern er wird genau der Rolle gerecht werden, die ihm § 1 Abs. 3 der Berufsordnung zuschreibt, 6

„seine Mandanten vor Rechtsverlusten zu schützen, konfliktvermeidend und streitschlichtend zu begleiten".

Der Weg der streitigen Rechtsdurchsetzung vor Gericht kann demnach immer nur das letzte Mittel sein. Um seiner vorrangigen Aufgabe als konfliktvermeidender und -schlichtender Begleiter des Mandanten gerecht werden zu können, bedarf es als erstes – und darum ist der Beginn des Mandatsverhältnisses so entscheidend – einer genauen Konfliktdiagnose. Ihr muss die Wahl des richtigen Lösungsweges und sodann dessen Umsetzung folgen. 7

---

[2] *Von Schlieffen* in Haft/von Schlieffen § 9 Rdn. 14. Kritisch zur Haltung der Anwaltschaft *Jost/Neumann* ZKM 2009, 164 ff.

[3] Eingehend zu dem gegenwärtigen Wandel des Rechts, der durch Rücknahme der Regulation und Stärkung der Selbstregulierung gekennzeichnet ist, *Hager* Konflikt und Konsens S. 39 f.

[4] Ebenso mit weiteren Hinweisen aus der Praxis *Schiffer* Mandatspraxis Rdn. 2 ff.; *Neuenhahn/Neuenhahn* NJW 2007, 1851 ff.

8 Erleichtert wird der Weg in das richtige Konfliktlösungsverfahren natürlich, wenn **bereits beim Abschluss von Verträgen** auch Vereinbarungen über die Behandlung etwa auftretender Konflikte getroffen werden. Die Parteien sind in diesem Stadium ihrer Beziehung noch offener für die Festlegung auf konsensuale Lösungen als bei bereits eingetretenem Konfliktfall und sie ersparen sich, wenn dieser Fall dann eintritt, Zeit, Aufwand und Fehlentscheidungen.[5]

§ 2 Konfliktdiagnose

9 Natürlich prüft jeder Rechtsanwalt bei Erteilung eines Mandats, welche Art von Rechtsverfolgung von ihm erwartet wird: Soll eine ausstehende Forderung beigetrieben, ein Unfallschaden reguliert, ein Mieter abgemahnt oder eine Kündigung abgewehrt werden? Damit ist jedoch nur die grobe Richtung für sein weiteres Vorgehen abgeklärt. Eine Konfliktdiagnose als Grundlage differenzierten Konfliktmanagements geht weiter. Sie bezieht sich auf die Fragen,

- ob der Fall einer rechtlichen und gegebenenfalls gerichtlichen Lösung zugeführt werden soll oder ob ein alternatives Verfahren, angezeigt ist,
- welches AKL-Verfahren dem Interesse des Mandanten am besten entspricht,
- wie in diesem Verfahren konkret vorzugehen ist.

10 Auch dann, wenn zwischen den Parteien eine besondere Abrede für den Konfliktsfall (z. B. Schieds-, Mediations- oder Verhandlungsklausel) getroffen wurde, bedeutet dies nur, dass bestimmte Vorgehensweisen, etwa der Klageweg, zunächst ausgeschlossen sind. Für die konkrete Konfliktbehandlung ist eine eingehendere Diagnose dennoch unerlässlich.

I. Kriterien

11 a) In einer ***ersten Stufe*** der Diagnose ist zu klären,

- ob es dem Mandanten um die **reine Rechtsdurchsetzung bzw. -verteidigung** geht (wie bei der Durchsetzung von Außenständen eines Unternehmens) oder
- ob der Konflikt Ausdruck einer **persönlichen Betroffenheit** des Rechtsuchenden ist, d. h. ob ein persönliches Bedürfnis hinter dem Konflikt

[5] Musterklauseln in Anhang 1. S. auch *Walz* Formularbuch; *Hacke* ADR-Vertrag S. 110 ff.; *Risse* Wirtschaftsmediation § 3 Rdn. 44 ff.

steht, welches durch die rein rechtsförmige Mandatsbehandlung nicht befriedigt werden kann.

Diese Qualifizierung wird in der Regel nicht schwerfallen; allerdings steckt auch hinter reinen Zahlungsansprüchen oftmals ein Beziehungskonflikt, der im Gerichtsverfahren nicht beigelegt werden kann (zu den Möglichkeiten der Aufklärung s. unten Rdn. 15 f.).

b) In der ***zweiten Stufe*** ist bei den **Rechtsfällen** (Rdn. 11, 1. Alternative) zu prüfen, woran die Durchsetzung der rechtlichen Position bisher gescheitert ist bzw. scheitern könnte. Bei bloßer Zahlungsunwilligkeit des Schuldners wird die schnellstmögliche *Titulierung* anzustreben sein, bei momentaner Zahlungsunfähigkeit werden sich *Verhandlungen*, z.B. über Kompensationsgeschäfte empfehlen. Bestehen rechtliche Einwendungen, wird zwar oftmals nur die Anrufung des Gerichts weiterhelfen. Davor sollte aber geprüft werden, ob es für die betreffende Art von Streitigkeiten eine spezielle *Schieds- oder Schlichtungsstelle* gibt, da diese kraft ihrer besonderen Erfahrung mit einschlägigen Fällen möglicherweise eine ebenso kompetente und neutrale, aber wesentlich schnellere Lösung herbeiführen kann. Geht der Konflikt auf eine unterschiedliche Beurteilung einer Tatsachenfrage zurück, kommt die Einschaltung eines *Schiedsgutachters* in Betracht. Die Diagnose erfordert also ein klares Herausarbeiten des entscheidenden Konfliktpunkts, des Konfliktkerns. 12

Die forensische Erfahrung zeigt, dass dieses an sich selbstverständliche Erfordernis häufig missachtet wird. Oftmals stellt sich erst in der mündlichen Verhandlung heraus, woran sich der Streit entzündet hat. Geht es, wie häufig, um eine reine Tatsachenfrage, muss ein Gerichtsgutachten eingeholt werden, welches den Rechtsstreit eminent verteuert, verzögert und mit Unsicherheiten belastet. Vor dem Prozess, im noch nicht eskalierten Stadium des Konflikts, hätte sich dies oft durch die Verständigung auf einen Schiedsgutachter vermeiden lassen.

c) Bei den **Beziehungsfällen** (Rdn. 11 2. Alternative) geht es in der zweiten Stufe um die Erforschung der Hintergründe, insbesondere der Geschichte des Konflikts, aber auch um die subjektive Befindlichkeit des Mandanten. Welche Beziehung hatten und haben die Parteien zueinander, gibt es gleichgerichtete Interessen, woran hat sich der Streit entzündet, wie hat er sich entwickelt? Wie läuft die Kommunikation? Was ist dem Mandanten besonders wichtig? Was hat ihn verletzt? Was würde ihm guttun? 13

Diese Klärung ist wichtig, weil die (möglicherweise) hinter dem vordergründig vorgetragenen Rechtsbegehren liegende Beziehungs- und Bedürfnisebene in vielen Fällen den Hauptansatzpunkt für das anwaltliche Tätigwerden bildet. Um die Konfliktlösung in die richtige Richtung len- 14 ken zu können, muss der Anwalt die subjektive Wertordnung des Mandanten kennen.

Prüfpunkte bei der Konfliktdiagnose

Geht es

nur um Rechtswahrung?	**auch um subjektive Betroffenheit?**
Grund für Scheitern?	*Beziehungs- und Interessenebene*
Zahlungsunwilligkeit	Beziehung zwischen den Parteien
Zahlungsunfähigkeit	Konfliktanlass und -geschichte
Rechtliche Einwendungen	Kommunikation zwischen den Parteien
Tatsächliche Einwendungen	Interessen, subjektive Befindlichkeit

II. Methode

15 In vielen Fällen, insbesondere wenn das Anliegen nur schriftlich oder telefonisch übermittelt wird, liefert der Mandant selbst keine ausreichenden Anhaltspunkte für die vorstehende Diagnose. Es empfiehlt sich daher (außer in klaren Fällen) ein ausführlicheres, **persönliches Erstgespräch** mit dem Mandanten, bei dem der Anwalt mit offenen Fragen[6] die nötigen Informationen zu erlangen sucht. Spielt der Fall im familiären Bereich, sollte der Anwalt sich ein Bild von den relevanten Aspekten der Familiengeschichte vermitteln lassen; spielt er im geschäftlichen Bereich, benötigt er unter Umständen Informationen zu den wirtschaftlichen Verhältnissen des Betriebs. Hilfreich kann es sein, sich vom Mandanten **schriftliche Unterlagen,** insbesondere die vorangegangene Korrespondenz zwischen den Parteien, aushändigen zu lassen.

16 Der Mandant darf nicht den Eindruck gewinnen, ausgefragt zu werden, soll aber durchaus erkennen, dass es sich nicht nur um *small talk,* sondern um einen wesentlichen Teil der Mandatsbeziehung handelt. Das Gespräch sollte daher in einer zugewandten Form geführt werden, die wirkliches Interesse des Anwalts an den persönlichen Angelegenheiten des Mandanten erkennen lässt (zur Gesprächsführung mittels aktiven Zuhörens s. Rdn. 132 ff.). Die wesentlichsten Punkte sollten zusammengefasst und notiert oder (vorteilhafter, da beides kombinierend) diktiert werden. Zeigt der Mandant Unverständnis für die Erörterung dieser Fragen, kann ihm

[6] D. h. mit öffnenden, mit einem W-Fragewort beginnenden Fragen, wie z. B. „Wie sehen Sie diesen Punkt?“ – „Was wäre Ihnen hierbei wichtig?“. Näher zur Fragetechnik Rdn. 137 ff.

erklärt werden, dass bei der Suche nach Lösungen des Konflikts, auch bei Verhandlungen außerhalb oder im Verlaufe eines Prozesses, die Vertrautheit des Anwalts mit den persönlichen Gegebenheiten des Mandanten sehr wichtig sein kann.

§ 3 Verfahrenswahl

17 Dem Rechtsanwalt steht neben dem Rechtsweg eine ganze Palette verschiedener Verfahrensarten zur Wahl; sie werden samt möglicher Varianten, Mischformen und Kombinationen in §§ 15–24 näher beschrieben. Welches Vorgehen er im konkreten Fall dem Mandanten vorschlägt, hängt von methodischen, rechtlichen und wirtschaftlichen Aspekten ab. Nachstehend werden unter I. zunächst die methodischen Kriterien, die bei der Auswahl des Konfliktlösungsverfahrens von Bedeutung sind, dargestellt; unter II. werden die mit den einzelnen Vorgehensweisen verbundenen Rechtsfolgen behandelt, unter III. die wirtschaftlichen Auswirkungen.

I. Verfahrensoptionen unter methodischen Aspekten

1. Verhandlung

18 Die beste, weil unmittelbarste, rascheste und am wenigsten aufwendige Form der Konfliktlösung ist das Verhandeln zwischen den Parteien. Daran ändert sich durch die Einschaltung des Anwalts nichts. Im Gegenteil: Sie eröffnet neue Chancen für Verhandlungslösungen, weil die Beziehungs- und Kommunikationsstörungen, die der entstandene Konflikt zwischen den Parteien hervorgerufen hat, ausgeblendet werden können, wenn der Anwalt als Vertreter seines Mandanten die Verhandlungen führt.

Von Fällen eindeutiger Gesprächsverweigerung abgesehen ist es daher stets angezeigt, vor der Einleitung von Gerichts- oder AKL-Verfahren eine Verhandlungslösung zu suchen. Insbesondere wenn zwischen den Konfliktparteien eine Nähebeziehung besteht (z.B. Verwandtschaft, Nachbarschaft, Geschäftsbeziehung), muss es geradezu als Kunstfehler gelten, wenn der Anwalt nicht versucht, primär diese schonendste Form der Konfliktlösung zum Einsatz zu bringen. In jedem Fall können dem Mandanten dadurch u.U. die Belastungen eines streitigen Verfahrens oder die Einschaltung eines Dritten zur einvernehmlichen Konfliktlösung erspart werden.

19 Auch für den Anwalt ist die Verhandlungslösung in den meisten Fällen die wirtschaftlich günstigste Form der Mandatsbearbeitung. Er kann eine

angemessene Vergütung beanspruchen (s. unten § 7), erspart sich auf der anderen Seite den u. U. unverhältnismäßigen Aufwand der Prozessführung und erhält einen zufriedenen Mandanten mit guter Aussicht auf Nachfolgemandate.

20 Im Verhandlungswege können bei geplantem, kreativem Vorgehen besonders vorteilhafte Lösungen erzielt werden. In der Praxis werden hier große Chancen vergeben, weil zu intuitiv vorgegangen wird und eingefahrene Verhaltensmuster nicht überwunden werden. Auf das richtige Verhandlungsmanagement wird daher in §§ 10–12 ausführlich eingegangen.

2. Vermittlung

21 In bestimmten Fällen, insbesondere wenn die Parteien daran interessiert sind, eine konstruktive Gesprächsebene herzustellen, kann es ausreichen, einen bloßen Konfliktmittler (Moderator) einzuschalten. Dieser sorgt lediglich dafür, dass die Parteien (wieder) geordnet und sachorientiert miteinander reden können; er nimmt zum Konflikt als solchen keine Stellung und unterbreitet auch keine Lösungsvorschläge.

3. Schlichtung

22 Hier wird ein Dritter mit dem Ziel eingeschaltet, den Parteien bei der Lösung des Konflikts dadurch zu helfen, dass er nach entsprechenden Verhandlungen einen von ihm für richtig gehaltenen Lösungsvorschlag unterbreitet. Die Parteien können sich auf der Basis dieses Schlichterspruchs einigen, sind aber nicht dazu verpflichtet. Der Sinn der Schlichtung besteht darin, den Parteien einen Anhaltspunkt für die von einem neutralen, integren Dritten als fair und sachgerecht empfundene Lösung zu geben. Zugleich entschärft sie das Hindernis des Gesichtsverlusts, das oft auftritt, wenn eine Partei aus eigenem Antrieb von einer zunächst eingenommenen Position abrücken soll.

4. Mediation

23 Der Mediator hilft den Parteien, selbst eine Lösung zu erarbeiten, die den beiderseitigen Interessen am besten entspricht. Er unterscheidet sich vom Vermittler dadurch, dass er die Verhandlungen zur Lösungssuche in einem strukturierten Verfahren leitet, vom Schlichter dadurch, dass er keinen eigenen Lösungsvorschlag unterbreitet.

5. Evaluation

24 Unter diesem Sammelbegriff lässt sich eine Reihe von Verfahrensarten zusammenfassen, die eine Bewertung (Evaluation) durch einen Dritten zum Gegenstand haben. Man spricht daher auch von Drittentscheidungs-

verfahren. Anders als beim Gerichts- oder Schiedsgerichtsverfahren entscheidet der Dritte aber nicht mit verbindlicher Wirkung den Rechtsstreit als solchen, sondern lediglich einen Teilaspekt, z. B. eine ihm zugrunde liegende Tatsachenfrage. Dies ist insbesondere dann sinnvoll, wenn der Kern des Konflikts auf diese Weise ausgeräumt und von den Parteien erwartet werden kann, dass sie aus eigener Kraft zu einer gütlichen Beilegung des Konflikts insgesamt gelangen.

a) Wollen die Parteien auf diese Weise eine streitige Tatsache klären lassen, spricht man von einem **Schiedsgutachten;** für die nähere Ausgestaltung dieser Abrede stehen ihnen verschiedene Optionen offen, insbesondere hinsichtlich der Bindungswirkung (s. dazu § 18). 25

b) Sie können auch vereinbaren, dass der Dritte (oder ein sachkundiges Gremium) eine ***vorläufig* bindende Entscheidung** treffen soll, die zwar einen späteren Rechtsstreit nicht präjudiziert, zu deren Beachtung die Parteien aber einstweilen durch vertragsrechtliche Sanktionen angehalten werden, z. B. um während einer Bauausführung auftretende Konflikte nicht zu einer Gefahr für das ganze Projekt werden zu lassen (sog. **Adjudikation;** näher § 19). 26

c) Bei der in den USA weit verbreiteten **Early Neutral Evaluation** (auch „Rent a Judge"; ein deutscher Begriff hat sich bisher nicht eingebürgert) lassen die Parteien ihre Prozessaussichten durch einen angesehenen Juristen mit Fachwissen auf dem betreffenden Gebiet, meist einen pensionierten Richter, bewerten, indem sie ihm in einer etwa zweistündigen Präsentation ihre Sachdarstellungen und Rechtsansichten vortragen; nicht selten führt die Einschätzung des fiktiven Richters oder sogar schon die Auseinandersetzung mit seinen Fragen oder Argumenten zu einer Einigung der Parteien. Das Verfahren, für das hier der Begriff **„Externe Konfliktbewertung"** vorgeschlagen wird, verdient in modifizierter Form auch bei uns größere Beachtung (näher § 20). 27

6. Interne Konfliktbewertung

Bei diesem bisher in Deutschland ebenfalls wenig bekannten, in den USA unter der etwas irritierenden Bezeichnung *„mini trial"* bei Konflikten zwischen großen Unternehmen sehr bewährten Verfahren führen die Anwälte der Parteien eine fiktive Gerichtsverhandlung vor hochrangigen Entscheidungsträgern der Streitparteien durch, indem sie dort ihren beabsichtigten Prozessvortrag präsentieren. Das zumeist von einem neutralen Dritten moderierte Verfahren mündet dann in Vergleichsverhandlungen zwischen den Entscheidungsträgern, die unter dem Eindruck der erlebten Präsentationen und evtl. Bewertungen des Dritten eher zu einem Vergleich führen als völlig offene Verhandlungen (näher § 21). 28

7. Schiedsgerichtsverfahren

29 Bei diesem Verfahren geben die Parteien die Lösung ihres Konflikts aus der Hand. Wie beim Gerichtsprozess übertragen sie einem Schiedsrichter oder – wie zumeist – einem Gremium aus mehreren Schiedsrichtern die verbindliche Entscheidung des Rechtsstreit. Der Unterschied zum Gerichtsprozess besteht im Grund nur darin, dass die Parteien die Person(en) auf der Richterbank selbst bestimmen können und auch größere Flexibilität bei der Ausgestaltung des, im Übrigen nicht öffentlichen, Verfahrens haben (näher § 22).

8. Gerichtsverfahren

30 Schließlich bleibt grundsätzlich immer die Möglichkeit, den Rechtsstreit auf dem gesetzlich vorgesehenen Rechtsweg entscheiden zu lassen. Abreden über ein AKL-Verfahren begründen in der Regel lediglich ein dilatorisches Prozesshindernis oder ein Leistungsverweigerungsrecht: Eine vor Durchführung des vereinbarten Verfahrens erhobene Klage wäre als „derzeit unzulässig" oder „derzeit unbegründet" abzuweisen; endet das AKL-Verfahren aber ohne Einigung, steht der Rechtsweg wieder offen. Lediglich die Schiedsgerichtsabrede (oben Nr. 7) gewährt eine dauernde Einrede (§ 1032 Abs. 1 ZPO).

Überblick: Verfahrensoptionen

31

Verfahren	Charakteristika	Anwendungsbereich
Verhandlung	effizienteste und schonendste Form der Konfliktlösung durch Parteien selbst oder vertreten durch ihren Anwalt	grundsätzlich vor jeder Einleitung eines Gerichts- oder AKL-Verfahrens
Vermittlung	Neutraler Dritter **moderiert** die Verhandlung zwischen den Parteien	Parteien benötigen nur einen Verhandlungsleiter
Schlichtung	Neutraler Dritter verhandelt mit Parteien **unterbreitet Lösungsvorschlag**	Partei benötigen Anhaltspunkt für objektiv gerechte Lösung

Verfahren	Charakteristika	Anwendungsbereich
Mediation	Neutraler Dritter unterstützt Parteien, **selbst** interessengerechte Lösung zu erarbeiten unterbreitet **keinen Lösungsvorschlag**	Parteien sollen zum Entwickeln beiderseits interessengerechter Lösungen angeleitet werden
Evaluation	**Bewertung** durch einen neutralen Dritten o **Schiedsgutachten:** regelmäßig bindende Klärung einer streitigen Tatsache mit präjudizierender Wirkung o **Adjudikation:** vorläufig bindende Entscheidung mit nicht präjudizierender Wirkung o **Early Neutral Evaluation:** Externe Bewertung der Prozessaussichten	Konflikthaltung kann durch kompetente, objektive Beurteilung einer Vorfrage beeinflusst werden
Mini-Trial	**fiktive Gerichtsverhandlung** vor Entscheidungsträgern von Groß-Unternehmen	Vorklärung der Prozesschancen
Schiedsgericht	bindende Entscheidung durch **nichtstaatliches** Gericht	keine konsensuale Lösung möglich, aber Interesse an Vertraulichkeit und besonderer Sachkunde
Gerichtsverfahren	**letzte Stufe** der Konfliktlösung bindende Entscheidung durch staatliches Gericht	keine konsensuale Lösung möglich, rechtliche Klärung erwünscht

II. Rechtsfolgen der Verfahrenswahl

1. Verjährung

32 Der Rechtsanwalt muss beachten, dass nicht jedes AKL-Verfahren die Verjährung etwaiger Ansprüche des Mandanten hindert.

33 a) **Verhandlungen** zwischen Schuldner und Gläubiger hemmen die Verjährung (§ 203 BGB). Solange die Parteien miteinander über den streitigen Anspruch verhandeln, ist die Gefahr eines Rechtsverlusts somit gebannt. Der Anwalt muss lediglich darauf achten, dass die Hemmung rechtzeitig vor Ablauf der Verjährungsfrist in Gang gesetzt wird, und er muss das mögliche Ende der Hemmung im Auge behalten.

34 Das für den **Beginn** der Verjährungshemmung maßgebliche „Verhandeln" i. S. des § 203 BGB ist weit zu verstehen. Es genügt dafür jeder Meinungsaustausch über den Anspruch oder die den Anspruch begründenden Umstände, auf Grund dessen der Gläubiger davon ausgehen kann, dass sein Begehren von der Gegenseite noch nicht endgültig abgelehnt wird.[7] Verhandlungen schweben daher schon dann, wenn der in Anspruch Genommene Erklärungen abgibt, die dem Geschädigten die Annahme gestatten, der Verpflichtete lasse sich auf Erörterungen über die Berechtigung des Anspruchs ein; nicht erforderlich ist, dass dabei eine Vergleichsbereitschaft oder eine Bereitschaft zum Entgegenkommen signalisiert wird.[8]

Hatten die Parteien vertraglich eine Verhandlungs- oder Mediationspflicht begründet, genügt bereits die Aufforderung zur Aufnahme der Verhandlungen bzw. Durchführung der Mediation zum Beginn des Verhandelns; auf die Reaktion der Gegenseite kommt es dann nicht an.[9]

35 **Beendet** wird die Hemmung der Verjährung erst dann, wenn eine Partei durch klares und eindeutiges Verhalten zum Ausdruck bringt, dass sie die Fortsetzung der Verhandlungen verweigert; allein das Verneinen einer Einstandspflicht genügt nicht.[10] Die Hemmung kann aber auch dadurch enden, dass der Gläubiger die Verhandlungen zu einem Zeitpunkt nicht weiter betreibt, zu dem der andere Teil eine Antwort auf seine Stellungnahme nach Treu und Glauben erwarten konnte.[11] Vereinbaren die Parteien eine Verhandlungspause, endet die Hemmung damit noch nicht; vorbehaltlich besonderer Gegebenheiten im Einzelfall ist es Sache des Schuldners, die

[7] BGH NJW 2001, 1723.

[8] BGH NJW 2004, 1654 m. w. Nachw.

[9] MünchKomm-BGB/*Grothe* § 203 Rdn. 5; *Hess* in Haft/von Schlieffen § 43 Rdn. 70.

[10] BGH NJW 2004, 1654, 1655 m. w. Nachw.

[11] BGH NJW 1963, 492; NJW-RR 1990, 664, 665.

Initiative wegen einer Wiederaufnahme der Verhandlungen zu ergreifen, wenn er die Hemmung der Verjährung beenden will.[12]

Werden einmal abgebrochene Verhandlungen wieder aufgenommen, 36
kann eine **erneute Hemmung** hinsichtlich der noch nicht abgelaufenen Verjährungsfrist eintreten.[13]

Der **Umfang** der Hemmungswirkung lässt sich bei Verhandlungen nicht immer klar bestimmen, da es an einer Fixierung des Streitgegenstands, wie sie durch den Klageantrag geschieht, fehlt. Es kann daher hier nicht auf einzelne konkretisierte Ansprüche abgestellt werden, sondern es werden alle Ansprüche erfasst, die unter den Verhandlungsgegenstand fallen, bei Verhandlungen über die Haftung für ein Schadensereignis also alle daraus sich ergebenden Ansprüche – außer bei ausdrücklicher Beschränkung.[14]

b) Die Einleitung eines **Güteverfahrens** (Vermittlung, Schlichtung, Me- 37
diation, Evaluation) führt zur Hemmung der Verjährung, wenn es bei einer durch die Landesjustizverwaltung eingerichteten oder *anerkannten Gütestelle* (s. dazu Rdn. 86) beantragt oder wenn eine andere Gütestelle von den Parteien einvernehmlich angerufen wird (§ 204 Abs. 1 Nr. 4 BGB). Auf die Zuständigkeit der Gütestelle kommt es hierbei nicht an.[15] Es kann sich auch um eine ausländische Gütestelle handeln.[16] Die Vorschriften für die Form der Einreichung müssen aber beachtet werden. Schreibt die Verfahrensordnung der Gütestelle vor, dass der Antrag schriftlich einzureichen ist, führt eine Antragstellung per E-Mail nicht zur Hemmung der Verjährung.[17]

Die einseitige Anrufung einer *nicht staatlich anerkannten Gütestelle* 38
hemmt die Verjährung nach dem Wortlaut des § 204 Abs. 1 Nr. 4 BGB nicht. Hier kommt es zur Hemmung somit erst, wenn die andere Seite sich auf das Verfahren einlässt, d. h. eine Verhandlung i. S. d. § 203 BGB beginnt. Folgende Besonderheiten können jedoch zu einem anderen Ergebnis führen: Nach § 15 a Abs. 3 Satz 2 EGZPO wird das Einvernehmen der Streitparteien unwiderleglich vermutet, wenn ein Verbraucher eine branchengebundene Gütestelle, eine Gütestelle der Industrie- und Handelskammer, der Handwerkskammer oder der Innung angerufen hat; dies hat auch für die Anwendbarkeit des § 204 Abs. 1 Nr. 4 BGB zu gelten.[18] Ebenso ist dann von einem – quasi antezipierten – Einvernehmen auszugehen, wenn die Parteien sich vertraglich zur Durchführung eines Güteverfahrens verpflichtet

[12] BGH NJW 1986, 1337.
[13] BGH VersR 1985, 642, 644
[14] Vgl. BGH VersR 1985, 1141; *Erman/Schmidt-Räntsch* § 203 Rdn. 7.
[15] BGH NJW-RR 1993, 1495; *Friedrich* NJW 2003, 1782.
[16] *Friedrich* NJW 2003, 1782 f.
[17] BGH NJW 2008, 506.
[18] Ebenso MünchKomm-BGB/*Grothe* § 204 Rdn. 35; *Friedrich* NJW 2003, 1781.

hatten.[19] Jedenfalls muss das Verfahren vor einer Schieds- oder Gutachterstelle, dem sich die andere Seite unterworfen hat, unabhängig von ihrem Verhalten als verjährungshemmendes Verhandeln gewertet werden.[20]

39 Entscheidender Zeitpunkt für den **Beginn** der Hemmung ist die Veranlassung der Bekanntgabe des Güteantrags durch die Gütestelle. Da für die Güteverfahren keine förmliche Zustellung vorgeschrieben ist, kommt als sicherer Anknüpfungspunkt für die Hemmungswirkung nur dieser Vorgang, d.h. die aus den Akten ersichtliche Verfügung des Versands an den Schuldner, in Betracht. Ob und wann der Schuldner den Antrag tatsächlich erhalten hat, ist für die Verjährungshemmung unerheblich. Eine wegen falscher Adresse fehlgeschlagene Bekanntgabe kann jedoch nicht ausreichen; hier hilft gegebenenfalls die erneute Übersendung i.V.m. der Regelung im 2. Halbsatz des § 204 Abs. 1 Nr. 4 BGB. Nach dieser wird die hemmende Wirkung auf den Zeitpunkt der Einreichung zurückbezogen, wenn die Bekanntgabe demnächst nach der Einreichung des Antrags bei der Gütestelle veranlasst wird. Dabei ist das Merkmal „demnächst" wie bei § 167 ZPO zu verstehen,[21] d.h. es kommt nicht nur auf eine gewisse zeitliche Nähe an, sondern auch darauf, ob sich die Bekanntgabe durch Umstände verzögert hat, die dem Gläubiger anzulasten sind.[22] Verzögerungen bei der Bekanntgabe, die durch eine fehlerhafte Sachbehandlung der Gütestelle verursacht sind, muss sich der Antragsteller grundsätzlich nicht zurechnen lassen; hat er alles getan, was die einschlägigen Vorschriften von ihm für die Bekanntgabe des Güteantrags fordern, hindert auch eine mehrmonatige Verzögerung die Rückwirkung nicht.[23]

40 Die Hemmung **endet** sechs Monate nach Beendigung des Güteverfahrens (§ 204 Abs. 2 BGB). Wann diese Beendigung eintritt, richtet sich nach der betr. Verfahrensordnung. So bestimmt z.B. Art. 11 Abs. 4 Satz 3 BaySchlG, dass bei unentschuldigtem Fernbleiben des Antragsgegners frühestens nach 14 Tagen die Bescheinigung über die Erfolglosigkeit des Schlichtungsversuchs zu erteilen ist. Das Nichtbetreiben des Verfahrens durch die Gütestelle infolge Arbeitsüberlastung stellt keine Beendigung dar.[24] Auch die gegenüber der Gütestelle abgegebene Erklärung des Antragsgegners, er wolle nicht in das Güteverfahren eintreten, beendet dieses Verfahren noch nicht; erforderlich ist die Bekanntgabe an den Antragsteller.[25]

41 Für den **Umfang** der Hemmung gelten dieselben Grundsätze wie beim Verhandeln (Rdn. 36), da es auch im Güteverfahren an einem bestimmten

[19] Ebenso MünchKomm-BGB/*Grothe* § 204 Rdn. 35.
[20] Vgl. BGH NJW 1983, 2075.
[21] BGH NJW 2010, 222.
[22] Zu Einzelheiten s. *Zöller/Greger* § 167 Rdn. 10 ff.
[23] BGH NJW 2010, 222, 223.
[24] BGH NJW 2010, 222, 224.
[25] BGH NJW 2010, 222, 224; OLG Celle ZGS 2007, 195.

Antrag fehlt. Daher kann z. B. auch dann, wenn die Schlichtungsstelle den Arzthaftungsfall nur unter dem Aspekt eines Behandlungsfehlers geprüft hat, die spätere Klage auch auf einen Aufklärungsfehler gestützt werden.[26]

42 Zu beachten sind gegebenenfalls Beschränkungen der **personellen Reichweite.** Das Güteverfahren hemmt die Verjährung nur zwischen den am Verfahren Beteiligten. Wenn Ansprüche gegen weitere Personen im Raum stehen, z. B. gegen den am Verfahren der Ärztlichen Gutachter- und Schlichtungsstelle nicht beteiligten Krankenhausträger,[27] sollte auf einen Verjährungsverzicht hingewirkt werden.

Verjährung bei AKL-Verfahren

43

Verfahren	Verjährungsvorschrift	Einzelheiten
Verhandlungen	§ 203 BGB	**Beginn** der Hemmung: Sobald Gläubiger davon ausgehen kann, dass Schuldner sich auf Verhandlung einlässt **Ende** der Hemmung: Sobald Schuldner weitere Verhandlungen eindeutig verweigert
Vermittlung **Schlichtung** **Mediation** **Evaluation**	**§ 204 Abs. 1 Nr. 1 BGB,** wenn – **Staatlich anerkannte** Gütestelle oder – **Stelle i. S. v. § 15 a Abs. 3 Satz 2 EGZPO** oder – Anrufung **einvernehmlich** oder – aufgrund **vertraglicher Verpflichtung**	**Beginn** der Hemmung: Veranlassung der Bekanntgabe durch Gütestelle **Ende** der Hemmung: 6 Monate nach Beendigung des Güteverfahrens, § 204 Abs. 2 BGB

44 c) Durch eine die **Verjährung erschwerende Vereinbarung** kann ein evtl. Restrisiko beseitigt werden. Bei Parteien, die sich auf ein konsensuales Konfliktlösungsverfahren verständigen, wird diese in der Regel zu erreichen sein. In Betracht kommt vor allem ein befristeter Verjährungsverzicht, der bis zur Grenze von 30 Jahren möglich ist (§ 202 Abs. 2 BGB).

[26] *Meurer* Arzthaftungssachen S. 78 f.
[27] *Meurer* Arzthaftungssachen S. 79.

45 Das Verjährungsrisiko ist somit bei der alternativen Konfliktlösung ohne Weiteres beherrschbar. Sofern die Verjährung nicht schon durch die Aufnahme von Verhandlungen gehemmt wird, lässt sich die Hemmung auf jeden Fall auch einseitig durch einen Güteantrag bei einer staatlich anerkannten Gütestelle, ungeachtet deren Zuständigkeit, erreichen.

2. Wahrung von Ausschlussfristen

46 Sofern der Bestand eines Rechts (und nicht nur die Durchsetzbarkeit) von der Einhaltung einer Klagefrist abhängig gemacht ist (z.B. § 562b Abs. 2 Satz 2, § 864 Abs. 1, §§ 977, 1002, 1965 Abs. 2 BGB; § 4 KSchG; Beschlussanfechtungsklagen nach § 246 Abs. 1 AktG, § 46 Abs. 1 Satz 2 WEG[28]), bleibt in der Regel keine andere Wahl als das Beschreiten des Rechtswegs. **Gesetzliche Ausschlussfristen** stehen nicht zur Disposition der Parteien und sind im Prozess von Amts wegen zu beachten. Der Rechtsanwalt muss daher, auch wenn er eine außergerichtliche Lösung anstrebt, vorsorglich Klage erheben. Zwar können nach der Rechtsprechung des BGH auf Ausschlussfristen einzelne Vorschriften des Verjährungsrechts analog angewendet werden, wenn dies ihrem Sinn und Zweck entspreche;[29] hierauf sollte der Anwalt seine Beratung aber nicht bauen.

Nicht jede gesetzliche Ausschlussfrist erfordert jedoch eine klageweise Geltendmachung. So ist z.B. für den Ausgleichsanspruch des Handelsvertreters anerkannt, dass für die Wahrung der Frist des § 89b Abs. 4 Satz 2 HGB auch die außergerichtliche Geltendmachung genügt.[30]

Vertragliche Ausschlussfristen können durch Vereinbarung zwischen den Parteien modifiziert werden.[31]

47 Das – seltene – Bestehen einer Klagefrist kann die – zumindest vorsorgliche – Klageerhebung erforderlich machen.

3. Vollstreckbarkeit

48 Der Rechtsanwalt wird aus Gründen äußerster Vorsicht darauf achten müssen, dass der Mandant das Ergebnis des vorgeschlagenen AKL-Verfahrens notfalls durchsetzen kann, ohne doch noch einen Prozess (zur Titulierung seiner Rechte aus der Abschlussvereinbarung) führen zu müssen. Für die Verfahrenswahl ist dies jedoch weniger entscheidend, weil jede

[28] S. dazu BGH NJW 2009, 999.
[29] BGHZ 73, 99, 101 m. w. N.
[30] BGHZ 53, 332
[31] *Bamberger/Roth/Henrich* § 194 Rdn. 5.

Vereinbarung aus einem AKL-Verfahren mit Vollstreckbarkeit ausgestattet werden kann (z.B. durch Anwaltsvergleich oder notarielle Urkunde; s. Rdn. 84f.). Erleichtert ist die Titulierung jedoch, wenn das Verfahren vor einer staatlich anerkannten Gütestelle geführt wird, weil diese einen vollstreckbaren Vergleich selbst beurkunden kann (§ 794 Abs. 1 Nr. 1 ZPO).

III. Wirtschaftliche Aspekte

1. Verfahrenskosten

a) Das **Kostenrisiko eines Gerichtsverfahrens** erscheint anhand der Ge- 49
bührentabellen zum GKG und RVG relativ leicht abschätzbar, jedenfalls wenn sich der vom Gericht festzusetzende Streitwert in etwa vorhersehen lässt. Dabei dürfen aber die erheblichen Unwägbarkeiten nicht übersehen werden, die der einmal in Gang gesetzte Zivilprozess deswegen birgt, weil sein Ablauf auch durch kaum beeinflussbare Maßnahmen des Gegners und des Gerichts bestimmt wird.

Ein erhebliches Risiko besteht in der Möglichkeit einer (umfänglichen) 50
Beweisaufnahme. Insbesondere wenn damit zu rechnen ist, dass im Prozess ein Sachverständigengutachten eingeholt werden muss, sind bei der Wirtschaftlichkeitsbetrachtung die damit verbundenen Kosten, die weit über die Gerichtsgebühren und sogar über den Streitwert hinausgehen können, in Rechnung zu stellen.

Des Weiteren ist zu prüfen, ob das Risiko einer **Ausweitung des Rechts-** 51
streits durch den Gegner, insbesondere durch eine Widerklage oder eine Prozessaufrechnung, besteht.

Vor allem aber muss stets damit gerechnet werden, dass der Prozess 52
mehrere Instanzen durchläuft. Dadurch können exorbitante Kosten entstehen, die außer jedem Verhältnis zum Streitwert stehen und vom schließlich unterliegenden Teil getragen werden müssen. Seit dem Wegfall der Streitwertrevision kann prinzipiell jeder Rechtsstreit bis zum BGH gelangen; ein Erfolg in der ersten Instanz kann leicht zum Pyrrhussieg werden, wenn der Gegner sich damit nicht abfindet und nach Durchlaufen des Instanzenzuges erreicht, dass der BGH eine grundsätzliche Rechtsfrage zu seinen Gunsten entscheidet.

Eine Reduzierung des Prozesskostenrisikos durch Erhebung einer **Teil-** 53
klage ist zwar zu erwägen, jedoch nur dann sinnvoll, wenn damit zu rechnen ist, dass der Gegner im Falle einer Verurteilung die nicht eingeklagte Forderung freiwillig begleicht. Anderenfalls ist die Aufspaltung des Streitstoffs wegen der fehlenden Bindungswirkung des Urteils über die Teilklage rechtlich riskant und zudem wirtschaftlich unvernünftig. Außerdem besteht immer das Risiko, dass der Gegner durch Erhebung einer negativen

Feststellungswiderklage die beabsichtigte Reduzierung vereitelt, und auch das Beweisaufnahme- sowie das Rechtsmittelrisiko werden dadurch nicht gebannt.

54 Selbstverständlich verlieren diese Gesichtspunkte an Gewicht, wenn der Mandant **Prozesskostenhilfe** oder Deckung durch eine **Rechtsschutzversicherung** beanspruchen kann. Zu den gleichwohl zu bedenkenden Transaktionskosten s. aber Rdn. 63.

55 **b)** Beim **Schiedsgerichtsverfahren** entfällt zwar in der Regel das Rechtsmittelrisiko. Die Gefahr hoher Kosten durch Maßnahmen der Sachverhaltsaufklärung, insbesondere Sachverständigengutachten, sowie durch Erweiterung des Streitstoffs, besteht aber auch hier. Zudem liegen die Kosten eines Schiedsgerichtsverfahrens auch bei nur einer Instanz in der Regel erheblich über den Kosten eines entsprechenden Gerichtsverfahrens (näher Rdn. 628 ff. und 657 ff.). Bei der Anrufung eines institutionellen, d. h. von einer Schiedsgerichtsorganisation administrierten, Schiedsgerichts fallen die nicht unerheblichen Verwaltungsgebühren, in jedem Fall aber die Honorare der Schiedsrichter und die Auslagen für die Durchführung des Verfahrens an, des Weiteren die Anwaltskosten. Bei niedrigeren Streitwerten sind die Kosten eines Schiedsgerichtsverfahrens zumeist völlig unverhältnismäßig; sie können sich dann, etwa beim Streit um eine Restforderung, wie eine Rechtsschutzsperre darstellen. Es empfiehlt sich daher, die Zuständigkeit des Schiedsgerichts erst ab einer bestimmten Streitwerthöhe eingreifen zu lassen.[32]

56 Vor der kritiklosen, routinemäßigen Aufnahme von Schiedsklauseln in Verträge ist zu warnen. Es ist sorgfältig abzuwägen, ob die Vorteile des Schiedsgerichtsverfahrens dessen oftmals beträchtliche Kosten aufwiegen. Auch die nähere Ausgestaltung (institutionelles oder ad-hoc-Schiedsgericht; Einer- oder Dreierschiedsgericht; Umfang der Entscheidungskompetenz) ist mit Bedacht vorzunehmen. Selbst wenn bereits eine Schiedsklausel besteht, sollte vor Einleitung des Verfahrens mit der Gegenseite sondiert werden, ob nicht ein AKL-Verfahren dieselben Vorteile (insbesondere Fachkompetenz, Vertraulichkeit, kurze Dauer) bietet.

57 **c)** Bei der **außergerichtlichen Konfliktlösung** fallen in der Regel nur geringe Verfahrenskosten an. **Vermittlung und Schlichtung** werden vielfach kostenfrei oder -günstig angeboten (s. Rdn. 90).

58 **Mediatoren** berechnen üblicherweise Stundenhonorare, die ausgehandelt werden können (vgl. § 34 RVG) und je nach beruflicher Qualifikation

[32] Vgl. Musterklausel bei *Bandel* in Walz Formularbuch Mustertext 22.2 § 1 Variante 1 a.

und nach den Gegebenheiten des Konflikts differieren. So werden etwa im Bereich der Familienmediation 100–200 EUR, in der Wirtschaftsmediation auch höhere Sätze angemessen sein. Behörden (z. B. Jugendämter) und gemeinnützige Organisationen bieten Mediation in bestimmten Bereichen auch kostenlos oder auf Spendenbasis an.[33] Jedenfalls im höheren Streitwertbereich ist ein Mediationsverfahren selbst bei längerer Dauer wesentlich günstiger als ein Gerichts- oder Schiedsgerichtsverfahren.[34]

In **Evaluationsverfahren,** in denen ausgewiesene Experten beauftragt 59
werden, können höhere Kosten anfallen. Die Parteien behalten jedoch die Kostenfolgen in wesentlich höherem Maße als bei den gerichtlichen und schiedsgerichtlichen Verfahren selbst in der Hand und können exzessive Belastungen vermeiden.

Die **Kosten anwaltlicher Vertretung** in den AKL-Verfahren unterliegen 60
ebenfalls weithin der Disposition der Beteiligten. Sie sind weder nach den RVG-Sätzen noch bei Vereinbarung eines Zeithonorars höher als die Kosten eines gerichtlichen Verfahrens (s. Rdn. 95 ff. sowie bei der Beschreibung der verschiedenen Verfahren in §§ 15–21).

Beim Kostenvergleich sind auch die **Erfolgsaussichten** des AKL-Verfah- 61
rens zu berücksichtigen, denn ein erfolgloses Verfahren mit anschließendem Prozess erhöht die Gesamtkosten der Konfliktlösung u. U. erheblich. Sofern nicht im Einzelfall besonders günstige oder besonders ungünstige Aussichten auf eine Einigung bestehen, kann bei der Mediation aber von einer statistischen Chance von ca. 70% ausgegangen werden; die Zusatzinvestition eines Mediationsversuchs erscheint damit auch unter wirtschaftlichen Gesichtspunkten – jedenfalls bei höheren Streitwerten – wirtschaftlich vertretbar.[35] Dies gilt erst recht, wenn in Rechnung gestellt wird, dass das kostenträchtige Gerichtsverfahren mit deutlich überwiegender Wahrscheinlichkeit vermieden werden kann. Auf den reinen Vergleich der Verfahrenskosten sollte aber bei der Verfahrenswahl ohnehin nicht abgestellt werden.

Prozesskostenhilfe kann für ein Verfahren der außergerichtlichen Streit- 62
beilegung nicht beansprucht werden;[36] erfüllt der Rechtsuchende aber die Voraussetzungen für die Gewährung von Prozesskostenhilfe ohne Kostenbeitrag, kann er **Beratungshilfe** in Anspruch nehmen (§ 1 BerHG). Sie wird gewährt für die Beratung zur außergerichtlichen Rechtswahrnehmung und, soweit erforderlich, für die Vertretung durch einen Rechtsanwalt (§ 2 Abs. 1, § 3 BerHG). Bei Streitsachen mit grenzüberschreitendem Bezug nach der Richtlinie 2003/8/EG des Rates vom 27. 1. 2003 (ABl. EG Nr.

[33] Näher zur Mediatorenvergütung Rdn. 510 ff.
[34] *Risse* Wirtschaftsmediation § 13 Rdn. 27.
[35] *Risse* Wirtschaftsmediation § 13 Rdn. 23.
[36] Allg. Meinung; vgl. *Zöller/Geimer* § 114 Rdn 1.

L 26 S. 41, ABl. EU Nr. L 32 S. 15) wird Beratungshilfe auch gewährt für die vorprozessuale Rechtsberatung im Hinblick auf eine außergerichtliche Streitbeilegung im Ausland (§ 10 BerHG). Der Beratungshilfeberechtigte hat nur die Gebühr von 10 Euro nach Nr. 2500 VV-RVG zu bezahlen; die weiteren Gebühren nach Teil 2 Abschn. 5 des VV-RVG trägt die Landeskasse (§ 44 RVG).

Zum Eingreifen der **Rechtsschutzversicherung** s. Rdn. 110.

2. Mittelbare Kosten

63 Bei Wirtschaftsunternehmen sind die durch den Konflikt hervorgerufenen mittelbaren Belastungen oftmals noch entscheidender als die Verfahrenskosten selbst.[37] Der Streitfall verursacht Bearbeitungsaufwand im Unternehmen, der bei längerer Verfahrensdauer erhebliche Ausmaße annehmen kann. Je mehr Zeit die Konfliktlösung in Anspruch nimmt, desto belastender werden die wirtschaftlichen Auswirkungen, etwa auf die Liquidität des Unternehmens. Jahrelange Außenstände, wie sie bei gerichtlichen Auseinandersetzungen nicht selten auftreten, können die Handlungsmöglichkeiten eines Unternehmen hemmen und bis zur Insolvenz führen (erst recht, wenn der Schuldner sich nach dem Prozess als zahlungsunfähig erweist), aber auch Rückstellungen, die für einen Haftungsfall gebildet werden müssen, können die wirtschaftliche Bewegungsfreiheit beengen und erheblichen Verwaltungsaufwand hervorrufen.[38] Laufende Geschäftsbeziehungen oder Projekte können beeinträchtigt werden; der *good will* eines Unternehmens kann Schaden nehmen. Alle diese Auswirkungen müssen vor der Entscheidung für den oftmals zeitaufwendigen Rechtsweg bedacht werden und können für den Versuch einer Lösung im Wege alternativer Konfliktbehandlung sprechen, ganz abgesehen von deren qualitativen, nicht monetären Vorteilen (s. § 13).

§ 4 Umsetzung der Verfahrenswahl

64 Um das von ihm für passend gehaltene AKL-Verfahren durchführen zu können, benötigt der Rechtsanwalt die **Zustimmung des eigenen Mandanten und der Gegenseite.** Für Verhandlungsversuche dürfte dies kein großes Hindernis sein; schwieriger wird es bei der Einschaltung Dritter.

[37] S. dazu aus der Sicht eines Großunternehmens im Anlagenbau *Hobeck/Mahnken/Koebke* SchiedsVZ 2007, 225 ff.

[38] Anschaulich *Hobeck/Mahnken/Koebke* SchiedsVZ 2007, 228.

Ob die Parteien für das vom Rechtsanwalt als optimal angesehene Vorgehen gewonnen werden können oder auf ihrer durch Vorprägungen, emotionale Trübungen oder Fehlvorstellungen bestimmten Sichtweise beharren, hängt in erster Linie von der **Art und Weise der Kommunikation** ab. Diese muss beim eigenen Mandanten ganz anders aussehen als bei der Gegenseite. Sie muss genau auf den Horizont des jeweiligen Adressaten abgestimmt sein und sie darf diesem nicht das Gefühl geben, zu etwas Unerwünschtem gedrängt zu werden. Grundvoraussetzung dafür ist, dass der Adressat umfassend und verständlich aufgeklärt wird. Die Erörterung muss ihn sodann dazu veranlassen, selbst den richtigen Weg zu finden; ihr Ergebnis muss von ihm selbst gewollt sein. 65

Dieses Ziel ist unschwer zu erreichen, wenn die Grundsätze erfolgreicher Kommunikation beachtet werden. Sie werden in §§ 8f. eingehend dargestellt. Nachstehend sind einige Hinweise zu den wichtigsten AKL Verfahren zusammengestellt. 66

I. Argumente für das Mandantengespräch

Es dürfte in der Regel nicht schwer fallen, dem Mandanten plausibel zu machen, dass vor dem Beschreiten des Rechtswegs erst nochmals mit der anderen Seite **verhandelt** werden sollte. Der Einwand, alle bisherigen Verhandlungen seien ergebnislos geblieben, lässt sich mit dem Hinweis darauf entkräften, dass die Einschaltung des Rechtsanwalts die Verhandlungssituation entscheidend verändert hat. Es entsteht wegen des nunmehr konkret drohenden Gerichtsverfahrens nicht nur ein erhöhter Einigungsdruck, sondern die Verhandlungen können auch wesentlich professioneller geführt werden als die Gespräche zwischen den Parteien selbst. 67

Auch der Hinweis auf die möglichen Kostenfolgen bei einer verfrüht erhobenen Klage (§§ 91a, 93, 269 Abs. 3 S. 3 ZPO) ist geboten.

Insbesondere aber kann durch gezieltes Fragen und unverblümte Aufklärung beim Mandanten zumindest ein Nachdenken darüber herbeigeführt werden, ob ein langdauerndes, öffentliches, belastendes und im Ausgang ungewisses Gerichtsverfahren wirklich seinen **Interessen** entspricht. Das Bewusstmachen dieser mittelbaren Auswirkungen erreicht mehr als der bloße Hinweis auf die Verfahrenskosten. Natürlich ist auch das Kostenrisiko zu erörtern, aber da der Mandant in der Regel voll davon überzeugt ist, im Recht zu sein und den Prozess zu gewinnen, ist seine Neigung groß, dieses zu verdrängen (zu Gegenstrategien s. Rdn. 358). Mehr Gewicht hat der Hinweis auf die mittelbaren wirtschaftlichen Auswirkungen (Rdn. 63), die dem Mandanten häufig überhaupt nicht bewusst sind, auf die zu erwartende Verfahrensdauer und nicht zuletzt auf die Publizität des Gerichtsverfahrens. Der Begleitschaden, der insbesondere durch Pressebe- 68 richte entstehen kann, kann stärker zu Buche schlagen als das Prozessergebnis selbst. Der Hinweis hierauf ist nicht nur empfehlenswert, sondern durch die Fürsorgepflicht des Anwalts geboten.

Zu den beim Mandantengespräch anzuwendenden Gesprächstechniken s. Rdn. 146 ff.

II. Kontakt mit der Gegenseite

69 Schwieriger gestaltet es sich, die **Gegenseite** an den Verhandlungstisch zu bekommen. In hohem Maße wird dies davon abhängen, wie der Anwalt an den Konfliktgegner seines Mandanten herantritt. Wer ihm zunächst einen geharnischten Brief mit ungefilterter Wiedergabe der Vorwürfe seines Mandanten schickt, wird es schwer haben, ein positives Verhandlungsklima aufzubauen. Es ist leider immer wieder festzustellen, dass die Einschaltung eines Anwalts nicht zur Versachlichung, sondern maßgeblich zur Verschärfung eines Konflikts beiträgt; Anwälte, die glauben, mit einem besonders groben Tonfall, wie er gegenüber einem hartnäckigen Zahlungsverweigerer angebracht sein mag, auch in einem Erbschaftsstreit zwischen Geschwistern ihrem Mandanten einen Gefallen zu tun, erreichen genau das Gegenteil und verstoßen klar gegen § 1 Abs. 3 der Berufsordnung.

70 a) Wird eine Verhandlungslösung angestrebt – und dies sollte in den Beziehungsfällen die Regel sein – muss vielmehr besonders sensibel agiert werden. Ein die Regeln der schriftlichen Kommunikation (s. Rdn. 167) beachtendes, nicht mit Vorwürfen, sondern mit eigenen Vorschlägen bzw. mit der Bitte um Vorschläge für die Behandlung der bestehenden Situation versehenes **Schreiben,** mit dem zu einer Besprechung der Angelegenheit eingeladen wird, schadet der Position des eigenen Mandanten in keiner Weise, eröffnet aber u.U. den Weg zu einer konstruktiven Konfliktbehandlung. Zumindest testet es aus, ob die Gegenseite grundsätzlich kooperationsbereit ist oder es auf eine streitige Auseinandersetzung abgesehen hat.

71 b) In der **Einladung** zu dem Gespräch sollte der Gegenseite (nach Abklärung dieser Frage mit dem Mandanten) ausdrücklich freigestellt werden, ob er zunächst alleine mit dem Anwalt (Zweier-Gespräch), oder mit Anwalt und Mandant (Dreier-Gespräch) sprechen möchte. Es kann sich auch empfehlen, ihm nahezulegen, ebenfalls einen Rechtsanwalt zu bestellen und gegebenenfalls ein Vierer-Gespräch zu führen; dies kann (wenn auch der andere Anwalt die Regeln des kooperativen Verhandelns beherzigt) eine Versachlichung des Konflikts und eine Einigung sehr fördern. Natürlich kann auch die Beiziehung weiterer Personen angeboten bzw. sogar angeregt werden (etwa weiterer Geschwister beim Erbschaftsstreit, des Architekten oder Bauleiters bei einem Baukonflikt).

c) Das Gespräch sollte aus atmosphärischen Gründen **nicht in den Räumen einer der Konfliktparteien** stattfinden. Gegen eine Einladung in die Kanzlei bestehen aber keine grundsätzlichen Bedenken; in sehr heiklen Fällen, insbesondere größeren Wirtschaftsstreitigkeiten, verdient ein Treffen in neutralen Räumen, z. B. Hotel, freilich den Vorzug. 72

d) Eine **telefonische Kontaktaufnahme** mit dem Konfliktgegner im Privatbereich ist grundsätzlich nicht zu empfehlen. Sie könnte als Belästigung oder Überrumpelung empfunden werden und Gegenreaktionen auslösen. Gegen das *Angebot* einer telefonischen Kontaktaufnahme bestehen dagegen keine Bedenken. Handelt es sich bei der Gegenseite um ein Wirtschaftsunternehmen (Versicherung, Kreditinstitut) oder eine Behörde oder ist sie bereits anwaltlich vertreten, kann der Erstkontakt mit dem zur Vertretung Berufenen bedenkenlos auch telefonisch hergestellt und am Telefon auch bereits zur Sache verhandelt werden. Hierbei sollte primär versucht werden, ein kooperatives Verhandlungsklima zu schaffen. Geht die Gegenseite hierauf nicht ein, sondern zielt sie auf ein kompetitives Vorgehen ab, ist es ratsam, zunächst nicht weiter zur Sache zu verhandeln, sondern nach Möglichkeit über das weitere Procedere zu sprechen. Dabei ist grundsätzlich auch gegen kompetitive Vergleichsverhandlungen nichts einzuwenden; diese erfordern jedoch eine vorherige Abstimmung der Verhandlungsspielräume mit dem Mandanten. Zu den bei telefonischer Besprechung zu beachtenden Gesichtspunkten s. Rdn. 182 ff. 73

e) Ein Verhandlungsangebot per **E-Mail** oder **SMS** entspricht trotz der gewandelten Kommunikationsgepflogenheiten nicht dem von einem Rechtsanwalt zu erwartenden Stil. 74

f) Ist es gelungen, mit der Gegenseite eine **bilaterale Verhandlung** (d. h. ohne einen Dritten als Verhandlungsleiter) zu verabreden, muss der Rechtsanwalt sich stets bewusst sein, dass er nur die Interessen seines Mandanten vertreten darf. Er kann hier also nicht als Vermittler oder gar Mediator agieren, sondern der Gegenseite lediglich das nahebringen, was sein Mandant in die Verhandlung einbringen will. Er ist gewissermaßen das Sprachrohr seines Mandanten mit der Funktion, die Kommunikation zu versachlichen und gegebenenfalls mit rechtlichen Hinweisen anzureichern. Schon dies zeigt, dass es – jedenfalls bei Privatpersonen – vorzuziehen ist, dass auch auf der anderen Seite ein anwaltlicher Vertreter teilnimmt; die Verhandlungen können dann auf gleicher Augenhöhe geführt werden. Dennoch ist von Verhandlungen mit der Gegenseite persönlich nicht generell abzuraten. Sie können u. U. dazu beitragen, eine durch unbedachte Reaktionen ausgelöste Missstimmung zu beheben oder sich, wenn schon nicht auf eine Lösung, so wenigstens auf den einzuschlagenden Lösungsweg, etwa eine Schlichtung oder eine Mediation, zu verständigen. 75

76 g) Weitere Hinweise zur Kommunikation mit der Gegenseite in Rdn. 157ff.

§ 5 Durchführung des Verfahrens

77 Während der Rechtsanwalt mit Einreichung einer ordnungsgemäßen Klage oder Schiedsklage die Verfahrensleitung weitgehend aus der Hand gibt, verbleibt sie bei den konsensualen Verfahren im Wesentlichen bei der Partei und damit bei ihm als deren professionellem Vertreter. Das gilt für die formelle Abwicklung – Organisation der Verhandlungstermine, Finden und Beauftragen des Schlichters, Mediators oder Schiedsgutachters, Abfassung der Abschlussvereinbarung usw. – aber auch in materieller Hinsicht: Der Anwalt kann durch sein Verhandeln, seine Beiträge zu kreativen Lösungen, seine Beratungstätigkeit das Ergebnis des Verfahrens wesentlich besser mitbestimmen. In dieser **Autonomie** liegt ja gerade der Vorzug dieser alternativen Konfliktlösungsformen gegenüber dem weitgehend fremdbestimmten, formalisierten Gerichtsverfahren, bei dem nur begrenzt darauf Einfluss genommen werden kann, welche Person, mit wie viel Aufwand, in welcher Zeit und mit welchem Ergebnis über das Petitum des Mandanten entscheidet.

78 Die Delegation der Verfahrensverantwortung an den Richter mag im Moment bequemer erscheinen; später stellt es sich angesichts eines sich hinschleppenden Prozesses mit Zuständigkeitsgeplänkel, Vertagung, Richterwechsel, Beweisaufnahme, richterlichen Hinweisen und Auflagen, Vergleichsvorschlägen, wiederholten Schriftsätzen, Rückfragen und Beschwichtigungsversuchen beim zunehmend ungeduldig werdenden Mandanten dann oftmals anders dar. Im Regelfall ist die außergerichtliche Streitbeilegung die deutlich schnellere, schonendere und befriedigendere Form der Konfliktlösung, auch wenn sie dem Anwalt manchmal etwas mehr **Einsatz außerhalb eingefahrener Wege** abverlangt. Der Einsatz lohnt sich nicht nur deshalb, weil er dem Anwalt viel Aufwand und Frustration erspart, sondern auch in wirtschaftlicher Hinsicht, denn selbstverständlich kann er für seine Tätigkeit ein angemessenes Honorar berechnen (dazu Rdn. 95 ff.).

Welche Aktivitäten der Anwalt bei der Durchführung des Verfahrens zu entfalten hat und worauf hierbei zu achten ist, wird bei den einzelnen Verfahrensarten erläutert (§§ 15 ff.).

79 Generell ist anzumerken, dass das **Verhältnis Anwalt – Mandant** bei der AKL zum Teil ein gänzlich anderes ist als im gerichtlichen Verfahren. Die Prozesspartei erteilt dem Anwalt eine umfassende Vollmacht (§ 81 ZPO), kraft derer er alle auf die Entscheidung des Rechtsstreits gerichteten Prozesshandlungen an ihrer Stelle rechtsverbindlich und vielfach unabänderlich vornimmt. Er tätigt die nach außen hin wirksamen Aktionen, manch-

mal ad hoc im Gerichtssaal, und muss sicherstellen, dass sein Mandant durch sie keinen Nachteil erleidet.

Bei AKL-Verfahren verhält es sich ähnlich, soweit der Anwalt selbst als Verhandlungsführer agiert; es fehlen jedoch die Formalisierungen des Prozessrechts wie Erklärungspflicht, Geständniswirkung, Beweisantritt, Präklusion usw. Der Anwalt kann sich bei seiner Vertretung wesentlich mehr auf das Inhaltliche, Atmosphärische konzentrieren und hat damit eine viel nähere Beziehung zu den persönlichen Wünschen, Anliegen, Interessen des Mandanten. Soweit der Mandant selbst im Verfahren auftritt, besonders bei der Mediation, findet sich der Anwalt in der ganz anderen Rolle des **Beistands und Beraters** wieder (näher dazu Rdn. 372). Es entspricht dem auf der Parteiautonomie gründenden Sinn dieses Verfahrens, dass der Anwalt die Konfliktlösung sich entwickeln lässt und nur dort beratend interveniert, wo der Mandant den Überblick verliert oder Fehleinschätzungen unterliegt. Und bei der Abschlussvereinbarung wird der Anwalt mehr **kautelarjuristisch** tätig, weil er an der Gestaltung der künftigen Beziehungen zwischen den Parteien mitwirken kann (näher dazu sogleich). 80

§ 6 Abschlussvereinbarung

Das AKL-Verfahren endet gewöhnlich mit einer einvernehmlichen Regelung, einem **Vertrag zwischen den Parteien.** Während der übliche Prozessvergleich sich zumeist darauf beschränkt, einer Partei eine Leistung der anderen gegen Verzicht auf weitergehende Forderungen zuzusprechen und die Kosten aufzuteilen, gehen Vereinbarungen, die durch außergerichtliche Verhandlungen oder eine Mediation zustande kommen, typischerweise weit darüber hinaus. Nicht selten werden neue Geschäftsbeziehungen begründet, Gesellschaftsverhältnisse umstrukturiert, Kompensationsgeschäfte vereinbart, Eigentumsübertragungen vorgenommen und vieles andere mehr. Zwar ist all dies auch im Rahmen gerichtlicher Vergleiche möglich, kommt dort aber eher selten vor, weil der Prozessvergleich in erster Linie den Zweck hat, den Rechtsstreit im Wege gegenseitigen Nachgebens zu beenden (§ 794 Abs. 1 Nr. 1 ZPO i.V.m. der Legaldefinition in § 779 Abs. 1 BGB). Die konsensuale Konfliktlösung lebt hingegen gerade davon, durch eine Vergrößerung des Regelungsgegenstands eine für beide Seiten vorteilhafte Lösung herbeizuführen (s. dazu Rdn. 190). 81

I. Vollstreckbarkeit

Ein nicht unwesentlicher Vorteil des Prozessvergleichs gegenüber der außergerichtlichen Abschlussvereinbarung besteht allerdings darin, dass 82 aus ihm gegebenenfalls die **Zwangsvollstreckung** betrieben werden kann (§ 794 Abs. 1 Nr. 1 ZPO). Doch gibt allein diese Perspektive keinen Anlass, auf ein sich anbietendes AKL-Verfahren zu verzichten und den Prozessweg zu beschreiten:

83 Oftmals besteht im Rahmen der AKL gar kein Bedarf für einen vollstreckbaren Titel. Wenn das Verhandlungsergebnis etwa so aussieht, dass rückständige Forderungen erlassen und stattdessen ein neuer Kooperationsvertrag geschlossen wird, gibt es nichts zu vollstrecken. Besser als neue Ansprüche zu schaffen und zu titulieren ist es, den **Leistungsaustausch sogleich herbeizuführen,** also z. B. die Verhandlung auszusetzen, bis der ausgehandelte Betrag dem Gläubiger überwiesen oder der erstrebte Gegenstand übergeben ist. Statt sich zu Grundstücks- oder Anteilsübertragungen zu verpflichten, geht man besser gleich zum Notar. Das ganze Instrumentarium der Vertragsgestaltung kann sich hier entfalten, von der Automatisierung des Vertragsvollzugs durch Vereinbaren von Bedingungen oder Erteilen von Vollmachten bis hin zum Ermöglichen von Vorleistungen durch Einschalten eines Treuhänders.[39]

Soll im Einzelfall aber doch ein vollstreckbarer Anspruch geschaffen werden, ist dies auch im Rahmen der AKL möglich:

84 Wird der Vergleich als **Anwaltsvergleich** von den bevollmächtigten Rechtsanwälten abgeschlossen und unterwirft sich der Schuldner darin der sofortigen Zwangsvollstreckung, kann er nach Maßgabe der §§ 796a–796c ZPO vom zuständigen Gericht oder einem Notar für vollstreckbar erklärt werden[40] und steht dann einem Prozessvergleich gleich.

85 Die Parteien können auch bei einem Notar eine **vollstreckbare Urkunde** nach § 794 Abs. 1 Nr. 5 ZPO errichten.

86 Schließlich steht auch der Vergleich, der vor einer durch die Landesjustizverwaltung eingerichteten oder **anerkannten Gütestelle** abgeschlossen wird, dem vollstreckbaren Prozessvergleich gleich (§ 794 Abs. 1 Nr. 1 ZPO). Welche Stellen dies sind, ist oftmals etwas versteckt im Landesrecht geregelt.

In *Bayern* können z. B. alle von der Rechtsanwaltskammer als Gütestelle nach Art. 5 Abs. 2 BaySchlG anerkannten Rechtsanwälte vollstreckbare Vergleiche beurkunden (Art. 5 Abs. 3 Satz 1 BaySchlG i. V. m. § 15a Abs. 6 EGZPO), und zwar auch außerhalb der obligatorischen Schlichtung nach diesem Gesetz.[41]

In *Baden-Württemberg* sind die Gütestellen bei den Amtsgerichten eingerichtet und mit Rechtsanwälten als Schlichtungspersonen besetzt (§§ 2, 3 BWSchlG).

Nach § 1 des Gütestellen- und Schlichtungsgesetzes *Nordrhein-Westfalen* sind die nach dem Schiedsamtsgesetz eingerichteten Schiedsämter Gütestellen im Sinne des § 794

[39] Dazu eingehend *Walz* Formularbuch Kap. 10.

[40] Die Kosten sind relativ gering: beim AG 50 EUR (KV-GKG Nr. 2118), beim Notar Hälfte der vollen Gebühr (§ 148a i. V. m. § 32 KostO): bei einem Geschäftswert von 50 000 EUR z. B. 66 EUR.

[41] *Zöller/Heßler* § 15a EGZPO Rdn. 19.

Abs. 1 Nr. 1 ZPO. Als weitere Gütestellen i. S. v. § 2 des Gesetzes wurden in erster Linie Rechtsanwälte anerkannt.

Zum weiteren Verfahren bei diesen Gütestellenvergleichen s. § 797a ZPO, zu Kosten- und Vergütungsfragen § 7.

II. Konfliktregelung

87 Werden durch die Abschlussvereinbarung Vertragsbeziehungen begründet, sollte der Gedanke der konsensualen Konfliktlösung zu Ende gedacht und auch **Vorsorge für den Fall neuer Konflikte** getroffen werden. Nach dem Abschluss von Vergleichen entstehen nicht selten erneute Konflikte aufgrund von Unklarheiten, Umgehungsversuchen, Vollzugsschwierigkeiten usw.[42] Der Vergleich löst dann einen neuen Prozess aus, was absolut unerfreulich ist. Durch Anwendung kautelarjuristischer Grundsätze kann dies weitgehend vermieden werden. In Betracht kommt z. B.,

- im Falle künftiger Störungen automatisch bestimmte Rechtsfolgen eintreten zu lassen (etwa durch Befristungen, Verfallsklauseln, Rücktrittsrechte o. dgl.),
- für den Fall der Unwirksamkeit einer Bestimmung eine salvatorische Klausel zum Ausschluss des § 139 BGB einzufügen,
- zur Vermeidung des Streits über mündliche Abänderungen eine Schriftformklausel aufzunehmen.

Natürlich hängen Umfang und Ausgestaltung dieses Begleitregulatoriums von der Bedeutung des vereinbarten Rechtsgeschäfts ab. Auf keinen Fall sollte jedoch eine Klausel fehlen, mit der sich die Parteien verpflichten, aus dieser Vereinbarung entstehende Streitigkeiten (unter möglichst genauer Bezeichnung des gewünschten Verfahrens) einvernehmlich beizulegen (s. dazu Anhang 1).

III. Kostentragung

88 Der Prozessvergleich muss wegen seiner prozessbeendigenden Wirkung mit einer Kostenfolge versehen sein. § 98 ZPO überlässt die Regelung primär den Parteien und trifft eine Auffangregelung (Kostenaufhebung). Bei der außergerichtlichen Einigung entfällt dieses – den Abschluss von Prozessvergleichen oft erschwerende – Erfordernis. Gerichtskosten, die zu verteilen wären, gibt es nicht. Eine Erstattung der Anwaltskosten, die für

[42] Vgl. Urteile des BGH v. 27. 1. 2010 – XII ZR 148/07, (BeckRS 2010, 05792), in dem über die Auslegung eines Mediationsvergleichs zu entscheiden war, und VIII ZR 58/09 (BeckRS 2010, 09302) zur Auslegung einer Abgeltungsklausel.

außergerichtliche Verhandlungen entstanden sind, wird kaum den Vorstellungen der Verhandlungspartner entsprechen, kann aber natürlich, auch im Rahmen von „Paketlösungen", vereinbart werden. Wird ein Dritter (Vermittler, Schlichter, Mediator, Schiedsgutachter o.ä.) eingeschaltet, geschieht dies durch die Parteien gemeinsam; die diesbezügliche Abrede wird daher auch die Kostentragung regeln (üblicherweise 50 : 50). Das bedeutet, dass das Kostenthema bei der AKL in der Regel bereits vor dem Verfahren erledigt ist und die Abschlussvereinbarung nicht mehr belastet. Zu der Frage, welche Kosten das AKL-Verfahren auslöst und wie diese sich in der Mandantenbeziehung auswirken, s. nachstehend § 7.

§ 7 Kosten- und Vergütungsfragen

I. Verfahrenskosten

90 Wird eine dritte Person oder Stelle in die Konfliktlösung eingeschaltet, stellt sich die Frage, ob, in welcher Höhe und von wem deren Dienstleistung zu vergüten ist. Für das Gerichtsverfahren gibt es hierzu die eingehenden Regelungen über die Kostentragung in §§ 91 ff. ZPO, §§ 80 ff. FamFG, über die Kostenhöhe im GKG und FamGKG sowie über die Prozess-, bzw. Verfahrenskostenhilfe in §§ 114 ff. ZPO, §§ 76 ff. FamFG; für die Schiedsgerichtsbarkeit existieren Kostenordnungen der institutionellen Anbieter[43] und auf Empfehlungen der Berufsverbände beruhende Übungen für die ad hoc-Schiedsgerichte.[44] Bei der außergerichtlichen Streitbeilegung hängt es dagegen ganz von der Verfahrenswahl und den getroffenen Vereinbarungen ab, welche Kosten dem Mandanten entstehen; das Spektrum reicht von kostenlosen Schlichtungs- und Mediationsangeboten bis zu fünfstelligen Vergütungen für aufwendige Gutachterverfahren. Die Kostenfrage ist somit auch ein wesentlicher Gesichtspunkt bei der Verfahrenswahl und bei der Beratung des Mandanten; auf sie wird bei der Darstellung der einzelnen Verfahrensarten (§§ 15 ff.) näher eingegangen.

91 Von Ausnahmefällen abgesehen verursachen AKL-Verfahren wesentlich niedrigere Kosten als ein streitiges Verfahren vor Gericht oder Schiedsgericht. Sie orientieren sich üblicherweise nicht am Streitwert, sondern am

[43] Z.B. § 40 der DIS-SchO nebst Anlage (abrufbar unter http://www.dis-arb.de); Art. 30 f der ICC-SchO nebst Anhang III (abrufbar unter http://www.iccarbitration.org).

[44] Mustervereinbarung für eine Vereinbarung über die Vergütung der Schiedsrichter, ausgearbeitet vom Deutschen Anwaltverein im Einvernehmen mit dem Deutschen Richterbund (abrufbar unter http://anwaltverein.de).

Aufwand. Tendenziell ist damit eine Mediation in einem Wirtschaftskonflikt mit sehr hohem Streitwert wesentlich kostengünstiger als ein (Schieds-) Gerichtsverfahren. Im unteren Streitwertbereich hingegen scheiden aufwendige AKL-Verfahren aus Gründen der Verhältnismäßigkeit weitgehend aus, zumal Prozess- oder Verfahrenskostenhilfe hier nicht eingreifen.

Dennoch kommt der AKL auch (und gerade) im Bereich der Alltagskonflikte erhebliche Bedeutung zu, denn dort stehen die Kosten einer gerichtlichen Auseinandersetzung oft außer Verhältnis zum Anlass des Streites, so dass entweder unrationell prozessiert oder auf Rechtsverfolgung verzichtet wird. Hier bietet sich neben Verhandlungslösungen, die keinerlei Verfahrenskosten verursachen, die Inanspruchnahme kostenfreier oder zumindest -günstiger Schlichtungs- oder Schiedsstellen an (s. dazu die Hinweise in Rdn. 411 ff.). Für familiäre Konflikte gibt es kostenfreie Mediationsangebote bei vielen Jugendämtern und Beratungsstellen (dazu Rdn. 512). 92

Die Kosten eines **Schiedsgutachters** mögen oft hoch erscheinen, weil dieser nicht an die Vorgaben des JVEG gebunden ist und höhere Stundensätze aushandeln wird. Im Endergebnis ist ein Schiedsgutachten aber dennoch in der Regel günstiger als ein im Prozess zu erstattendes Gerichtsgutachten, weil der Gutachter für dessen schriftliche Abfassung und die vielfach anfallenden schriftlichen wie mündlichen Erläuterungen (§ 411 Abs. 3, 4 ZPO) wesentlich mehr Zeit benötigt (näher Rn. 518 ff.). 93

II. Anwaltsvergütung

1. Gerichtliches und schiedsgerichtliches Verfahren

Das RVG samt Vergütungsverzeichnis trifft für die Vertretung im gerichtlichen sowie im schiedsgerichtlichen Verfahren (dazu § 36 RVG) sehr detaillierte Vergütungsregelungen, lässt aber in den Schranken des § 49 b Abs. 1 BRAO, der eine niedrigere oder erfolgsabhängige Vergütung grundsätzlich ausschließt, Raum für gewisse Abweichungen. Insbesondere kann eine **höhere** als die gesetzliche Vergütung, etwa nach Zeitaufwand oder Pauschalsätzen, bei Einhaltung bestimmter Formalitäten vereinbart werden (§ 3 a Abs. 1 RVG). Es ist in engen Grenzen auch möglich, die Honorierung vom **Erfolg** der anwaltlichen Bemühungen abhängig zu machen; hier muss zu den formalen Anforderungen hinzukommen, dass der Mandant aufgrund seiner wirtschaftlichen Verhältnisse bei verständiger Betrachtung ohne die Vereinbarung eines Erfolgshonorars von der Rechtsverfolgung abgehalten würde (§ 4 a RVG). 94

In der forensischen Praxis ist die gesetzliche Vergütung, die sich am Streitwert orientiert (§ 2 Abs. 1, § 23 Abs. 1 S. 1 RVG, § 3 GKG) die Regel. In sehr arbeitsintensiven, wirtschaftlich bedeutsamen Verfahren ist die Vergütung nach Stundensätzen üblich. Von der Möglichkeit, ein Erfolgshonorar zu vereinbaren, wird relativ wenig Gebrauch gemacht.[45]

2. Außergerichtliche Verfahren

95 Für die Vertretung in einem außergerichtlichen Verfahren enthält das RVG nur wenige spezielle Vorgaben. Sie wird grundsätzlich durch die **Geschäftsgebühr** nach Nr. 2300 VV-RVG (mit einem Rahmen von 0,5–2,5) abgegolten. Für die Vertretung vor bestimmten **Gütestellen** setzt Nr. 2303 VV-RVG die Geschäftsgebühr auf 1,5 fest; eine bereits angefallene Geschäftsgebühr ist teilweise anzurechnen.

96 Allerdings ist bei außergerichtlichen Angelegenheiten ein noch größerer Freiraum für **Vergütungsvereinbarungen** eröffnet. § 4 Abs. 1 RVG gestattet neben der ohnehin zulässigen Überschreitung auch die Unterschreitung der gesetzlichen Gebühren. Erfolgshonorare sind auch hier nach Maßgabe des § 4 a RVG zugelassen.[46] Die Vergütung in einem Verfahren der AKL kann daher, deren unterschiedlichen Erscheinungsformen entsprechend, sehr flexibel und jedem Fall angemessen gestaltet werden.

3. Einzelne Verfahrensgestaltungen

97 a) Der Anwalt, der einen ratsuchenden Verbraucher, Mieter oder Familienvater bei der Erstberatung **an eine Schlichtungs-, Ombuds- oder Beratungsstelle verweist** und nicht weiter in der Sache tätig wird, kann lediglich nach § 34 Abs. 1 RVG abrechnen, hat sich aber ein wahrscheinlich defizitäres Mandat erspart und einen zufriedenen Mandanten gewonnen.

98 b) Wird der Anwalt **mit der außergerichtlichen Vertretung beauftragt,** fällt die aus dem Gegenstandswert zu berechnende Geschäftsgebühr von 0,5 bis 2,5 an; dabei kann eine Gebühr von mehr als 1,3 nur gefordert werden, wenn die Tätigkeit umfangreich oder schwierig war (Nr. 2300 VV-RVG). Vertritt der Anwalt den Mandanten in komplexen Verhandlungen, kann das Überschreiten der Regelgebühr ohne Weiteres begründet werden, ebenso wenn der Anwalt den Mandanten in einem länger dauernden, auch rechtliche Implikationen umfassenden Mediations- oder Schlichtungsverfahren begleitet und berät.[47]

Kommt es zur Einigung, fällt zusätzlich die Einigungsgebühr von 1,5 an (Nr. 1000 VV-RVG).

99 c) Misslingt der Einigungsversuch und wird der Anwalt deshalb mit der **Vertretung in einem förmlichen Gütestellenverfahren** (s. Rdn. 95) beauf-

[45] Erste Übersicht bei *Hommerich/Kilian* AnwBl. 2009, 541 ff.

[46] Abs. 1 Satz 2 ist hier analog anzuwenden: *Mayer* in Gerold/Schmidt § 4 a Rdn. 10.

[47] Vgl. *Mayer* in Gerold/Schmidt, VV 2300, 2301 Rdn. 28.

tragt, bleiben seine vorherigen Bemühungen dennoch nicht unvergütet, denn die Geschäftsgebühr wird nur zur Hälfte, höchstens mit einem Gebührensatz von 0,75, auf die Geschäftsgebühr des Gütestellenverfahrens (Nr. 2303 VV-RVG) angerechnet.

Das allgemeine Betreiben der einvernehmlichen Konfliktlösung und die Vertretung im Gütestellenverfahren können demnach gesonderte Gebührentatbestände sein. Hierauf ist bei der Mandatserteilung zu achten. Wird der Anwalt sogleich mit dem Gütestellenverfahren beauftragt, rechnet er nach Nr. 2303 ab. Soll er zunächst nur allgemein vertreten, z. B. in bilateralen Verhandlungen, fällt die Rahmengebühr nach Nr. 2300 an; kommt es dann zu einem Gütestellenverfahren (mit dessen Führung er auch bereits bedingt beauftragt werden kann), entsteht die 1,5-Gebühr nach Nr. 2303 und die bereits entstandene Geschäftsgebühr wird partiell angerechnet.

Unter die Gütestellen i. S. v. Nr. 2303 VV-RVG fallen vor allem die staat- 100
lich anerkannten Gütestellen i. S. d. § 794 Abs. 1 Nr. 1 ZPO (s. Rdn. 86), aber auch sonstige gesetzlich eingerichtete Einigungs-, Güte- und Schiedsstellen sowie Schlichtungsstellen, die von den Parteien einvernehmlich in Anspruch genommen werden. Der Vergütungstatbestand der Nr. 2303 VV-RVG dürfte somit den gesamten Bereich der Vermittlung und Schlichtung abdecken, wohl aber nicht die **Mediation**[48] und das **Schiedsgutachtenverfahren.**[49] Für diese Fälle lässt sich auch § 34 RVG nichts entnehmen, da dieser nur die Fälle betrifft, in denen der Rechtsanwalt selbst als Gutachter oder Mediator tätig wird. Hier bleibt es also, ebenso wie bei Verhandlungen, die der Rechtsanwalt ohne Einschaltung eines Dritten für den Mandanten führt, bei der Rahmen-Geschäftsgebühr der Nr. 2300 VV-RVG. Vorzugswürdig ist indessen eine Vergütungsvereinbarung.

d) Auch wenn der konsensuale Weg insgesamt verlassen werden soll und 101
der Rechtsanwalt mit dem **Übergang ins streitige Verfahren** beauftragt wird, bleibt die bereits verdiente Geschäftsgebühr grundsätzlich erhalten. Sie wird lediglich (wie oben bei c) teilweise auf die Verfahrensgebühr des gerichtlichen Verfahrens angerechnet (VV-RVG Vorbem. 3 Abs. 4, § 15 a RVG).

e) Dabei legt eine (etwas versteckte) Regelung des RVG einen **Last-** 102
Minute-Versuch der Prozessabwendung nahe: Der Rechtsanwalt wird durch sie animiert, nach der Erteilung des unbedingten Klageauftrags und vor Einreichung der Klage nochmals auf die Gegenseite zuzugehen und die Möglichkeit einer gütlichen Lösung mit ihr zu erörtern.[50] Da der Prozess nunmehr bereits einen deutlichen Schatten vorauswirft, ist die Verhandlungsposition in diesem Stadium u. U. eine andere als vor der Erteilung des Prozessauftrags; die Situation könnte vom Gegner jetzt ernster genommen

[48] A. A. *Mayer* in Gerold/Schmidt § 34 Rdn. 37.

[49] Nach *Mayer* in Gerold/Schmidt, VV 2303 Rdn. 7 auch nicht die Gutachterkommissionen der Ärztekammern.

[50] Dies kann er von sich aus tun, nicht aber gegen den ausdrücklich erklärten Willen des Mandanten; *Müller-Rabe* in Gerold/Schmidt, VV Vorb. 3 Rdn. 88 f.

und seine Einigungsbereitschaft erhöht werden. Aus eben dieser Erwägung heraus hat der Gesetzgeber die Regelung in der Vorbemerkung 3 Abs. 3 VV-RVG geschaffen, wonach eine Terminsgebühr von 1,2 auch ohne Gerichtstermin entsteht, wenn der Prozessanwalt an „auf die Vermeidung oder Erledigung des Verfahrens gerichteten Besprechungen" mitwirkt.[51]

Hierfür genügt auch eine telefonische Besprechung,[52] nicht aber der Austausch von Schriftzeichen per Brief, Telefax, SMS oder E-Mail.[53] Ob der Gegner im vermiedenen Prozess postulationsfähig gewesen wäre, ist unerheblich, auch die Mitwirkung an einer zwischen den Parteien selbst geführten Besprechung wäre ausreichend.[54]

103 Unerheblich ist, ob die Besprechung zu einer Einigung führt; es genügt, dass der Gegner sich auf das Gespräch einlässt, indem er die ihm unterbreiteten Vorschläge zur Kenntnis nimmt und deren Prüfung zusagt[55] oder Interesse an einer außergerichtlichen Lösung erkennen lässt.[56] Die Terminsgebühr bleibt deshalb auch dann verdient, wenn es zum Prozess, dort aber nicht mehr zu ihrem (unverminderten) Anfall kommt.[57] Endigt das Prozessmandat vor der Klageeinreichung, verringert sich zwar die mit der Mandatserteilung angefallene Verfahrensgebühr nach Nr. 3101 VV-RVG von 1,3 auf 0,8; insgesamt verdient der Anwalt auf diese Weise jedoch ebenso viel wie beim Abschluss eines Prozessvergleichs, ohne den Aufwand einer Klageschrift, weiterer vorbereitender Schriftsätze, einer mündlichen Verhandlung usw. erbringen zu müssen. Dies zeigt nachstehender Vergleich:

104

	bei Vergleich im Prozess	bei prozessvermeidender Einigung
Verfahrensgebühr	1,3 (Nr. 3100)	0,8 (Nr. 3101)
Terminsgebühr	1,2 (Nr. 3104)	1,2 (Nr. 3104; Vorbem. 3 Abs. 3)
Einigungsgebühr	1,0 (Nr. 1003)	1,5 (Nr. 1000)
insgesamt	3,5	3,5

105 Hat der Anwalt bereits aufgrund des Mandats zur außergerichtlichen Vertretung eine Geschäftsgebühr verdient, kann er trotz der partiellen Anrechnung (je nach Höhe der Geschäftsgebühr) insgesamt zwischen 4,0 und 5,25 Gebühren abrechnen, ohne eine prozessuale Aktivität entfalten zu müssen.[58]

[51] BGH NJW-RR 2007, 720 = AnwBl. 2007, 381.
[52] BGH NJW-RR 2007, 1578.
[53] BGH NJW 2010, 381.
[54] BGH NJW-RR 2007, 787.
[55] BGH NJW-RR 2007, 286 = AnwBl. 2007, 238
[56] BGH NJW-RR 2007, 1578.
[57] Z. B. wegen Säumnis; vgl. BGH NJW-RR 2007, 787.
[58] Allerdings (mangels Rechtshängigkeit) nicht im Kostenfestsetzungsverfahren; BGH NJW 2009, 233 = AnwBl. 2009, 73.

Mit dieser besonderen Honorierung außergerichtlicher Bemühungen des Anwalts wollte der Gesetzgeber einen Anreiz zu einem entsprechend erhöhten Einsatz schaffen.[59] Die Chance, dass sich einigungswillige Parteien ein oft langwieriges und kostspieliges Verfahren ersparen, sollte vergrößert werden.[60] Die mittlerweile rückläufigen Eingangszahlen bei den Zivilgerichten könnten darauf hindeuten, dass das – bisher vielfach verkannte – Signal zunehmend wahrgenommen wird.

III. Erstattung von Kosten und Auslagen

Wenn das AKL-Verfahren **mit einer Einigung** endet, wird diese auch die Kostentragung umfassen. Es sollte vermieden werden, dass nach gütlicher Lösung der Hauptsache über die Kostenfrage, etwa die Erstattung von Anwaltskosten, weiter gestritten wird. Anzustreben ist vielmehr, dass bereits bei der Verständigung auf das Verfahren auch die Kostentragung geregelt wird; dem Wesen der konsensualen Konfliktlösung entspricht es dabei durchaus, wenn die Verfahrenskosten hälftig geteilt und die Auslagen von jeder Partei selbst getragen werden. 106

Kommt es dagegen zu **keiner Einigung** und wurde auch keine antezipierte Kostenregelung getroffen, stellt sich die Frage, ob von dem im anschließenden Rechtsstreit unterlegenen Gegner die im AKL-Verfahren entstanden Verfahrens- und Anwaltskosten zu ersetzen sind. 107

Als **Kosten des Rechtsstreits,** die nach §§ 91 ff. ZPO verteilt und nach §§ 103 ff. ZPO festgesetzt werden, können nur **prozessbezogene** Aufwendungen angesehen werden. Bei einem Verfahren, das auf die Prozess*vermeidung* gerichtet ist, scheidet dies aus. Auch die Kosten eines Schiedsgutachtens sind daher nicht erstattungsfähig, es sei denn, sie dienten auch der Ermöglichung eines schlüssigen Klagevorbringens.[61] Kraft ausdrücklicher Regelung in § 91 Abs. 3 ZPO werden jedoch die Kosten, die durch ein Güteverfahren vor einer durch die Landesjustizverwaltung eingerichteten oder **anerkannten Gütestelle** (Rdn. 86) entstanden sind, zu den Kosten des Rechtsstreits gerechnet. Dies betrifft nur die Verfahrenskosten, nicht die in dem betreffenden Verfahren erwachsenen Anwaltsgebühren.[62] Nur im Bereich der obligatorischen Schlichtung, die vor einer Klageerhebung versucht werden muss (§ 15 a EGZPO), sind die Anwaltskosten als notwendige Vorbereitungskosten erstattungsfähig.[63] 108

[59] BT-Drs. 15/1971 S. 148; BGH NJW-RR 2007, 720 = AnwBl. 2007, 381.

[60] BT-Drs. 15/1971 S. 209.

[61] BGH NJW-RR 2006, 212.

[62] OLG Hamburg MDR 2002, 115 m. w. N. S. auch OLG München MDR 1999, 380 zum Einigungsstellenverfahren nach § 15 UWG.

[63] BayObLG NJW-RR 2005, 724 = MDR 2004, 1263; OLG Karlsruhe JurBüro 2008, 538; a. A. OLG Hamm JurBüro 2007, 489.

109 Ob sich eine **Kostenerstattungspflicht aus dem materiellen Recht** ergibt, hängt von der Rechtsbeziehung zwischen den Beteiligten ab. Im Haftungsfall werden auch die Kosten der Rechtsverfolgung von der Schadensersatzpflicht nach § 249 BGB umfasst; nach der ständigen Rechtsprechung des Bundesgerichtshofs hat der Schädiger allerdings nicht schlechthin alle durch das Schadensereignis adäquat verursachten Rechtsanwaltskosten zu ersetzen, sondern nur solche, die aus der Sicht des Geschädigten zur Wahrnehmung seiner Rechte erforderlich und zweckmäßig waren.[64] Für die Vertretung in einem auf außergerichtliche Konfliktbeilegung gerichteten Verfahren ist dies angesichts der Vorzugswürdigkeit einer einvernehmlichen Lösung grundsätzlich zu bejahen.[65] Welche Seite das Scheitern einer solchen Lösung zu vertreten hat, darf dabei im Hinblick auf den freiwilligen Charakter dieser Verfahren keine Rolle spielen, jedenfalls solange dem Anspruchsteller kein missbräuchliches Verhalten anzulasten ist.

IV. Rechtsschutzversicherung

110 Nach den Musterbedingungen des Gesamtverbands der Deutschen Versicherungswirtschaft e. V. (GDV) trägt der Rechtsschutzversicherer im Rahmen seiner Leistungspflicht auch die Gebühren eines **Schieds- oder Schlichtungsverfahrens** bis zur Höhe der Gebühren, die im Falle der Anrufung eines zuständigen staatlichen Gerichtes erster Instanz entstehen.[66] Dazu gehören auch die gesetzlichen Anwaltsgebühren.[67] Schieds- oder Schlichtungsverfahren in diesem Sinne ist auch die Mediation, nicht aber das Schiedsgutachtenverfahren.[68]

Nachdem auch die Versicherungsbranche die Vorzüge einer außergerichtlichen, konsensualen Konfliktbeilegung erkannt hat, bieten einzelne Rechtsschutzversicherer Kostendeckung auch für Mediation an und vermitteln Rechtsuchende sogar in entsprechende Verfahren. Nach erfolgreichem Verlauf mehrerer Pilotprojekte[69] will der GDV mit einer unverbindlichen Musterklausel seine Mitglieder dazu veranlassen, Mediationsvermittlung und Mediationskosten bis zu einer bestimmten Höhe in das Leistungsspektrum aufzunehmen.[70]

---

[64] BGHZ 127, 348 = NJW 1995, 446 (für die Schadensregulierung); NJW 2006, 1065 (für die Geltendmachung von Ansprüchen gegen den eigenen Unfallversicherer).

[65] Für Verfahren vor ärztlicher Gutachterkommission LG Baden-Baden MedR 1987, 159.

[66] § 5 Abs. 1 lit. d ARB 2009

[67] *Harbauer* ARB § 5 Rdn. 125.

[68] *Harbauer* ARB § 5 Rdn. 124.

[69] S. z. B. *Tögel* in Greger/Unberath S. 31 ff.

[70] *Hellberg* in Joussen/Unberath S. 49 ff.

Für den Anwalt bedeutet dies, dass er im Einzelfall zu prüfen hat, ob die Rechtsschutzversicherung des Mandanten die Kosten eines außergerichtlichen Konfliktlösungsverfahrens übernimmt.

V. Das Kostenthema in der Mandantenbeziehung

Für den Mandanten ist nicht nur wichtig, dass der Konflikt möglichst schnell und zufriedenstellend beigelegt wird; er möchte auch nicht mit unnötigen Kosten belastet werden. Zunehmend fragen sich Mandanten, die aus einem langwierigen, kostspieligen und zermürbenden Prozess mit einem als Kompromiss empfundenen Vergleich herausgehen, weshalb es zum Erzielen dieses unbefriedigenden Ergebnisses des ganzen Aufwands bedurfte. Gerade nach Vergleichen sind Streitigkeiten zwischen Mandant und Anwalt über die Sachgerechtigkeit der Prozessvertretung und ihres Ergebnisses nicht selten. 111

Dem kann nur dadurch begegnet werden, dass der Mandant von Anfang an umfassend über die möglichen Wege der Konfliktlösung, ihre Chancen und Risiken sowie über die potenziellen Kosten **aufgeklärt** wird. Die BRAO enthält hierzu nur die völlig unzulängliche Vorschrift, dass der Mandant vor Übernahme des Auftrags auf die Maßgeblichkeit des Gegenstandswerts hinzuweisen ist (§ 49b Abs. 5);[71] ansonsten gibt es nur spezielle Hinweispflichten bei Vergütungsvereinbarungen (§ 3a Abs. 1 S. 3 RVG), bei Vereinbarung eines Erfolgshonorars (§ 4a Abs. 2, 3 RVG), im arbeitsgerichtlichen Urteilsverfahren (§ 12a Abs. 1 Satz 2 ArbGG) und nunmehr nach § 4 Abs. 1 Nrn. 1 und 2 DL-InfoV. Nach der Rechtsprechung ist der Rechtsanwalt nur bei besonderen Umständen des Einzelfalls nach Treu und Glauben verpflichtet, auch ohne Frage des Auftraggebers diesen über die voraussichtliche Höhe seiner Vergütung zu belehren; hierbei sollen einerseits Schwierigkeitsgrad und Umfang der anwaltlichen Aufgabe, ein ungewöhnlich hoher Gegenstandswert und sich daraus ergebende hohe Gebühren, die das vom Auftraggeber erstrebte Ziel wirtschaftlich sinnlos machen können, andererseits die Bedeutung der Angelegenheit für den Mandanten sowie dessen Vermögensverhältnisse und Erfahrung im Umgang mit Rechtsanwälten maßgeblich sein.[72] Letztlich hänge die anwaltliche Pflicht, den Auftraggeber vor Vertragsschluss über die voraussichtliche Höhe der Vergütung aufzuklären, entscheidend davon ab, ob der Rechtsanwalt nach den Umständen des Einzelfalls ein entsprechendes Aufklärungsbedürfnis erkennen konnte und musste.[73] 112

[71] Sogar damit tut sich die Praxis schwer; s. BGH NJW 2007, 2332; AnwBl. 2010, 142; OLG Hamm AnwBl. 2010, 143.

[72] BGH NJW 1998, 3486, 3487 m. w. N.

[73] BGH NJW 2007, 2332, 2333; 1985, 2642, 2643.

113 Diese Grundsätze treffen jedoch nicht den Kern des Themas. Der Rechtsanwalt ist aufgrund seiner allgemeinen Pflicht, die Interessen des Mandanten optimal wahrzunehmen, auch ohne ausdrückliche gesetzliche Vorschrift und ohne Rückgriff auf § 242 BGB als verpflichtet anzusehen, den Mandanten dann, wenn sich mehrere Lösungswege anbieten, hierüber und über die mit ihnen verbundenen Vor- und Nachteile, auch wirtschaftlicher Art, zu belehren.[74] Für den auf eine positive Mandantenbeziehung bedachten Anwalt dürfte dies ohnehin selbstverständlich sein.

[74] Nachweis von Ansätzen zu dieser in Rechtsprechung und Literatur bisher nur punktuell vertretenen Ansicht bei *Vollkommer/Greger/Heinemann* Anwaltshaftungsrecht § 12 Rdn. 31.

2. Teil
Kommunikation in der Anwaltspraxis

§ 8 Grundlagen von Kommunikation und Gesprächsführung

Beim Verhandeln handelt es sich um eine besonders anspruchsvolle Form der Kommunikation, da dort nicht nur Informationen ausgetauscht werden, sondern gegensätzliche Positionen aufeinander treffen. Dies gilt nicht nur für nichtstreitige Verhandlungen, in denen die Beteiligten ihre jeweiligen Interessen zu einem optimalen Abgleich bringen wollen, etwa beim Aushandeln eines Vertrags, sondern erst recht für das Verhandeln in Konfliktsituationen. Die Konfliktparteien sind oftmals nicht mehr in der Lage, rational und sachbezogen miteinander zu kommunizieren: Sie schreiben sich unfreundliche Briefe, schreien sich an oder reden nicht mehr miteinander. All dies belastet die gestörte Beziehung zusätzlich und verschärft den Konflikt, statt ihn einer Lösung näher zu bringen. 114

Hier ist die Professionalität des Anwalts in hohem Maße gefragt. Um seiner Aufgabe der Konfliktvermeidung und Streitschlichtung (§ 1 Abs. 3 BORA) gerecht werden zu können, muss er in erster Linie dafür sorgen, eine konstruktive Kommunikation wiederherzustellen. Erfahrungsgemäß gelingt dies nicht immer; manchmal wirkt sich die Einschaltung von Anwälten sogar konfliktverschärfend aus. Wenn die Funktionsweise und die Grundstrukturen menschlichen Kommunikationsverhaltens beachtet werden, lässt sich dies jedoch weitgehend vermeiden. 115

I. Subjektivität der Wahrnehmung

Kommunikation ist ein **zweiseitiger Vorgang.** Hierbei gibt ein Teilnehmer (der Sender) eine Nachricht ab, die ein anderer (der Empfänger) wahrnehmen soll. Die Wahrnehmung wird jedoch durch verschiedene Faktoren beeinflusst, wie z.B. persönliche Wertvorstellungen, Erfahrungen, Prägungen, Bedürfnisse und Gefühle. Dies kann bewirken, dass die Nachricht beim Empfänger nicht mit dem Inhalt ankommt, den der Sender übermitteln wollte, sondern subjektiv anders vom Empfänger interpretiert wird, als es vom Sender beabsichtigt war. 116

117 Kommunikation findet immer **auf zwei Ebenen** statt: Zum einen auf der Inhalts-Ebene (die übermittelten Sachinformationen) und zum anderen auf der Beziehungsebene (die Art und Weise, wie die Informationen übermittelt werden). Die Beziehungsebene kommt durch die nonverbalen Kommunikationselemente Körpersprache und Sprechweise zum Ausdruck und ist für die Frage der Wirkung einer Nachricht von entscheidender Bedeutung.[1]

118 Die Kommunikationslehre unterscheidet weitergehend **vier mögliche Seiten einer Nachricht:**[2] Eine Äußerung enthält hiernach nicht nur eine Sachinformation, sondern auch gleichzeitig Elemente

– **der Beziehungsebene**

Der Sender bringt mit seiner Nachricht gleichzeitig zum Ausdruck, wie er den Empfänger und die Beziehung zu ihm sieht

– **der Selbstoffenbarung**

Jede Nachricht enthält auch gleichzeitig Informationen über die Person des Senders

– **oder des Appells**

Regelmäßig will der Sender mit seiner Nachricht beim Empfänger etwas bewirken – z.B. dass dieser etwas Bestimmtes denken oder tun soll.

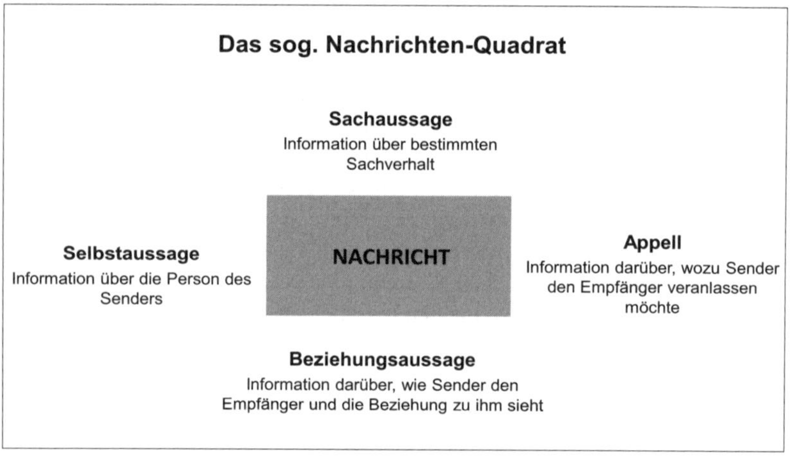

[1] *Watzlawick/Bearin/Jackson,* Menschliche Kommunikation S. 53 ff., vgl. hierzu auch *Mehrabian* Silent Messages S. 73 ff., der aufgrund seiner empirischen Untersuchungen davon ausgeht, dass in bestimmten Situationen das gesprochene Wort nur 7% der Wirkung beim Empfänger ausmacht, während die nonverbalen Kommunikationselemente Körpersprache und Sprechweise zu 55% und 38% für die Wirkung entscheidend sind.

[2] *Schulz von Thun* Miteinander Reden Bd. 1 S. 25 ff.

Beispiel: Anwalt zu seiner Sekretärin: *„Sie gehen heute früh nach Hause"*. 119
Sachaussage: *„Es ist 15 Uhr und Sie gehen nach Hause, anstatt wie sonst um 17 Uhr."*
Beziehungs-Aspekt: *„Sie machen es sich leicht."*
Selbstoffenbarungs-Aspekt: *„Ich bräuchte Ihre Unterstützung noch bis 17 Uhr."*
Appell: *„Informieren Sie mich bitte in Zukunft darüber, wenn Sie früher gehen wollen."*

Da der Empfänger die freie Auswahl hat, auf welche Seite der Nachricht 120
er sich fokussieren möchte, sind Kommunikationsstörungen vorprogrammiert: Der Empfänger kann nämlich beim Zuhören seinen Schwerpunkt auf eine andere Seite der Nachricht legen, als es der Sender beabsichtigt hatte. So kann es geschehen, dass eine Äußerung, mit der der Sender in erster Linie eine sachliche Information übermitteln wollte, vom Empfänger als persönlicher Vorwurf oder Angriff aufgefasst wird, d.h. der Sender ausschließlich einen Beziehungsaspekt aus der Nachricht „heraushört". Gerade in der Konfliktsituation kann es sehr leicht zu einer solchen Inkongruenz, einer „Vermischung von Person und Sache"[3] kommen: Die Antennen des Empfängers sind dann regelmäßig besonders empfindlich für Signale auf der Beziehungsebene; noch so gut gemeinte Botschaften des anderen werden als verletzend, anklagend oder anmaßend empfunden. Aber auch auf der Senderseite können Kommunikationsfilter aktiv sein, so etwa wenn der Sender ein völlig anderes Verständnis von einem Begriff, den er in seiner Äußerung verwendet, mitbringt als der Empfänger oder wenn er seine Sachnachricht mit einem emotional gefärbten Unterton versieht.

Für den Anwalt folgt hieraus, dass er bei der **Abfassung** seiner Nachrich- 121
ten stets bedenken muss, wie der Empfänger sie verstehen könnte. Er wird zwar eine verfremdende Wahrnehmung nie ganz ausschließen können, kann dieses Risiko aber minimieren, indem er bei der Formulierung sowie bei der Wahl von Art und Umständen der Übermittlung auf die **Möglichkeit von Wahrnehmungsmängeln** achtet. Da er nicht selbst von dem Konflikt betroffen ist, fällt ihm dies sehr viel leichter als dem Mandanten.

Umgekehrt sollte er sich als **Empfänger** einer Nachricht fragen, welche 122
über die Sachinformation hinausgehende Botschaften sie enthält, also was sie z.B. über die Beziehungsebene oder über die Erwartungshaltung des Absenders (Selbstoffenbarungs-Aspekt) aussagt. Dabei muss er sich der Gefahr von **Wahrnehmungsfallen,** d.h. Verzerrungen durch die beiderseitigen Kommunikationsfilter, bewusst sein. Oftmals sind gerade Fehlinterpretationen der wechselseitigen Botschaften dafür verantwortlich, dass Lösungen verfehlt werden und Konflikte eskalieren. So darf z.B. die etwas schroffe Ablehnung eines Vorschlags nicht ohne Weiteres als Geringschätzung (d.h. negativer Beziehungs-Aspekt) gewertet werden, sondern sie kann auch Ausdruck einer tiefgehenden Verlustangst (Selbstoffenbarungs-

[3] Vgl. hierzu auch *Bühring-Uhle/Eidenmüller/Nelle* Verhandlungsmanagement S. 9.

Aspekt) sein. Auf diese Eventualitäten sollte die weitere Verhandlungsführung eingestellt werden.

II. Ich-Aussagen

123 Die erstrebte Aufnahme einer Botschaft wird dadurch erleichtert, dass sie nicht in der Form einer **Du-Aussage**

„Du musst …"
„Sie sind schuld, dass …"

sondern als **Ich-Aussage** formuliert wird

„Ich brauche…"
„Ich habe den Eindruck…"
„Mir wäre wichtig…"

124 Du-Aussagen werden vom Empfänger als Angriff, Zumutung, Anmaßung empfunden und belasten dadurch die Verständigung. Da sie sich auf ein (vergangenes, gegenwärtiges oder erwartetes) Verhalten des Adressaten beziehen, fordern sie ihn zum Widerspruch, zur Verteidigung, zur „Flucht" oder zu einem Gegenangriff heraus. Wird dieselbe Botschaft dagegen in Ich-Form übermittelt, enthält sie eine Aussage über den Sender. Sie erfüllt den Zweck der Kommunikation, eine Information zu übermitteln, vermeidet aber den negativen Effekt, beim Empfänger eine Abwehrhaltung auszulösen. Wenn der Sender ausdrückt, was er wahrgenommen hat, empfindet oder erstrebt, kann der Empfänger dem nicht widersprechen, weil er dessen Eindrücke, Gefühle und Wünsche nicht kennen kann.

Beispiele:

Du-Aussage	Ich-Aussage*
Sie belästigen mich durch Ihr ruhestörendes Klavierspielen.	*Ich fühle mich durch das Klavierspielen in meinem Ruhebedürfnis gestört.*
Diesen Schaden müssen Sie ersetzen.	*Mir kommt es darauf an, dass ich einen Ausgleich für diesen Schaden bekomme.*
Durch Ihr ständiges Dazwischenreden verhindern Sie eine sachliche Diskussion.	*Ich glaube, dass wir uns besser verständigen können, wenn wir uns ausreden lassen.*

* Der Anwalt verwendet bei Vertretung des Mandanten selbstverständlich nicht die erste, sondern die dritte Person (in den ersten beiden Beispielen also: „Mein Mandant …").

125 Dieses Umformulieren in Ich-Aussagen ist für den Anwalt ungewohnt, weil sich die streitige Rechtsverfolgung stets in der Du-Form vollzieht. Der Anwalt muss den Klageantrag so formulieren, dass er eine vom Beklagten zu erbringende Leistung (und nicht die Erfüllung von Wünschen des Klä-

gers) umschreibt, und er muss ihn damit begründen, dass der Beklagte bestimmte Tatbestandsmerkmale verwirklicht hat. Ein großer Vorteil der einvernehmlichen Konfliktlösung besteht aber gerade darin, dass sie dies nicht verlangt. Bei ihr tritt an die Stelle von Angriff und Verteidigung die gemeinsame Suche nach einer Lösung, welche die Interessen der Konfliktbeteiligten bestmöglich befriedigt. Dem entspricht es, auch in der Form der Kommunikation Vorwürfe und Forderungen durch Anliegen und Wünsche zu ersetzen.

III. Gesprächsgrundhaltung, Körpersprache

Die mündliche hat gegenüber der schriftlichen Kommunikationsform 126
den Vorzug der **Unmittelbarkeit.** Der Sender kann durch Tonfall und Körpersprache die authentische Übermittlung seiner Botschaft erleichtern; durch verbale oder körpersprachliche Rückmeldungen kann angezeigt werden, ob und wie eine Nachricht beim Empfänger angekommen ist. Diese Vorzüge können sich aber auch in ihr Gegenteil verkehren. Eine wohlformulierte Erklärung, die mit einem unpassenden Gesichtsausdruck abgegeben wird, wird die beabsichtigte Wirkung verfehlen.

Bei der unmittelbaren persönlichen Kommunikation ist daher auf die 127
richtige Gesprächsgrundhaltung zu achten. Sie muss **Glaubwürdigkeit, Wertschätzung und Einfühlungsvermögen** signalisieren, was z.B. durch eine zugewandte, offene Körpersprache (insbesondere Anblicken, kongruente Mimik), verbale und nonverbale Bestätigungen (Zunicken, zustimmende Lautäußerungen) und die Art der Gesprächsführung (aktives Zuhören, offene Fragetechnik; s. Rdn. 132 ff.) geschehen kann.

Die Bedeutung von **Körpersprache** und **Tonfall** darf nicht unterschätzt 128
werden. Wie eine Nachricht verstanden wird und wie sie wirkt, hängt ganz entscheidend von den gleichzeitig übermittelten non- und paraverbalen Signalen ab, die sich in Haltung, Gestik, Mimik bzw. in Lautstärke, Sprechgeschwindigkeit und Modulation niederschlagen. Diese Signale bringen zum Ausdruck, von welcher Qualität die Beziehung zwischen den Gesprächspartnern ist und sind für die Frage, welche Wirkung eine Botschaft beim Empfänger auslöst, sehr viel entscheidender als deren Inhalt. Nonverbale Kommunikation findet selbst dann statt, wenn nicht gesprochen wird.

Es ist daher unverzichtbar, bei Verhandlungen auf die eigene Körper- 129
sprache sowie auf die nonverbalen Signale der Gegenseite zu achten. So signalisiert etwa eine vorgebeugte Haltung regelmäßig Zuwendung und Interesse, das Zurücklehnen kann Desinteresse, aber auch Ablehnung oder Unsicherheit zum Ausdruck bringen, ebenso das Verschränken der Arme. Heftiges Kopfnicken kann Zustimmung, aber auch Ungeduld signalisieren.

Die Signale sind also nicht immer eindeutig. Gleichwohl dürfen sie nicht übergangen, sondern müssen in die Kommunikation einbezogen werden.

130 Hilfreich ist hierbei das Phänomen der **Verhaltensspiegelung.** Durch das Ausstrahlen positiver Signale, etwa die zugewandte Körperhaltung, kann oft erreicht werden, dass der Gesprächspartner entsprechend reagiert, also zeigt, dass er ebenfalls an einer konstruktiven Verhandlungsführung interessiert ist. Tritt dieser Effekt dagegen nicht ein, sondern deuten die von der Gegenseite empfangenen Signale auf Ablehnung, Verschlossenheit oder Destruktivität hin, kann es hilfreich sein, die empfangenen Signale zu **thematisieren** und auf diese Weise Transparenz herzustellen und eine Klärung zu ermöglichen.

131 Zeigt der Partner z. B. Zeichen von Ungeduld (Fingertrommeln, ständiger Blick auf die Uhr), wäre es verfehlt, sich unter Zeitdruck setzen zu lassen; stattdessen sollte betont werden, wie wichtig es ist, sich die Zeit für eine ausgereifte Lösung zu nehmen und gegebenenfalls einen neuen Termin zu vereinbaren.

Demonstriert der Partner Desinteresse, indem er während der Erklärungen des anderen aus dem Fenster blickt oder in seinen Unterlagen blättert, sollte darauf hingewiesen werden, dass Verhandlungen nur Sinn machen, wenn sie von beiden Seiten ernsthaft und mit Offenheit für die gegenseitigen Sichtweisen geführt werden.

Beginnt ein Teilnehmer, die Stimme zu erheben, darf hierauf nicht in gleicher Weise reagiert werden, sondern es empfiehlt sich, in betont ruhigem Ton auf die Beibehaltung des sachlichen Verhandlungsklimas hinzuwirken.

Zeigt die Sprech- oder Verhaltensweise des Gegenübers Unsicherheit oder Ängstlichkeit, wird man dies zwar nicht thematisieren, aber durch besondere Zugewandtheit und entspannte Gesprächsführung Brücken zu einer offenen Kommunikation bauen.

IV. Aktives Zuhören

132 Die wichtigste Kommunikationstechnik ist das aktive Zuhören. Der Begriff enthält zum einen die – keineswegs selbstverständliche – Aussage, dass erfolgreiches Kommunizieren verlangt, dem anderen überhaupt **Gehör** zu schenken: Die verbreitete Übung, bei Verhandlungen nur den eigenen Standpunkt zu vertreten und auf die Erklärungen des anderen gar nicht einzugehen, fördert das Missverstehen und hindert das Auffinden gemeinsamer Lösungen. Das bloße Zuhören reicht jedoch nicht. Es muss **aktiv** in dem Sinne sein, dass dem Gegenüber eine Rückmeldung gegeben wird, die aufzeigt, dass das Gehörte aufgenommen und wie es verstanden wurde. Dies geschieht am besten dadurch, dass die Kernaussagen des Gesprächspartners durch eine zusammenfassende Wiederholung auf den Punkt gebracht werden (sog. Paraphrasieren).

Beispiele: „Es ist Ihnen also wichtig, dass wir zu einer rechtsverbindlichen Nutzungsregelung kommen" oder „Ich verstehe Sie so, dass es Ihnen gar nicht in erster Linie auf eine finanzielle Entschädigung ankommt". Die Rückmeldung kann auch in Frageform gekleidet sein, z. B. „Sehe ich es richtig, dass Sie erst zu einem späteren Zeitpunkt zahlen möchten?“.

Die **Vorteile des Paraphrasierens** bestehen darin, dass es dazu anhält, dem Gesprächspartner aufmerksam zuzuhören. Dieser bekommt die Sicherheit, dass seine Botschaft richtig angekommen ist; er fühlt sich ernst genommen. Übereinstimmungen und Unterschiede der beiderseitigen Standpunkte werden sichtbar gemacht, die Diskussion wird verlangsamt, eine deeskalierende Wirkung erzeugt. 133

Eine gesteigerte Form des aktiven Zuhörens ist das sog. **Verbalisieren.** Hierbei werden auch solche Anteile der Nachricht widergespiegelt, die der Sender nur angedeutet hat, vor allem durch Mimik, Gestik, Körpersprache oder Tonfall. Zumeist handelt es sich hierbei um Gefühle, Bedürfnisse und Wünsche, die der Gesprächspartner nicht ausdrücklich artikuliert hat. 134

Beispiele: „Ich habe den Eindruck, dass der Tod Ihres Vaters Sie immer noch sehr betroffen macht“ oder „Der Brief hat Sie offenbar sehr verärgert“ oder „Habe ich Sie richtig verstanden: Sie würden gerne wieder eine gute Beziehung zu Ihrem Bruder haben?“.

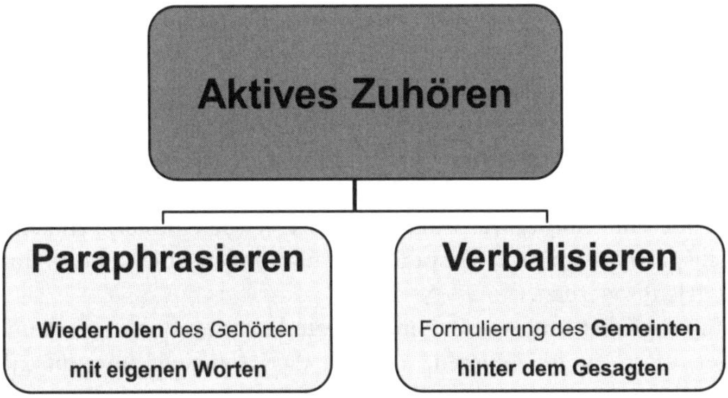

Für den Anwalt ist diese Technik insbesondere beim (ersten) **Mandantengespräch** von großer Bedeutung: Verbalisieren trägt dazu bei, dass sich der Mandant verstanden, wertgeschätzt und mit seinen Problemen „aufgehoben“ fühlt. Gleichzeitig wird er darin unterstützt, sich zu öffnen und sich konstruktiv mit seinen Gefühlen, Bedürfnissen und Wünschen auseinanderzusetzen, sodass der Anwalt Informationen erhält, die für die Konfliktlösung entscheidend sind. 135

Beim **bilateralen Verhandeln** ist (anders als z. B. in der Mediation) von dieser Kommunikationstechnik aber nur zurückhaltend Gebrauch zu machen, soweit es um emotionale Befindlichkeiten der Gegenseite geht. Der andere hat möglicherweise gute Gründe, seine Gefühle usw. nicht zu the- 136 matisieren; dies muss respektiert werden. Auch könnte es den eigenen Mandanten irritieren, wenn sich sein Anwalt zu sehr auf die Gefühlswelt seines Konfliktpartners einlässt. Andererseits kann es die Verhandlungen sehr fördern, wenn dem Partner Empathie entgegengebracht und es ihm abgenommen wird, seine Gefühlslage von sich aus anzusprechen. In jedem Fall ist hier eine besonders sensible Analyse der Gesprächssituation erforderlich.

Sehr gut einsetzbar ist das Verbalisieren jedoch in Bezug auf die Erwartungen und Wünsche des Verhandlungspartners. Erst das Ansprechen der (oft hinter den Positionen verborgenen) wirklichen Anliegen ermöglicht vielfach das Erarbeiten zukunftsgestaltender Lösungen. Der Partner nimmt wahr, dass seine Wünsche und Vorstellungen ernst genommen werden, was zu einer offeneren, vertrauensvollen Gesprächsatmosphäre führen kann und den Weg für konstruktive, interessengerechte Lösungen eröffnet.

V. Fragetechnik

137 Ebenso wichtig wie das aktive Zuhören ist das **richtige Fragen.** Wer erfolgreich kommunizieren will, darf sich nicht darauf beschränken, die Informationen entgegenzunehmen, die der andere von sich aus liefert. Dieser wird nur das einbringen, was ihm wichtig oder vorteilhaft erscheint. Die für die Suche nach interessengerechten Lösungen erforderliche umfassende Informationsbasis kann nur durch Fragen geschaffen werden. Das Fragen darf auch nicht nur der anderen Seite überlassen werden, denn es hat eine steuernde Funktion („Wer fragt, der führt"): Die Aufmerksamkeit des Gesprächspartners und das Gesprächsthema können in eine bestimmte Richtung gelenkt werden.

138 Um möglichst umfassende, ungefilterte Informationen zu erlangen, sind Fragen **offen zu formulieren,** also so, dass sie nicht nur mit „ja" oder „nein" beantwortet werden können, sondern den anderen zu frei formulierten Antworten veranlassen. Dies geschieht durch Fragen, die mit einem „W"-Fragewort beginnen, z. B.:

„Wann ...?"
„Was ...?"
„Welche ...?"

139 Das Gegenteil bilden die sog. **geschlossenen Fragen,** die nur mit ja oder nein beantwortet werden und dann zum Einsatz kommen, wenn ein Punkt abschließend und verbindlich geklärt werden soll, z. B.:

„Wurden Sie darauf hingewiesen...?"
„Wollen Sie das Mietverhältnis fortsetzen?"
„Sind Sie mit diesem Ergebnis einverstanden?"

Fragetechnik

Geschlossene Fragen	Offene Fragen
beginnen meist mit Hilfsverb oder Verb: *„Wollen Sie ...?, Erwarten Sie ...?"* ermöglichen als Antwort grds. nur JA oder NEIN Ziel: Unmissverständliche Klärung bestimmter Sachverhalte Beispiele: *„Ist das tatsächlich so passiert?"* *„Können Sie diesen Vorschlag akzeptieren?"* *„Hatten Sie von diesem Umstand Kenntnis bei Vertragsabschluss?"*	beginnen meist mit „W-Wort": *„Wer?, Was?, Wann?, Wie?"* verlangen ausführliche Antwort Ziel: Umfassende Informationen zu – der jeweiligen Sichtweise – den Interessen – den Spielräumen des Gesprächspartners Beispiele: *„Wie sehen Sie diesen Punkt?"* *„Was ist aus Ihrer Sicht passiert?"* *„Was wäre Ihnen hierbei wichtig?"*

Die Fragetechnik lässt sich daher mit einem **Stufen- oder Trichtermodell** 140 veranschaulichen: Am Anfang des Gesprächs sollten *offene Fragen* stehen, die eine möglichst breite Informationsgewinnung ermöglichen. Durch Nachfragen *(explorative Fragen)* kann die Informationsbasis geklärt und konkretisiert werden. Mit *Alternativfragen* lässt sich das Ergebnis der Befragung eingrenzen. Am Ende stehen dann *geschlossene Fragen*, mit deren Beantwortung sich der Gesprächspartner endgültig festlegt.

Fragen sind möglichst **kurz und prägnant** zu formulieren. **Kettenfragen** 141 sollten vermieden werden, weil sie nur schwer zu beantworten sind und daher Informationen verloren gehen können. Dies gilt ganz besonders für **Eventualfragen,** bei denen für den Fall, dass die primär gestellte Frage in einer besonderen Weise beantwortet wird, gleich eine weitere Frage angehängt wird („Haben Sie ... und falls nicht, würden Sie...?"). Solche Fragen sind nacheinander zu stellen. Unvorteilhaft sind auch **Warum-Fragen,** denn sie veranlassen eher zu Erklärungs- und Rechtfertigungsversuchen statt zu offener Information. **Suggestiv-Fragen** („Sicherlich können Sie mir beipflichten, wenn ich sage...") können das Gesprächsklima verschlechtern und sollten ebenfalls vermieden werden.

Oftmals liefert der Partner auch bei offener Fragestellung (absichtlich 142 oder unabsichtlich) keine vollständige Antwort, oder er setzt Vorkenntnisse voraus, ohne die seine Antwort nicht richtig verstanden werden kann. **Nachfragen** sind daher unverzichtbarer Bestandteil einer erfolgreichen Kommunikation. Wenn der Fragende stattdessen versucht, Verständnislücken durch Kombinieren und Interpretieren zu füllen, sind Kommunikationsfehler mit u. U. fatalen Folgen für die Verständigung vorprogrammiert.

143 Allerdings darf der Gesprächspartner nicht das Gefühl bekommen, sich in einem **Verhör** zu befinden. Die Fragen sind daher in einen offenen Dialog einzubetten, in den auch eigene Botschaften eingebracht werden. Durch aktives Zuhören wird die Wechselseitigkeit sehr gefördert und der Eindruck einer Befragung gemindert. Auch wird die Qualität der Informationsübermittlung gesteigert, wenn dem anderen nicht nur spontane Antworten abverlangt werden, sondern wenn er seine Äußerung allmählich entwickeln sowie ergänzen und konkretisieren kann.

144 Die Art der Kommunikation muss immer auf die konkrete Situation und das jeweilige Gegenüber abgestellt werden. Folgende Punkte sind aber stets zu bedenken:
- Die Wahrnehmung ist subjektiv und stimmt nicht immer mit dem überein, was der Sender ausdrücken wollte.
- Kommunikation findet nicht nur auf der Sach-, sondern stets auch auf der Beziehungsebene statt, wobei letztere die Sachebene entscheidend bestimmt.
- Es ist daher auf eine zugewandte Haltung und eine offene Gesprächsatmosphäre zu achten.
- Körpersprache und Tonfall spielen hierbei eine entscheidende Rolle.
- Ich-Aussagen sind zielführender als Du-Aussagen.
- Aktives Zuhören dient vor allem der Kontrolle des Verständnisses, der Klärung der Gefühle, Bedürfnisse und Wünsche der Beteiligten sowie der Verbesserung des Gesprächsklimas und der Beziehung zwischen den Gesprächspartnern.
- Für die Informationsbeschaffung ist Fragen unerlässlich. Grundsätzlich ist zunächst offen, dann konkretisierend, schließlich geschlossen zu fragen.

§ 9 Besonderheiten und Formen der anwaltlichen Kommunikation

145 Neben den in § 8 dargestellten Grundsätzen sind für das Kommunikationsverhalten des Rechtsanwalts Besonderheiten zu beachten, die sich aus seiner Funktion als Parteivertreter einerseits, als Rechtspflegeorgan andererseits ergeben. Dabei ist zu unterscheiden zwischen der Kommunikation mit dem eigenen Mandanten und mit der Gegenseite. Besonderheiten gelten für die Kommunikation „über Eck“, d.h. mit dem und über den zur Konfliktlösung eingeschalteten Dritten (Schlichter, Mediator, Richter).

I. Kommunikation mit dem eigenen Mandanten

1. Grundinformation

Sofern der Rechtsanwalt nicht schriftlich oder telefonisch beauftragt wird, wie dies vor allem bei schon bestehender Mandantenbeziehung üblich ist, findet der Erstkontakt bei einem Gespräch statt. Dieses Erstgespräch dient nicht nur dazu, die Erteilung des Mandats und dessen Rahmenbedingungen, insbesondere die Vergütungsfrage, zu klären, sondern es soll dem Anwalt auch die Kenntnisse verschaffen, die er für die Bearbeitung des Mandats benötigt. Dazu gehört auch, dass der Anwalt einen unmittelbaren Eindruck von der Persönlichkeit des Mandanten bekommt, die für die Art und Weise der Konfliktbehandlung sowie für die nähere Ausgestaltung der Kommunikation von erheblicher Bedeutung ist. Nicht zuletzt kommt dem Erstgespräch die wichtige Funktion zu, eine vertrauensvolle Beziehung zwischen Anwalt und Mandant aufzubauen. Dem Mandanten ist daher mit Aufmerksamkeit und Wertschätzung sowie mit Offenheit und Verständnis für seine Belange zu begegnen, nicht zu distanziert, aber in einer Art und Weise, die der Besonderheit dieser Beziehung Rechnung trägt.[4] 146

Sobald geklärt ist, dass der Rechtsanwalt die Beratung oder – zunächst außergerichtliche – Vertretung des Mandanten übernehmen soll, beginnt der Rechtsanwalt die **Informationsphase** des Gesprächs mit einer offenen Frage, wie z.B.: „Was kann ich für Sie tun?". Sodann sollte er den Mandanten **erzählen lassen,** möglichst ohne ihn zu unterbrechen, denn jede Unterbrechung lenkt den Mandanten ab und kann bei ihm Frustration hervorrufen. Lediglich wenn der Mandant abschweift, sollte der Anwalt in freundlicher Form intervenieren und die Erzählung auf die wesentliche Punkte lenken. Durch zugewandte Körpersprache und Signale des Verstehens versichert er den Mandanten seiner vollen Aufmerksamkeit. Umfangreiches Mitschreiben ist störend; der Anwalt sollte allenfalls Stichworte für spätere Nachfragen notieren. 147

Anschließend fasst er das Gehörte nach den Grundsätzen des aktiven Zuhörens (Rdn. 132ff.) zusammen, wobei er auch die emotionalen Gesprächsanteile wiedergibt (verbalisiert). Erst dann beginnt die **Tatsachenerforschung** mittels Fragetechnik (dazu Rdn. 137ff.). Sie darf sich nicht auf die Aufklärung des Sachverhalts beschränken, sondern ist vor allem auf die **Interessen des Mandanten,** seine wirklichen Anliegen zu richten. 148

---

[4] Die nach der Dienstleistungs-Informationspflichten-Verordnung (DL-InfoV, in Kraft seit 17. 5. 2010) zu erteilenden Hinweise können hierbei sehr störend wirken. Der Anwalt sollte daher von der in § 2 Abs. 2 Nr. 3 DL-InfoV vorgesehenen Möglichkeit Gebrauch machen, diese Angaben auf seine Homepage zu stellen; vgl. *Schons* AnwBl. 2010, 419ff.

Unbefriedigende Mandatsverläufe haben oft ihre Ursache darin, dass der Anwalt sich auf die zur Durchsetzung oder Abwehr von Ansprüchen gerichteten Informationen beschränkt hat, ohne zu hinterfragen, ob dieses Ziel überhaupt seinen Interessen entspricht. Um die entscheidenden Informationen zu erhalten, geht der Anwalt in seiner Gesprächsführung idealerweise nach dem Trichtermodell vor, d.h. er beginnt mit offenen Fragen, konkretisiert mit explorativen Fragen und präzisiert mit geschlossenen Fragen (s. Rdn. 140).

2. Klärung der Vorgehensweise

149 In der folgenden **Bewertungsphase,** die sich – je nach Komplexität des Falles – sogleich anschließt oder auf eine nachfolgende persönliche oder telefonische Besprechung verlegt wird, zeigt der Rechtsanwalt unter Berücksichtigung der Rechtslage und der Interessenlage auf, welche Optionen es zur Verwirklichung der Ziele des Mandanten gibt. Dabei muss er **die Chancen und Risiken** (incl. Kosten) aller in Betracht kommenden Optionen darlegen, vom Verzicht auf ein Tätigwerden (etwa bei aussichtsloser Rechtslage) über Verhandlungslösungen und Verfahren der alternativen Konfliktbehandlung bis hin zu Schieds- und Gerichtsverfahren. Über die mit einem Prozess möglicherweise verbundenen Belastungen muss er eindringlich belehren (näher Rdn. 68). Eignet sich der Fall seines Erachtens für ein Verfahren der alternativen Konfliktlösung, muss er dessen Ablauf und seine Vorzüge aufzeigen. Dabei ist auch die Vergütungsfrage in den Blick zu rücken (näher dazu Rdn. 95 ff. und zur Gestaltung des Mandantengesprächs zu diesem Punkt Rdn. 111 ff.).

150 Der Rechtsanwalt sollte hierbei den Eindruck vermeiden, dass er den Mandanten zu einem bestimmten Vorgehen überreden will. Er sollte sachlich über die in Betracht kommenden Wege aufklären und betonen, dass die Entscheidung beim Mandanten liegt. Durch gezielte **Fragen** kann dieser für den Mandanten schwierige Entscheidungsprozess unterstützt werden.

Beispielsweise kann gefragt werden, welche Auswirkungen es auf den Betrieb des Mandanten hat, wenn ein jahrelanges Gerichtsverfahren geführt werden muss, welche Chancen er sieht, ein etwaiges Gerichtsurteil gegen den Schuldner zu vollstrecken, wie er sich die künftige Geschäftsbeziehung wünschen würde, wie er sich das Zusammenleben der Parteien im Falle eines Gerichtsverfahrens vorstellt, welche Kosten er für ein wahrscheinlich notwendig werdendes Sachverständigengutachten aufwenden würde, welche Auswirkungen auf den Streit es hätte, wenn ein unabhängiger Sachverständiger ein Schiedsgutachten erstellen würde usw.

151 Die Fragen müssen zunächst offen gestellt werden (s. zu dieser Fragetechnik Rdn. 138), weil der Mandant sich sonst indoktriniert fühlen könnte. Er sollte aufgrund seines eigenen Nachdenkens über die verschiedenen

Szenarien selbst den Wunsch nach einem bestimmten Vorgehen artikulieren, der dann durch eine geschlossene Frage zu besiegeln ist.

Dieser Erkenntnisprozess gestaltet sich dann besonders schwierig, wenn der Mandant bereits mit einer festen Vorstellung zum Anwalt kommt. Die Pflicht zur Beratung über evtl. bessere Alternativen besteht auch dann. Wie der Anwalt hier vorgehen kann, wird in Rdn. 350, 357 ff. aufgezeigt.

Steht der einzuschlagende Weg fest, wird dem Mandanten in der **Planungsphase** erläutert, wie dabei konkret vorzugehen ist, also z. B. ob der 152
Mandant bei Verhandlungen mit der Gegenseite anwesend sein soll, wer als Mediator oder Schiedsgutachter vorgeschlagen werden soll, welche Schiedsorganisation angerufen werden soll usw. Dies wird in einem Aktionsplan zusammengestellt, der neben den Vorgaben für den Rechtsanwalt (z. B. seinen Verhandlungsspielraum für Verhandlungen) auch die vom Mandanten zu übernehmenden Aufgaben (z. B. zur Informationsbeschaffung, Beibringung von Unterlagen, Vorschusszahlung) einschließlich Zeitangaben enthält.

Um Kommunikationsmängel (bzw. die spätere Berufung auf solche) auszuschließen, sollte der Anwalt sich die Beratung über die möglichen Vorgehensweisen und die Mitteilung des Aktionsplans **bestätigen** lassen.

3. Verfahrensbegleitung

Dass der Mandant über die weitere Entwicklung des Verfahrens auf 153
dem Laufenden zu halten ist, versteht sich von selbst. Im Gegensatz zum Gerichtsverfahren, welches seinen gesetzlich geregelten Lauf nimmt, erfordert die alternative Konfliktlösung aber ein eigenes Verfahrensmanagement (Terminsvereinbarungen, Beauftragen von Mediatoren, Gutachtern usw.). Dafür entfällt hier der prozessvorbereitende Schriftverkehr mit Gericht, Gegenseite und Mandant. Die Kommunikation wird bei den alternativen Verfahren eher mündlich oder telefonisch ablaufen, was auch eine wesentlich bessere Verständigung, z. B. über eine ratsame Änderung der Vorgehensweise, ermöglicht. Kommt es zu Verhandlungen, an denen der Mandant teilnehmen soll – gleich ob bei Gericht, Mediator, Schlichter oder Anwalt – ist der Mandant verständlich zu informieren, was ihn und was man von ihm erwartet (insbesondere in Bezug auf die Mediation bestehen weithin sehr unklare, unzutreffende Vorstellungen). Dazu gehören auch Ratschläge, wie er sich gegenüber der anderen Partei verhalten sollte.

4. Kommunikationsprobleme

Bei seiner Kommunikation mit dem Mandanten muss der Rechtsanwalt 154
die Unterschiede in Sprachgebrauch und Erfahrungshintergrund beachten. Bei mündlicher Kommunikation gelingt der Informationsaustausch in der Regel besser, weil hier eine natürlichere Ausdrucksweise gepflogen wird und die Möglichkeit zum Rückfragen und aktiven Zuhören (Rdn. 132) besteht.

155 Zeigt der Mandant **Unverständnis** oder gar eine **ablehnende oder vorwurfsvolle Haltung** gegenüber dem Anwalt, ist eine persönliche Besprechung dringend angezeigt, denn wenn es bereits während des Mandats zu Unstimmigkeiten kommt, sind spätere Regressforderungen vorgezeichnet. Es ist daher unerlässlich, den Mandanten entweder voll ins Boot zu holen oder – nach umfassender Beratung – seinem Willen zu entsprechen (also z. B. die Mediation abzubrechen), notfalls das Mandat niederzulegen.

156 Bei diesen Gesprächen arbeitet der Anwalt mit den in § 8 beschriebenen Mitteln (insbesondere aktives Zuhören, Fragetechnik) darauf hin, die wirklichen Interessen, Anliegen, Bedürfnisse des Mandanten bewusst zu machen und ihn selbst erkennen zu lassen, welches Vorgehen für ihre Verwirklichung förderlich oder hinderlich ist. Das Vorgehen gleicht jenem in der Bewertungsphase (s. oben Rdn. 149 ff.). Keinesfalls darf der Rechtsanwalt den Mandanten zu einem Verhalten drängen, hinter dem dieser nicht wirklich steht, oder ihm Ängste oder Unbehagen bereiten. Schuldzuweisungen sind ebenso fehl am Platz wie schulmeisterliche Belehrung oder allgemeine Redensarten („Vor Gericht und auf hoher See …“). Das Verhältnis zwischen Anwalt und Mandant sollte von Vertrauen und Gemeinschaftsgeist geprägt sein und erfordert eine dementsprechende, offene Kommunikation. Lässt sich diese nicht herstellen, ist es zu beenden.

II. Kommunikation mit der Gegenseite

1. Erstkontakt

157 Auf welchem Wege und wem gegenüber der Erstkontakt mit der Gegenseite hergestellt werden und welchen Inhalt er haben sollte, ist in Rdn. 69 ausgeführt. In kommunikationspsychologischer Hinsicht ist Folgendes zu ergänzen:

158 Der Rechtsanwalt erscheint aus der Perspektive der anderen Konfliktpartei als Repräsentant (Sprecher, Interessenvertreter) der Person, mit der ihn ein – oftmals extrem – gespanntes Verhältnis verbindet. Die Kommunikation ist dadurch erheblich erschwert. Von den vier Seiten der Nachricht, die der Anwalt sendet (s. Rdn. 118), werden den Empfänger also vor allem der Beziehungs-, der Appell- und der Selbstoffenbarungsaspekt erreichen. Er wird das Anwaltsschreiben als verletzend, fordernd und Stärke demonstrierend empfinden. Der sachliche Inhalt kommt nur verzerrt durch diese Wahrnehmungs- und Kommunikationsfilter bei ihm an.

159 Diesen Effekt muss der Anwalt bei der Abfassung seines Schreibens berücksichtigen. Er kann ihn nicht ausschalten, aber er kann ihn minimieren, indem er statt eines fordernden einen verständnisvollen Ton anschlägt. Wenn der stattdessen den Adressaten durch Schuldvorwürfe ins Unrecht setzt und dies auch noch mit einem polemischen Unterton garniert, ver-

letzt er nicht nur die Grundregeln der Kommunikation, sondern auch seine Berufspflicht zur Konfliktvermeidung (§ 1 Abs. 3 BORA), denn er erreicht damit nur, dass der Angegangene mit noch schärferen Geschützen zurückschlägt (negative Reziprozität; s. Rdn. 328).

Ein **Beispiel** (Zitat aus einem Anwaltsschreiben): „Sie haben in einem Schreiben an das Betreuungsgericht die bewusst wahrheitswidrige Behauptung aufgestellt, dass mein Mandant wegen Geistesschwäche seine Angelegenheiten nicht mehr selbst besorgen kann. Gegen diese verleumderische Aussage, mit der Sie offenbar eine Vernichtungskampagne gegen meinen Mandanten führen, wird dieser sich mit allen Mitteln zur Wehr setzen. Namens und im Auftrag meines Mandanten fordere ich Sie hiermit auf, binnen 1 Woche die beigefügte strafbewehrte Unterlassungserklärung an mich zurückzusenden. Widrigenfalls wird umgehend Klage erhoben werden."

Gegenbeispiel: „Nach meinen Informationen ist es zwischen Herrn X. und Ihnen zu Unstimmigkeiten wegen eines Schreibens an das Betreuungsgericht gekommen. Herr X. hat mich beauftragt, diese Irritationen aus der Welt zu schaffen. Ich strebe an, dies ohne Einschaltung der Gerichte auf dem Wege eines klärenden Gesprächs zu tun und werde Sie in den nächsten Tagen wegen der Abstimmung eines Termins anrufen".

Es liegt auf der Hand, dass die Chance, die hier offenbar vorliegende 160
Beziehungsstörung beizulegen und einen ausufernden Nervenkrieg zu vermeiden, bei dem zweiten Schreiben deutlich größer ist als bei dem ersten. Es verzichtet auf jegliche Anschuldigung und Herabwürdigung sowie auf eine ultimative Forderung und ist als Ich-Aussage formuliert. Die Nichteinigungsalternative (Einschaltung des Gerichts) wird zwar ins Spiel gebracht, aber nicht als Drohung empfunden, der es sogleich entgegenzutreten gilt. Statt den Weg in die Eskalation vorzuzeichnen, wird eine „goldene Brücke" gebaut.

Natürlich kann mit diesem Stil der Erstansprache nicht jeder Konfliktgegner erreicht werden. Hat es (im obigen Beispiel) der Adressat tatsächlich auf eine Privatfehde mit dem Mandanten abgesehen, wird er der Gesprächseinladung nicht folgen. Dann ist jedenfalls geklärt, dass nunmehr rechtliche Schritte zu ergreifen sind. Zudem ist dem Mandanten durch den Versuch einer schnellen und schonenden Konfliktbeilegung kein Nachteil entstanden.

2. Sachlichkeit

Nach § 43a Abs. 3 Satz 1 BRAO darf sich der Rechtsanwalt bei seiner 161
Berufsausübung nicht unsachlich verhalten. Wo die Grenzen der Sachlichkeit verlaufen, ist aber (abgesehen von den a.a.O. in Satz 2 geregelten, klaren Fälle der bewussten Unwahrheit und der nicht veranlassten Herabsetzung) ungeklärt. Das BVerfG hat entschieden, dass es mit der Berufsausübungsfreiheit des Rechtsanwalts nicht vereinbar wäre, wenn er immer so schonend mit den Verfahrensbeteiligten umzugehen hätte, dass diese sich nicht in ihrer Persönlichkeit beeinträchtigt fühlen; im „Kampf um das

Recht" dürfe er vielmehr auch starke, eindringliche Ausdrücke und sinnfällige Schlagworte benutzen oder „ad personam" argumentieren.[5]

162 Was das Verfassungsrecht zulässt und was der Anwalt tatsächlich praktizieren sollte, sind allerdings zwei verschiedene Fragen. Insbesondere im vorprozessualen, noch auf eine einvernehmliche Lösung gerichteten Stadium des Konflikts ist es dringend geboten, den vom BVerfG für den „Kampf ums Recht" (das streitige Verfahren) gewährten Freiraum nicht auszunutzen, sondern durch eine betont sachliche Kommunikation auf Kooperation und Deeskalation hinzuwirken. „Starke Ausdrücke" und „Argumente ad personam" sollten daher unbedingt unterbleiben, da sie die für eine Verständigung so wichtige Beziehungsebene belasten. Wichtig ist vielmehr, dass sich der Rechtsanwalt bei Abfassung seiner Schreiben in die Situation des Adressaten hineinversetzt und sich bemüht, alles zu vermeiden, was von diesem als persönlicher Angriff oder Herabsetzung empfunden werden könnte.

Selbstverständlich ist auch jede, sei es auch nur indirekte Herabwürdigung des auf der Gegenseite tätigen Rechtsanwalts zu vermeiden. Es wird sich nicht vermeiden lassen, in der Korrespondenz mit diesem abweichende Auffassungen zu vertreten. Dies erfordert jedoch nicht, die gegnerische Position als abwegig, unhaltbar oder in ähnlicher Weise abzuqualifizieren.

163 Der Verzicht auf Unsachlichkeit ist nicht gleichbedeutend mit schwacher Verhandlungsführung. Es lassen sich immer Formulierungen finden, die die Interessen des Mandanten hart und deutlich vertreten, ohne unsachlich zu werden. Dem stehen auch nicht etwa die andersartigen Erwartungen des Mandanten entgegen. Ist mit diesem besprochen, dass zunächst der Versuch einer außergerichtlichen Streitbeilegung unternommen werden soll, kann er ohnehin nichts anderes als einen kooperativen Stil erwarten. Besteht er auf einer streitigen Rechtsdurchsetzung, wird der Anwalt dem zwar durch eine härtere Positionierung Rechnung tragen, einem etwaigen Ansinnen des Mandanten auf ein scharfes Vorgehen aber entgegenhalten, dass Unsachlichkeit und Polemik die Stellung im späteren Gerichtsverfahren nur verschlechtern können (s. Rdn. 167).

3. Sprachgebrauch

164 Schreiben, die **an die andere Konfliktpartei persönlich** gerichtet werden, sind sprachlich so abzufassen, dass sie von ihr als Kommunikationsangebot und nicht als Demonstration von Überlegenheit oder Autorität verstanden werden. Dies erfordert eine klare, für den Nichtjuristen verständliche, nicht zu abstrakte, auf das Wesentliche konzentrierte Sprache. Zu vermeiden sind Schachtelsätze, doppelte Verneinungen und unnötige

[5] BVerfG NJW 1988, 191, 193.

Fremdwörter. Der häufig verwendete Kanzleistil, der durch übermäßigen Gebrauch von Substantiven („Ermöglichung, Beantragung, Veräußerung"), vom üblichen Sprachgebrauch abweichende Umständlichkeiten („in Ansehung des Umstandes, dass") und Passivformulierungen („werden Sie aufgefordert") gekennzeichnet ist, drückt Distanz aus und erreicht das Gegenteil der anzustrebenden Offenheit. Ebenso verfehlt wäre allerdings eine allzu blumige oder lockere, anbiedernde Ausdrucksweise.

Schreiben an **Anwaltskollegen, Behörden- oder Unternehmensvertreter** 165
können (und sollen) sich stärker der Fachsprache bedienen; ansonsten gilt aber im Grundsatz dasselbe. Es ist auch zu bedenken, dass die Schreiben an den Konfliktbetroffenen weitergeleitet werden und auch für diesen verständlich sein sollten. Das Beifügen von Kopien für den Mandanten ist eine freundliche Geste.

III. Kommunikation mit und vor dem Gericht

Wollen die Parteien ihren Konflikt durch einen Richter oder Schieds- 166
richter entscheiden lassen, müssen sie diesem die dazu erforderlichen Informationen verschaffen. Dies geschieht im Wesentlichen in schriftlicher Form. Durch die einleitenden Schriftsätze (Klage und Klageerwiderung) legen die Anwälte Gegenstand und Form der Auseinandersetzung für die Parteien und das Gericht fest. Allerdings finden in jüngerer Zeit Elemente der persönlichen Kommunikation zunehmend Eingang in das gerichtliche Verfahren (dazu Rdn. 178).

1. Schriftliche Kommunikation

Bei den **Schriftsätzen** im Prozess handelt es sich um die schwierigste 167
Form anwaltlicher Kommunikation, weil der Anwalt sich hier auf drei völlig unterschiedliche Adressaten einstellen muss. Der Schriftsatz wird zwar an das Gericht adressiert, aber auch der Gegenseite übermittelt sowie dem eigenen Mandanten zur Kenntnis gebracht. Jedem Adressaten gegenüber wird ein anderer Zweck verfolgt: Während dem Gericht in erster Linie sachliche Information verschafft werden soll, soll der Gegenseite die Unhaltbarkeit ihrer Position verdeutlicht und dem Mandanten die bestmögliche Vertretung seiner Interessen bewiesen werden. In der Praxis kommt dabei häufig eine primär den Prozessgegner ins Visier nehmende Kampfschrift heraus. Der Anwalt sollte dabei aber nicht übersehen, dass wichtigster Adressat der Richter ist, der aus dem Schriftsatz die Grundlagen für seine Entscheidung gewinnen soll. Ein in unnötig scharfer, polemischer oder gar herabsetzender Form gefasster Schriftsatz hinterlässt beim Richter einen ausgesprochen negativen Eindruck, der sich u.U. auf

die Würdigung des Vorbringens und damit nach § 286 ZPO auf das Urteil auswirken kann. Nichts überzeugt den Richter mehr als ein prägnanter und sachlicher, zudem gut gegliederter, straffer Vortrag. Hierauf hat der Anwalt bei der Abfassung von Schriftsätzen sein Hauptaugenmerk zu richten, nicht auf die Beeindruckung des Mandanten, der Gegenpartei oder gar des Kollegen auf der anderen Seite.

2. Mündliche Verhandlung

168 „Verhandeln“ hat in der ZPO eine völlig andere Bedeutung als im außergerichtlichen Bereich. Während es sich dort um einen Kommunikationsvorgang handelt, bei dem die Vertreter unterschiedlicher Interessen eine gemeinsame Lösung suchen, besteht die Funktion der mündlichen Verhandlung im Sinne der §§ 128 ff. ZPO darin, dem Gericht die Grundlagen für die von ihm begehrte Entscheidung zu verschaffen. Dabei wird im Zivilprozess weitgehend auf die Schriftsätze Bezug genommen. Die mündliche Verhandlung dient lediglich der Ergänzung und Vertiefung des schriftlichen Vortrags, der Erörterung von Rechtsfragen, der Präsentation von Beweisen für bestrittenes Vorbringen und dem Versuch einer richterlichen Schlichtung (Prozessvergleich).

169 Die Kommunikation läuft dementsprechend zwischen dem Gericht und den Parteien bzw. ihren Anwälten ab. Der Richter stellt Fragen, gibt Hinweise, auf die der Parteivertreter reagieren soll. Er soll zum Richter sprechen, nicht mit der Gegenseite. Dennoch wird dieser von der Botschaft ebenfalls, gewissermaßen „über Eck“, erreicht. Er wird (und soll) darauf reagieren, zwar wiederum gegenüber dem Gericht, aber mit Reflexwirkungen bei der Gegenseite. Nicht selten führt diese eigenartige, in gewisser Weise ritualisierte Form der Kommunikation dann doch zu unmittelbaren Interaktionen zwischen den Parteien, die vom geistreichen Rechtsgespräch über schulmeisterliche Belehrungen und subtile Seitenhiebe bis zu tumultartigen Auseinandersetzungen führen können (insbesondere bei persönlicher Anwesenheit der Parteien).

170 Für den Anwalt muss es auch in der mündlichen Verhandlung in erster Linie darum gehen, dem Richter die für seine Partei wichtigen Informationen und Argumente zu vermitteln. Die Sachinformation steht im Vordergrund. Dennoch schwingen auch bei der Kommunikation mit dem Richter Elemente der Beziehungsebene, des Appells und der Selbstoffenbarung mit (s. dazu Rdn. 118). Eine unwillig oder gar herablassend präsentierte Information wird beim Richter anders ankommen als die klare, offene, auf den Punkt kommende Beantwortung seiner Frage. Der Anwalt muss sich stets im Klaren darüber sein, dass er *den Richter* überzeugen muss, nicht die Gegenseite. Der Richter fühlt sich aber nicht ernst genommen, wenn seine sachliche Frage mit Polemik gegen den Prozessgegner beantwortet

wird, wenn der Anwalt dabei nicht zu ihm, sondern zum Gegenanwalt blickt oder wenn er bei seinen Äußerungen körpersprachlich Desinteresse oder Verlegenheit bekundet, etwa in den Akten blättert oder aus dem Fenster schaut. Selbst wenn es in der Verhandlung zu einem Rechtsgespräch zwischen allen Beteiligten kommt, muss der Anwalt seine Stellungnahme auf den Richter ausrichten. Wenn er dabei die Argumente der Gegenseite aufgreift, sogar mit Wertschätzung bedenkt, schafft er die besten Voraussetzungen für eine positive Aufnahme seiner eigenen Stellungnahme durch den Richter. Der Anwalt vergibt sich nichts dabei, wenn er die Argumente des Gegenanwalts als sehr wichtig, eindrucksvoll, bedenkenswert o.ä. bezeichnet; umso besser kommen seine noch gewichtigeren Argumente an.

3. Vergleichsverhandlungen

Vergleichsgespräche vor Gericht passen nicht in das vorbezeichnete 171
Kommunikationsschema der mündlichen Verhandlung. Sie zielen auf eine vertragliche Vereinbarung zwischen den Parteien ab, setzen also Verhandlungen zwischen diesen voraus. Dem Richter kommt die Funktion eines Schlichters zu, der mit eigenen Vorschlägen und Argumenten die einvernehmliche Lösung zu fördern versucht. Dieses Umschalten von der zweiseitigen auf eine dreiseitige Kommunikation bereitet Komplikationen, erst recht wenn die Parteien persönlich anwesend sind und in die Verhandlungen einbezogen werden. Durch die wenig kommunikationsfreundliche Ausstattung des Gerichtssaals und die vorangegangene Konfrontation in der streitigen Verhandlung werden die Gespräche zudem noch atmosphärisch belastet. Es besteht eine Kommunikationssituation, die für den Anwalt kaum adäquat zu bewältigen ist. Lehnt er den Vergleichsvorschlag ab, könnte dies beim Richter den Eindruck von Hartnäckigkeit und mangelnder Kooperationsbereitschaft erwecken, nimmt er ihn an, löst er möglicherweise beim Mandanten negative Reaktionen aus. Lässt er sich auf Verhandlungen ein, muss er von den vorher vehement vertretenen Rechtspositionen abrücken, setzt also sein Renommée und die Durchschlagskraft seiner Argumente aufs Spiel. Zudem nimmt er die Risiken eines unter Zeitdruck stehenden, dem Mandanten kaum verständlich zu machenden kompetitiven Verhandelns in Kauf (s. dazu Rdn. 282).

In der Praxis wird vielfach versucht, die Kommunikationsproblematik 172
dadurch zu entschärfen, dass die Verhandlung unterbrochen und Gelegenheit gegeben wird, sich über den Vergleichsvorschlag intern oder bilateral zu beraten. Auch solche Gespräche, die zumeist auf dem Gerichtsflur oder per Mobiltelefon mit dem abwesenden Mandanten geführt werden müssen, bieten jedoch keine der Bedeutung des Gerichtsverfahrens angemessene Kommunikationskultur. Der Notbehelf des bedingten Vergleichs bringt

oftmals nur eine vorübergehende, in der Regel aber eine unbefriedigende Lösung. Prozessvergleiche werden von den Parteien, die mit großen Erwartungen in den Prozess gegangen sind, zumeist als unbefriedigend angesehen, müssen dem Mandanten mit hohem Argumentationsaufwand verständlich gemacht werden und führen relativ oft zu Regressansprüchen gegen den Anwalt.

173 Die ZPO-Reform von 2002 hat mit § 278 Abs. 2 ZPO einen Weg gewiesen, wie die Vergleichskultur im Gerichtsverfahren gefördert werden kann, nämlich durch eine der streitigen mündlichen Verhandlung vorgeschaltete Güteverhandlung. In dieser lässt sich, zumal wenn sie bei persönlicher Anwesenheit der Parteien, nicht im Sitzungssaal und nicht unter Zeitdruck abgehalten wird, ein Kommunikationsklima erzeugen, in dem die Parteien zu einem echten Konsens finden können. Bedauerlicherweise wird von den Gerichten hiervon nur wenig Gebrauch gemacht.[6]

174 Auf Vergleichsgespräche in der mündlichen Verhandlung sollte der Rechtsanwalt sich nur dann einlassen, wenn er mit dem Mandanten vorher klare Absprachen für diesen Fall getroffen hat und ein dementsprechender richterlicher Vorschlag im Raum steht. Anderenfalls sollte er dem Gericht mitteilen, dass die Möglichkeiten einer gütlichen Einigung bereits sondiert worden seien. Selbstverständlich bestehe nach wie vor die Bereitschaft zu einer solchen Lösung. Diese setze aber eingehende Verhandlungen voraus, die hier und heute nicht geführt werden könnten. Folgende Möglichkeiten können – je nach Lage des Falles – stattdessen vorgeschlagen werden:

- ein richterlicher Vergleichsvorschlag gemäß § 278 Abs. 6 ZPO, über dessen Begründung sodann intensive Gespräche mit dem Mandanten geführt würden;
- ein gesonderter Gütetermin nach § 278 Abs. 3 Satz 1 Alt. 2 ZPO;
- eine Güte- oder Mediationsverhandlung vor einem ersuchten Richter nach § 278 Abs. 5 Satz 1 ZPO;
- eine außergerichtliche Schlichtung nach § 278 Abs. 5 Satz 2, 3 ZPO.

175 Dieses Vorgehen ist sowohl kommunikationspsychologisch als auch im Ergebnis optimal:

- Der Richter wird nicht durch Ablehnung seines Vergleichsvorschlags kompromittiert, sondern erfährt sogar Wertschätzung, indem sein Vorschlag konstruktiv aufgegriffen wird;
- Die Verhandlung wird von der Ergebnisebene auf die Verfahrensebene umgelenkt.
- Die Gegenseite wird sich einem solchen, mit keinerlei Nachgeben in der Sache verbundenen Vorgehen schwerlich verschließen können.
- Das Feilschen um einen Kompromiss wird verhindert.

---

[6] *Hommerich/Prütting/Ebers/Lang/Traut* S. 58 ff.

– Es wird die Chance eröffnet für eine konsensuale Lösung, die diesen Namen auch verdient und von den Parteien akzeptiert wird.

Selbst wenn die Parteien sich nicht auf eine inner- oder außergerichtliche 176
Güteverhandlung verständigen, sondern nur auf das schriftliche Vergleichsverfahren nach § 278 Abs. 6 ZPO, ist viel gewonnen. Der Anwalt erhält vom Richter einen mit Gründen versehenen Vergleichsvorschlag, den er mit seinem Mandanten erörtern kann. Eventuelle Modifizierungen kann er gegebenenfalls in außergerichtlichen Verhandlungen mit der Gegenseite abstimmen und dem Gericht als gemeinsamen Vorschlag übermitteln.

Haben die Parteien Übereinstimmung erzielt, bedarf es keines weiteren Termins, sondern das Gericht erlässt den Feststellungsbeschluss nach § 278 Abs. 6 ZPO. Anderenfalls beantragen sie beim Gericht einen Gütetermin oder die Fortsetzung der streitigen mündlichen Verhandlung.

4. Güteverhandlung; Gerichtsmediation

Wenn das Gericht eine echte, d.h. eigens zu diesem Zweck anberaumte 177
und auf diesen atmosphärisch abgestimmte Güteverhandlung durchführt oder den Rechtsstreit mit Einverständnis der Parteien einem Mediations- oder Güterichter überträgt, bleibt der Richter zwar Verhandlungsleiter; seine Funktion und auch die Kommunikation verändern sich jedoch grundlegend. Er versucht, die Parteien miteinander ins Gespräch zu bringen und diese zu einem kooperativen Verhandeln anzuleiten. In diesen Verhandlungen werden daher grundsätzlich keine vorbereitenden Schriftsätze verfasst und keine Positionen vertreten, sondern die Interessen herausgearbeitet und konsensfähige, möglichst wertschöpfende Lösungen gesucht. Die Grundsätze und Techniken des kooperativen Verhandelns werden zum Einsatz gebracht (s. dazu Rdn. 226ff.).

5. Formlose Kommunikation mit dem Richter

Nach der ZPO vollzieht sich die Kommunikation zwischen Parteien und 178
Gericht durch die mündliche Verhandlung und die vorbereitenden Schriftsätze bzw. die Verfügungen und Beschlüsse des Gerichts. Dies verbietet es jedoch nicht, dass die Verfahrensbeteiligten auch auf andere Weise, formlos, miteinander Kontakt aufnehmen, z.B. telefonisch oder per E-Mail. Unzulässig, weil gegen das rechtliche Gehör verstoßend, wäre es lediglich, wenn hierbei entscheidungserhebliche Informationen übermittelt würden, ohne dass dies der anderen Seite zur Kenntnis gelangt. Der Richter wird deshalb telefonische Kontakte nur zurückhaltend praktizieren, es sei denn per Konferenzschaltung – eine Praxis, die von englischen Richtern vielfach und äußerst erfolgreich angewendet wird, in Deutschland aber noch kaum üblich ist. Dass Anwälte von sich aus anrufen, wird von vielen Richtern als

unangemessen oder jedenfalls als störend empfunden und sollte grundsätzlich unterbleiben. E-Mails bieten eine gute Möglichkeit mehrseitigen, raschen Informationsaustauschs, allerdings sollte es der Anwalt auch hier dem Richter überlassen, ob er diese Form der Kommunikation eröffnen will.

IV. Kommunikation mit Vermittlern

179 In Verfahren der alternativen Konfliktlösung geht es im Wesentlichen darum, den Parteien eine eigenverantwortliche Lösung zu ermöglichen, z. B. durch Schaffen zweckdienlicher Kommunikationsbedingungen, Einbringen von Entscheidungsvorschlägen oder Bewertungen, Bewusstmachen der Interessen, Wecken von Kreativität usw. Die Kommunikation in diesen Verfahren läuft je nach der gewählten Verfahrensart ab.

180 Dem **Schlichter und dem Gutachter** müssen die zur Erfüllung seiner Aufgabe nötigen Informationen geliefert werden. Von den Schieds- oder Schlichtungsstellen werden daher zumeist schriftliche Stellungnahmen angefordert. Ob mündlich verhandelt wird, hängt vom jeweiligen Verfahren ab; auch Online-Schlichtung wird vereinzelt angeboten.

181 Bei der **Mediation** bestimmt der Mediator die Art und Weise der Kommunikation. Der teilnehmende Rechtsanwalt muss seine hierbei völlig anders geartete Rolle akzeptieren und ausfüllen (s. dazu Rdn. 487 ff.). Inwieweit er überhaupt an den Mediationssitzungen teilnimmt und den Mandanten nicht nur beratend begleitet, muss im Einzelnen ausgehandelt werden (s. dazu Rdn. 443).

V. Telefonische Kommunikation

1. Anwendungsbereich

182 In den Verfahren der außergerichtlichen Konfliktlösung spielen Schriftsätze eine wesentlich geringere Rolle als im Zivilprozess, wo sie gesetzlich vorgeschrieben sind (§ 129 ZPO). AKL-Verfahren setzen vor allem auf das mündliche Verhandeln, denn einvernehmliche Lösungen lassen sich am besten durch die unmittelbare Kommunikation zwischen den Konfliktparteien erzielen. Schriftliche Äußerungen wirken oftmals kontraproduktiv, weil sie die Neigung fördern, bestimmte Positionen einzunehmen und dahinter liegende Interessen eher zu verbergen. Diese können in der Regel nur im Wege der Zwiesprache (Fragen und aktives Zuhören) aktiviert werden.

Verhandlungen am Telefon – zweiseitig oder per Konferenzschaltung – können das mündliche Verhandeln in persönlicher Anwesenheit nicht völlig ersetzen. Es fehlt vor allem das wesentliche Element der Körpersprache (s. Rdn. 126 ff.). In einfacheren Fällen, insbesondere wenn nur kompetitiv verhandelt werden soll, kann jedoch der telefonische Kontakt, der immerhin ein unmittelbares Reagieren auf die Äußerungen des Anderen ermöglicht, genügen.

Vor allem eignet sich das Telefon aber zur gegenseitigen Abstimmung und Information. Hier ist es einem schwerfälligen, zeitraubenden Schriftwechsel klar überlegen. Allerdings ist die Flüchtigkeit dieser Kommunikationsform zu beachten. Über jedes relevante Telefonat ist ein Aktenvermerk zu fertigen; Absprachen sind schriftlich oder per E-Mail zu bestätigen.

Besonderheiten sind bei Telefongesprächen mit der anderen Konfliktpartei zu beachten. Die erstmalige Kontaktaufnahme durch einen Anruf im Privatbereich kann als unerwünschte Belästigung oder Versuch einer Überrumpelung empfunden werden, während der Geschäftsmann einen solchen Anruf in seinem Büro als durchaus adäquat empfinden wird.

Zu Telefonaten mit dem Richter s. oben Rdn. 178.

2. Telefonate mit der Gegenseite

Beim Erstkontakt (sofern dieser überhaupt per Telefon hergestellt wird; 183
s. Rdn. 73), ist es wichtig, von vorneherein um eine positive Gesprächsatmosphäre bemüht zu sein. Der Angerufene darf nicht das Gefühl bekommen, mit einer Forderung konfrontiert oder zu etwas gedrängt zu werden, z. B. zu einer Zahlung. Das Gespräch sollte in die Form eines Angebots gekleidet werden, z. B. gemeinsam nach einer Bereinigung der aufgetretenen Unstimmigkeiten zu suchen, einen Rechtsstreit zu vermeiden, die Geschäftsbeziehung wieder gewinnbringend zu gestalten, das gute Verhältnis zwischen den Geschwistern wiederherzustellen usw. Natürlich darf der Anwalt nicht verschweigen, dass er als Vertreter der anderen Seite fungiert, aber er kann durch die Art und Weise der Gesprächsführung vermitteln, dass es ihm nicht um einen Rechtsstreit, sondern um eine gütliche Lösung geht. Dabei ist es wichtig, dass er mit Ich-Aussagen (s. Rdn. 123 ff.) arbeitet und alles vermeidet, was der andere als Schuldzuweisung verstehen könnte. Stattdessen sollte er Verständnis für das Entstehen der Meinungsverschiedenheit bekunden (und dabei negativ besetzte Worte wie Konflikt, Streit, Problem vermeiden).

Beispiele: „ Aus Ihrer Sicht ist das nachvollziehbar". – „Vielleicht liegt nur ein Missverständnis vor, das wir leicht ausräumen können". – „In solchen Fällen kommt es häufig zu Unstimmigkeiten zwischen den Erben, die sich aber in der Regel schnell bereinigen lassen".

184 Beim Erstkontakt sollte noch keine Lösung angestrebt werden, sondern nur eine **Einigung über das weitere Vorgehen,** z. B. nochmaliger Telefonkontakt, Besprechung in der Kanzlei, Bestellung eines eigenen Anwalts, der sich melden wird usw. (s. Rdn. 71, 73). Die Kontaktdaten, gegebenenfalls auch E-Mail-Adresse, sollten ausgetauscht werden. Sinnvoll ist, wichtigere Vereinbarungen schriftlich zu bestätigen und Gesprächsnotizen für die Handakte zu fertigen.

Hat sich für die Gegenseite ein Anwalt bestellt, darf auch der Telefonkontakt nur noch über diesen laufen (§ 12 BORA). Hierfür gelten im Wesentlichen die vorstehenden Grundsätze entsprechend.

VI. Elektronische Kommunikation

185 Auch in der Anwaltspraxis hat sich die formlose, zeitsparende Übermittlung von Informationen per E-Mail etabliert. Der Rechtsanwalt sollte von ihr aber nur dann Gebrauch machen kann, wenn er die Gewissheit hat, dass der Empfänger sie nicht als unpassend oder belästigend empfindet. Mit dem eigenen Mandanten kann er dies bereits beim Erstkontakt klären. In der Regel wird dieser froh sein, wenn er Mitteilungen oder Rückfragen des Anwalts sowie dessen Entwürfe und Kopien der Schriftsätze auf diesem schnellen Weg erhält und ebenso einfach Rückmeldungen geben kann.

Bei der Korrespondenz mit der Gegenseite ist größere Zurückhaltung angezeigt. Die formlose Kommunikation setzt ein gewisses Maß von Vertrautheit voraus, das im Verhältnis zur Gegenseite regelmäßig nicht besteht. Keinesfalls sollte der Erstkontakt per E-Mail hergestellt werden.

Auch beim E-Mail-Verkehr sind die Grundformen der Höflichkeit zu wahren. Eine zu lockere, verkürzte Ausdrucksweise kann später zu Differenzen wegen der Auslegung führen und sollte vermieden werden. Für wichtige Mitteilungen sollte eine Empfangsbestätigung erbeten, beides zu den Akten genommen werden. Vorsicht ist beim Beifügen der Anhänge geboten: Wurde die richtige, aktuelle Datei angefügt? Enthält sie möglicherweise noch interne Angaben? Auch die Antwort- und Weiterleitungsfunktionen bieten Risiken, etwa beim Versenden von Kopien an weitere Empfänger. Es ist daher zu prüfen, ob auch der Text der Ursprungs-Mail an alle Empfänger hinausgehen darf.

3. Teil
Erfolgreich Verhandeln

§ 10 Grundsätze und Formen des Verhandelns

I. Grundlagen

Unter „Verhandeln“ ist die zwischenmenschliche Interaktion zu verstehen, bei der versucht wird, einen Ausgleich widerstreitender Interessen zu erzielen. Es ist ein alltäglicher Vorgang im menschlichen Zusammenleben, aber auch ein wesentlicher Bestandteil der anwaltlichen Tätigkeit. Der Rechtsanwalt wird nicht nur bei Vertragsverhandlungen eingeschaltet, bei denen es um eine zumeist noch völlig konfliktfreie Suche nach einer ausgewogenen Gestaltung der künftigen Rechtsbeziehung geht, sondern insbesondere dann, wenn bereits ein verfestigter, konflikthafter Interessengegensatz besteht, also wenn z.B. der Haftpflichtversicherer die begehrte Entschädigungsleistung abgelehnt, der Mieter auf das Erhöhungsverlangen des Vermieters nicht reagiert oder der Nachbar das Gespräch über die Situation an der Grundstücksgrenze abgebrochen hat. 186

Für das anwaltliche Verhandeln gelten daher Besonderheiten, auf die in Rdn. 200ff. eingegangen wird. Die allgemeinen Grundlagen des Verhandlungsmanagements sind jedoch auch hier von Bedeutung (und werden vielfach nicht genügend beachtet). Wenn Verhandlungen erfolglos verlaufen, liegt dies nicht immer an der Unvereinbarkeit der beiderseitigen Erwartungen. In vielen Fällen wäre eine Einigung möglich, der Weg dorthin wird aber durch einen nicht optimalen Verhandlungsablauf verstellt.

Hauptursache für unbefriedigende Verhandlungsverläufe ist, dass ungeplant, ungeregelt, intuitiv verhandelt wird.[1] Erfolgreiches Verhandeln setzt aber intensive Vorbereitung und eine genaue Analyse der Verhandlungssituation, insbesondere des Vorgehens der anderen Seite voraus (s. dazu §§ 11, 12). Vor allem müssen sich die Parteien darüber im Klaren sein, in welcher Form die Verhandlungen ablaufen sollen. 187

Es gibt keine Patentrezepte für richtiges Verhandeln. Die Verhandlungslehre kann hierfür nur **Werkzeuge und Grundsätze** liefern, die je nach Ver- 188

[1] *Haft* in Haft/von Schlieffen § 4 Rdn. 3ff.

handlungsziel, -partner und -situation anzuwenden sind.[2] Dabei unterscheidet sie **zwei Grundformen** des Verhandelns: den kompetitiven (distributiven) und den kooperativen (integrativen) Verhandlungsstil.

II. Grundformen des Verhandelns

1. Kompetitives Verhandeln

189 Beim kompetitiven Verhandeln liefern sich die Parteien einen Wettstreit um einen begrenzten Verhandlungsgegenstand, z. B. eine Entschädigungssumme. Jede Seite versucht, den größtmöglichen Vorteil für sich zu erlangen, der Anspruchsteller also ein möglichst hohes, der Anspruchsgegner ein möglichst niedriges Ergebnis. Kompetitives Verhandeln ist der typische Fall eines **Nullsummenspiels:** Was die eine Seite gewinnt, verliert die andere. Es läuft deshalb in der Weise ab, dass die Parteien mit Maximalpositionen in die Verhandlung gehen, die sie in Form von Konzessionen einander annähern, bis sie eine beiderseits akzeptable Kompromisslösung gefunden haben (näher hierzu Rdn. 194 f., 232 ff.).

2. Kooperatives Verhandeln

190 Einem völlig anderen Muster folgt dagegen das kooperative Verhandeln, bei dem die Parteien eine **Wertschöpfung** anstreben: Es soll nicht nur eine fixe Verhandlungsmasse verteilt, sondern ein Kooperationsgewinn erzeugt werden. Dieses Verhandlungsmuster verlangt, dass die Parteien sich von vorgefassten Positionen, von der Vorstellung eines begrenzten Verhandlungsgegenstands lösen und unter Einsatz von Kreativität Ergebnisse herbeiführen, die – im Gegensatz zum Nullsummenspiel – von allen Beteiligten als win-win-Situation empfunden werden. Ermöglicht wird dies dadurch, dass die **Interessen** der Parteien, die hinter den Positionen stehenden Anliegen, Bedürfnisse, Erwartungen in die Verhandlung eingebracht werden (näher dazu Rdn. 263 ff.; zum praktischen Vorgehen Rdn. 137 ff., 228 ff.).

3. Inkompatibilität

191 Dass beide Verhandlungstypen völlig unterschiedliche Vorgehensweisen erfordern, liegt auf der Hand. Daraus folgt die **Unvereinbarkeit der beiden Strategien.** Ein erfolgreiches Verhandeln ist nicht möglich, wenn von den Partnern der eine kompetitiv, der andere kooperativ verhandeln will.

Dies bedeutet aber nicht, dass Verhandlungen nur nach dem einen oder dem anderen Muster geführt werden können. Es kann durchaus von dem

[2] *Haft* in Haft/von Schlieffen § 4 Rdn. 11 ff.

einen zum anderen Verhandlungsstil gewechselt, es können auch Elemente des jeweils anderen Typs eingebracht werden (vgl. Rdn. 237). Der Irrglaube, über eine Kaufpreis-, Abfindungs- oder Schadensersatzsumme könne nur kompetitiv verhandelt werden, ist verantwortlich dafür, dass entsprechende Verhandlungen oftmals scheitern oder zu unbefriedigenden Ergebnissen führen.

Schließlich geht es auch bei einem auf Wertschöpfung gerichteten Verhandeln am Ende oftmals darum, wie viel von dem Mehrwert jeder Beteiligte erhalten soll.

Die beiden Verhandlungsformen schließen einander also nicht hinsichtlich ihres Anwendungsbereichs aus. Sie können lediglich nicht bei ein und demselben Verhandlungsgegenstand von den Beteiligten unterschiedlich eingesetzt werden.

4. Wahl der Verhandlungsform und Umsetzung

Grundsätzlich verdient das kooperative, win-win-orientierte Verhandeln 192
den Vorzug vor dem Nullsummenspiel des kompetitiven Verhandelns. Bei der Einleitung von Verhandlungen sollte daher der Gegenseite signalisiert werden, dass ein solches Vorgehen beabsichtigt ist. Bereits im ersten Anwaltsschreiben eine konkrete Forderung zu erheben, kann ein gravierender taktischer Fehler sein, der die Weichen für die sich anschließende Konfliktbehandlung in die falsche Richtung stellt. Grundsätzlich sollte der Gegenseite zunächst angeboten werden, im Verhandlungswege eine gemeinsame Lösung zu suchen; allenfalls die Angabe einer gewissen Vorstellung vom Verhandlungsergebnis kann sich empfehlen (näher Rdn. 228). Geht die Gegenseite hierauf nicht ein, sondern reagiert sie ihrerseits mit einer konkreten Forderung, kann allenfalls nochmals versucht werden – etwa in einem Telefonat mit dem Gegenanwalt – ein kooperatives Vorgehen zu vereinbaren; ansonsten aber muss auch das eigenen Vorgehen auf den kompetitiven Stil umgestellt werden.

Entsprechendes gilt, wenn die **Gegenseite** die Verhandlungen mit einer 193
Positionierung begonnen hat. Handelt es sich um ein Gebot, welches ein akzeptables Ergebnis im Wege gegenseitiger Annäherung erwarten lässt, und sind besondere Wertschöpfungspotenziale nicht erkennbar, bestehen keine Bedenken, sich auf ein kompetitives Verhandeln einzulassen. Im anderen Fall wäre dies ein grober Fehler. Bei einer überzogenen Ausgangsposition kann kompetitives Verhandeln nicht zu einer befriedigenden Lösung führen, bei bestehenden Wertschöpfungsmöglichkeiten würde es bessere Lösungen verbauen. Statt die Verhandlungen sogleich abzubrechen, sollte daher versucht werden, den Partner auf ein kooperatives Verhandeln einzustellen.[3]

[3] Anschauliches Beispiel bei *Haft* Verhandlung und Mediation S. 169 f.

III. Nachteile des kompetitiven Verhandelns

1. Darstellung

194 Beim kompetitiven Verhandeln handelt es sich um eine Art **Spiel mit verdeckten Karten.** Jede Seite geht mit einem Angebot bzw. Zugeständnis in die Verhandlung, von dem sie weiß, dass es nicht deren Endergebnis entsprechen, sondern Konzessionen erfordern wird. Sie hat sich möglicherweise bereits Gedanken darüber gemacht, wo die Grenze ihrer Konzessionsbereitschaft liegen wird, will aber versuchen, so viel wie möglich für sich zu erreichen.

Wenn z. B. A ein Schmerzensgeld von 10.000 EUR begehrt, aber auch mit einem geringeren Betrag zufrieden wäre, solange dieser nur nicht unter 5.500 EUR liegt, während der Schädiger S möglichst nur 4.000 EUR, keinesfalls aber mehr als 8.000 EUR zahlen möchte, so lässt sich dies grafisch wie folgt darstellen:

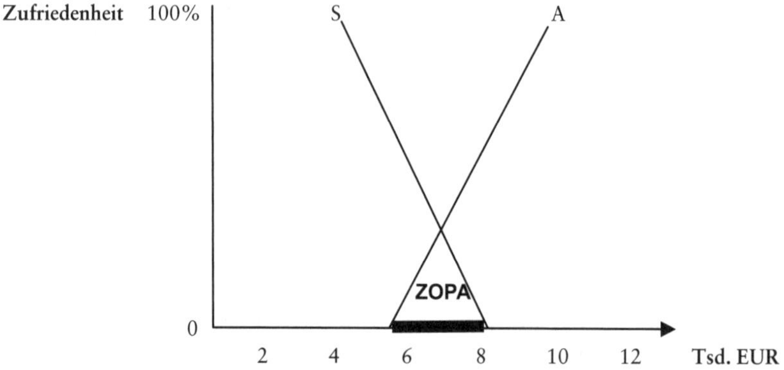

195 Wie die Grafik deutlich zeigt, gibt es einen Bereich, in dem ein von beiden Seiten für (noch) akzeptabel gehaltenes Ergebnis liegt, die sog. *zone of possible agreement* (ZOPA; hier zwischen 5.500 und 8.000 EUR). Dieser **Einigungsbereich** wird aber von den Verhandlungspartnern nicht aufgedeckt, weil jeder das Ziel hat, möglichst viel für sich herauszuholen, d. h. möglichst nahe an der für ihn günstigen Grenze der ZOPA abzuschließen. Da beide nicht wissen, wo diese, durch die nicht offenbarten Vorstellungen des anderen determinierte Grenze liegt, geht jede Seite mit einem möglichst hohen (bzw. niedrigen) Gebot in die Verhandlung.

196 Bereits daran kann eine Einigung scheitern. Eine **zu hohe Ausgangsforderung** (bzw. ein zu niedriges Ausgangsangebot) kann dazu führen, dass die Gegenseite die Verhandlungen sogleich abbricht und den Weg der streitigen Auseinandersetzung sucht, weil sie sich vor den Kopf gestoßen oder nicht ernst genommen fühlt. Entsprechendes kann sich im Verlaufe der Verhandlungen ereignen, wenn eine Seite sich bei ihren Konzessionen allzu

zögerlich verhält. An eher großzügigen Konzessionen sehen sich die Verhandlungspartner aber dadurch gehindert, dass sie nicht den Eindruck mangelnder Ernsthaftigkeit und Seriosität hervorrufen wollen.

Durch eine **falsche Wahl der Ausgangsposition** und eine **unvorteilhafte** 197
Annäherungsstrategie können somit an sich vorhandene Einigungschancen verschüttet werden. Der Konflikt kann sich dadurch verschärfen, eine gerichtliche Auseinandersetzung unausweichlich werden. Kommt es dann im Prozess zu einem Vergleich, wird sich der Rechtsanwalt fragen lassen müssen, weshalb er dieses Ergebnis nicht bei den vorprozessualen Verhandlungen erzielen konnte.

Ein weiterer Nachteil des kompetitiven Verhandelns besteht darin, dass 198
es den Blick auf die im Wettstreit befindliche **Verhandlungsmasse verengt.** Diese erscheint wie ein begrenzter Kuchen (*fixed pie*), von dem es möglichst viel für sich zu erlangen und dem anderen vorzuenthalten gilt. Die Möglichkeit, durch eine Erweiterung des Verhandlungsgegenstands wertschöpfende Lösungen zu erzielen, wird nicht gesehen.

2. Bewertung

Aus diesen Nachteilen folgt aber nicht die Ungeeignetheit des kompeti- 199
tiven Verhandelns. In vielen Fällen des Alltags- oder Wirtschaftslebens geht es ausschließlich darum, eine von beiden Beteiligten akzeptierte Summe festzulegen, und hierfür ist die gegenseitige Annäherung nun einmal die beste und vertrauteste Methode. Auch wenn kooperativ verhandelt wurde, muss am Ende oftmals ein bestimmter Betrag mit Hilfe dieser Methode ermittelt werden.

Die negativen Auswirkungen des kompetitiven Verhandelns sind zudem beherrschbar. Wenn Ausgangspositionen und Annäherungsschritte mit Bedacht gewählt werden, bestehen gute Aussichten für eine beide Seiten zufriedenstellende Lösung.

Kompetitives Verhandeln ist auch nicht zwingend mit dem Phänomen der begrenzten Verhandlungsmasse verbunden. So können z. B. zusätzliche Leistungen angeboten oder gefordert werden, um verbleibende Betragsdifferenzen durch Kompensation (Rdn. 285) zu überbrücken. Näher zum richtigen Vorgehen beim kompetitiven Verhandeln Rdn. 232 ff.

IV. Besonderheiten des anwaltlichen Verhandelns

1. Konfliktverantwortung

Der Rechtsanwalt wird in der Regel in Situationen tätig, in denen be- 200
reits ein in gewissem Grade eskalierter Konflikt vorliegt. Der Mandant hat bereits gescheiterte Verhandlungen mit der Gegenseite geführt, er ist verärgert über deren Verhalten, fühlt sich in seinen Interessen, seinen Wertvor-

stellungen, seiner Rechtsstellung und nicht selten auch seiner Ehre verletzt, kann nicht mehr sachlich oder sogar überhaupt nicht mehr mit der Gegenseite kommunizieren und schaltet daher den Rechtsanwalt ein. Diese Gegebenheiten verlangen vom Anwalt besondere Bedachtsamkeit. Er sollte sich dessen bewusst sein, dass Verhandlungen überhaupt nur dann zum Erfolg führen können, wenn es gelingt, die Sachebene und die Beziehungsebene voneinander zu trennen. Es ist wichtig, dass er die bestehende Beziehungsstörung in seine Verhandlungsstrategie einbezieht und darauf hinwirkt, dass diese entweder behoben oder jedenfalls die Sachdiskussion unabhängig von ihr geführt wird.

Auf keinen Fall darf der Rechtsanwalt die bestehende Beziehungsstörung noch verstärken. Schuldzuweisungen oder gar persönliche Herabsetzungen des Anderen sollten auf jeden Fall vermieden werden. Ein derartiges, in der Praxis häufig anzutreffendes Verhalten führt in der Regel zur Eskalation des Konflikts, die sich in ausufernden, emotional belasteten Prozessen niederschlägt, nicht selten aber auch in persönlichen Auseinandersetzungen, die bis zu Gewalttätigkeiten gehen können. Es ist insoweit wichtig, dass der Rechtsanwalt sich bei der Art seiner Kommunikation mit der Gegenseite (s. dazu Rdn. 157ff.) seiner besonderen Verantwortung bewusst ist. Zudem würde er durch ein konfliktverschärfendes Verhalten seine Berufspflicht nach § 1 Abs. 3 BORA verletzen und sich gegebenenfalls nach § 280 Abs. 1 BGB haftbar machen.

2. Vertreterstellung

201 Eine weitere Besonderheit des anwaltlichen Verhandelns besteht darin, dass er nicht seine eigenen Interessen, sondern die seines Auftraggebers vertritt.

Dies erleichtert seine Aufgabe insofern, als er von der Konfliktsituation nicht persönlich betroffen wird und somit die gebotene **Trennung von Sach- und Beziehungsebene** besser vollziehen kann. Diesen Vorteil sollte er aber auch nutzen und sich nicht in den Konflikt hineinziehen lassen. Es ist immer wieder zu beobachten, dass sich die feindliche Haltung einer Konfliktpartei auf deren Anwalt überträgt. In einem solchen Fall muss sich der Anwalt fragen, was er möglicherweise bei der bisherigen Kommunikation falsch gemacht hat und wie er seine Stellung als unabhängiges Organ der Rechtspflege (§ 1 BRAO) wahren kann. Auf keinen Fall darf er sich auf die von der Gegenpartei angestrebte persönliche Konfrontation einlassen. Solchen Versuchen muss er deutlich, aber sachlich begegnen, keinesfalls durch Gegenangriffe auf gleichem Niveau.

Völlig indiskutabel sind Beziehungskonflikte zwischen den anwaltlichen Vertretern der beiden Seiten, wie sie bedauerlicherweise immer wieder die Beschwerdeausschüsse der Rechtsanwaltskammern beschäftigen.

Erschwerend wirkt sich die Vertretereigenschaft des Anwalts aber insofern auf seine Verhandlungsführung aus, als er dabei **fremde Interessen** vertreten muss. Der Anwalt kann nur im Rahmen seiner Vollmacht tätig werden. Dies verengt möglicherweise die Spielräume für Einigungen; auch wird es schwieriger, durch eine Ausweitung des Verhandlungsgegenstands zu wertschöpfenden Lösungen zu gelangen. Um die Chance optimaler Verhandlungsergebnisse nicht von vornherein zu verbauen, sollte der Anwalt sich so gut wie möglich über die Interessenlage des Mandanten informieren und sich innerhalb des durch diese gezogenen Rahmens eine möglichst unbeschränkte Verhandlungsvollmacht geben lassen (näher dazu Rdn. 204 ff.). 202

3. Rechtsbindung

Schließlich trägt der Anwalt als Organ der Rechtspflege auch Verantwortung für die **Rechtskonformität des Verhandlungsergebnisses.** Er darf nicht an gesetzes- oder sittenwidrigen Vereinbarungen mitwirken, muss auf die Einhaltung vorgeschriebener Formen oder sonstiger gesetzlicher Anforderungen hinwirken, auf die Klarheit und (falls angestrebt) Vollstreckungsfähigkeit der Regelung achten und den Mandanten vor dem Abschluss eines Vergleichs über dessen rechtliche Konsequenzen aufklären (Aufgabe von Rechten, Eingehen von Verpflichtungen, Entstehen von Risiken und Nebenwirkungen). 203

§ 11 Verhandlungsvorbereitung

I. Klärung des Verhandlungsziels

Erfolgreiches Verhandeln setzt voraus, dass der Anwalt weiß, worauf es seinem Mandanten *wirklich* ankommt. Nicht immer stimmt der Auftrag, mit dem der Mandant zum Erstgespräch kommt, oder die Rechtsposition, die der Anwalt aus dem vom Mandanten geschilderten Sachverhalt ableitet, mit dem **tatsächlichen Interesse** des Mandanten überein. So kann beispielsweise das vom Mandanten genannte Rechtsschutzziel auf einer Verkennung der rechtlichen Gegebenheiten, etwa der mit ihm verbundenen Belastungen, oder auf einer überoptimistischen Einschätzung seiner Prozesschancen beruhen; Emotionen können ihm den Blick auf rationale Lösungen verstellen, eine durch den Konflikt bewirkte Blickverengung das Erkennen besserer Gestaltungsmöglichkeiten verhindern usw. Deshalb ist es Aufgabe des Anwalts, mit Hilfe der in §§ 8, 13 beschriebenen Tech- 204 niken die wirklichen Interessen des Mandanten zu erforschen. Dabei sind auch immaterielle oder sonstige den Streitgegenstand übersteigende Interessen ins Spiel zu bringen, also z. B. ob der Mandant sich eine Wiederherstellung guter nachbar- oder verwandtschaftlicher Beziehungen wünscht, ob ihm an zukünftigen Aufträgen der anderen Seite gelegen ist, was ihm die ungestörte Entwicklung seines Kindes bedeutet, wie wichtig ihm das Renommee seiner Firma ist usw.

II. Klärung des Verhandlungsspielraums

205 Wie in § 10 gezeigt wurde, setzt effizientes Verhandeln Freiräume für kooperative, wertschöpfende Lösungen voraus. Verhandlungen, in denen ein Teilnehmer eine feste Vorgabe für das Ergebnis hat, verdienen diesen Namen nicht und können nicht erfolgreich sein. Für den Anwalt bedeutet dies, dass er sich vom Mandanten keine Fesseln in Form von festen Limits oder zu knappen Spielräumen anlegen lassen darf. Er muss ihm klarmachen, dass es in der Verhandlung nicht um das Erzielen eines ganz bestimmten Ergebnisses, sondern um das Verwirklichen des – zuvor herausgearbeiteten – Interesses geht. Es ist anzustreben, dass die Verhandlungsvollmacht allein durch dieses Interesse begrenzt wird. Für die Abschlussvollmacht können zunächst engere Vorbehalte gemacht werden; bei einem guten Verhandlungsergebnis wird es dem Anwalt keine Schwierigkeiten bereiten, hierfür die Zustimmung des Mandanten zu erhalten.

III. Sammeln von Informationen über Verhandlungspartner

206 Für die Verhandlungsstrategie wäre es sehr hilfreich, neben den Interessen des Mandanten auch die der Gegenseite zu kennen. Die Beschaffung dieser Information ist aber ungleich schwieriger. Zumindest sollte jedoch versucht werden, so viel wie möglich über die andere Seite herauszufinden, z. B. über Internet-Recherchen, Veröffentlichungen, Erkundigungen bei anderen Geschäftspartnern. Oftmals wird auch der eigene Mandant aus seiner Beziehung zum jetzigen Gegner Erkenntnisse haben; die Befragung des Mandanten ist deshalb auch hierauf zu richten. Besonders wertvoll sind z. B. im Wirtschaftsbereich Informationen über Geschäftsentwicklung, Liquidität, Personalpolitik, Zukunftsplanung, Beteiligungsverhältnisse, im persönlichen Bereich über berufliche Stellung, Beziehungen, Bonität, besondere Vorlieben, frühere Konflikte.

Zu den Informationen über den Verhandlungspartner gehört selbstverständlich auch die Vorgeschichte des aktuellen Konflikts, d. h. die Entwicklung der Beziehungen zwischen den Streitparteien.

IV. Klärung von Lösungsoptionen und Alternativen

Verhandlungen führen oft nur dann zu einer Einigung, wenn es gelingt, 207
die Fixierung der Parteien auf den konkreten Gegenstand ihres Streites zu durchbrechen und den Blick auf **alternative Lösungen** zu lenken, die den Streitpunkt obsolet werden lassen oder gleichsam miterledigen.

So kann z. B. der Streit um eine wegen Baumängeln einbehaltene Restzahlung sich dadurch erledigen, dass der Unternehmer sich zu einer preisgünstigen Zusatzleistung bereit erklärt – eine echte win-win-Lösung, weil der Unternehmer kurzfristig einen Kapitalzufluss erhält (und zudem evtl. seinen momentan unterbeschäftigten Betrieb auslastet), während der Bauherr günstig einen zusätzlichen Komfort erlangt, der den streitigen Baumangel entweder aufhebt oder als verschmerzbar erscheinen lässt.

Manchmal lassen sich solche Alternativlösungen in der Verhandlung selbst entwickeln, z. B. im Wege eines Brainstorming. Förderlich ist hierbei, wenn der Anwalt sich bereits vorher Gedanken über solche Optionen macht. Ob er diese bereits vorab mit dem Mandanten berät, sollte er von den konkreten Gegebenheiten, insbesondere der Konflikthaltung des Mandanten und dem Grad der Streiteskalation, abhängig machen. Möglicherweise ist die emotionale Belastung durch den Konflikt noch so hoch, dass der Mandant sich konstruktiven Gedanken völlig verschließt, während er in einem späteren Stadium der Verhandlungen, wenn bereits erkennbar wird, dass die Durchsetzung seiner Position schwierig wird, vielleicht mehr Offenheit für solche Lösungen zeigt. Dann könnte es ungünstig sein, wenn der Weg zu solchen Lösungen vorzeitig verbaut wurde.

Auf jeden Fall sollte aber der Rechtsanwalt niemals in Verhandlungen gehen, ohne sich Gedanken über wertschöpfende Alternativen gemacht zu haben.

Ebenso gehört zur Verhandlungsvorbereitung, dass der Rechtsanwalt 208
einen „Plan B“ in der Tasche hat, nämlich eine Strategie für den Fall, dass es nicht zu einer Einigung kommt. Die sog. **Nichteinigungsalternative** spielt bei Verhandlungen, wie noch zu zeigen sein wird, eine zentrale Rolle. Der Anwalt wird also überlegen, welche Alternativen es gibt (z. B. Hinnahme des gegnerischen Standpunkts, Vorschlag, einen Schlichter oder Mediator einzuschalten, Vorschlag eines Schiedsgutachtens, Klageandrohung oder -erhebung, Antrag auf ein selbstständiges Beweisverfahren, einen Arrest, eine einstweilige Verfügung, Einschaltung einer Aufsichtsbehörde, Kündigung, Aufrechnung, Geltendmachung weiterer Ansprüche, Ersatzvornahme, Deckungsgeschäft mit Drittem usw.). Eine klarere Linie wird er in der Verhandlung verfolgen können, wenn er sich über die Realisierbarkeit und die Erfolgsaussichten solcher Alternativen bereits vorab informiert, also z. B. die Kosten einer Ersatzvornahme ermittelt oder die Existenz einer spezialisierten Schiedsstelle geklärt hat.

Dass er auch für den Fall einer Einigung Vorsorge trifft, also z.B. bereits vorab klärt, wie eine evtl. Abgeltungsklausel formuliert werden müsste oder ob für eine bestimmte Regelung die notarielle Beurkundung erforderlich ist, dürfte selbstverständlich sein.

V. Organisatorische Vorbereitungen

209 Sind die vorbereitenden Erkundigungen und Überlegungen abgeschlossen, beginnt die unmittelbare Verhandlungsvorbereitung. In organisatorischer Hinsicht sind insbesondere folgende Fragen zu klären und mit der anderen Seite abzustimmen:

1. Wie soll verhandelt werden?

210 Wegen der Vorteile der unmittelbaren Kommunikation (s. Rdn. 126ff.) ist die persönliche Besprechung grundsätzlich vorzugswürdig. In vielen Fällen genügt allerdings auch eine Verhandlung per Telefon oder – besser – Videokonferenz. Hier ist eine Abwägung nach Verhältnismäßigkeits- und Effizienzgesichtspunkten vorzunehmen. Entscheidend sind hierbei auch die Art des Konflikts und die Person des Konfliktpartners. Eine routinemäßige Schadensregulierungsverhandlung mit dem Haftpflichtversicherer kann im Allgemeinen telefonisch abgewickelt werden, bei der Verhandlung mit einem Unternehmen im Ausland bietet sich eventuell die Videokonferenz an. Bei Verhandlungen zwischen Anwälten kommt es auf die Bedeutung der Angelegenheit an; kreative Lösungen können allerdings in der Regel besser im persönlichen Gespräch entwickelt werden.

Verhandlungen mit Privatpersonen sollten in aller Regel persönlich geführt werden. Der für die Konfliktlösung u.U. sehr wichtige Zugang auf der Beziehungsebene kann auf diese Weise wesentlich besser, auch über die Körpersprache, hergestellt werden.

2. Wann und wo soll verhandelt werden?

211 Zum Zeitpunkt gibt es keine allgemein gültigen Gesichtspunkte. Grundsätzlich verdient zwar eine kurzfristige Konfliktlösung den Vorzug: manchmal ist es aber auch hilfreich, den Termin für die Verhandlung noch etwas hinauszuschieben, etwa um eine tatsächliche Entwicklung abzuwarten oder eine bestimmte Klärung vornehmen zu können.

Als Ort der Verhandlung bietet sich in erster Linie die eigene Kanzlei an. Es kann aber auch dem Verhandlungsklima förderlich sein, der Gegenseite ein Treffen in ihren Räumlichkeiten anzubieten, z.B. bei einem auswärtigen Anwaltskollegen oder Unternehmen. Außerdem bietet dies die Möglichkeit, die Verhandlung bei einem unbefriedigenden Verlauf zu verlassen.

Privatpersonen sind immer in die Kanzlei oder an einen neutralen Ort einzuladen. Verhandlungen im Bereich einer der Konfliktparteien sollten aus Neutralitätsgründen nur in Ausnahmefällen angeregt werden, etwa um zugleich den Konfliktgegenstand (z. B. Baustelle, Mietwohnung) in Augenschein nehmen zu können.

3. Wer soll an der Verhandlung teilnehmen?

Grundvoraussetzung für ein effizientes Verhandeln ist, dass beide Seiten 212
volle **Verhandlungsmacht** besitzen. Darauf ist unbedingt hinzuwirken.

Wenn etwa mit einer Bank über die Abwicklung eines notleidenden Kredits verhandelt werden soll, ist es sinnlos, mit einem Mitarbeiter zu verhandeln, der keinerlei Vollmacht hat, kreative Umschuldungs-, Neubesicherungs- oder Stundungslösungen zu entwickeln. Bei Verhandlungen über Baumängel ist weder der Projektleiter (der nur die Ordnungsmäßigkeit seiner Bauleistung verteidigt) noch der Chefbuchhalter (den nur der Zahlungseingang interessiert), sondern allein der Geschäftsführer der richtige Verhandlungspartner, der das Gesamtinteresse des Unternehmens im Blick hat und uneingeschränkte Verhandlungsmacht besitzt.

Nach Möglichkeit sollten die Verhandlungspartner auch **Abschlussvoll-** 213
macht haben, also entweder selbst oder kraft Vollmacht über den Verhandlungsgegenstand verfügen können. Hier müssen allerdings oft Konzessionen gemacht werden, etwa weil für eine bestimmte Rechtsgestaltung die Zustimmung eines Dritten oder ein Gesellschafterbeschluss erforderlich ist oder die Vollmacht (etwa des Rechtsanwalts) überschritten wird.

Oftmals wird es sinnvoll sein, **mehrere Personen** zu der Verhandlung 214
hinzuzuziehen, z. B. bei Baustreitigkeiten Vertreter des General- und des Subunternehmers sowie den Architekten. Dadurch können oftmals zusätzliche Möglichkeiten der Wertschöpfung oder bessere Nichteinigungsalternativen geschaffen werden.[4] Viele Konflikte lassen sich auch nur dann lösen, wenn alle Betroffenen mit am Tisch sitzen, z. B. bei Streitigkeiten über eine Erbauseinandersetzung.

Andererseits kann es für den Erfolg einer Verhandlung wichtig sein, eine 215
bestimmte Person von der Teilnahme **auszuschließen,** z. B. um Verhandlungen über Scheidungsfolgen nicht mit der Anwesenheit des neuen Lebenspartners eines Ehegatten zu belasten.

Ist die Zahl der Betroffenen zu groß, etwa bei einer Wohnungseigentü- 216
mer- oder Anliegergemeinschaft, muss ein **Bevollmächtigter** bestellt werden. Eine weitere Möglichkeit, die sich auch bei spannungsbeladenen Konstellationen anbietet, bietet das **sequenzielle Verhandeln.**[5] So kann es z. B.

[4] Anschaulich dazu *Bühring-Uhle/Eidenmüller/Nelle* Verhandlungsmanagement S. 159 ff.

[5] S. dazu *Bühring-Uhle/Eidenmüller/Nelle* Verhandlungsmanagement S. 171 ff.

sinnvoll sein, mit den einzelnen zerstrittenen Mitgesellschaftern zunächst getrennte Gespräche zu führen. Zu prüfen ist auch, ob alle Personen ständig anwesend sein müssen oder ob **Teilkonferenzen** möglich sind.

217 Bei Mehrpersonenbeteiligung darf **kein Ungleichgewicht** in der Verhandlungsstärke hervorgerufen werden. Problematisch wäre es, wenn dem Anwalt eine ganze Phalanx von Experten der Gegenseite gegenübersäße. In einer solchen Situation müsste der Anwalt zumindest von einem Sachverständigen begleitet werden. Kommt dies nicht in Betracht, sollte geprüft werden, ob bilaterale Verhandlungen überhaupt der richtige Weg sind oder ob nicht die Vermittlung eines Dritten, z. B. als Schlichter oder Mediator, in Anspruch genommen werden sollte.

218 Über die Teilnehmer der Verhandlung sind **klare Abmachungen** zu treffen und am besten schriftlich zu fixieren. Es handelt sich hier um einen der wichtigsten Punkte bei der Verhandlungsvorbereitung, denn Verlauf und Ergebnis der Verhandlung hängen oftmals ganz entscheidend davon ab, wer daran teilnimmt (und wer nicht). Über die Gründe für die Einbeziehung oder den Ausschluss bestimmter Personen sollte mit der Gegenseite klar gesprochen werden. Es sollte unbedingt vermieden werden, dass erst in der Verhandlung über den Teilnehmerkreis diskutiert wird.

219 Entsendet die andere Seite **abredewidrig** zu dem Treffen nur einen weisungsgebundenen Mitarbeiter oder gleich mehrere Vertreter, sollte dies keineswegs hingenommen, sondern der Regelverstoß thematisiert werden. Es ist dann zu vermuten, dass die Gegenseite an offenen und fairen Verhandlungen nicht interessiert ist. Statt Zeit zu vergeuden oder das Risiko einer Übervorteilung einzugehen, sollte der Anwalt die Verhandlung sogleich für gescheitert erklären und zur Nichteinigungsalternative übergehen, sofern sich keine einvernehmliche Bereinigung der Situation, etwa durch ein Telefonat mit dem Geschäftsführer, erzielen lässt.

220 Sind auf der eigenen Seite mehrere Personen beteiligt, muss mit diesen die **Rollenverteilung** abgesprochen werden. Es muss geklärt sein, wer das Wort führt und welche Beiträge die anderen Teilnehmer leisten. Insbesondere ist zu verhindern, dass die eigene Verhandlungsgruppe sich disparat äußert oder gar Meinungsverschiedenheiten offen austrägt. Für den Fall des Auftretens von solchen Divergenzen sollte vereinbart werden, dass um eine Unterbrechung der Verhandlung gebeten und eine interne Klärung herbeigeführt wird.

221 Ob der Anwalt den **Mandanten** zu der Verhandlung beizieht, ist von Fall zu Fall zu entscheiden. Je mehr der Konflikt in den persönlichen Bereich hineinreicht, desto eher wird die Teilnahme indiziert sein. Bei Konflikten aus dem Privatleben wäre es in der Regel verfehlt, allein mit der anderen Partei zu verhandeln. Hält der Anwalt dies ausnahmsweise für sinnvoll, etwa weil der Andere nicht bereit ist, sich mit dem Mandanten an einen Tisch zu setzen, sollte er sich des Einverständnisses seines Mandan-

ten versichern. Dieser darf nicht den Eindruck gewinnen, sein Anwalt verhandle „hinter seinem Rücken“ mit dem verfeindeten „Gegner“.

Ist bereits ein **Gegenanwalt** mandatiert, sind unmittelbare Verhandlungen mit der anderen Konfliktpartei grundsätzlich nur mit dessen Einwilligung möglich (zu Einzelheiten s. § 12 BORA). 222

4. Welche Unterlagen und Hilfsmittel werden benötigt?

Hauptgrund für den unbefriedigenden Verlauf von Verhandlungen ist deren fehlende Strukturierung. Jedenfalls bei umfangreicheren Verhandlungen ist es daher unerlässlich, eine schriftliche **Agenda** aufzustellen. Um störende Diskussionen in der Verhandlung selbst zu vermeiden, sollte diese nach Möglichkeit vorab mit der Gegenseite abgestimmt werden. Der Verhandlungsplan (im Sinne von Rdn. 225 ff.) bildet zwar ihre Grundlage; die Agenda beschränkt sich aber auf die Wiedergabe der Themen und die Reihenfolge ihrer Behandlung. Sie sollte bei der Verhandlung vorliegen oder aushängen. 223

Ist der Rechtsanwalt selbst Organisator der Verhandlung, kann er auch dafür sorgen, dass diese durch schriftliche **Unterlagen** (z. B. Pläne, Grafiken, Tabellen, kopierte Dokumente) und **Visualisierungsmittel** (z. B. Flip-Chart, Metaplanwand, Beamer) unterstützt wird. Zur **Fixierung** von Verhandlungsergebnissen sollte ein Laptop oder eine Schreibkraft bereit gehalten werden. 224

In jedem Fall sollte der Anwalt dafür sorgen, dass er die nötigen Unterlagen (auch bei auswärtigen Verhandlungen) zur Hand hat. Dringend anzuraten ist, dass wichtige Teile von Akten oder Blattsammlungen dokumentiert und markiert werden, damit sie nicht erst in der Verhandlung herausgesucht werden müssen. Das nervöse Herumkramen in schriftlichen Unterlagen beeinträchtigt das Ansehen und u. U. den Verhandlungserfolg.

VI. Erstellen des Verhandlungsplans

Ebenso wichtig wie die organisatorische ist die **strategische Vorbereitung** der Verhandlung durch einen (internen) Verhandlungsplan. Ohne Konzept in eine bedeutsame Verhandlung zu gehen, verursacht zumindest Leerlauf und Zeitverlust, oft aber auch ein Scheitern oder einen ungünstigen Ausgang der Verhandlung. 225

In einem ersten Planungsschritt hat der Rechtsanwalt aufgrund der eingeholten Informationen zu entscheiden, **welche Verhandlungsform** er anstrebt und wie er hierbei vorgeht (Rdn. 189 ff., 226). Sodann legt er, orientiert an der Phasenstruktur des Verhandelns, seine **Strategie** fest (Rdn. 238 ff.):

1. Kooperatives Verhandeln

226 Entscheidet sich der Rechtsanwalt für diese Verhandlungsform (Rdn. 190), die grundsätzlich den Vorzug verdient (s. Rdn. 192 ff.), so muss er zunächst planen, wie er die **Gegenseite hierfür gewinnen** kann. Entsprechende Anregungen finden sich in Rdn. 192, 258 f.

Für den Ablauf der Verhandlung bietet das auf jahrzehntelanger Forschung an der Harvard University basierende, inzwischen weltweit anerkannte sog. Harvard-Konzept[6] die optimale Planungshilfe.

Die vier Grundsätze des Harvard-Konzepts

- Trennung von Verhandlungsgegenstand und Beziehungsebene
- Konzentration auf Interessen statt auf Positionen
- Entwicklung möglichst vieler Optionen ohne Bewertung
- Heranziehen von objektiven Bewertungskriterien

Diesen Prinzipien folgend sollte der Rechtsanwalt Überlegungen zu folgenden Fragen anstellen und das Ergebnis in einem stichwortartig fixierten Plan festhalten:

227 **a) Wie kann durch ein Bereinigen oder Ausblenden von Störungen aus der Beziehungsebene eine sachliche Lösungssuche sichergestellt werden?** Der Rechtsanwalt wird sich hierzu überlegen, ob er eine ihm bekannte Beziehungsstörung gleich zu Beginn der Verhandlung ansprechen soll, gegebenenfalls in welcher Weise: relativierend, Verständnis äußernd, Bedauern oder gar Entschuldigung ausdrückend? Oder sollte er vorschlagen, die eingetretenen Belastungen des persönlichen Verhältnisses im Interesse einer zukunftsgerichteten Lösung auf sich beruhen zu lassen?

Allgemeingültige Rezepte kann es hierfür nicht geben.[7] Wichtig ist nur, dass der Anwalt die Beziehungsthematik im Blick hat und bei seinem Vorgehen berücksichtigt. Grundsätzlich empfiehlt es sich, das Thema anzusprechen, damit die anschließende Sachdiskussion nicht durch eine unterschwellige atmosphärische Störung belastet wird. Die etwaige Verletzung sollte, auch wenn sie im Rahmen dieser Verhandlung nicht behoben werden kann, zumindest thematisiert werden; schon dies kann das Verhandlungsklima entlasten. Ob der Anwalt sich darüberhinaus zu dem Beziehungsthema äußert, hängt von den Umständen des Falles, aber auch vom Willen des Mandanten ab. Eine entschuldigende Erklärung darf der An-

[6] *Fisher/Ury/Patton* Harvard-Konzept.
[7] Tipps bei *Fisher/Ury/Patton* Harvard-Konzept S. 41 ff.

walt selbstverständlich nur mit Einverständnis des Mandanten abgeben. Generell sollte der Anwalt keine zu hohen Erwartungen an die Möglichkeit einer Behebung der Beziehungsstörung haben; tiefgründige Verletzungen lassen sich, wenn überhaupt, allenfalls im Wege einer Mediation oder eines Coaching auflösen – beides liegt außerhalb der Möglichkeiten des parteivertretenden Rechtsanwalts.

Hat der Anwalt durch eigenes Verhalten zu einer Verstimmung beigetragen (etwa eine missverständliche Formulierung in einem Schreiben), sollte er diese auf jeden Fall gleich zu Beginn der Verhandlung ausräumen.

Überlegen sollte er auch, auf welche Weise er zur Entkrampfung der Verhandlungssituation beitragen kann. Dazu gehört die persönliche Begrüßung der Beteiligten, die mit ein paar auf die jeweilige Persönlichkeit abgestimmten allgemeinen Bemerkungen (zur Anreise, zum Wetter, zu Tagesaktualitäten, zu einem im Besprechungsraum hängenden Bild usw.), gegebenenfalls dem Angebot von Getränken, verbunden werden sollte, aber auch die Sitzordnung. Findet die Verhandlung in seinen eigenen Räumen statt, kann er diese vorgeben; anderenfalls sollte er in angemessener Form die Änderung einer ungünstigen Platzierung anregen.

b) Wie kann der Blick weg von den Positionen hin zu den Interessen der 228
Beteiligten gelenkt werden? Wenn der Rechtsanwalt glaubt, dass sein Mandant eine starke Rechtsposition hat, kann es taktisch vorteilhaft sein, zunächst diese Position nochmals in den Raum zu stellen. Dadurch kann die Bereitschaft der anderen Seite gefördert werden, sich auf eine nicht an der Rechtslage, sondern an den Interessen orientierte Verhandlung einzulassen; zugleich wird das eigene Abrücken von der Rechtsposition als Konzilianz wahrgenommen, die auch auf der anderen Seite die Bereitschaft zu Zugeständnissen wachsen lässt.

Ist die Rechtslage jedoch für den Mandanten eher ungünstig oder ungewiss, ist es in der Regel vorteilhafter, gleich die Interessenlage anzusprechen.

Wesentlich ist hierbei die klare **Unterscheidung zwischen Interessen und Positionen.** Unter „Interesse“ im Sinne des Harvard-Konzepts ist nicht das vom Mandanten erstrebte Verhandlungsziel, also z. B. das Erlangen einer möglichst hohen Geldsumme, zu verstehen, sondern das hinter dieser Position stehende Grundanliegen wie z. B. Wiedergutmachung, Existenzsicherung oder gerechter Ausgleich. An diesen wirklichen Interessen des Mandanten, über die er sich zuvor Klarheit verschafft hat (s. Rdn. 204), richtet der Rechtsanwalt seine Verhandlungsplanung aus. Dabei ist wichtig, dass er sich auch in die Situation der anderen Seite hineinversetzt und überlegt, wie die Interessenbekundung von dieser wahrgenommen und wie sie darauf reagieren wird. Ein zu direktes und zu frühzeitiges Offenlegen der Interessenlage kann sich negativ auswirken. Günstiger ist es, wenn zunächst die andere Seite dazu gebracht wird, ihr Interesse zu äußern; dies bietet die

Chance, den Blick auf gemeinsame Interessen der Parteien, etwa an einem gedeihlichen Zusammenleben oder einer Ausweitung der Geschäftsbeziehung, zu lenken (näher zur Verhandlungstaktik Rdn. 265 ff.).

229 Zur Verhandlungsplanung gehört damit auch, dass der Anwalt sich Gedanken darüber macht, welche Interessen die andere Seite haben könnte und wie sie dazu gebracht werden kann, diese in die Verhandlung einzubringen.[8] Insbesondere muss bei der Planung davon ausgegangen werden, dass die Gegenseite zunächst auf ihrer rechtlichen Sicht beharrt (zumal wenn diese erfolgversprechend ist). Daher ist zu überlegen, wie die Gegenseite dazu gebracht werden kann, übergeordnete Interessen zu erkennen (also z. B. die Verbesserung ihrer Wohnverhältnisse anstelle der niedrigeren Miete; die Fortführung der Geschäftsbeziehung anstatt der kurzfristigen Begleichung eines Zahlungsrückstands; das durch einen beabsichtigten Kunstfehlerprozess bedrohte Renommee der Klinik; das nachbarschaftliche Zusammenleben statt der aufwendigen Feststellung des Grenzverlaufs u. dgl. mehr). Die Einzelheiten des Vorgehens hängen vom jeweiligen Fall ab; generell ist aber wichtig, sich vorab Gedanken darüber zu machen, welche Interessen bei der Gegenseite vorliegen könnten und wie sie zu aktivieren sind. Ungünstig wäre es, die (mutmaßlichen) Interessen des Anderen selbst anzusprechen („Sie wollen doch auch in Frieden leben"). Dies würde als plump, anmaßend und bevormundend empfunden werden. Richtig ist vielmehr, sich eine Fragetechnik zurechtzulegen, die dazu führt, dass der andere sein Interesse von sich aus äußert. Dies geschieht am besten durch offene Fragen (s. dazu Rdn. 138), wie z. B.:

- „Worum geht es Ihnen (Ihrem Mandanten) im Kern?"
- „Was wäre Ihnen besonders wichtig?"
- „Woran würden Sie festmachen, dass es sich um ein gutes Verhandlungsergebnis handelt?"

230 c) **Wie kann der Verhandlungsgegenstand konsensfördernd erweitert werden?** Da kooperatives Verhandeln nach Möglichkeit wertschöpfend wirken soll, ist es von entscheidender Bedeutung, dass sich der Anwalt schon vor der Verhandlung Gedanken über Optionen macht, die für beide Seiten mit Vorteilen verbunden sind (s. dazu Rdn. 207 f., auch zu der Frage, ob diese vorab mit dem Mandanten abgestimmt werden sollten).

Er sollte auch überlegen, wann und wie diese Optionen vorzubringen sind. Es empfiehlt sich nicht, zu frühzeitig auf derartige Lösungen zuzusteuern, weil dies zu misstrauischen Abwehrreaktionen führen könnte.[9] Günstiger ist es, zunächst die Interessen herauszuarbeiten und auf dieser Basis zur gemeinsamen Entwicklung von Lösungsoptionen überzuleiten, etwa wie folgt:

---

[8] S. dazu *Fisher/Ury/Patton* Harvard-Konzept S. 73 ff.

[9] Vgl. *Fisher/Ury/Patton* Harvard-Konzept S. 91 f.

„Nachdem wir nun wissen, was Ihrem Mandanten und meinr ders wichtig wäre, stellt sich die Frage, wie diese Interessen befr Wenn wir auf unseren Ausgangsforderungen beharren, kommen ter. Haben Sie vielleicht eine Idee, die weiterführen würde, Herr '

Sinnvoll kann es auch sein, sich bereits im Vorfeld Gedanken … machen, welche Optionen die andere Seite einbringen könnte und wie man sich gegebenenfalls dazu verhält.

Zeichnen sich bereits bei der Verhandlungsvorbereitung sehr vorteilhaft erscheinende Gestaltungsmöglichkeiten ab, so kann es sinnvoll sein, diese bereits vorab der Gegenseite zu kommunizieren, damit sie sich gegebenenfalls darauf vorbereiten kann. Dadurch kann u.U. ein weiterer Verhandlungstermin eingespart werden.

d) **Wie kann man eventuellen Einigungshindernissen begegnen?** Das 231
Harvard-Konzept empfiehlt bei Vorliegen eines nicht durch die Verhandlung zu lösenden Interessenwiderstreits (z.B über den Wert des Vertragsgegenstands) den Einsatz **objektiver (neutraler) Bewertungskriterien.**[10] Der Rechtsanwalt sollte daher vorab überlegen, welchen Vorschlag er in diese Richtung unterbreiten könnte. Gibt es Rechtsprechung zu der als Einigungshindernis wirkenden Rechtsfrage? Gibt es Statistiken oder sonstige Tabellen zum Verhandlungsthema? Soll ein externer Bewerter, ein Schiedsgutachter oder Schlichter eingeschaltet werden?

2. Kompetitives Verhandeln

Stellt sich der Rechtsanwalt dagegen auf diese Verhandlungsform ein, 232
muss er folgende Vorüberlegungen anstellen:

a) **Soll die Verhandlung mit einem eigenen Angebot begonnen oder ein** 233
solches der Gegenseite abgewartet werden? Der Rechtsanwalt muss sich darüber klar werden, ob er einen sog. Anker setzen, also mit seinem Eröffnungsgebot die Verhandlungen auf einen bestimmten Level heben will, oder ob er das Erstgebot der Gegenseite abwarten soll, um seine Ausgangsposition diesem anpassen zu können. Letzteres Vorgehen empfiehlt sich in der Regel, wenn der Anwalt in der Position des Anspruchsgegners ist. Er kann dann sein Einstiegsangebot so dimensionieren, dass das ihm akzeptabel erscheinende Ergebnis etwa in der Mitte zwischen den Ausgangswerten liegt. Im Allgemeinen gilt dies auch für den Anspruchsteller, insbesondere dann, wenn klar ist, in welcher Größenordnung sich üblicherweise Ansprüche der betreffenden Art bewegen. Wird jedoch ein Anspruch geltend gemacht, für den es keine derartigen Erfahrungswerte gibt, empfiehlt sich das Ankern.[11] Der Anspruchsteller übernimmt damit eine Führungs-

[10] *Fisher/Ury/Patton* Harvard-Konzept S. 120 ff.

[11] Weitergehend empfiehlt *Wagner* ZZP 121 (2008) 31, Vergleichsverhandlungen generell mit einer denkbar hohen Forderung zu beginnen. S. auch Rdn. 284.

..le. Der Anspruchsteller wird hierauf, sofern er die Verhandlungen nicht von vornherein scheitern lassen will, mit einem Gegengebot reagieren, welches nicht so weit von der Größenvorstellung des Anspruchstellers entfernt ist wie es ein eigenes Erstgebot wäre.

234 b) **Soll ein fester Betrag, gegebenenfalls in welcher Höhe, genannt werden?** Beim Erstgebot (Ankern) empfiehlt sich die Angabe einer Spanne (z.B. „Größenordnung von 100.000 bis 120.000 EUR"). Es ist zwar klar, dass sich die andere Seite dann an der Untergrenze orientiert. Der Ankereffekt wird aber (auch) durch die Obergrenze erzielt; indem der Antragsteller auf der Basis der Untergrenze weiterverhandelt, erweckt er den Eindruck eines gewissen Entgegenkommens, welches die Gegenseite zu einem reziproken Verhalten veranlassen kann.[12]

Die Reaktion auf das Erstgebot des Verhandlungspartners besteht dagegen in der Nennung einer konkreten Zahl.

Auch wenn es zum Wesen des kompetitiven Verhandelns gehört, dass mit Maximalwerten begonnen wird, darf hierbei nicht übertrieben werden. Das Einstiegsgebot muss so dimensioniert werden, dass es von der Gegenseite noch als Ausdruck einer ernsthaften Verhandlungsabsicht verstanden werden kann. Andernfalls wird der Andere sich verhöhnt fühlen und auf ein Verhandeln gar nicht erst einlassen. Die Beziehung zwischen den Parteien kann dadurch noch mehr belastet werden.

235 c) **Soll das Einstiegsgebot begründet werden?** Es erhöht die Wirkung des Ankers, wenn die in den Raum gestellte Größenordnung mit einer sachlichen Begründung versehen wird. Der Anwalt sollte sich daher um Argumente bemühen, die auch einer kritischen Hinterfragung standhalten. Die Berufung auf Vergleichsfälle ist gefährlich, denn sie ermöglicht es der Gegenseite, Unterschiede herauszuarbeiten, die, soweit sie zutreffen, zu Abstrichen von der Ausgangsforderung führen.

236 d) **In welchen Schritten soll die Annäherung erfolgen?** Mit zu großen Abstrichen von seiner Ursprungsforderung riskiert der Anwalt sein Ansehen als seriöser Verhandlungspartner, mit zu kleinen nervt er die Gegenseite und veranlasst sie möglicherweise zum Abbruch des Spiels. Der Anwalt wird also zu überlegen haben, wo er das rechte Mittelmaß ansetzt. Selbstverständlich werden die Konzessionen am Anfang größer sein und im weiteren Verlauf immer kleiner werden.

237 e) **Wie kann eine verbleibende Lücke überwunden werden?** Der Anwalt sollte sich auf die – nicht seltene – Situation vorbereiten, dass der Annäherungsprozess kurz vor Erreichen der Übereinkunft ins Stocken gerät, weil

[12] Zu diesem „Reziprozitätsreflex" s. *Bühring-Uhle/Eidenmüller/Nelle* Verhandlungsmanagement S. 46.

keine Seite mehr zu Konzessionen bereit ist. In solchen Fällen hilft oft nur noch – als Anleihe vom kooperativen Verhandlungsmodell – eine Erweiterung des Verhandlungsgegenstands. Der Anwalt sollte daher für diese Situation bestimmte Angebote in der Hinterhand haben wie z.B. eine Zusatzleistung, eine Zahlungserleichterung oder dergleichen.

3. Verhandlungsstrategie

Wesentliche Voraussetzung für den Erfolg einer Verhandlung ist eine 238
klare **Struktur.** Die besten Ideen verfehlen ihre Wirkung, wenn sie zum falschen Zeitpunkt oder nicht im richtigen Kontext eingebracht werden. Dies muss bei der Vorbereitung bedacht und geplant werden.

Eine strukturierte Verhandlung läuft in mehreren **Phasen** ab. Nach der 239
Eröffnungsphase, in der die Kommunikationsbasis hergestellt und der Rahmen für die Verhandlung abgesteckt wird, folgt zunächst die *Klärungs-*, dann die *Lösungs-* und schließlich die *Abschlussphase* (näher dazu Rdn. 247ff.). Diese Phasenstruktur folgt dem rationalen Schema: Erst informieren, dann argumentieren, schließlich entscheiden.[13] Nach diesem Schema wird das konkrete Vorgehen, die Strategie geplant.

VII. Vorbereitende Kommunikation mit der Gegenseite

Vorstehend wurde bereits wiederholt auf die Notwendigkeit oder die 240
Vorteile einer Abstimmung mit der Gegenseite hingewiesen. Diese sollte sich nicht auf Ort und Zeit der Verhandlung sowie die teilnehmenden Personen (dazu Rdn. 212ff.) beschränken, sondern auch **inhaltliche und prozedurale Fragen** umfassen. Der Verhandlungsgegenstand muss klar umrissen werden, am besten durch Übersendung einer Agenda, zu der die Zustimmung oder die rechtzeitige Mitteilung von Änderungswünschen erbeten wird. Dies dient nicht nur der Klarheit und der Strukturierung, sondern ermöglicht auch eine gewisse Steuerung der Verhandlung, so z.B. wenn bestimmte über den unmittelbaren Konfliktgegenstand hinausgehende Gestaltungsmöglichkeiten bereits in die Tagesordnung aufgenommen werden (dazu Rdn. 230). Es kann auch sinnvoll sein, die Verhandlung auf bestimmte Punkte zu beschränken und solche Fragen auszuklammern, bei denen erhebliche Meinungsverschiedenheiten oder emotionale Belastungen bestehen und die sich möglicherweise bei einer Einigung über die angeführten Punkte erledigen. Ein solches Vorgehen sollte aber ausdrücklich mit der Gegenseite abgestimmt werden, damit es nicht zu Diskussionen über die Unvollständigkeit der Agenda kommt. Zu weiteren Absprachen s. Rdn. 295.

[13] *Haft,* Verhandlung und Mediation, S. 123ff.

§ 12 Verhandlungspraxis

I. Eröffnung und äußerer Ablauf der Verhandlung

241 Die **Verhandlungsatmosphäre** hat einen ganz entscheidenden Einfluss auf den Ablauf und das Ergebnis. In einer Atmosphäre, die als bedrohlich empfunden wird oder in der sich die Beteiligten nicht wertgeschätzt fühlen, wird es nur schwer zu einer offenen, kooperativen Lösungssuche kommen. Soweit man diese beeinflussen kann (weil die Verhandlung in eigenen Räumen stattfindet), ist daher auf angenehme Rahmenbedingungen, also ein ordentliches Besprechungszimmer, einen ausreichend großen Tisch mit bequemen Sitzgelegenheiten, Erfrischungsgetränke, aber auch adäquate Kleidung und eine wertschätzende Behandlung des Verhandlungspartners zu achten. Organisatorisch ist sicherzustellen, dass der Besucher sogleich empfangen und freundlich begrüßt wird. Da der erste Eindruck ein nur noch schwer korrigierbares Bild vom anderen vermittelt, ist gerade hierauf besonderer Wert zu legen.

242 Sind die an der Verhandlung beteiligten Personen einander noch nicht bekannt, muss am Beginn eine kurze **Vorstellung** stehen, die insbesondere Funktion und Stellung der Einzelnen deutlich macht.

243 Im Allgemeinen steht es demjenigen, der zu dem Treffen eingeladen hat, zu, die Verhandlung zu eröffnen und zu leiten. Zeichnet sich, wie häufig zu beobachten, keine **Gesprächsleitung** ab, sondern beginnen die Anwesenden eine ungeordnete Unterhaltung, sollte sogleich auf die Notwendigkeit eines strukturierten Ablaufs hingewiesen und die Einhaltung der – möglichst vorab abgestimmten, ansonsten nunmehr zu vereinbarenden – Agenda nahegelegt werden. Wer dies auf adäquate Weise tut, kann sogar unbemerkt und allseits akzeptiert eine gesprächsleitende Funktion übernehmen.

244 Verhandlungen dürfen nicht zu lange dauern. **Pausen,** möglichst verbunden mit Frischluftzufuhr und etwas Bewegung, sind nicht nur für die Erholung wichtig, sondern dienen auch dazu, sich zu sammeln, Gedanken (und Unterlagen) zu sortieren, sich telefonisch mit dem Mandanten oder dem Vorgesetzten abzustimmen sowie eventuelle Spannungen abzubauen.

II. Gesprächshaltung

245 Da die Verhandlung zu einer einvernehmlichen Konfliktlösung führen soll, ist auf eine **zugewandte Form der Kommunikation** zu achten. Dies betrifft zum einen die Körpersprache und die Sprechweise (s. dazu Rdn. 126 ff.), ebenso aber auch den Inhalt des Gesprächs. Nicht nur im privaten, sondern auch im geschäftlichen Bereich spielen Gefühle der Ver-

handlungsteilnehmer eine wichtige Rolle. Daher ist es wichtig, in angemessener, unaufdringlicher Form Wertschätzung auszudrücken und Äußerungen zu vermeiden, die die andere Seite in ein schlechtes Licht rücken und Verteidigungsreflexe auslösen. Statt Vorwürfe zu machen oder Forderungen zu erheben, sollten Wünsche, Erwartungen, Bedürfnisse des Mandanten formuliert werden. Es ist zu bedenken, dass die Gegenseite aufgrund der belasteten Beziehung zum Mandanten Äußerungen oftmals anders versteht als sie gemeint sind (vgl. Rdn. 120 ff.).

Aufmerksames **Zuhören** ist für ein erfolgreiches Verhandeln essentiell. 246
Es vermittelt nicht nur wichtige Informationen, sondern verschafft dem Gesprächspartner auch die Gewissheit, mit seinen Botschaften wahrgenommen zu werden, also Aufmerksamkeit und Wertschätzung zu erfahren, was für das positive Verhandlungsklima von größter Bedeutung ist. Es ist deshalb nicht nur ungehörig, sondern sinnwidrig, den anderen nicht zu Wort kommen zu lassen, seine Ausführungen zu unterbrechen, Desinteresse zu demonstrieren oder nicht auf das Gesagte einzugehen. Richtig ist, an seine Äußerungen anzuknüpfen, indem z. B. die wesentliche Aussage in einer kurzen Zusammenfassung wiederholt wird. Nur wenn der Verhandlungspartner sich verstanden fühlt, wird er sich auf eine kooperative Lösungssuche einlassen.

Wegen näherer Einzelheiten zur Kommunikation s. § 8.

III. Grundlagen der Verhandlungsstrategie

1. Strukturiertes Verhandeln

Oberster Grundsatz ist, dass beim Verhandeln **geplant und strukturiert** 247
vorgegangen werden muss. Dabei empfiehlt es sich, die bewährte Phasenstruktur des rationalen Verhandelns zu beachten. Demnach läuft die Verhandlung in vier Phasen ab:

a) **Eröffnungsphase.** Nach Begrüßung, Vorstellung und Aufwärmge- 248
spräch (vgl. Rdn. 227) wird der äußere Rahmen der Verhandlung festgelegt. Insbesondere muss über den **zeitlichen Rahmen** Einigkeit bestehen. Es darf nicht sein, dass der eine Partner sich auf zweistündige Verhandlungen einstellt und der andere „wegen eines wichtigen Termins" nach 30 Minuten die Verhandlung verlässt. Umgekehrt kann der Partner nicht empört reagieren, wenn die Verhandlung zur verabredeten Zeit abgebrochen wird.[14] Außerdem sind **Kompetenz** und (bei Mehrpersonengesprächen) **Rollenverteilung** der Teilnehmer zu klären.

Entscheidend für den Erfolg einer Verhandlung ist die sodann folgende 249
Themenbestimmung.[15] Es ist von Vorteil, wenn hierzu auf eine Agenda

[14] *Haft* Verhandlung und Mediation S. 130.
[15] *Haft* Verhandlung und Mediation S. 131 spricht von einer eigenen Themenphase.

(Tagesordnung) Bezug genommen werden kann, die möglichst schon vorher abgestimmt und vom Einladenden als Tischvorlage vorbereitet wurde. Zumindest aber muss besprochen und Einigkeit darüber erzielt werden, was Gegenstand der Verhandlung sein soll. Gerade dadurch unterscheidet sich das rationale vom intuitiven Verhandeln, bei dem die Partner aneinander vorbeireden und zu keinem Ergebnis kommen. Psychologisch vorteilhaft ist auch, dass bei der Themenvereinbarung bereits eine erste Gemeinsamkeit zwischen den Verhandlungspartnern gefunden wird.[16]

250 b) **Klärungsphase (Informationsphase).** In dieser Phase wird der Sachverhalt des zur Verhandlung stehenden Konflikts geklärt. Dies geschieht am besten in der Weise, dass jede Seite ihre Sicht der Fakten vorträgt und sodann festgestellt wird, wo Übereinstimmung und wo Klärungsbedarf besteht.[17] Beim kooperativen Verhandeln werden in dieser Phase auch die jeweiligen Interessen herausgearbeitet.

251 c) **Lösungsphase (Argumentationsphase).** Hier findet das eigentliche Verhandeln, die Suche nach dem Verhandlungsergebnis statt. Der Ablauf ist unterschiedlich, je nachdem ob kompetitiv oder kooperativ verhandelt wird (dazu Rdn. 226 ff.). Bei schwierigeren Verhandlungen empfiehlt es sich, diese Phase weiter zu strukturieren, indem Vereinbarungen über das Vorgehen (Verhandlungsverträge) herbeigeführt werden,[18] z. B. über das Abtrennen von Themen, das Veranstalten eines Brainstorming, das Heranziehen objektiver Kriterien.

252 d) **Abschlussphase (Entscheidungsphase).** Soweit ein Ergebnis gefunden wurde, wird dieses fixiert, andernfalls das weitere Vorgehen besprochen (neue Verhandlung, AKL-Verfahren, Rechtsstreit?). Die Verhandlung sollte in jedem Fall mit einer positiven „Beziehungspflege“ beendet werden (näher Rdn. 310).

Verhandlungsphasen

253

Eröffnungsphase	◦ Begrüßung, Vorstellung, Aufwärmen ◦ zeitlicher Rahmen ◦ Rollenverteilung, Kompetenzen ◦ Themen-Festlegung
Klärungsphase	Informationsaustausch und Klärung von ◦ Sachverhalt ◦ Sichtweisen ◦ Interessen

[16] *Haft* Verhandlung und Mediation S. 134.
[17] *Haft* Verhandlung und Mediation S. 139 ff.
[18] *Haft* Verhandlung und Mediation S. 142 ff.

Lösungsphase	◦ Argumentation ◦ Entwickeln von Lösungsoptionen ◦ Evt. Heranziehen objektiver Kriterien
Abschlussphase	◦ Entscheiden ◦ Fixieren des Ergebnisses ◦ Klären des weiteren Vorgehens ◦ Beziehungspflege

2. Planvolles Vorgehen

Das strukturierte Verhandeln wird erleichtert, wenn bei der Vorbereitung der Verhandlung ein interner **Verhandlungsplan** (Rdn. 225 ff.) erstellt wurde. Da sich der Ablauf von Verhandlungen nie genau vorhersehen lässt, kann der Verhandlungsplan zwar nur eine **Richtschnur** sein. Als solche ist er aber sehr hilfreich, um ein Abgleiten in ein rein intuitives, reaktives Verhandeln zu verhindern. Zudem wird er richtigerweise ohnehin bereits mit Eventualüberlegungen für bestimmte Verläufe angereichert. 254

Wichtig ist die Verhandlungsplanung auch deshalb, weil die **zeitliche Abfolge** der einzelnen Verhandlungsschritte von erheblicher Bedeutung sein kann. So kann z. B. ein erfolgversprechender Vorschlag für eine Themenerweiterung oder eine Kompensation ins Leere gehen, wenn er zu früh eingebracht wird. Es kann sinnvoll sein, zunächst über einen für den Mandanten weniger wichtigen Punkt zu verhandeln, um die Gegenseite durch ein Nachgeben in diesem Punkt konzessionsbereiter für ein nachfolgendes, zentrales Thema zu machen. 255

Wenn die Verhandlung, wie häufig, ihre **Struktur zu verlieren** droht und in ein unkoordiniertes Austauschen von Stellungnahmen, Vorwürfen und Rechtfertigungen ausgeartet ist, sollte unter Hinweis auf die vereinbarte Tagesordnung auf eine Rückkehr zu einem geordneten, zielorientierten Verfahren hingewirkt werden. Der Vorschlag einer Pause kann hier hilfreich sein. 256

3. Festlegen der Verhandlungsform

Es muss Klarheit bestehen, ob **kompetitiv** (distributiv, auf wettstreitende Wertbeanspruchung zielend) oder **kooperativ** (integrativ, auf wertschöpfende Verwirklichung der beiderseitigen Interessen gerichtet) verhandelt werden soll (s. hierzu Rdn. 189 ff., 226 ff.). Verhandlungen, bei denen ein Teil kompetitiv, der andere kooperativ agieren will, führen entweder zum Scheitern oder zu einem für den kooperativ Verhandelnden ungünstigen Ausgang. 257

Strebt der Anwalt ein *kompetitives* Verhandeln an, geht er entsprechend dem Verhandlungsplan – wie in Rdn. 232 ff. dargestellt – vor.

258 Will er dagegen, was grundsätzlich den Vorzug verdient, *kooperativ* verhandeln, so muss er – falls dies nicht bereits vorbereitend geschehen ist – auf ein entsprechendes Verhalten der Gegenseite hinwirken. Es wäre also verfehlt, die Verhandlung gleich mit einer Forderung oder sonstigen Position zu eröffnen, denn die andere Seite würde hierauf sogleich ihre Gegenposition einnehmen. Stattdessen ist die Verhandlung von Anfang an auf die Interessenlage hinzulenken (näher Rdn. 226). Geht der Verhandlungspartner hierauf nicht ein, sondern beharrt er auf der Durchsetzung seiner Positionen, bestehen zwei Möglichkeiten:

Verspricht (bei Abwägung gegen die Alternativen) auch ein kompetitives Verhandeln akzeptable Lösungen, kann der eigene Verhandlungsstil entsprechend umgestellt werden.

259 Anderenfalls wird der Gegenseite deutlich gemacht, dass Verhandlungen unter diesem Vorzeichen nicht als zielführend angesehen werden und daher eine andere Form der Konfliktbehandlung geboten erscheint. Die Verhandlung wird dann also vom Sachthema zur Frage der Konfliktbehandlung verlagert. Es wird von den jeweiligen Nichteinigungsalternativen abhängen, ob sich hierbei doch noch eine Verständigung auf ein kooperatives Verhandeln erzielen lässt. Wenn nicht, wird die Verhandlung beendet und der andere Weg (z. B. Schlichtung, Mediation, Prozess) beschritten.

IV. Hinweise zur Verhandlungstaktik

1. Fragen

260 Der wichtigste Grundsatz für Verhandlungen lautet: **Wer fragt, der führt.** Durch Fragen lässt sich die Verhandlung so lenken, wie es dem Verhandlungsplan entspricht. Es sollte daher so wenig wie möglich durch Feststellungen, Behauptungen, Schilderungen eingeführt werden und so viel wie möglich durch Fragen an die Gegenseite. Diese wird dadurch veranlasst, die Informationen zu liefern, auf die man selbst Wert legt, nicht nur die, die sie einbringen möchte. Dadurch, dass sie selbst die Informationen liefert, entfällt der Widerstand, Darstellungen der Gegenseite zur Kenntnis zu nehmen, desgleichen der Anreiz, ihnen zu widersprechen. Durch Paraphrasieren kann der wesentliche Inhalt der Aussagen nochmals in eigenen Worten zusammengefasst werden, was dem Verhandlungspartner den Eindruck vermittelt, dass er ernst genommen wird; dies kann sich entscheidend auf das Verhandlungsklima auswirken (s. dazu Rdn. 132 ff.).

261 Ein solches Vorgehen ist nicht nur verhandlungstaktisch, sondern auch **atmosphärisch günstiger.** Die Schilderung von Tatsachen wird von der Gegenseite oft wie eine Vorhaltung empfunden, so als reiße der Vortragende die Verfahrensherrschaft an sich, bestimme den Inhalt der Verhandlung und nötige zur Gegendarstellung und Rechtfertigung. Bei der Befragung erhält vielmehr der andere die Gelegenheit, den Sachverhalt einzubringen;

der fragende Verhandlungspartner hört zu und bestätigt sogar das Gesagte. Die Gesprächsatmosphäre wird dadurch viel offener und kooperativer.

Beispiel:

Bei Verhandlungen mit einem Vermieter kann der Rechtsanwalt diesem *vorhalten*, er habe die Wohnfläche im Mietvertrag unrichtig angegeben und daher eine zu hohe Miete berechnet. Der Vermieter wird dann darlegen, dass alles seine Richtigkeit habe.

Er kann aber auch *fragen*: „Wie haben Sie denn die Wohnfläche ermittelt? – In welcher Weise haben Sie dabei die Dachschräge berücksichtigt? – Wie lässt sich der Raum unter der Dachschräge nutzen? – Wie stellen Sie sich dic weitere Nutzung der Wohnung vor?". „Sind Sie mit dieser Vorgehensweise einverstanden?"

Voraussetzung für ein Gelingen dieses Vorgehens ist natürlich, dass die 262
richtigen Fragen gestellt und zutreffend beantwortet werden. Darauf kann durch Nachfragen hingewirkt werden. Durch gezielten Einsatz offener und geschlossener Fragen (dazu Rdn. 139) können Informationsgewinnung und Sachverhaltsfeststellung optimal kombiniert werden.

Die Befragung darf dabei nicht so gestaltet werden, dass der andere sich wie in einem Verhör fühlt. Auf zwanglose Weise sind eigene Aussagen, Bestätigungen, auch anerkennende Bemerkungen und nötigenfalls auch Widersprüche einzubauen. Unbedingt zu vermeiden sind Suggestivfragen sowie Verfälschungen beim Paraphrasieren. Sobald die andere Seite den Eindruck von Manipulation bekommt, wird sie vermutlich die Verhandlung abbrechen.

2. Herstellen des Interessenbezugs

Kooperatives Verhandeln stellt auf die Interessen der Beteiligten ab. Für 263
den Verhandlungserfolg ist es daher entscheidend, dass diese erkannt und eingebracht werden. Dabei ist unter Interesse nicht die Verwirklichung eines Rechts, die Durchsetzung oder Abwehr eines Anspruchs zu verstehen, sondern das hinter diesen Positionen stehende **Grundanliegen,** z. B. das Bedürfnis nach persönlicher Sicherheit, Wiedergutmachung, gerechtem Ausgleich, wirtschaftlichem Auskommen, Anerkanntsein, Selbstbestimmung (vgl. Rdn. 228).

Die **Interessen des eigenen Mandanten** sollte der Rechtsanwalt bei den 264
Vorbesprechungen geklärt haben (s. Rdn. 204).

Um an die **Interessen der Gegenseite** heranzukommen, kann er sich der 265
Techniken des aktiven Zuhörens und des offenen Fragens bedienen, die in Rdn. 132 ff. ausführlich dargestellt sind. Ihn direkt danach zu fragen, „worum es ihm eigentlich geht", wird in der Regel unangemessen und kaum erfolgreich sein, denn bei Konfliktparteien steht das Positionendenken so im Vordergrund, dass sie sich der dahinter liegenden Grundanliegen selbst oft nicht bewusst sind, diese jedenfalls nicht ohne Weiteres thematisieren. Zielführender sind offene Fragen, die indirekt auch die Motiv- und Interessenebene tangieren, z. B.: „Was ist Ihrem Mandanten denn hierbei

besonders wichtig?" Deren Beantwortung kann dann die Gelegenheit bieten, das erkennbar gewordene, aber nicht ausdrücklich genannte Anliegen zu verbalisieren (hierzu Rdn. 134 ff.) und bestätigen zu lassen.

266 Im Übrigen wird der Rechtsanwalt zumeist schon aus der Art des Konflikts erkennen können, welche Interessen hier involviert sind. Es sind nämlich immer wieder dieselben **menschlichen Grundbedürfnisse,** die den Hintergrund von Konflikten bilden, insbesondere die Existenzsicherung, die Gleichbehandlung, der innere und äußere Friede, die Selbstbestimmung, die Wahrung der Privatsphäre, der Schutz vor Belästigungen und (fast immer) die persönliche Wertschätzung. Mit wenig Phantasie kann der Rechtsanwalt sich ausmalen, welche dieser Grundbedürfnisse im konkreten Fall angesprochen sind. Entscheidend ist, dass er diese, selbst wenn sie gar nicht thematisiert werden, bei seinen Lösungsvorschlägen und der Art und Weise seiner Verhandlungsführung (Präsentation, s. hierzu Rdn. 269 ff.) berücksichtigt.

267 Dabei kann es besonders einigungsfördernd sein, wenn es gelingt, gemeinsame Interessen herauszuarbeiten (etwa in einem Nachbarschaftsstreit das friedliche Zusammenleben und die Wertschätzung).

3. Perspektivenwechsel

268 Kooperativ verhandeln heißt integrativ verhandeln. Dies setzt voraus, dass die einseitige, durch die eigenen Interessen bestimmte Sichtweise aufgegeben und der Verhandlungsgegenstand auch aus dem Blickwinkel der Gegenseite betrachtet wird. Der Verhandler sollte sich gedanklich in deren Situation und Interessenlage hineinversetzen. Hilfreich für die Verhandlungen kann es auch sein, sich vorzustellen, wie die Gegenseite die Interessenlage des Mandanten wahrnehmen dürfte.

Auch beim Unterbreiten von Lösungsvorschlägen ist es wichtig, sich gedanklich in die Situation der Gegenseite zu versetzen. Es liegt oftmals allein an der Art der Präsentation des Vorschlags (näher dazu Rdn. 269), ob er auf eine reaktive Abwehr stößt oder ob er eine positive Aufnahme findet.

So könnte z. B. der einen Präzendenzfall befürchtende Arbeitgeber eher zu einer Mehrvergütung bereit sein, wenn sie nicht als Gehaltserhöhung, sondern als Aufwandsentschädigung deklariert wird.[19]

Schließlich kann der Perspektivenwechsel auch wertvoll sein, um dem anderen ein Abgehen von seiner bisherigen Verhandlungslinie oder -position zu ermöglichen. Hierbei versetzt sich der Anwalt in die Situation der Gegenseite und fragt sich, was er bräuchte, um mit der Konzession nicht den Eindruck einer Schwäche zu vermitteln oder einen Gesichtsverlust zu erleiden. Mit diesem Wissen kann er dem anderen eine „goldene Brücke" bauen (s. Rdn. 272).

[19] Beispiel nach *Bühring-Uhle/Eidenmüller/Nelle* Verhandlungsmanagement S. 108.

4. Präsentation

Ob ein Lösungsvorschlag von der anderen Seite akzeptiert (oder auch nur in Erwägung gezogen) wird, hängt ganz entscheidend von der Art und Weise seiner Präsentation ab. Angebote eines Verhandlungspartners – noch dazu in einer Konfliktsituation – begegnen dem psychologischen Phänomen der **reaktiven Abwertung,** einer ablehnenden Grundhaltung, die sich aus einem natürlichen Misstrauen („Warum macht er diesen Vorschlag?") sowie dem Wunsch und der vermeintlichen Chance, mehr als das freiwillig Zugestandene zu bekommen, ergibt.[20] Lösungsvorschläge dürfen daher nicht einfach auf den Tisch gelegt, sondern müssen geschickt in die Verhandlung eingebettet werden. Es ist zwar zeitraubender, aber erfolgversprechender, sich das Angebot im Wege kleiner Schritte gewissermaßen abringen zu lassen. Akzeptanzfördernd kann es auch sein, zunächst ein für die Gegenseite ungünstigeres Angebot zu unterbreiten und nach dessen Ablehnung das eigentliche Angebot nachzuschieben. 269

Unvorteilhaft ist es, erst eine Forderung zu stellen und sie dann zu begründen. Der Verhandlungspartner geht nach Vernehmen der Forderung sofort in Abwehrhaltung. Die Begründung wird von ihm gar nicht mehr aufmerksam wahrgenommen, weil er gedanklich bereits seine Gegenposition aufbaut. Richtigerweise sind erst die beiderseitigen Interessen darzulegen, um deren Verwirklichung es geht; erst danach ist der Vorschlag für ihre Verwirklichung zu präsentieren.[21]

Zu den Präsentationseffekten zählt auch das **Ankern** (Rdn. 284), weil es die Wahrnehmung des Verhandlungspartners verändert: Der Anker verschafft ihm einen Anhaltspunkt, an dem er die kommenden Lösungsvorschläge misst. Ein dem Ankern vergleichbarer Effekt[22] lässt sich dadurch erreichen, dass zusammen mit dem Angebot ein Konfliktpunkt in die Verhandlung eingebracht wird, der die Aufmerksamkeit des Partners auf sich zieht, also z. B. eine Gegenforderung oder eine geplante Maßnahme, die dem anderen entweder große Nachteile oder auch bestimmte Vorteile bringen würde. Durch die Fokussierung der Verhandlung auf diesen Punkt verliert der Ausgangsstreit in der Wahrnehmung des Partners seine Bedeutung. 270

Für die Akzeptanz eines Vorschlags wesentlich kann auch die Berücksichtigung des sog. **Besitztumseffekts** sein. Er besteht darin, dass der Mensch die Aufgabe eines Besitzstandes schmerzhafter empfindet als den Verzicht auf eine Gewinnchance. Bei Vergleichsverhandlungen ist daher eine höhere Zahlung des Anspruchsgegners im Allgemeinen schwerer zu erreichen als eine Ermäßigung der Forderung des Anspruchstel- 271

[20] S. dazu *Wagner* ZZP 121 (2008) 35 ff.
[21] *Fisher/Ury/Patton* Harvard-Konzept S. 83.
[22] *Bühring-Uhle/Eidenmüller/Nelle* Verhandlungsmanagement S. 72 sprechen von Meta-Wahrnehmungsankern.

lers.[23] Der Anwalt des Anspruchstellers sollte deshalb darauf hinwirken, dass der Anspruchsgegner seinen Vorschlag nicht nur als Zumuten eines Verlusts empfindet, sondern die positive Seite herausstellen, z. B. das sofortige Freiwerden von den viel weitergehenden Ausgangsforderungen des Mandanten.[24]

Generell ist zu empfehlen, die Konsequenzen eines Vorschlags so zu formulieren, dass sie die für die Gegenseite positiven Aspekte herausstellen.

Also z. B. „Dann würde sich Ihre Schuld auf 20.000 EUR ermäßigen" statt: „Dann müssten Sie noch 20.000 EUR zahlen".

272 Ein weiteres Hindernis für die Akzeptanz von Lösungsvorschlägen bildet der Aspekt der **Gesichtswahrung.** Oft bereitet einer Partei das Abrücken von zuvor vehement vertretenen Positionen Schwierigkeiten, weil sie es als Niederlage oder Zeichen von Schwäche empfindet. Dies lässt sich vermeiden, indem der Vorschlag mit einer Wertschätzung verbunden, mit neuen, in den bisherigen Verhandlungen nicht so gesehenen Gesichtspunkten begründet oder durch kleinere Konzessionen, das Inaussichtstellen künftiger Aufträge oder dergleichen annehmbarer gestaltet wird. Der Gegenseite sollte gewissermaßen eine „goldene Brücke" für den teilweisen Rückzug gebaut werden.[25] Zu vermeiden ist dagegen alles, was den Verhandlungspartner als Verlierer erscheinen lassen könnte.

273 Überhaupt sollte die Präsentation, soweit möglich, immer mit einem Ausdruck der **Wertschätzung** verbunden sein, z. B. einer Anerkennung von Leistungen oder der Haltung des Verhandlungspartners.

274 Als weiteres menschliches Grundbedürfnis ist das der **Gleichbehandlung** zu beachten. Für die Akzeptanz eines Vorschlags, kommt es weniger auf dessen absolute Höhe an als darauf, wie er sich zur Lösung in vergleichbaren Fällen verhält: Bei einer Abfindungssumme z. B. entscheidet nicht der Betrag, sondern dass sie nicht geringer ist als das, was einem anderen gezahlt wurde. Bei einem Angebot sollte daher nicht dessen Großzügigkeit herausgestellt, sondern es sollte ein Vergleich mit anderen Fällen ermöglicht werden.

275 Hilfreich kann es sein, nicht nur einen, sondern gleichzeitig **mehrere Vorschläge** zu unterbreiten. Die Gegenseite wird sich damit intensiver beschäftigen, sie gegeneinander abwägen und sich nicht auf eine reaktive Abwehr beschränken.

5. Fairness

276 Ob Verhandlungen erfolgreich verlaufen, hängt in hohem Maße davon ab, ob die Beteiligten sie als fair empfinden. Dabei kann sich Fairness so-

[23] *Wagner* ZZP 121 (2008) 22 ff.

[24] *Wagner* ZKM 2007, 174: teilweise Freigabe realer oder mentaler Rückstellungen.

[25] *Bühring-Uhle/Eidenmüller/Nelle* Verhandlungsmanagement S. 136 f.

wohl auf das **Ergebnis** beziehen (distributive Fairness), als auch auf den **Verhandlungsverlauf** (prozedurale Fairness). Es kann aus diesem Grund hilfreich sein, die Verhandlung über die Konfliktlösung umzulenken auf eine Verhandlung über die Kriterien der Fairness, sowohl des Ergebnisses als auch des Verfahrens.[26] Oftmals lässt sich hierüber eher eine Einigung erzielen, aus der das Ergebnis dann unmittelbar abgeleitet werden kann.

6. Argumentieren

Die bei der Vorbereitung gesammelten Argumente für das Umsetzen der Verhandlungsziele können in der Verhandlung nur dann richtig zum Tragen kommen, wenn sie zur rechten Zeit und in der richtigen Weise eingebracht werden. Grundsätzlich empfiehlt es sich nicht, in einem Eingangsstatement alle Argumente für das gewünschte Ergebnis aufzuzählen. Es sprechen gute Gründe dafür, die **Phasenstruktur** des Verhandelns (Rdn. 247ff.) einzuhalten und zunächst auf die Klärung der Fakten- und Interessenlage hinzuwirken. Die Verhandlung würde sonst von vorneherein auf bestimmte Gesichtspunkte eingeengt und sich in einen Austausch von Argumenten und Gegenargumenten verlieren. Zudem liefert oftmals die Klärungsphase noch wesentliche Grundlagen für die Argumentation. 277

In der Lösungsphase sollte grundsätzlich nicht mit dem stärksten Argument begonnen werden. Es empfiehlt sich, das zweitstärkste am Anfang, dann die schwächeren und am Schluss das stärkste zu bringen. Diese **Reihenfolge** ergibt sich daraus, dass mit einem gewichtigen Argument die Aufmerksamkeit geweckt werden, das schlagkräftigste aber als Abschluss im Raum stehen bleiben soll. 278

Jedes Argument sollte mit einer **Begründung** versehen werden, die kurz, aber möglichst konkret sein sollte. Es reicht nicht, allein mit „wirtschaftlichen Gründen“ zu argumentieren; diese sind vielmehr möglichst anschaulich darzustellen. 279

Es wäre verfehlt, möglichst viele Argumente anzuführen. Dies erweckt den Eindruck einer schwer begründbaren Position, erst recht, wenn auch schwache Argumente angeführt werden, die leicht entkräftet werden können. Wichtig ist daher das Anführen **weniger, aber überzeugender** Argumente.

Die Argumentation darf sich **nicht auf die rationale Ebene beschränken,** insbesondere nicht juristisch ausgerichtet sein. In der Verhandlung geht es nicht darum, einen Richterspruch zu erwirken, sondern um eine von den Konfliktparteien selbst erarbeitete, ihren Interessen entsprechende Lösung. Die Entscheidung für eine solche Lösung wird nicht nur rational und schon gar nicht anhand des Gesetzbuchs getroffen, sondern danach, wie die persönlichen Bedürfnisse, Wertvorstellungen, Gefühle und Wünsche am besten erfüllt werden können. Hier schwingen ganz entscheidend irratio- 280

[26] *Klinger/Bierbrauer* in Haft/von Schlieffen § 5 Rdn. 53, 57.

nale, emotionale Momente mit. Der Rechtsanwalt sollte daher auch solche Argumente anführen, die diese Ebenen ansprechen und dabei die psychologischen Grundlagen menschlichen Entscheidungsverhaltens (also etwa das Messen an Vergleichsgrößen, das Streben nach Besitzstandswahrung, das Kompensationsinteresse und die Gesichtswahrung) berücksichtigen (s. oben Rdn. 269 ff.).

281 Der **Nutzen** einer Lösung für die Gegenseite sollte nicht allzu deutlich herausgestellt werden, denn dies könnte sie als anbiedernd und plump empfinden. Geschickter ist es, Aspekte anzuführen, aufgrund derer der Andere selbst den eigenen Nutzen erkennt.

282 Kaum jemals darf das Argument mit der **Fairness** fehlen, die ebenfalls zu den fundamentalen Entscheidungsfaktoren zählt (s. oben Rdn. 276).

7. Nichteinigungsalternativen

283 Wer für den Fall eines Scheiterns der Verhandlungen nur unvorteilhafte Perspektiven hat, z. B. einen Prozess mit unsicherer Beweislage führen muss, steht unter stärkerem Einigungsdruck als derjenige, der auf eine gütliche Lösung weniger angewiesen ist. Es verbessert daher die Verhandlungsposition, wenn es gelingt, günstigere Nichteinigungsalternativen herbeizuführen und / oder die der Gegenseite zu verschlechtern. Dabei kann es schon ausreichen, dem Verhandlungspartner lediglich diesen Eindruck zu vermitteln oder ihn vor die Frage zu stellen: „Was machen Sie, wenn wir uns heute nicht einigen?“.[27]

Beim Streit um die Wirksamkeit einer Wohnraumkündigung könnte z. B. statt eines Prozesses eine erneute (außerordentliche) Kündigung, eine Mieterhöhung, eine Sanierung oder der Abriss des Hauses angekündigt werden.

8. Ankern

284 Durch die Vorgabe einer sehr konkreten Zielvorstellung kann erreicht werden, dass diese bei der Lösungssuche als Fixpunkt wirkt, auf den sich die Aufmerksamkeit der Verhandlungspartner richtet.[28] Dieses Vorgehen empfiehlt sich insbesondere dann, wenn es für den Verhandlungsgegenstand keine allgemeinen Bewertungsmaßstäbe gibt. Hier kann mit dem Anker gewissermaßen ein Maßstab vorgegeben werden, auf den sich (unterbewusst) auch der Partner einstellen wird – jedenfalls sofern er nicht derart überzogen ist, dass der andere die Verhandlung verärgert abbricht (vgl. auch Rdn. 233 f. zur Ankerwirkung des Erstgebots beim kompetitiven Verhandeln).

[27] *Bühring-Uhle/Eidenmüller/Nelle* Verhandlungsmanagement S. 69.

[28] Zu diesem psychologischen Effekt s. *Klinger/Bierbrauer* in Haft/von Schlieffen § 5 Rdn. 70 ff.; *Englich* in Volbert/Steller S. 489 ff.; *Wagner* ZZP 121 (2008) 27 ff.

9. Kompensation

Beim Verhandeln geht es um ein Geben und Nehmen. Wer ein Zugeständnis macht, kann dafür ein ebensolches der Gegenseite erwarten und bekommt es in der Regel auch. Dieser Effekt kann vielfach nutzbar gemacht werden, vor allem wenn es darum geht, im Endstadium der Verhandlung die letzten Einigungshindernisse zu überwinden. Die Kompensation ermöglicht es, ohne Gesichtsverlust selbst von bisher als unverhandelbar bezeichneten Positionen abzurücken. Jeder Verhandler wird versuchen, seine Konzession als besonders groß und schmerzlich darzustellen, um eine möglichst große Kompensationsleistung von der Gegenseite zu erhalten. Es ist daher genau zu prüfen, welches Gewicht die Konzession tatsächlich hat. Denn auf dem do-ut-des-Prinzip beruht auch die Taktik, mit einer möglichst hohen Ausgangsposition in die Verhandlungen zu gehen und sich von dieser herunterhandeln zu lassen. Dabei handelt es sich dann um bloße Scheinkonzessionen, die nicht mit echten Konzessionen beantwortet werden sollten. 285

10. Zusatzforderungen

Ist eine Einigung über einen größeren Verhandlungsgegenstand erzielt, kann vom Verhandlungspartner oftmals noch eine zusätzliche Leistung erlangt werden, weil er, erleichtert über den gelungenen Vergleich und bestrebt, diesen nicht zu gefährden, größere Konzessionsbereitschaft hat als in einem früheren Stadium, in dem noch alles offen war. Die große Einigung hat zudem die Maßstäbe so verändert, dass die Zusatzforderung nun relativ belanglos erscheint.[29] 286

11. Vorbehalte

Gefährlich ist es, ein Angebot, welches man nicht annehmen möchte, nicht zurückzuweisen, sondern – vielleicht um nicht unkooperativ zu erscheinen – mit einer Formulierung, die als bedingte Annahme erscheinen kann, z. B. statt mit „nein“ mit „ja, aber“. 287

Beispiele: „Ja, aber das wäre nicht wirtschaftlich“; „Eine gute Idee, aber das würde mein Mandant nicht akzeptieren“.

Da bereits grundsätzliche Zustimmung erklärt wurde, fällt es der Gegenseite leicht, die weitere Verhandlung auf den Vorbehalt zu konzentrieren und den anderen in Erklärungsnot zu bringen.

In den obigen **Beispielen** etwa mit folgenden Worten: „Schön, dass Sie dem grundsätzlich zustimmen. Lassen Sie uns doch die Wirtschaftlichkeit noch etwas genauer prüfen“; „Worin bestehen denn die Vorbehalte Ihres Mandanten?“.

Damit der Rechtsanwalt nicht in diese selbst errichtete Konsistenzfalle gerät (er kann aus dem bedingten Ja nicht mehr ohne Gesichtsverlust ein

[29] Zu diesem Kontrastprinzip *Haft* in Haft/von Schlieffen § 4 Rdn. 32 f.

Nein machen), muss er ein inakzeptables Angebot klar ablehnen, gegebenenfalls mit einem eigenen Gegenangebot, welches durchaus das gegnerische positiv würdigen kann.

Beispiele: „Wir können gerne in diese Richtung denken. Ich schlage vor, ...“; „Lassen Sie uns diesen Gedanken ausbauen. Wie wäre es, wenn ...“

Natürlich gehört es zum professionellen Verhandeln, eine bedingte Zustimmung der Gegenseite zugunsten des eigenen Mandanten auszunutzen.

12. Zeiteinteilung

288 Wer unter Zeitdruck verhandeln muss, ist in einer schlechten Verhandlungsposition. Will er die Verhandlung nicht scheitern lassen, muss er u. U. ein ungünstigeres Ergebnis hinnehmen als es bei längerer Verhandlungsdauer erzielbar gewesen wäre. Zeitdruck sollte daher vermieden und auf keinen Fall deutlich gemacht werden, weil die Gegenseite diese Schwachstelle ausnutzen könnte. Es ist daher grundfalsch, Verhandlungen mit dem Hinweis zu beginnen, man habe „nur eine Stunde Zeit“. Der damit beabsichtigte Druck wirkt sich nicht, wie beabsichtigt, auf den Verhandlungspartner aus, sondern wendet sich gegen den Ungeduldigen, der zudem, wenn er nicht das Gesicht verlieren will, von dieser Ankündigung nicht mehr herunterkommt. Umgekehrt kann man Anzeichen von Zeitnot bei der Gegenseite zum eigenen Vorteil ausnutzen, da deren Konzessionsbereitschaft mit steigendem Zeitdruck regelmäßig zunimmt, damit sie nicht ohne Ergebnis die Verhandlung beenden muss.

13. Kuchenvergrößerung

289 Win-win-Lösungen lassen sich am besten dadurch erreichen, dass die Parteien den Verhandlungsgegenstand über den Konfliktanlass hinaus erweitern. Dadurch lassen sich z. B. Kompensationsregelungen oder Kooperationsgewinne herbeiführen. Es ist dabei auch an die Möglichkeit zu denken, weitere Personen einzubeziehen und auf diese Weise „Ringtauschgeschäfte“ zu ermöglichen,[30] etwa bei der Planung künftiger gemeinsamer Projekte. Die Kuchenvergrößerung verhindert, dass sich die Parteien in einem Nullsummenspiel festbeißen und fördert kreative, wertschöpfende Lösungen.

290 Zum Wecken der Kreativität empfiehlt sich das **Brainstorming.** Dabei äußern die Beteiligten alle Lösungsmöglichkeiten, die ihnen in den Sinn kommen, ohne diese zu bewerten und halten sie auf Kärtchen oder Flip-Charts fest. Selbst zunächst absurd oder unrealistisch erscheinende Optionen erzeugen manchmal Ideen, die zu einer ansonsten verborgen gebliebenen Lösung führen. Auch können auf diese Weise Gestaltungs-

[30] *Bühring-Uhle/Eidenmüller/Nelle* Verhandlungsmanagement S. 60.

möglichkeiten thematisiert werden, die wegen befürchteter Nachteile als Verhandlungsangebot nicht unterbreitet bzw. sofort abgelehnt worden wären.

14. Komplexität

Es kann sinnvoll sein, beim Verhandeln mit einem wenig konzessionsbe- 291
reiten Verhandlungspartner Komplexität zu **erzeugen,** d.h. den Streitfall durch rechtliche oder tatsächliche Aspekte, z.B. auch komplizierte Berechnungen, unübersichtlicher zu machen und auf diese Weise die Vergleichsbereitschaft zu fördern. Dabei darf aber nicht überzogen werden: Wenn der andere völlig den Überblick verliert, wird er kaum noch zu einer Verhandlungslösung bereit sein, sondern eine richterliche Entscheidung anstreben.

Für Verhandlungslösungen ist es in der Regel vorteilhafter, Komplexität 292
zu **reduzieren,** weil sie einer einvernehmlichen Lösung entgegensteht. Sehr komplizierte rechtliche oder tatsächliche Zusammenhänge werden von den Parteien oftmals nicht mehr überblickt. Dies kann dazu führen, dass aneinander vorbeigeredet wird oder dass die Gegenseite sich deswegen nicht auf einen Vergleich einlässt, weil sie nicht abschätzen kann, auf welche Rechte oder Prozesschancen sie hierbei verzichten würde. Wenn es nicht gelingt, die Verhandlung auf eine von der Sach- und Rechtslage völlig abgehobene, rein interessenorientierte Lösung auszurichten, sollte versucht werden, durch eine klare **Strukturierung** der Verhandlung den „Knoten" gemeinsam aufzulösen. Wichtige Hilfsmittel hierbei sind: Vereinbarung einer Agenda, sonstige Vereinbarungen über den Verfahrensablauf (z.B. Einholung eines Schieds- oder Rechtsgutachtens, Ausklammern bestimmter Aspekte, Teilkonferenzen, Beiziehen eines Steuerberaters; näher Rdn. 294ff.) sowie Visualisierung (dazu Rdn. 297ff.). Wurden beim Abarbeiten der Agenda **Zwischenergebnisse** gefunden, sollten diese schriftlich, am besten in Gestalt eines Zwischen- oder Teilvergleichs, fixiert werden.

Allerdings stößt in sehr komplexen Fällen das bilaterale Verhandeln oft 293
an seine Grenzen; die Einschaltung eines Dritten als Moderator, Mediator oder Schlichter wird hier in der Regel unumgänglich sein (dazu §§ 14ff.).

15. Verhandlungsvertrag

Wenn Verhandlungen ins Stocken geraten, lässt sich ein Abbruch 294
oftmals dadurch vermeiden, dass die Beteiligten den Blick vom Konflikt abwenden und sich darüber verständigen, wie bei seiner Lösung weiter vorgegangen werden soll. Oft liegt der Grund für die festgefahrene Verhandlung nicht in einer Unvereinbarkeit der Interessen oder dem Fehlen von Einigungsoptionen, sondern darin, dass es noch nicht gelungen ist, den methodisch richtigen Weg zu finden. Den Blick hierauf zu richten, hat nicht nur sachliche Vorteile, sondern verhindert auch den Verhandlungsab-

riss und die damit verbundene Eskalationsgefahr; zudem kann sich das gemeinsame Arbeiten an einer „Verfahrensordnung“ beziehungsfördernd auswirken: Die Parteien beweisen Kommunikationsfähigkeit, Konfliktkompetenz und Autonomie.

295 **Gegenstand** von Verhandlungsverträgen (die natürlich auch schon vor Beginn der Verhandlungen geschlossen werden können) können z. B. sein:

- Zeit und Ort der Verhandlung,
- evtl. zeitliche Staffelung oder Teilkonferenzen,
- beizuziehende Personen oder Unterlagen,
- Agenda, gegebenenfalls Erweiterung um oder (vorläufige) Ausklammerung von Themen,
- Einholung einer externen Bewertung, eines Rechts- oder Schiedsgutachtens,
- Aussetzung der Verhandlung zum Zweck der Erstellung einer Zwischenbilanz, für Nachbesserungsarbeiten,
- Voraussetzungen für den Übergang in eine Schlichtung oder Mediation u. v. m.

296 Auch **vorläufige Regelungen** zum Streitverhältnis selbst sind möglich und oft sinnvoll, z. B. dass bestimmte Handlungen bis zum Abschluss der Verhandlungen unterlassen werden, ein Vorschuss gezahlt wird u. dgl. mehr.

16. Visualisieren und Materialisieren

297 Es erleichtert die gegenseitige Verständigung sehr, wenn der Verhandlungsgegenstand in geeigneter Weise **veranschaulicht** wird. Dadurch lassen sich Erkenntnisprozesse auslösen, die durch Worte allein nur schwer herbeigeführt werden können.

298 Ein einfaches **Schaubild** kann schlagartig die Perspektive verändern, ein Diagramm wirkt wesentlich eindringlicher als das Nennen von Zahlen. Derartige Hilfsmittel sollten daher zur Verhandlung mitgebracht oder zumindest so vorbereitet werden, dass sie dort entwickelt werden können. Für die Dynamik der Verhandlung ist es oftmals besser, das Schaubild nicht gleich als Tischvorlage einzubringen, sondern erst im Laufe des Gesprächs, eventuell als Ausweg aus einer Verständigungsblockade, auf einem Blatt Papier oder am Flip-Chart anzufertigen. Das Bild hat auch eine fokussierende Wirkung, indem es den Blick auf bestimmte Gegebenheiten, Zusammenhänge oder Lösungsoptionen richtet, und es kann die Gemeinsamkeit bei der Lösungssuche fördern, etwa indem der Partner das Bild ergänzt oder modifiziert.

299 Bei umfangreicheren Verhandlungen sollte die **Agenda** auf einer Tischvorlage oder am Flip-Chart dokumentiert sein, damit die unerlässliche Strukturierung sichergestellt werden kann.

300 Sollen **Zahlen** oder **Berechnungsmodelle** in die Verhandlung eingeführt werden, ist deren schriftliche Fixierung unerlässlich. Dadurch können nicht nur die Berechnungsgrundlagen und Rechenwege deutlich gemacht werden, sondern es wird auch eine Basis geschaffen, an der die Diskussion

festgemacht werden kann. Auf gut nachvollziehbare Art können Alternativen oder Mittellösungen entwickelt werden. Durch das Nebeneinanderstellen verschiedener Berechnungsmodelle kann oftmals auch vor Augen geführt werden, dass die Standpunkte beider Seiten einander wesentlich näher sind als sie dachten.

Entsprechendes gilt für das Aushandeln von **Texten,** insbesondere Verträgen. Wer bereits einen ausformulierten Entwurf mitbringt, erreicht eine Strukturierung und Fokussierung der Verhandlung sowie einen dem Ankern (Rdn. 284) vergleichbaren Effekt. 301

Zur Erleichterung von Verhandlungen kann es auch beitragen, wenn ein möglichst enger Bezug zur Realität hergestellt wird. Bei außergerichtlichen Verhandlungen haben es die Beteiligten in der Hand, den für Prozesse typischen Abstraktionseffekt zu vermeiden, durch den sich das Verfahren verselbstständigt und immer mehr vom wirklichen Konfliktstoff entfernt. Es sollten daher **Gegenstände, Zeichnungen oder Fotografien,** in denen sich das mit der Verhandlung verfolgte Interesse verkörpert, präsent sein. Dies geht viel weiter als der auch im Prozess übliche Augenschein, denn diese Materialisierung bezieht sich nicht auf den Beweis von Rechtspositionen, sondern auf die Verdeutlichung der Interessenlage. 302

Beispiel: Bei einem Nachbarstreit über die Gestaltung der Grundstücksgrenze sind nicht die Fotos vom derzeitigen verwahrlosten Zustand mitzubringen, sondern Bilder von positiven Gestaltungsmöglichkeiten. Bei einer Nachlassstreitigkeit kann es vorteilhaft sein, ein Andenken an den Verstorbenen mitzubringen, an dem der Gegenseite besonders gelegen ist; seine Übergabe kann sogar den Durchbruch auf der Beziehungsebene bringen.

In vielen Fällen empfiehlt sich eine gemeinsame Ortsbesichtigung bzw. das Verhandeln am Konfliktort, z.B. an der Grundstücksgrenze, in der Mietwohnung oder auf der Baustelle. Dabei kann es hilfreich sein, sich auf die Teilnahme eines Sachverständigen zu verständigen, der sogleich beratend oder als Schiedsgutachter tätig werden kann. 303

V. Unterbrechen und Beenden der Verhandlung

Verhandlungen dürfen, auch wenn sie sich festzufahren scheinen, **nicht zu schnell abgebrochen** werden. Oftmals kann ein Themen- oder Perspektivenwechsel neue Ansätze hervorbringen. Hilfreich kann es sein, die Verhandlung über das Konfliktthema auszusetzen und zunächst über das weitere Procedere zu verhandeln. Auf dieser Metaebene lassen sich leichter Übereinstimmungen finden, die als „Verhandlungsvertrag“ (s. Rdn. 294) die Basis für neue Verhandlungen über das Sachthema bilden. 304

Auch eine **Unterbrechung** (Pause oder Vertagung) kann nützlich sein. Sie kann entkrampfend wirken und neue Ansätze fördern. Sind auf einer 305

Seite (oder beiden) mehrere Personen an der Verhandlung beteiligt, kann die Pause für eine Abstimmung zwischen diesen genutzt werden, die in der offenen Verhandlung gewöhnlich vermieden wird. Dies gilt insbesondere für ein vertrauliches Gespräch zwischen Anwalt und Mandant oder zwischen Geschäftsführer und Mitarbeiter. Telefonische Rückfragen, etwa beim (nicht anwesenden) Mandanten, im Unternehmen oder beim Haftpflichtversicherer, können neue Verhandlungsspielräume eröffnen.

306 Nicht zuletzt kann die Pause auch **entformalisierend** wirken und dadurch die Beziehungsebene positiv beeinflussen. Es kann sich daher empfehlen, das Gespräch auch während der Pause fortzusetzen. Oftmals gelingt der Durchbruch zu einvernehmlichen Lösungen in der entspannten Situation des Pausengesprächs. In bestimmten Situationen, etwa bei Konflikten zwischen Angehörigen, Nachbarn oder Geschäftspartnern, kann es sich empfehlen, derartige Kontakte richtiggehend zu inszenieren, also z. B. ein gemeinsames Mittagessen, einen kurzen Spaziergang oder das Betrachten von Bildern anzuregen. Selbst in hoch eskalierten Wirtschaftskonflikten gelingt es immer wieder, in solchen Situationen durch ein dort viel leichter fallendes Wort des Bedauerns oder des Verständnisses die Blockade auf der Beziehungsebene zu beseitigen und den Weg zu einer Lösung zu ebnen.

307 Soll die Verhandlung zu einem späteren Termin oder in schriftlicher Form fortgesetzt werden, sind **Zwischenergebnisse,** z. B. bereits erzielte Einigungen über Vorfragen, über die Verfahrensgestaltung oder über Teile des Konflikts, unbedingt in schriftlicher Form, am besten mit Unterschrift der Beteiligten, zu fixieren. Flip-Chart-Bögen mit aussagekräftigem Inhalt sind aufzubewahren. Es ist zu vermeiden, dass Erarbeitetes infolge der Vertagung in Vergessenheit gerät oder später wieder in Frage gestellt wird.

308 Zeichnet sich selbst nach längerer Verhandlung kein Ergebnis ab, sollte vermieden werden, durch ein „allerletztes Angebot“ oder Bemerkungen wie „Entweder wir einigen uns jetzt oder wir sehen uns vor Gericht wieder“ **ultimativ** zu agieren. Die Gegenseite wird sich dadurch unter Druck gesetzt fühlen, so dass der Weg zu einer kooperativen Lösung endgültig verbaut wird. Kommt doch noch ein Gegenangebot, kann es nicht mehr ohne Gesichtsverlust angenommen werden, selbst wenn es an sich akzeptabel wäre.

309 Erklärt der Gesprächspartner am Ende der Verhandlung, dass das erzielte Ergebnis nicht bindend sein könne, weil er **keine** entsprechende **Vollmacht** habe oder die Zustimmung der Geschäftsleitung benötige, und war dies vorher nicht klargestellt worden, ist dies zu beanstanden und darauf hinzuweisen, dass man das Verhandlungsergebnis dann ebenfalls als bloßen Entwurf einer Vereinbarung ansieht.

310 Wird die Verhandlung **ergebnislos beendet,** sollte dies nicht in gereiztem oder vorwurfsvollem Ton geschehen. Die Tür zu weiteren Einigungschancen sollte nicht zugeschlagen werden. Es kann im Gegenteil angezeigt sein,

nach einiger Zeit nochmals ein Signal an die Gegenseite zu senden, dass man zu weiteren Verhandlungen bereit ist, evtl. verbunden mit einem neuen Vorschlag oder der Anregung, einen Dritten als Vermittler einzuschalten.

Wenn Verhandlungen in eine Sackgasse geraten, bieten sich insbesondere folgende Möglichkeiten an, einen Abbruch zu vermeiden: 311
- Pause oder Vertagung (ermöglicht weitere Überlegungen, informelle Kontakte, neue Ansätze)
- Zurückstellen des blockierenden Themas und Wechsel zu anderem Thema oder zu Verhandlungen über das weitere Vorgehen
- Zusammenfassen und Herausstellen von Zwischenergebnissen und Gemeinsamkeiten (motiviert zur Fortsetzung der Gespräche)
- Erörterung der Nichteinigungsalternativen und ihrer Auswirkungen (macht die Interessenlage wieder bewusst)
- Zuziehen eines neutralen Dritten als Moderator oder Vermittler

VI. Fehlervermeidung

Zu einer erfolgreichen Verhandlungsstrategie gehört auch, dass man sich der Möglichkeit von Verhandlungsfehlern bewusst ist und diese zu vermeiden bzw. zu korrigieren versucht. 312

1. Wahrnehmungsfehler

Sehr häufig sind Fehler, die durch die **Subjektivität der Wahrnehmung** hervorgerufen werden (s. dazu Rdn. 116ff.). Es ist darauf zu achten, dass die Kommunikation nicht verfremdet wird durch eine selektive (d.h. wesentliche Gesichtspunkte ausblendende) Sichtweise, durch ein auf bestimmte (z.B. rechtliche) Aspekte begrenztes Denken oder durch illusionäre Vorstellungen. Vermeiden lassen sich derartige Verzerrungen durch ein kritisches Hinterfragen der Wahrnehmung: Was wollte der andere wirklich sagen? Kann man das auch anders verstehen? 313

2. Emotionalität

Emotionen verhindern oftmals ein sachbezogenes Verhandeln. Diesen Umstand sollte man sich nicht nur selbst, sondern auch dem Mandanten bewusst machen und zumindest auf eine Trennung von Sach- und Beziehungsebene, möglichst sogar auf die Beseitigung der Beziehungsstörung hinzuwirken. Wenn sich in Verhandlungen ein Vermischen von Person und Sache abzeichnet, ist sofort entgegenzusteuern, desgleichen, wenn die andere Seite versucht, durch Erzeugen unguter Emotionen Druck auszuüben, also etwa mit Schuldvorwürfen auf ein rasches Ende hinzuwirken. Dem 314

Rechtsanwalt kommt hier die Aufgabe zu, den Mandanten davor zu bewahren, dass er sich wegen der als unangenehm empfundenen Situation mit einem für ihn ungünstigen Ergebnis zufrieden gibt.

3. Überoptimismus

315 Der Weg zu vermittelnden Lösungen wird oft durch ein **Überschätzen der eigenen Verhandlungsstärke** verbaut. Dies führt zu reaktiver Abwehr von (auch weiterführenden) Vorschlägen der Gegenseite, zu überhöhten Erwartungen an deren Konzessionsbereitschaft und zu einer zu optimistischen Bewertung der Nichteinigungsalternative, etwa der Prozessaussichten. Das als psychologische Hilfe für den Mandanten gedachte Bestärken seiner Sichtweise hat den gegenteiligen, destruktiven Effekt, indem es eine optimale Lösung verhindert. Der Rechtsanwalt muss hier vorbauen, indem er dem Mandanten ein realistisches Bild von seiner Verhandlungsstärke vermittelt und seinen Blick auf die Suche nach beiderseits interessengerechten Lösungen ausrichtet. Ein hilfreiches Mittel zur Bekämpfung des Überoptimismus ist die Prozessrisikoanalyse (Rdn. 358).

4. Verstrickung

316 Durch **Verstrickung in eigenem Verhalten** kann sich eine äußerst nachteilige Verhandlungssituation ergeben, weil es dem Menschen generell schwer fällt, von einem eingeschlagenen Weg wieder abzugehen.[31] So kann eine unbedachte Äußerung, die von der anderen Seite als Lösungsvorschlag verstanden und aufgegriffen wird, zu einem nachteiligen Ergebnis führen, weil keine Möglichkeit gesehen wird, den Vorschlag ohne Gesichtsverlust zurückzuziehen. Denselben Effekt kann es haben, wenn ein (an sich weiterführender) Vorschlag der Gegenseite aus einer reaktiven Abwehr heraus vorschnell abgelehnt wurde.

317 Bei dem Phänomen der **versenkten Kosten** geht es ebenfalls um Verstrickung: Weil bereits viel in einen bestimmten Lösungsweg investiert worden ist, sieht man sich außerstande, ihn aufzugeben, sondern setzt ihn wider alle Vernunft trotz geringer Chancen mit weiteren Aufwendungen fort.

318 Da der Mandant es aus psychologischen Gründen nicht schaffen wird, sich selbst aus der Verstrickung zu lösen (sog. **Konsistenzfalle**), ist der Rechtsanwalt hierzu berufen. Er muss den Blick des Mandanten weg von der Vergangenheit in die Zukunft lenken und ihm die Nichteinigungsalternativen klar vor Augen führen. Es wird ihm auch gelingen, Erklärungen zu finden, die das Verlassen des eingeschlagenen Wegs nicht als Kapitulation oder Gesichtsverlust erscheinen lassen.

---

[31] Eingehend *Klinger/Bierbrauer* in: Haft/von Schlieffen § 5 Rdn. 87 ff.; *Bühring-Uhle/Eidenmüller/Nelle* Verhandlungsmanagement S. 47 ff.

Bei der eigenen Verhandlungsführung muss der Rechtsanwalt darauf achten, dass er nicht selbst eine Verstrickung begründet, etwa indem er eine Position einnimmt, von der er nicht ohne Verlust seiner Glaubwürdigkeit wieder abrücken kann. Er sollte daher sehr genau abwägen, ob er ein Angebot als „allerletztes Wort" deklariert oder mit der bereits geschriebenen Klage winkt.

5. Unlautere Methoden

Unlautere **Verhandlungstricks** der Gegenseite müssen erkannt und pariert werden. Dazu gehört das vielgestaltige Bestreben, sie durch **scheinbare Konzessionen** zu einem Entgegenkommen zu bewegen. 319

Beim **kompetitiven Verhandeln** gehören Scheinkonzessionen zum normalen Ablauf: Die eine Seite gibt bewusst einen überhöhten Betrag vor, von dem sie sich auf den von vornherein angestrebten herunterhandeln lässt; die andere Seite versucht das Gegenteil. Bei diesem „Spiel" ist aber darauf zu achten, dass die Gegenseite nicht zu hoch einsteigt (zu dieser Taktik des Ankerns s. Rdn. 233) und dass man nicht durch ein ebenfalls zu hohes Gegenangebot oder zu große Schritte bei einem unangemessenen Ergebnis landet. Oftmals ist es besser, durch ein eigenes Angebot den Anker zu setzen. Jedenfalls ist das gegnerische Gebot sorgfältig daraufhin zu überprüfen, ob das wechselseitige Nachgeben zu einem im Bereich der ZOPA liegenden Ergebnis führen kann (s. dazu Rdn. 194 ff.). Anderenfalls sollte diese Verhandlungsmethode von vornherein abgelehnt werden. Der spätere Ausstieg ist oftmals schwierig, weil er mit Gesichtsverlust verbunden ist und dem Bedürfnis nach konsistentem Verhalten[32] zuwiderläuft. 320

Die **Täuschung des Partners über die wahre Natur von Zugeständnissen** kommt jedoch nicht nur beim kompetitiven Verhandeln vor. Der Rechtsanwalt kann dies dank seiner Professionalität eher als der Mandant erkennen und muss durch Aufdecken Nachteile für diesen vermeiden. 321

Nicht selten versucht die Gegenseite, eine Lösung, die ihr selbst Vorteile bringt, als Zugeständnis erscheinen zu lassen, z. B. indem sie sich gegen eine Zusatzzahlung zu einer (ohnehin geschuldeten) Gewährleistung verpflichtet. 322

Ein besonders unfairer Einsatz von Scheinkonzessionen besteht darin, dass die andere Seite eine Maximalforderung aufstellt und nach deren Ausschlagung mit verständnisvollen Worten eine moderatere Forderung nachschiebt. Ein schwacher Verhandler, dem bereits die Ablehnung des ersten Angebots schwer gefallen ist, kann hier Hemmungen haben, nochmals als Neinsager dazustehen.[33]

Verhandeln auf der Gegenseite zwei Personen, von denen die eine ein sehr harte, die andere eine konziliantere Linie vertritt, besteht die Gefahr eines inszenierten Spiels, bei dem die Rolle des harten Verhandlers nur dazu dient, die Durchsetzung der vom anderen verfolgten Ziele zu ermöglichen. Diese ebenfalls auf Scheinkonzessionen aufbauende

[32] S. dazu *Bühring-Uhle/Eidenmüller/Nelle* Verhandlungsmanagement S. 46 f.
[33] S. dazu *Klinger/Bierbrauer* in Haft/von Schlieffen § 5 Rdn. 81 ff.

Taktik kann dadurch durchkreuzt werden, dass man auf die offensichtliche Uneinigkeit unter den Partnern hinweist und anregt, in einer Verhandlungspause eine einheitliche Linie zu finden.

323 Zu den unlauteren Methoden gehört auch die **gezielte Verstrickung des Anderen in eigene Zugeständnisse.** Der Verhandlungspartner wird hier dazu gebracht, ein relativ unbedeutendes Zugeständnis zu machen, für das er eine kleine Gegenleistung erhält. Sodann wird ihm eine in der Logik des ersten Zugeständnisses liegende, größere Leistung abverlangt, die er aus Gründen der Konsistenz nicht mehr ablehnen zu können glaubt. Auch hier ist es Aufgabe des Rechtsanwalts, dem Mandanten klar zu machen, dass es sich um eine Falle handelt, aus der er sich ohne Gesichtsverlust befreien kann.[34]

324 Das **Nachschieben von Zusatzforderungen** nach Zustandekommen einer Einigung (oben Rdn. 286) wird von manchen Verhandlern systematisch praktiziert. Wer dies weiß und den psychologischen Hintergrund dieser Taktik kennt (Ausnutzen der Erleichterung über die Einigung und der Sorge um ihren Bestand; verschobener Maßstab durch die Haupteinigung), wird ihr erfolgreich entgegentreten können.[35]

325 Das **Ausüben von Druck** ist ebenfalls ein verbreiteter Verhandlungstrick, so wenn z. B. mit dem Gericht, der Presse, der Steuerfahndung o. ä. gedroht wird, oder auch nur mit dem Abbruch der Verhandlungen wegen fortgeschrittener Zeit. Einer derartigen Taktik muss deutlich entgegengetreten werden.

6. Ungleichgewicht

326 Wenn die **Verhandlungsmacht** der Gegenseite ein Verhandeln auf gleicher Augenhöhe unmöglich macht, ist die Verhandlung abzubrechen und der Weg des Rechts zu suchen.[36]

7. Eskalation

327 Hauptgefahr bei Konflikten ist die der Eskalation. Sie wird veranschaulicht durch das Bild von der Konfliktspirale.[37] Der mit Verhandlungen beauftragte Rechtsanwalt muss sich dessen bewusst sein, dass er den Konflikt in einem Stadium übernimmt, in dem bereits die ersten Stufen der Konfliktspirale durchlaufen sind und bei einer Nichteinigung die weitere Eskalation droht, und er muss wissen, wodurch die Eskalationsgefahr gefördert wird und wodurch sie gebannt werden kann.

---

[34] *Klinger/Bierbrauer* in Haft/von Schlieffen § 5 Rdn. 78 ff.

[35] *Haft* in Haft/von Schlieffen § 4 Rdn. 33.

[36] *Haft* in Haft/von Schlieffen § 4 Rdn. 34.

[37] *Glasl* Konfliktmanagement S. 233 ff., beschreibt neun Stufen, die von der Verhärtung der Standpunkte über Drohungen bis zur Vernichtung führen.

Eskalation wird hauptsächlich durch das Phänomen der **negativen Reziprozität** ausgelöst: Negative Reaktionen der einen Seite führen zu noch negativeren Reaktionen der anderen Seite. In der ohnehin emotional belasteten Konfliktsituation wird dieser Effekt noch dadurch begünstigt, dass die Beteiligten eine negative Sicht von der Gegenseite haben und Informationen nur noch selektiv verarbeiten. Die Gegenseite hat kaum noch eine Chance, als vertrauenswürdiger Partner wahrgenommen zu werden. Er wird abgewertet, unangemessen behandelt und reagiert seinerseits entsprechend – wie bei einer sich selbst erfüllenden Prophezeiung.[38] 328

Der Rechtsanwalt hat, da er nur Vertreter der Konfliktpartei, nicht selbst Konfliktbetroffener ist, die Chance, diesem Automatismus zu entgehen und auf die Versachlichung der Auseinandersetzung hinzuwirken. Dazu gehört auch, dass er der anderen Seite offen und zuvorkommend begegnet, die Spirale der negativen Reziprozität durchbricht. Anwälte, die glauben, durch besonders harte Formulierungen, Polemik und persönliche Angriffe für ihren Mandanten kämpfen zu müssen, verkennen nicht nur ihre Aufgabe, sondern fügen dem Mandanten und der Gesellschaft Schaden zu. Eskalierende Konflikte verursachen immense Kosten für den Einzelnen wie für die Volkswirtschaft und sie zerstören soziale und persönliche Bindungen mit oftmals unabsehbaren Konsequenzen.

VII. Reaktion auf besondere Verhaltensweisen der Gegenseite

1. Keine Reaktion auf Verhandlungsangebot

Wenn die Gegenseite auf ein Verhandlungsangebot nicht reagiert, empfiehlt sich eine nochmalige Kontaktaufnahme mit ihr, je nach den Gegebenheiten brieflich oder telefonisch, verbunden mit der freundlichen Anfrage, wie man sich das weitere Vorgehen vorstelle. Es sollte nochmals ein Verhandlungstermin angeboten, zugleich aber ein gerichtliches Vorgehen für den Fall angekündigt werden, dass nicht bis zu einem bestimmten Zeitpunkt eine Antwort eingeht. Erfolgt weiterhin keine Reaktion, lässt sich der Anwalt den Prozessauftrag erteilen, unterbreitet aber unter Hinweis hierauf vor Klageerhebung nochmals ein Gesprächsangebot (vgl. zu dieser oft erfolgreichen Taktik Rdn. 102). 329

2. Verweigern von Verhandlungen

In diesem Fall sollte versucht werden, mit der Gegenseite über die Gründe für die Weigerung zu sprechen und entweder Wege zu finden, wie eine Verhandlung doch ermöglicht werden kann, oder sich auf eine andere 330

[38] *Bühring-Uhle/Eidenmüller/Nelle* Verhandlungsmanagement S. 86.

Form der Konfliktlösung zu verständigen. Wenn Anhaltspunkte für eine Verzögerungstaktik bestehen, sollte dies thematisiert und die Nichteinigungsalternative (Klage, einstweiliger Rechtsschutz, Kündigung usw.) deutlich aufgezeigt werden.

3. Unsachlichkeit

331 Lässt sich die Gegenseite nicht auf ein sachbezogenes Verhandeln ein, sondern erhebt sie nur Forderungen und Vorwürfe, sollte der kooperative Verhandlungsstil gleichwohl fortgesetzt, der andere insbesondere durch offene Fragen dazu veranlasst werden, sich zur Sache zu äußern. Zur Verhandlungsführung durch Fragen s. oben Rdn. 260.

4. Emotionalität

332 Kommt es in der Verhandlung zu emotionalen Ausbrüchen der Gegenseite (Weinkrämpfe, Schreien, Aufspringen), darf dies nicht zum Anlass für einen endgültigen Abbruch der Verhandlungen genommen werden. Das Freiwerden von Emotionalität kann vielmehr förderlich sein, da es die hinter den Positionen verborgenen eigentlichen Bedürfnisse und Gefühle sichtbar macht. Auch kann das Aufbrechen bisher unterdrückter Emotionen zu einer Klärung und Bereinigung der Beziehungsebene beitragen. Richtige Reaktion ist daher eine Unterbrechung der Verhandlung, bis der Teilnehmer sich wieder in der Lage sieht, ruhig und sachlich weiter zu verhandeln.

In der Pause sollte der Anwalt sich Gedanken darüber machen, welche Nöte hinter dem erlebten Ausbruch stehen und wie er diese in die weitere Verhandlung einbringen kann. Das Vorgefallene sollte keineswegs ausgeblendet, sondern in angemessener, gesichtswahrender Form aufgearbeitet werden.

Beispiele: „Wir haben gespürt, dass hier sehr tief gehende Emotionen im Raum stehen. Umso wichtiger ist es, dass wir eine Lösung finden, mit der alle Beteiligten ihren Frieden finden“. – „Es war gut, dass die jahrelangen Spannungen, die zwischen Ihnen und Ihrem Bruder bestanden, sich einmal entladen konnten. Wie ich von Ihrem Bruder in der Pause erfahren habe, war es ihm gar nicht bewusst, dass Sie das so schwer betroffen hat“.

Völlig verfehlt wäre es dagegen, den ausrastenden Gesprächspartner zur Ordnung zu rufen („Reißen Sie sich zusammen“), herabzusetzen („Sie sind doch ein Mann“) oder in seiner Verhandlungsposition zu schwächen („Wer schreit, hat Unrecht“). Erst recht darf sich der Rechtsanwalt nicht zu einer emotionalen Gegenreaktion, etwa einem lautstarken Streitgespräch hinreißen lassen.

5. Persönliche Angriffe

333 Richtet der Verhandlungspartner persönliche Angriffe gegen den Rechtsanwalt, darf dieser sich nicht zu Gegenangriffen oder Verteidigungsmaß-

nahmen provozieren lassen. Er muss die drohende Eskalation des Konflikts vielmehr dadurch auffangen, dass er die Angriffe zwar deutlich zurückweist, aber zugleich erklärt, sie nicht persönlich zu nehmen, sondern als Ausdruck der schwierigen Verhandlungssituation zu verstehen. Die Verhandlung sollte sodann betont sachlich fortgesetzt werden.[39]

Der Anwalt sollte sich in solchen Fällen auch selbstkritisch fragen, wie es dazu kommen konnte, dass er von der Gegenseite als Konfliktgegner behandelt wird. Auslöser hierfür sind oftmals überspitzte Formulierungen in Schriftsätzen oder in der Verhandlung, die beim Verhandlungspartner den Eindruck hervorrufen, dass der Anwalt sich voll, auch auf der Beziehungsebene, mit dem Mandanten solidarisiert. Dies muss gegebenenfalls geradegerückt werden. Der Anwalt muss durch klärende, vertrauensbildende Maßnahmen seine Stellung als unabhängiges Organ der Rechtspflege stets deutlich machen und darf sich nicht in den Konflikt hineinziehen lassen.

6. Unfaires Verhalten

Wendet die Gegenseite unlautere **Verhandlungstricks** an (s. dazu oben Rdn. 319ff.), darf dies weder hingenommen noch auf ebenfalls unsaubere 334
Weise gekontert werden. Richtig ist vielmehr, das wahrgenommene Verhalten der anderen Seite in sachlicher Form als Ich-Aussage, ohne den anderen in die Defensive zu drängen, anzusprechen und darüber zu verhandeln, wie weiter verfahren werden soll.[40]

Beispiele: „Ich finde es nicht fair, dass mein Mandant durch sein Entgegenkommen jetzt in einen Zugzwang gesetzt wird. Wir sollten den Blick nochmals auf die beiderseitigen Interessen lenken". – „Ich fühle mich hier wie in dem Film mit dem guten und dem bösen Polizisten; mir wäre wohler, wenn ich nur mit einem Vertreter Ihrer Firma verhandeln müsste".

Eine **unangemessene Behandlung** (z.B. Wartenlassen, Zuweisen eines 335
ungeeigneten Sitzplatzes, Telefonieren oder sonstige Verrichtungen während des Gesprächs) darf nicht hingenommen werden, denn sie drückt entweder Geringschätzung oder gezielte Zermürbungstaktik aus und belastet in jedem Fall die Verhandlung. Der störende Umstand sollte daher thematisiert werden, aber nicht als Vorwurf, sondern als Ich-Aussage.

Beispiele: „Ich habe den Eindruck, dass unser Termin ungünstig gewählt ist, weil Sie heute offenbar viele wichtige Anrufe führen müssen". – „Ich würde mich gerne auf die andere Seite setzen, weil ich hier ständig in die Sonne blicken muss".

Bestehen Anhaltspunkte für eine gezielte Aktion oder ist die Atmosphäre nachhaltig belastet, sollte der Anwalt erklären, dass ihm unter den gegebe-

[39] *Fisher/Ury/Patton* Harvard-Konzept S. 159f.
[40] Vgl. *Fisher/Ury/Patton* Harvard-Konzept S. 179 ff.

nen Umständen eine erfolgversprechende Verhandlung nicht möglich erscheint und beide Seiten sich Klarheit darüber verschaffen sollten, ob eine Fortsetzung zu anderer Zeit, an anderem Ort oder mit anderen Teilnehmern sinnvoll ist. Für die Verständigung hierüber sollte eine klare Abmachung getroffen werden, damit der Faden nicht unnötig abreißt.

336 Bei **unsachlichen Bemerkungen** sollte der Anwalt weder auf derselben Ebene (oder gar noch polemischer) zurückschlagen noch sich dagegen verwahren oder rechtfertigen. Am wirkungsvollsten ist es oftmals, so zu tun, als habe man die Bemerkung überhört und um eine Wiederholung des Gesagten zu bitten. Dadurch erhält der andere die Gelegenheit, die – vielleicht unbedachte – Äußerung aus der Welt zu schaffen, ohne einen Rückzieher machen zu müssen (Bau einer „goldenen Brücke"). Wiederholt er sie jedoch tatsächlich, so kann und sollte diese nunmehr offensichtliche Provokation Anlass geben, die Verhandlungen solange zu unterbrechen, bis die Bemerkung mit einem Ausdruck des Bedauerns zurückgenommen wird.

7. Drohung

337 Hier ist zu klären, ob die Gegenseite eine realistische Nichteinigungsalternative in den Raum stellt (z.B. eine mögliche Kündigung), oder ob es sich um eine widerrechtliche Drohung im Sinne von § 123 Abs. 1 BGB handelt. Ersteres muss natürlich ernst genommen und in die Verhandlungslinie einbezogen werden. Sobald jedoch unangemessener Druck ausgeübt wird, ist dies zu thematisieren und zurückzuweisen. Gegendruck würde Eskalationsgefahr begründen – bis hin zur höchsten Stufe der Konfliktspirale: gemeinsam in den Abgrund.[41] Stattdessen ist Deeskalation anzustreben: Einer Drohung nachzugeben, ist kein Zeichen von Schwäche, sondern von Vernunft. Sofern die Drohung nicht zurückgenommen wird, bleibt daher nur der Abbruch der Verhandlungen.

8. Täuschung

338 Erkennt der Rechtsanwalt Täuschungsversuche der Gegenseite, etwa unzutreffende Zahlen, falsche Berechnungsmethoden oder das Verschweigen wesentlicher Umstände, ist er verpflichtet, diese aufzudecken. Wie er dies tut, hängt von den Umständen ab:

Ist die Vertrauensbasis zerstört, weil es sich um ein offenkundig betrügerisches Vorgehen handelt, wird er in der Regel mit klaren, aber nicht verletzenden Worten die Verhandlung für beendet erklären und dem Mandanten das Beschreiten des Rechtswegs empfehlen.

Soll jedoch der Weg zu einer Verhandlungslösung offen gehalten werden (was grundsätzlich erstrebenswert ist), empfiehlt es sich, die Manipulation

[41] *Glasl* Konfliktmanagement S. 299.

nicht zum vorsätzlichen Betrug aufzubauschen, sondern als unlauteren Verhandlungstrick (s. oben Rdn. 334) zu behandeln, also den Fehler zwar aufzudecken, aber die Gelegenheit zu einer Korrektur zu geben. Die Gegenseite kann dadurch ihr Gesicht wahren; der Rechtsanwalt aber hat sich Respekt und seiner Partei einen strategischen Vorteil verschafft, weil sich der ertappte Verhandlungspartner nunmehr in einer schwächeren Position befindet.

9. Weitschweifigkeit, fehlende Strukturierung

Ein strukturiertes Vorgehen ist Grundvoraussetzung jeder erfolgreichen 339
Verhandlung; sein Fehlen verursacht Leerlauf, Zeitvergeudung und verpasste Chancen. Aus diesem Grund kommt dem Vereinbaren einer Agenda sowie dem Zurechtlegen eines Verhandlungsplans zentrale Bedeutung zu. Typischerweise verlieren Verhandlungen jedoch selbst bei solcher Vorbereitung sehr leicht ihre Struktur, z. B. weil auf Nebenaspekte abgeschweift wird, Themen miteinander vermengt, Gesichtspunkte übergangen, alte Geschichten erzählt oder Grundsatzdiskussionen über Verfahrens- oder Beziehungsfragen geführt werden. Bei bilateralen Verhandlungen ohne Leiter gilt dies ganz besonders.

Es gehört zu einer professionellen Verhandlungsführung, dem entgegenzutreten. Der Rechtsanwalt muss deshalb auch dann, wenn er nicht als Leiter der Verhandlung fungiert, stets auf deren Strukturierung hinwirken. Ist eine Agenda vereinbart, kann dies leicht durch Bezugnahme auf diese geschehen; im anderen Fall muss er die Teilnehmer überzeugen, dass eine bestimmte Struktur der Verhandlung einzuhalten ist, um zu einem Ergebnis zu kommen. Der Rechtsanwalt erreicht dadurch nicht nur ein effizienteres Verhandeln, sondern erwirbt, wenn er den Hinweis im richtigen Ton vorbringt, auch eine Anerkennung als informeller Verhandlungsleiter. Im Grunde sind nämlich alle Teilnehmer an einem raschen und erfolgreichen Abschluss der Verhandlung interessiert und begrüßen die hierauf gerichtete Initiative.

10. Abbruch

Wenn die Gegenseite die Verhandlungen abbricht, muss hierauf nicht 340
sogleich mit der Klageerhebung reagiert werden. Es empfiehlt sich vielmehr, in einem nachfolgenden Telefonat oder Briefwechsel nochmals die Frage des weiteren Vorgehens zu erörtern. Es darf nicht übersehen werden, dass das bilaterale Verhandeln die unterste Stufe der Konfliktlösungswege darstellt und dass sich vor der Inanspruchnahme der höchsten Stufe, der Drittentscheidung durch ein Gericht oder Schiedsgericht, noch der vielgestaltige Bereich der alternativen Konfliktlösung (unten §§ 14 ff.) anbietet. Wenn die Konfliktparteien es nicht verstanden haben, in bilateralen Verhandlungen zu einer Einigung zu kommen, muss dies nicht bedeuten, dass

die Einschaltung eines neutralen Dritten als Vermittler, Schlichter, Gutachter oder Mediator ebenfalls erfolglos bliebe. Der Rechtsanwalt muss sich deshalb klar machen, warum die Verhandlung gescheitert ist:

- Ist die Gegenseite generell einigungsunwillig, bleibt nur der Rechtsweg.
- Scheiterten die Verhandlungen an einer streitigen Sachfrage, kommt ein Schiedsgutachten in Betracht.
- Gelang es trotz grundsätzlich bestehender Einigungsbereitschaft nicht, ein blockierendes Beziehungsthema auf- oder die wirklichen Bedürfnisse herauszuarbeiten, könnte sich eine Mediation anbieten.
- Hätten die Parteien in der Verhandlung eine striktere Leitung oder objektive Orientierungspunkte gebraucht, könnte die Einschaltung eines Vermittlers oder eines Schlichters zu einer Lösung führen.

4. Teil
Anwaltliches Konfliktmanagement

§ 13 Grundlagen anwaltlicher Konfliktbehandlung

Wer als Anwalt ein erfolgreiches, differenziertes Konfliktmanagement 341
anbieten will, sollte nicht nur mit den verschiedenen Methoden und Verfahren der Konfliktlösung vertraut sein, sondern auch Verständnis für das menschliche Verhalten in Konfliktsituationen haben und wissen, wie man es beeinflussen kann.

I. Verletzungen als Konfliktursache

1. Befund

Ein Konflikt entsteht nicht allein aus dem Aufeinandertreffen gegensätz- 342
licher Interessen, sondern aus der **Verletzung normativer Erwartungen.**[1] Auch wenn der Stellenbewerber ein möglichst hohes Gehalt, der Arbeitgeber aber eine Senkung seiner Personalkosten anstrebt, werden sie bei ihren Vertragsverhandlungen zu einer Einigung kommen, ohne deswegen einen Konflikt austragen zu müssen. Zum Konflikt kommt es erst, wenn persönliche Wertvorstellungen verletzt werden, also etwa das eigene Ansehen, die Erwartung von Gerechtigkeit, Fairness, Verlässlichkeit usw. – im genannten Beispiel also etwa dann, wenn sich der Arbeitgeber über die Qualifikation des Bewerbers getäuscht sieht, der Bewerber sich gegenüber einem Mitbewerber diskriminiert fühlt oder nach seiner Anstellung erfährt, dass seine Kollegen wesentlich höhere Gehälter beziehen als er. Die daraus resultierende Empörung ist die Ursache dafür, dass es zu konflikthaften Situationen kommt: Vorwürfe und Schuldzuweisungen führen zu Gegenreaktionen, Streitgesprächen, weiteren Verletzungen, konfrontativen Rechtshandlungen wie Anfechtung, Abmahnung, Kündigung, Konkurrentenklagen usw.

Empörung ist der Leitindikator für soziale Konflikte.[2] Auch Rechtsstrei- 343
tigkeiten haben ihren Ursprung regelmäßig in einer Verletzung subjektiver Wertvorstellungen und normativer Überzeugungen: Der (tatsächliche oder vermeintliche) Vertragsbruch verletzt die Erwartung von Verlässlichkeit,

---

[1] *Montada* in Greger/Unberath S. 6. Ausführlich *Montada/Kals* Mediation S. 70 ff.
[2] *Montada* in Greger/Unberath S. 7.

Diskriminierung oder Behinderung beeinträchtigen das Gebot von Gleichbehandlung und Fairness usw.

2. Konsequenzen

344 Für die Konfliktbehandlung folgt daraus, dass jeder rein rechtliche Lösungsansatz zu kurz greift. Die Durchsetzung der objektiven Rechtsordnung garantiert nicht, dass die subjektive Werteordnung des Betroffenen wiederhergestellt wird. Sie basiert auf generalisierenden Normen – bis hin zu den von der Realität abhebenden Beweislastregeln – und kann die Empörung eher noch verstärken (was der Anwalt nach einem verlorenen Prozess oft deutlich zu spüren bekommt).

Anzustreben sind daher Konfliktlösungsformen, die eine Bereinigung der persönlichen Betroffenheit ermöglichen. Dies kann ein klärendes Gespräch sein, bei dem der Konfliktauslöser sein Verhalten nicht etwa rechtfertigt, sondern verständlich macht. Ein Wort des Bedauerns oder ein Zeichen der Wertschätzung kann genügen, um den Konflikt beizulegen – auch ohne dass sich an der tatsächlichen oder rechtlichen Situation etwas ändern muss. Oftmals wird es freilich der Professionalität eines Mediators bedürfen, der durch Eröffnen neuer Perspektiven die Verletzungen so zu relativieren versteht, dass sie nicht mehr als blockierend oder belastend empfunden werden.

345 Für den Rechtsanwalt der **Aktivseite** bedeutet dies, dass er zu ergründen versucht, worin die Verletzung der normativen Erwartungen seines Mandanten liegt. Fühlt er sich herabgesetzt, hintergangen, ungerecht, unfair, ungleich behandelt? Immer wieder wird der Rechtsanwalt feststellen, dass die persönliche Anerkennung oder Wertschätzung als Grundbedürfnis hinter einem Konflikt steht. In solchen Fällen sollte er einer vorschnellen Verrechtlichung des Konflikts entgegenwirken, also versuchen, auf eine Verhandlungslösung hinzuwirken.

346 Der Anwalt der **Passivseite** muss seinem Mandanten in Fällen dieser Art ebenfalls von einer Verrechtlichung des Konflikts abraten und seinerseits Gespräche oder eine Mediation anbieten. Er wird seiner Aufgabe, Schaden vom Mandanten abzuwenden, nicht gerecht, wenn er ihn nur über die rechtliche Seite und die Prozesschancen aufklärt. Wenn er dem Mandanten deutlich macht, dass er ihm einen ausufernden Konflikt mit erheblichen Belastungen ersparen kann, wird dieser seine Arbeit sehr zu schätzen wissen.

II. Instrumentalisierung des Rechts

1. Befund

347 Der Mandant erwartet vom Rechtsanwalt in erster Linie, dass er ihm zur Durchsetzung seiner Rechte verhilft. Er denkt im Regelfall weniger an

die Befriedung eines Konflikts als an die Geltendmachung oder Abwehr von Ansprüchen. Die vollständige Durchnormierung des sozialen Lebens durch Gesetze und Verträge fördert diese, im Interesse der Rechtssicherheit auch durchaus positive Einstellung: Gibt es Ärger beim Autokauf oder im Mietverhältnis wird (oft zum ersten Mal) der Vertrag gelesen, ein Rechtsratgeber konsultiert oder auch nur das gesunde Rechtsempfinden aktiviert. Folgt die Gegenseite der eigenen Rechtsauffassung nicht, führt der Weg zum Rechtsanwalt.

Diese Instrumentalisierung des Rechts entspringt dem naheliegenden Bestreben, die eigene Position durch Berufung auf eine Autorität – hier: das Recht – zu stärken. Was sich aus dessen verbindlichen Normen ergibt, muss nicht erst durch Argumente erkämpft werden. Die Orientierung am Recht ist auch keineswegs negativ zu bewerten. Sie entspricht dessen Ordnungsfunktion. Dennoch ist vor einer vorschnellen Instrumentalisierung des Rechts zu warnen.

Rechtsnormen, auch solche in Individualverträgen, sind stets **generalisierend:** Sie können niemals alle Eventualitäten des realen Lebens abbilden 348
und vorausdenken. Sie sind zudem **auslegungsbedürftig.** Wie jeder Jurist weiß, liefern sie keineswegs auf jede Frage eine eindeutige Antwort; oft wird diese erst nach einem langen und wechselvollen Weg durch die Instanzen vom BGH gegeben. Vereinbarungen in Verträgen können **unwirksam** sein (wie z. B. mancher auf seinen Formularvertrag vertrauende Vermieter in letzter Zeit schmerzvoll erfahren musste), gesetzliche Vorschriften durch Spezialnormen **verdrängt** werden. Und schließlich setzt jede Rechtsanwendung die gesicherte **Sachverhaltsfeststellung** voraus: Der Beweispflichtige verliert sein Recht, wenn er die tatsächlichen Voraussetzungen nicht beweisen kann.

Schließlich kann der Weg zu einer rechtlichen Lösung sehr beschwerlich, 349
zeitraubend und unwirtschaftlich sein. Wenn der Gegner sich von den Rechtsausführungen des Anwalts nicht überzeugen lässt, kommt es zum **Prozess** mit all seinen negativen Begleiterscheinungen (s. Rdn. 672 ff.).

Die Instrumentalisierung des Rechts erweist sich dann entgegen den Erwartungen des Mandanten nicht als hilfreich, sondern sie steht einer interessengerechten Konfliktlösung im Wege.

2. Konsequenzen

Der Rechtsanwalt muss den Mandanten darüber aufklären, dass das 350
Recht keinen sicheren Weg zur Durchsetzung seiner gesetzlichen oder vertraglichen Rechte bietet, und zwar auch dann nicht, wenn der Wortlaut einer Bestimmung klar für ihn zu sprechen scheint. Nichtjuristen sind sich dessen vielfach nicht bewusst und zudem überoptimistisch in Bezug auf die Durchsetzung ihrer Rechte (s. dazu auch Rdn. 357).

Dem Mandanten ist zu verdeutlichen, dass eine den individuellen Besonderheiten angepasste, interessengerechte, schnelle und belastungsarme Lösung besser auf dem Wege von Verhandlungen, gegebenenfalls mit Einschaltung neutraler Dritter, zu erreichen ist. Dem häufig zu hörenden Spruch „Ich will aber mein Recht" kann der Anwalt entgegenhalten, dass er genau das erhält, wenn er mit der Gegenseite eine selbsterarbeitete Vereinbarung schließt, während er mit einem Urteil das bekommt, was das Gericht als Recht erkennt.

Trotz dieser Zurückdrängung des Rechts als Lösungsinstrument ist und bleibt die Konfliktbegleitung eine originäre Aufgabe des Rechtsanwalts (vgl. § 1 Abs. 3 BRAO). Seine juristische Kompetenz ist insbesondere bei der Suche nach Lösungsmöglichkeiten und bei der Ausgestaltung der Abschlussvereinbarung unverzichtbar.

III. Rationalität

1. Befund

351 Menschen verhalten sich in Konfliktsituationen oft irrational. Aus der konfliktauslösenden Empörung (s. Rdn. 342 f.) entstehen Emotionen, die ihre Beziehung belasten. Der Anwalt wird mit rein rationalen Argumenten sowohl beim Mandanten als auch bei der Gegenseite kaum erfolgreich sein, weil die Wahrnehmungsfilter (Rdn. 116 ff.) durch die Beziehungsstörung beeinflusst sind.

Es kommt hinzu, dass Menschen in Verhandlungen ohnehin zu irrationalen Entscheidungen neigen. Das Entscheidungsverhalten wird durch unbewusste Abläufe (Heuristiken) gesteuert, etwa die reaktive Abwertung, den Ankereffekt, den Besitztumseffekt, das Vergleichen mit anderen Situationen (näher Rdn. 269 ff.). Mit rationalen Argumenten kann hierauf kein Einfluss genommen werden.

2. Konsequenzen

352 Dies bedeutet natürlich nicht, dass der Rechtsanwalt nur gefühlsbetont argumentieren sollte; gerade dies könnte bei der Gegenseite reaktive Abwehr auslösen. Er sollte sich aber bei seiner Argumentation Gedanken darüber machen, wie sie vom Anderen wahrgenommen und verarbeitet wird, d. h. die **irrationalen Effekte beachten.** Konkret bedeutet dies z. B.:
- Ausnutzen des Ankereffekts durch möglichst hohe Ausgangspositionen
- Überwinden des Besitztumseffekts durch Herausstellen positiver Seiten des Vorschlags
- Ermöglichen von Vergleichen durch Mitliefern der richtigen Bezugsgrößen.[3]

[3] Näher zu diesen Präsentationseffekten Rdn. 269 ff.

Nützliche oder schädliche Effekte können auch sog. Schlüsselwörter auslösen. Negativ besetzt ist das Wort „aber“, denn es signalisiert Vorbehalt und Ablehnung, dagegen erhöht „weil“ die Akzeptanz eines Vorschlags allein schon wegen der darin zum Ausdruck gebrachten Begründung. Negativ wirkt das Wort „Problem“, während „fair“ sehr positiv besetzt ist (s. sogleich). 353

IV. Fairness

1. Befund

In Konfliktsituationen wünschen sich die Beteiligten (sofern sie für Verhandlungslösungen überhaupt offen sind und keine dolosen Ziele verfolgen) vor allem ein **faires Verfahren.** Wichtiger als die Begründung eines Ergebnisses ist, auf welchem Weg es gewonnen wird. Wird das Verfahren als fair empfunden, wird auch das Ergebnis akzeptiert, ohne dass es auf seine rationale Begründung ankommt. Dies ist der Grund, warum in Patt-Situationen ein Losentscheid akzeptiert wird,[4] d.h. ein rational nicht begründbares Ergebnis in einem unbezweifelbar gerechten Verfahren. 354

2. Konsequenzen

Bei der Konfliktlösung sollte der Blick nicht nur auf das Ergebnis, sondern ganz besonders auch auf den Weg dorthin gerichtet werden. Gelingt es, ein von allen Beteiligten als fair empfundenes Verfahren zu vereinbaren (z.B. die Einholung einer Auskunft der Gemeinde, die gemeinsame Besichtigung der Baustelle mit dem Innungs-Obermeister), ist oft schon der Weg zur Lösung geebnet. Über die Fairness des Verfahrens aber lässt sich relativ leicht eine Einigung erzielen. 355

Besonders gut eignet sich dieses Vorgehen bei **Aufteilungskonflikten,** d.h. wenn zwischen den Konfliktparteien eine begrenzte Vermögensmasse (Nachlass, Gesellschaftsvermögen) aufzuteilen ist. Hierfür kann z.B. vereinbart werden, 356

- dass die Beteiligten entsprechend einer vorher ausgelosten Reihenfolge jeweils einen Gegenstand auswählen dürfen (z.B. nach dem Modus A – B – B – A – B – A … bzw. A – B – C – C – B – A – B – C …; evtl. mit Wertausgleich),[5]
- dass von zwei Beteiligten der eine die Vermögensmasse teilt, der andere eine Hälfte auswählt,
- dass die Parteien nach dem „Adjusted Winner“- Verfahren[6] ihre individuellen Interessen bewerten, indem sie – verdeckt – 100 Punkte vergeben, z.B.

[4] Sogar vom Gesetz; vgl. § 752 S. 2 BGB, § 369 FamFG.
[5] A, B, C stehen stellvertretend für die Konfliktbeteiligten.
[6] S. auch *Walz* Formularbuch § 16.

Gegenstand	Partei A	Partei B
Wohnhaus	50	20
Hütte	10	50
Goldene Uhr	20	5
Firmenbeteiligung	15	15
Auto	5	10

Jede Partei bekommt dann die Gegenstände, die sie höher bewertet als die andere (A: Haus und Uhr; B: Hütte und Auto). Die restlichen Gegenstände dienen dazu, eine gleichwertige Verteilung herzustellen. Wertdifferenzen werden durch Ausgleichszahlung ausgeglichen. Man kann auch vereinbaren, dass dem bei der Aufteilung mit weniger Punkten Bedachten ein Recht des ersten Zugriffs zustehen soll, teilbare Gegenstände (Kontoguthaben, Wertpapierdepot) zum Zweck des Ausgleichs aufgeteilt werden sollen usw.

V. Überoptimismus

1. Befund

357 Konfliktparteien schätzen die Chancen einer erfolgreichen Rechtsdurchsetzung zumeist zu positiv ein.[7] Aus dem Empfinden einer ihnen widerfahrenden Ungerechtigkeit leiten sie ab, dass das Recht ihnen hierfür Genugtuung verschaffen muss. Wie jeder Anwalt weiß, trifft diese Schlussfolgerung nicht immer zu, sei es dass subjektives Rechtsempfinden und objektive Rechtslage nicht übereinstimmen, sei es dass die Beweisbarkeit der Rechtsverletzung nicht gesichert ist.

Es ist für den Rechtsanwalt riskant, die Partei in ihrem Optimismus zu bestärken. Nach verlorenem Prozess oder einem durch die Verfahrenskosten aufgezehrten Prozessvergleich wird er in Erklärungsnot geraten. Auch pauschale Vorbehalte („Wir haben gute Chancen, aber man weiß natürlich nie…") werden kaum zur Zufriedenheit des Mandanten beitragen. Nach der Rechtsprechung des BGH muss der Rechtsanwalt den Mandanten vielmehr über die einzelnen Gesichtspunkte und Umstände, die für sein Vorgehen bedeutsam sein können, umfassend unterrichten, Zweifel und Bedenken darlegen und das Risiko eines Rechtsstreits, soweit abschätzbar, aufzeigen.[8] Der Rechtsanwalt macht sich daher haftbar, wenn er nicht von einer Prozessführung abrät, die keine Aussicht auf Erfolg hat oder bei der selbst im Falle eines Prozesserfolgs keine erfolgreiche Vollstreckung zu erwarten ist.[9]

[7] Zu den psychologischen Gründen *Risse* Wirtschaftsmediation § 2 Rdn. 85 ff.

[8] BGHZ 89, 178, 182 = NJW 1984, 792, 793. Eingehend *Vollkommer/Greger/Heinemann* Anwaltshaftungsrecht § 12 Rdn. 18 ff.

[9] BGH VersR 2004, 738, 739.

2. Konsequenzen

Im eigenen wie im Interesse des Mandanten muss der Rechtsanwalt den Mandanten schonungslos über das Prozessrisiko aufklären. Aus der Vorkorrespondenz und aufgrund seiner forensischen Erfahrung wird er absehen können, welche Anspruchsvoraussetzungen der Gegner bestreiten wird; zu diesen Punkten ist dann die Frage der Beweisbarkeit zu erörtern. Hängt die Begründetheit der Klage von mehreren kumulativ zu erfüllenden Voraussetzungen ab, empfiehlt es sich, dem Mandanten ein plastisches Bild von seinen Prozesschancen durch eine **Prozessrisikoanalyse** zu vermitteln.[10] 358

Hierbei werden die einzelnen streitigen Anspruchsvoraussetzungen in einem Entscheidungsbaum dargestellt, wie dies nachstehend für einen Arzthaftungsprozess geschehen ist. 359

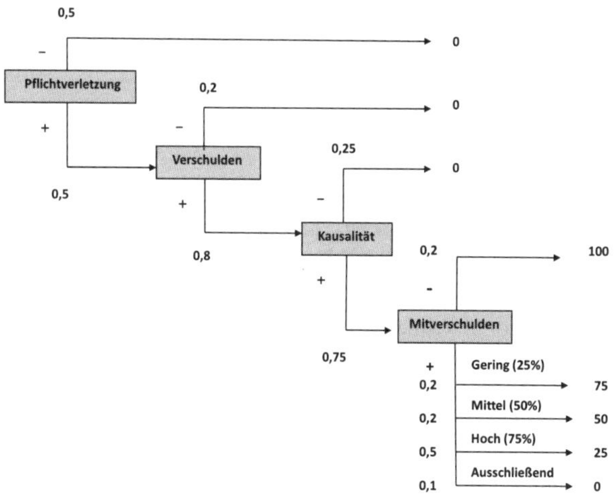

Die Grafik macht deutlich, dass der Weg zum Prozesserfolg über vier Stufen führt. Bei den ersten drei Stufen führt eine negative Beurteilung durch das Gericht zum Prozessverlust (jeweils der obere Ast des Baumes), bei der letzten (Mitverschulden) sind verschiedene Abstufungen möglich. Schon dieses Bild kann den Mandanten beeindrucken, weil es deutlich macht, dass die Klage von mehreren hintereinander geschalteten Voraussetzungen abhängig ist.

Bei der Prozessrisikoanalyse nimmt sodann der Rechtsanwalt gemeinsam mit dem Mandanten eine Wahrscheinlichkeitsbetrachtung zu jeder einzelnen Prüfstufe vor. Im obigen Beispiel wurde die Chance, das Gericht von einer Pflichtverletzung zu über-

[10] S. dazu *Risse* Wirtschaftsmediation § 9 Rdn. 83 ff.

zeugen, mit 50 : 50 angesetzt, die Wahrscheinlichkeit, dass ein Verschuldensnachweis gelingt, wegen der zu erwartenden Beweiserleichterung mit 80% usw. Aus den Einzelwahrscheinlichkeiten für jede Stufe wird sodann eine Gesamtwahrscheinlichkeit des Klageerfolgs gebildet, indem die Werte multipliziert werden. Es wird für jedes mögliche Prozessergebnis ein Erwartungswert gebildet; die Addition dieser Werte ergibt sodann den Erwartungswert der Klage insgesamt.

Ausgehend von einer Klageforderung von 100.000 EUR ergibt sich somit folgende Rechnung:

kein Mitverschulden (= Ergebnis 100.000 EUR)	
Wahrscheinlichkeit: 0,5 × 0,8 × 0,75 × 0,2 = 0,06 = 6%	
Erwartungswert: 6% von 100.000 =	6.000 EUR
geringes Mitverschulden (25% = Ergebnis 75.000)	
Wahrscheinlichkeit: 0,5 × 0,8 × 0,75 × 0,2 = 0,06 = 6%	
Erwartungswert: 6% von 75.000 =	4.500 EUR
hälftiges Mitverschulden (= Ergebnis 50.000)	
Wahrscheinlichkeit: 0,5 × 0,8 × 0,75 × 0,5 = 0,15 = 15%	
Erwartungswert: 15% von 50.000 =	7.500 EUR
überwiegendes Mitverschulden (75% = Ergebnis 25.000)	
Wahrscheinlichkeit: 0,5 × 0,8 × 0,75 × 0,1 = 0,03 = 3%	
Erwartungswert: 3% von 25.000 =	750 EUR
Gesamterwartungswert:	
Summe der Einzelerwartungswerte:	18.750 EUR

360 Dieses Ergebnis sagt aus, dass die Klageforderung von 100.000 EUR nach den Regeln der Wahrscheinlichkeitsrechnung einen Erwartungswert von (nur) 18.750 EUR hat. Mit diesem Betrag würde die Forderung im Rechtsverkehr, etwa bei einem Forderungskauf, bewertet. Natürlich sagt er nichts darüber aus, wie in dem konkreten Fall das Urteil lauten würde, aber er ermöglicht eine Quantifizierung des Prozessrisikos. Mit ihm kann dem Mandanten z. B. verdeutlicht werden, dass ein Vergleich über 20.000 EUR das übertrifft, was er *wahrscheinlich* in einem Rechtsstreit erzielen würde, zumal wenn von dem Erwartungswert noch die Verfahrenskosten abgezogen werden, die durch die Teilabweisung der Klage – sie müsste ja auf 100.000 EUR lauten – entstünden.

Kaufleute, die mit dem Vorgang der Forderungsbewertung vertraut sind, können durch die Prozessrisikoanalyse besonders beeindruckt werden. Sie kann aber auch ohne das exakte Errechnen eines Erwartungswerts generell sehr gut eingesetzt werden, um einem überoptimistischen Mandanten aufzuzeigen, wie es sich auswirkt, wenn mehrere ungewisse Voraussetzungen erfüllt werden müssen: Selbst wenn jede der Voraussetzungen wegen offenen Beweisergebnisses mit einer Wahrscheinlichkeit von 50% angesetzt wird, beträgt die Erfolgswahrscheinlichkeit bei zwei Voraussetzungen nur noch 25%, bei drei nur noch 12,5% und bei vier gar nur noch 6,25% (so dass von einer Klage dringend abgeraten werden muss).

VI. Komplexität

1. Befund

Das menschliche Gehirn kann Informationen über komplexe Sachverhalte nur begrenzt verarbeiten. Konfliktsituationen weisen jedoch häufig eine sehr hohe Komplexität auf. So sind etwa bei innerfamiliären Streitigkeiten über eine Unternehmensnachfolge betriebswirtschaftliche, steuerliche und strategische Aspekte verwoben mit den Interessen des Übergebers an finanzieller Absicherung und Erhalt der Unternehmenstradition, dem Interesse des Sohnes an einer alleinigen Fortführung, der Tochter an einer Abfindung oder stillen Beteiligung, der Gefahr eine Knowhow-Verlustes durch den zu befürchtenden Weggang des bisherigen Geschäftsführers usw.[11] Derartige Netzstrukturen können von den Betroffenen selbst nicht mehr bewältigt werden, insbesondere wenn, wie so oft, Emotionen ein sachliches Gespräch behindern. 361

2. Konsequenzen

In solchen Fällen ist die Einschaltung eines Dritten unabdingbar, der es versteht, durch ein an den beteiligten Interessen orientiertes, strukturiertes Vorgehen die Komplexität aufzulösen.[12] Der Rechtsanwalt sollte daher bei hoch komplexen Fällen auf die Einschaltung eines professionellen Mediators hinwirken; oftmals wird auch spezieller Sachverstand, etwa eines Steuerberaters oder Notars, einzubringen sein. 362

Generell ist zu beachten, dass Komplexität nur durch klare Strukturierung bewältigt werden kann. Die Konfliktbeteiligten müssen deshalb dazu gebracht werden, vor der Verhandlung über die Sache eine Vereinbarung über den Verhandlungsablauf (Verhandlungsvertrag; s. Rdn. 240, 295) herbeizuführen.[13]

VII. Kreativität

1. Befund

Konflikte beeinträchtigen die Kreativität des Menschen. Typischerweise verengt sich in ihnen der Blick auf eine ganz bestimmte Lösung. Gefördert wird dies durch unsere Rechtsordnung, die an bestimmte Sachverhalte bestimmte Rechtsfolgen, z. B. eine Schadensersatz-, Herausgabe- oder Unterlassungspflicht, knüpft.[14] Auf diese Rechtsfolge konzentriert sich das 363

[11] Beispiel nach *Risse* Wirtschaftsmediation § 2 Rdn. 73 f.
[12] S. hierzu *Haft* Verhandlung und Mediation S. 69 ff.
[13] *Risse* Wirtschaftsmediation § 2 Rdn. 76.
[14] *Risse* Wirtschaftsmediation § 2 Rdn. 50.

Vorgehen des Mandanten. Dass es andere, für ihn sogar vorteilhaftere oder leichter durchsetzbare Lösungen gibt, wird infolge dieses Tunnelblicks nicht erkannt, auch vom Rechtsanwalt nicht, der mit einem konkreten Auftrag mandatiert wird und von darüber hinaus gehenden Interessen des Mandanten oft gar nichts weiß. In solchen Fällen wird dann ein streitiges Verfahren geführt, in dem sich der Gegner darauf fixiert, den gegen ihn erhobenen Anspruch zu bekämpfen. Bessere Lösungen, die beiden Seiten Vorteile gebracht hätten und daher einvernehmlich hätten getroffen werden können, werden nicht erkannt. Sie hätten eine Erweiterung des Verhandlungsgegenstands (s. Rdn. 190, 289) vorausgesetzt, zu der es infolge der Fixierung auf den Streitgegenstand nicht gekommen ist.

2. Konsequenzen

364 Der Rechtsanwalt sollte dem beschriebenen Tunnelblick des Mandanten entgegenwirken, indem er seine wirklichen Interessen erkundet (s. hierzu Rdn. 204, 228) und auf dieser Grundlage Alternativen zu dem angestrebten Vorgehen thematisiert. Dafür ist es hilfreich, Szenarien durchspielen zu lassen: Wie steht der Mandant da, wenn er seine Position nicht durchsetzen kann (den Prozess verliert), und wie, wenn er sein Ziel erreicht (den Prozess gewinnt)? Oftmals machen sich Mandanten über diese Fragen überhaupt keine Gedanken, weil sie nur auf die Durchsetzung ihrer (vermeintlichen) Rechtsposition bedacht sind. Insbesondere die Folgen des Prozess*gewinns* werden vielfach nicht zu Ende gedacht.

Beispiele: Durch erfolgreiche Anfechtung eines Gesellschafterbeschlusses wird die Kreditlinie für das gemeinsame Unternehmen gefährdet; der übergebene Bauernhof fällt infolge Schenkungswiderrufs an den Altbauern zurück, der ihn nicht mehr bewirtschaften kann; das Mobbing-Opfer erstreitet seine Weiterbeschäftigung im bisherigen Betrieb, wo es völlig isoliert ist.

365 Entscheidend für ein erfolgreiches Konfliktmanagement des Anwalts ist es, den Tunnelblick der Konfliktparteien zu beseitigen und dadurch den Weg zu wirklich interessengerechten Lösungen zu eröffnen. Da dieser Weg oftmals eine Vergrößerung des Verhandlungsgegenstands erfordert, sollte der Parteianwalt versuchen, die Kreativität des Mandanten zu wecken, indem er ihn anreizt, sich bestimmte Gestaltungsmöglichkeiten auszudenken, etwa im Wege eines Brainstorming, bei dem alle denkbaren, selbst absurden Optionen gesammelt werden, ohne sie sogleich einer Bewertung zu unterziehen. Beim kooperativen Verhandeln und in der Mediation wird dieses Verfahren zur Förderung der Kreativität dann unter Einbindung aller Beteiligten mit bestem Erfolg angewendet (s. dazu Rdn. 290 und 439).

§ 14 Bedeutung und Formen der Einschaltung Dritter

I. Die Grenzen informeller Konfliktlösung

Es ist kennzeichnend für menschliche Konflikte, dass die Betroffenen schnell an einen Punkt gelangen, wo sie alleine nicht mehr zu einer konstruktiven Lösung finden können, sei es dass Positionen eingenommen wurden, die man ohne Gesichtsverlust nicht mehr aufgeben kann, sei es dass Emotionen geweckt wurden, die eine sinnvolle Verständigung hindern. In dieser Situation sind folgende Verhaltensweisen zu beobachten: 366

a) Eine häufige Reaktion Konfliktbeteiligter besteht darin, die unerfreuliche Situation zu **verdrängen.** Man arrangiert sich mit ihr, verschiebt die Lösung auf unbestimmte Zeit, beschränkt sich darauf, den sozialen Kontakt abzubrechen oder auf ein unumgängliches Maß zurückzuführen. Der Nachbar wird nicht mehr gegrüßt, der Mitarbeiter auf einen unbedeutenden Posten abgeschoben, das elterliche Anwesen bleibt auf Jahrzehnte hinaus in ungeteilter Erbengemeinschaft. Diese Lösung erspart zwar den Beteiligten die Mühen der Konfliktbehandlung, stellt aber eine permanente Belastung und Verminderung der Lebensqualität dar und mündet nicht selten irgendwann doch in einen offenen Konflikt. Kein Anwalt wird ein solches Verhalten empfehlen. 367

b) Sehr oft werden Konflikte durch **Flucht oder Unterwerfung** beendet. Ein Beteiligter gibt seine Position von sich aus auf und bemäntelt den darin liegenden Gesichtsverlust mit Spruchweisheiten („Der Klügere gibt nach“) oder Selbsterhöhung („Mit solchen Leuten streite ich mich nicht“). Wenn der Betreffende mit dieser Lösung tatsächlich leben kann (und der Konflikt nicht unterschwellig weiter gärt), kann ein solches Vorgehen oftmals sinnvoll sein. Die Bedeutung des Konfliktgegenstandes ist abzuwägen gegen den Aufwand der Konfliktlösung und ihre potenziellen Folgen. Wegen eines geringfügigen Mangels der Kaufsache wird man keinen großen Gewährleistungsstreit führen, und der Arbeitnehmer, der mit einer Spesenabrechnung nicht zufrieden ist, wird sich überlegen, ob er deswegen den Arbeitsplatz riskiert. Dem Mandanten ein solches Abwägen zu ermöglichen, gehört zu den Aufklärungspflichten des Rechtsanwalts; der Rat, das Recht um jeden Preis durchzusetzen, wäre ein schlechter Rat. 368

c) **Gewalt** ist, wenn auch häufiges Mittel der Konfliktaustragung (von „Konfliktlösung“ möchte man hier gar nicht sprechen) selbstverständlich kein diskussionswürdiges Vorgehen – selbst wenn darunter nicht nur der brachiale Einsatz von Körperkraft, sondern auch subtile Gewalt wie Tür- 369 schloss auswechseln, Stalking, Mobbing oder verbale Gewalt, z. B. in Form von Beschimpfung und Drohung, verstanden wird.

Die Möglichkeiten einer bilateralen Konfliktlösung durch die Beteiligten selbst sind damit erschöpft. Wenn sie nicht mehr in der Lage sind, durch unmittelbare Kommunikation miteinander aus der Konfliktsituation herauszukommen oder ausnahmsweise das Nachgeben eine adäquate Lösung darstellt, bleibt nur noch ein Weg: die Einschaltung eines Dritten.

II. Formalisierte Konfliktlösung mit Hilfe Dritter: Rolle des Rechtsanwalts

370 Sobald sich ein Konfliktbeteiligter entschließt, zur Lösung der Situation einen Dritten einzuschalten, verlässt er den Bereich der informellen Konfliktbehandlung und begibt sich auf einen – in unterschiedlichem Grade – formalisierten Weg. Höhepunkt der Formalisierung wäre etwa die Anrufung des staatlichen Gerichts, darunter lägen die Methoden der AKL (vgl. den Überblick in § 3 sowie die näheren Beschreibungen in §§ 15 ff.). Hierbei lassen sich folgende Grundtypen unterscheiden:

371 a) **Verhandlungsführung für die Partei.** Der Dritte steht hier nicht zwischen oder über den Konfliktbeteiligten, sondern er nimmt die Rolle eines der Beteiligten ein, vertritt ihn bei den Interaktionen, zu denen er selbst nicht in der Lage oder willens ist. Es ist dies die klassische Rolle des Rechtsanwalts, der seinen Mandanten bei Verhandlungen mit der Gegenseite vertritt. Alles Wesentliche hierzu findet sich in §§ 10 ff.

372 b) **Begleitung der Partei.** Hier bleibt die Konfliktpartei selbst aktiver Teil der Konfliktbehandlung; der Dritte unterstützt sie lediglich, gleicht durch Beratung und Beistand die Defizite aus, die sie an einer völlig eigenständigen Streitbeilegung hindern. Auch für diese Rolle ist der Rechtsanwalt prädestiniert, denn häufig liegt das „Defizit“ beim Mandanten in mangelnder Rechtskenntnis und fehlendem Überblick über mögliche Lösungsoptionen und Vorgehensweisen. Diese wichtige Funktion des Anwalts könnte in der Praxis noch wesentlich stärker zur Geltung gebracht werden. Zu oft sehen sich Rechtsanwälte ausschließlich in der Rolle des Vertreters ihres Mandanten; die „Vollmacht“ bildet den Einstieg in ihre Tätigkeit und zugleich deren rechtliche Grundlage.

Mit der Etablierung neuer Konfliktlösungsmethoden (s. Rdn. 4 ff.), insbesondere Schlichtung, Mediation, Evaluation, gewinnt aber die begleitende Funktion des Anwalts immer größere Bedeutung. Auf sie wird bei der Darstellung der einzelnen Verfahrensarten (§§ 15 ff.) ausführlich eingegangen.

c) **Vermittlung.** Der Dritte steht hier nicht auf der Seite *einer* Partei, sondern er wird von beiden als neutraler Mittler in Anspruch genommen. Dabei sind mehrere Abstufungen möglich: 373

Er kann sich als bloßer Moderator darauf beschränken, ein geordnetes, zielführendes Gespräch zwischen den Parteien sicherzustellen,

er kann als Mediator in einem strukturierten Verfahren die Parteien zu einer selbst erarbeiteten Lösung ihres Konflikts führen,

er kann ihnen als Schlichter oder Schiedsperson Hinweise für eine sachgerechte Konfliktlösung geben.

Selbstverständlich kann der Rechtsanwalt bei entsprechender Beauftragung auch diese Rollen wahrnehmen; § 18 BORA stellt dies ausdrücklich klar.

d) **Entscheidung.** Die stärkste Form einer Drittbeteiligung liegt darin, dass dem Dritten die Macht übertragen wird, eine für die Konfliktparteien verbindliche Entscheidung zu treffen. Die Konfliktlösung wird hier delegiert, was für die Beteiligten einerseits eine Entlastung von eigenem Bearbeitungsaufwand bedeutet, wegen der hochgradigen Formalisierung des Verfahrens aber auch enorme Transaktionskosten, Zeitaufwand und emotionale Belastungen hervorrufen kann. Zudem ist der Ausgang des Streits nur in Grenzen beeinflussbar. 374

Auch bei dem Umfang der Entscheidungsbefugnis sind Abstufungen möglich: Dem Dritten kann die abschließende und vollständige Entscheidung eines bestimmten Streitgegenstands übertragen werden (Richter, Schiedsrichter), er kann aber auch nur mit der Entscheidung einer konkreten Streitfrage beauftragt werden (Schiedsgutachter), wobei auch eine nur einseitige Bindungswirkung (so z. B. bei manchen Ombudsmannverfahren) oder eine nur vorläufige Bindung (wie bei der Adjudikation) vereinbart werden kann.

Der Rechtsanwalt kann bei diesen Formen der Konfliktbehandlung sowohl in der Rolle des Entscheiders (z. B. als Schiedsrichter) als auch in der des Vertreters (Prozessbevollmächtigter) oder in der des Beistands (z. B. in einem Schiedsgutachtenverfahren) tätig sein.

In ein und derselben Sache kann er dem Mandanten nacheinander als Verhandlungsführer, Begleiter bei einem Vermittlungsversuch und Vertreter in einem Entscheidungsverfahren dienen, falls sich dies als notwendig erweist. Gerade ein solches abgestuftes Vorgehen bietet die besten Chancen für eine optimale Lösung des Konflikts, weil es die vorschnelle Inanspruchnahme der höchsten Eskalationsform vermeidet.

375 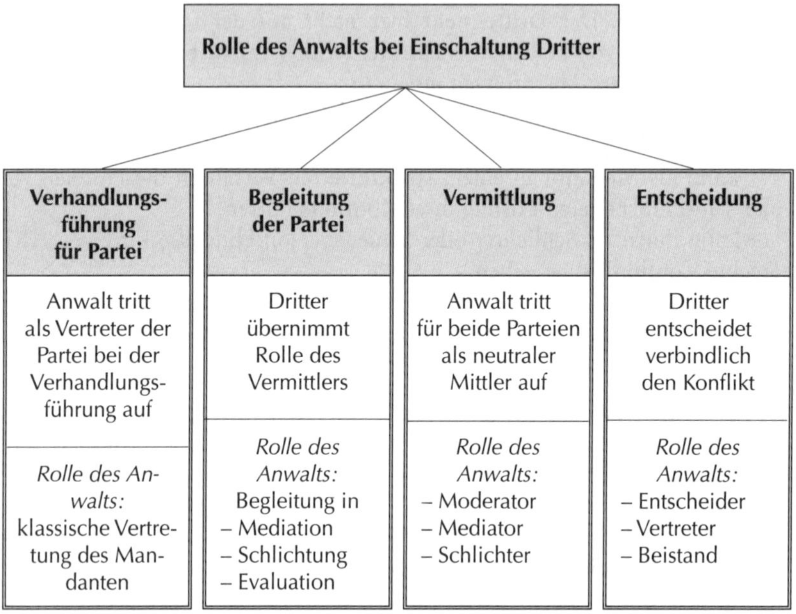

III. Konsequenzen für das anwaltliche Konfliktmanagement

376 Die Übersicht hat gezeigt, dass auch für die formalisierte Konfliktbehandlung eine breite Palette von Gestaltungsmöglichkeiten offen steht. Der Anwalt kann den Mandanten hierüber nur optimal beraten, wenn er sich dieser Optionen bewusst ist, ihre Vor- und Nachteile kennt und weiß, wie er sie dem oftmals eher eindimensional, rein positionenorientiert denkenden Mandanten vermitteln kann. Nach diesem Schema sind die nachfolgenden Darstellungen der einzelnen Methoden aufgebaut.

Zum zweiten wurde deutlich, dass Rechtsanwälte in vielen verschiedenen Rollen am Konfliktmanagement mitwirken können. Die hierin liegenden Betätigungsfelder sind weitgehend noch unerschlossen und eröffnen der Anwaltschaft völlig neue, auch das Berufsbild modifizierende Perspektiven.

Schließlich bringt die alternative Konfliktlösung auch große **wirtschaftliche Vorteile** für die Anwaltschaft. Die Relation zwischen Aufwand und Ertrag ist wesentlich günstiger als bei einer herkömmlichen Konfliktbehandlung nach den Sätzen des RVG. Es entfällt der Aufwand für Gerichtstermine, Schriftsätze und das sonstige Prozessmanagement. Die Tendenz zu umfassenden Lösungen vergrößert das Mandatsvolumen. Zudem sind Mandantenzufriedenheit und -bindung deutlich höher als beim forensisch ausgerichteten Anwalt. Erfolge bei der Prozessvermeidung fördern den Ruf und verschaffen Wettbewerbsvorteile.

§ 15 Vermittlung, Konfliktmoderation

I. Beschreibung

Diese in anderen Rechtskulturen, insbesondere in Asien, sehr ausgeprägte Form der Konfliktlösung[15] ist in den stark verrechtlichten Gesellschaftsordnungen Europas wenig gebräuchlich, kann jedoch in bestimmten Fällen einen sehr einfachen und schnellen Weg zur Streitbeilegung bieten. 377

Die Rolle des neutralen Dritten beschränkt sich hier darauf, ein sachorientiertes Gespräch zwischen den Parteien sicherzustellen. Konfliktparteien neigen dazu, die Grundregeln der Kommunikation (s. § 8) aus den Augen zu verlieren, ohne Struktur und ohne fundiertes Eingehen auf die Botschaften des anderen zu reagieren. Häufig ist die Kommunikation durch emotionale Trübungen, Schuldzuweisungen, Missverständnisse u. dgl. erschwert. Hier kann ein von beiden Seiten als Moderator anerkannter Vermittler helfen, zur Sachebene und einem kooperativen Gesprächsstil zurückzufinden. Die Funktion des Vermittlers bezieht sich also weniger auf die inhaltlichen Aspekte des Streites als auf die Art und Weise, wie die Parteien damit umgehen, insbesondere auf Sachlichkeit und Strukturierung des Gesprächs. Es gehört nicht zu seinen originären Aufgaben, eigene Lösungsvorschläge zu unterbreiten (zu entsprechenden Erweiterungen seiner Funktion s. Rdn. 382). 378

II. Vorzüge

Bei der Vermittlung bleibt die Lösung des Konflikts völlig im Herrschaftsbereich der Parteien, sowohl was das – vertrauliche, von den Beteiligten selbst bestimmte – Verfahren betrifft, als auch was das Ergebnis betrifft. Der Dritte muss sich weder in den Konfliktstoff hineindenken noch die besonderen Methoden der Mediation oder Evaluation beherrschen. Die Anforderungen an seine Professionalität sind geringer; es genügt in der Regel, dass er die Grundregeln der Gesprächsführung beherrscht und den Respekt und das Vertrauen der Parteien genießt. Der Einsatz eines Vermittlers, der – je nach Parteistellung – auch aus dem Freundeskreis, dem politischen, wirtschaftlichen oder kirchlichen Bereich kommen kann, verursacht daher in der Regel nur geringen Aufwand. 379

Gelingt die Vermittlung, kommt der Lösung in aller Regel eine besonders hohe Akzeptanz und Befriedungswirkung zu, weil sie von den Parteien selbst, unbeeinflusst durch einen Dritten, gefunden wurde.

[15] Vgl. *Heussen* in Haft/von Schlieffen § 10 Rdn. 2 m. w. Nachw.

III. Risiken und Nebenwirkungen

380 Negative Auswirkungen eines Vermittlungsversuchs sind schwer vorstellbar. Es kann sich allenfalls zeigen, dass die bloße Vermittlung im Einzelfall nicht ausreicht, um eine Lösung des Konflikts herbeizuführen. Auch dann hält sich aber der vergebliche Aufwand sehr in Grenzen.

IV. Praktische Durchführung

381 Soll der Weg einer Vermittlung / Konfliktmoderation beschritten werden, gilt es zunächst, die Verständigung der Parteien auf einen Vermittler herbeizuführen und sodann, diesen zur Übernahme der Funktion zu bewegen. Der Rechtsanwalt sollte mit dem Mandanten zunächst die Möglichkeit eines solchen Vorgehens erörtern und ihn, sofern er nicht seinerseits einen Vermittler vorschlagen kann, nach Personen fragen, die hierfür in Betracht kommen könnten. Dabei ist wichtig, dass sich der Rechtsanwalt Erkenntnisse über Persönlichkeit und Stellung des Betreffenden, vor allem auch über dessen Beziehungen zu den Parteien verschafft. Bei seinem anschließenden Bemühen, den Gegner für dieses Vorgehen zu gewinnen, wird er nämlich nur Erfolg haben können, wenn Integrität und Neutralität des Vermittlers außer Frage stehen. Ein für die Gegenseite inakzeptabler Vorschlag kann Misstrauen in die Seriosität der Anwaltsstrategie hervorrufen und damit den Einigungsprozess eher hindern. Sinnvoll kann es auch sein, zunächst keine konkrete Person vorzuschlagen, sondern die Gegenseite selbst um Vorschläge zu bitten.

Konnte eine Verständigung zwischen den Parteien erzielt werden, empfiehlt es sich, dass sie selbst den Dritten für die Vermittlerrolle gewinnen. Es sollte nicht der Eindruck entstehen, der Vermittler sei vom Rechtsanwalt eines Konfliktbeteiligten beauftragt worden. Ob der Vermittler unentgeltlich tätig wird oder wie er gegebenenfalls zu entlohnen ist, müssen ebenfalls die Parteien aushandeln.

Es entspricht dem Wesen der Vermittlung am ehesten, wenn das Gespräch unter Leitung des Dritten zwischen den Parteien persönlich stattfindet. Der Rechtsanwalt wird bei diesem Vorgehen somit typischerweise im Hintergrund bleiben und den Mandanten gegebenenfalls vor dem Abschluss einer rechtsverbindlichen Vereinbarung beraten. Eine Kontaktaufnahme mit dem Vermittler sollte unterbleiben.

V. Variationen und Kombinationen

382 Auch wenn die Parteien sich darauf verständigt haben, dass der Dritte nur als Moderator fungieren soll, entsteht im Verlaufe der Verhandlungen

nicht selten die Situation, dass die Parteien ohne Entscheidungshilfe des Dritten nicht zu einer Einigung gelangen. Auch wenn es gelungen ist, die Kommunikationsstörungen zu beseitigen, bleiben oftmals die anderen Einigungshindernisse bestehen, insbesondere die Überzeugung von der Richtigkeit der eigenen Position oder die Befürchtung des Gesichtsverlustes bei einem Abrücken von dem bisher vehement vertretenen Standpunkt. Hier kann es hilfreich sein, den Dritten um eine inhaltliche Bewertung zu ersuchen. Er wird dann zwar zum Schlichter; diese Rollenerweiterung steht jedoch in dem von den Parteien autonom zu bestimmenden Verfahren jederzeit zu ihrer Disposition. Selbstverständlich muss außer den Parteien auch der Vermittler mit ihr einverstanden sein.

Im Verlauf des Gesprächs kann sich auch ergeben, dass sich der Konflikt für eine umfassendere Lösung im Wege einer Mediation eignen würde oder dass die Lösung von der sachkundigen Klärung einer Tatsachenfrage abhängt. In diesen Fällen sollte, wenn es nicht schon der Vermittler tut, der Rechtsanwalt versuchen, die Parteien für den Übergang in ein Mediations- oder Schiedsgutachtenverfahren zu motivieren (dazu unten §§ 17, 18).

VI. Kosten und Vergütung

Das **Verfahren** selbst ist für die Parteien äußerst kostengünstig. Vermittlerdienste werden, insbesondere im persönlichen oder sozialen Umfeld, oftmals unentgeltlich oder gegen eine geringe Aufwandsentschädigung erbracht. Auch eine Einladung des Vermittlers zu einer kleinen „Aussöhnungsfeier“ kommt vor. 383

Welche **Anwaltskosten** anfallen, hängt vom Umfang der Tätigkeit ab: 384

Hat der Rechtsanwalt lediglich eine Beratung erteilt, gilt § 34 Abs. 1 RVG, d.h. die Vergütung regelt sich nach der getroffenen Vereinbarung, hilfsweise den üblichen Sätzen (§ 612 Abs. 2 BGB), bei Verbrauchern nach § 34 Abs. 1 Satz 3 RVG.

Vertritt der Rechtsanwalt den Mandanten im Vermittlungsverfahren, kann er, sofern nichts anderes vereinbart ist, die Geschäftsgebühr nach Nr. 2300 VV-RVG abrechnen (0,5–2,5).

Für die Mitwirkung bei der Abschlussvereinbarung entsteht die Einigungsgebühr von 1,5 nach Nr. 1000 VV-RVG.

Führt das Vermittlungsverfahren nicht zu einer Einigung, bleiben die verdienten Gebühren bei Bestand und es entstehen die für das nunmehr durchzuführende Verfahren anfallenden Gebühren. Lediglich wenn der Rechtsanwalt nunmehr mit der Vertretung in einem Güteverfahren nach Nr. 2303 VV-RVG oder in einem gerichtlichen Verfahren beauftragt wird, ist die Hälfte der Geschäftsgebühr, höchstens 0,75, auf die Gebühr für das neue Verfahren anzurechnen (Nr. 2303 VV-RVG a. E.; Vorbem. 3 Abs. 4 VV-RVG).

§ 16 Schlichtung

I. Beschreibung

385 Der Schlichter soll, über die reine Gesprächsmoderation hinaus, durch einen eigenen **Lösungsvorschlag** dazu beitragen, dass die Parteien zu einer einvernehmlichen Lösung ihres Konflikts finden. Die Parteien verhandeln vor ihm, tragen ihm den Sachverhalt und ihre Bewertung vor und erwarten sodann – falls es nicht allein schon aufgrund der Verhandlung zu einer Einigung kommt – von ihm einen Vorschlag für die gütliche Beilegung des Konflikts. Dieser kann in Form eines Einigungsvorschlags oder als förmlicher Schlichterspruch ergehen. Auch Letzterer ist **nicht verbindlich**; es steht jeder Partei frei, ob sie ihm folgen oder weiterverhandeln bzw. prozessieren will. Er hat nur die Funktion einer Orientierungshilfe, zeigt auf, was eine neutrale, von den Parteien als Autorität anerkannte Person als faire, sach- und interessengerechte Lösung des Konflikts ansieht.

Haben sich die Parteien darauf verständigt, vor der Anrufung des Gerichts ein Schlichtungsverfahren durchzuführen, liegt hierin ein **dilatorischer Klageverzicht.** Eine gleichwohl erhobene Klage würde auf entsprechende Einrede[16] hin als „derzeit unzulässig“ abgewiesen.[17]

II. Vorzüge

387 Der Schlichterspruch entfaltet ungeachtet seiner fehlenden rechtlichen Verbindlichkeit eine hohe **faktische Bindungswirkung** und kann von daher eine gütliche Beilegung des Rechtsstreits auf einer gut vertretbaren Basis sehr fördern. Denn auch wenn die Partei von der Nichtbefolgung keine rechtlichen Nachteile zu befürchten hat, gerät sie dadurch doch in eine nachteilige Verhandlungsposition. Sie muss sich vorhalten lassen, dass sie der objektiven Beurteilung des neutralen Dritten nicht folgt; zudem wird die andere Seite kaum mehr bereit sein, hinter das zurückzugehen, was der Schlichter ihr zugestanden hat. Eine streitige Fortsetzung des Konflikts ist damit zumeist vorprogrammiert. Will die Partei eine solche vermeiden, wird sie den Spruch des Schlichters akzeptieren.

---

[16] Die aber wegen Rechtsmissbrauchs unbeachtlich ist, wenn der Bekl. die Durchführung des Güteverfahrens verhindert hat; BGH NJW 1999, 647.

[17] BGH NJW 1999, 647; 1977, 2263; 1984, 669 = ZZP 99 (1986) 90 m. krit. Anm. *Prütting*; *Zöller/Greger* vor § 253 Rdn. 19; *Wagner* Prozessverträge S. 424 ff.; a.A. *Walter* ZZP 103 (1990) 162 f.: Ruhen des Verfahrens nach bzw. analog § 251 ZPO.

Zudem ermöglicht es der Schlichterspruch einer Partei, die sich infolge überoptimistischer Einschätzung ihrer Lage in überzogene Forderungen hineingesteigert hat, hiervon **ohne Gesichtsverlust** wieder abzurücken. 388

Auch das Schlichtungsverfahren ist sehr **parteiautonom**. Die Parteien haben die Möglichkeit, den Schlichter nach Reputation, Fachkompetenz und Objektivität auszuwählen. Sie können das Verfahren jederzeit beenden und auf andere Methoden der Konfliktbeilegung übergehen. 389

Schlichtungsstellen sind zum Teil **kostenfrei** oder gegen geringen Aufwendungsersatz tätig. 390

Die **Akzeptanz** der auf Schlichtungsbasis gefundenen Lösung ist u.U. größer als bei einem im Verhandlungsweg gefundenen Kompromiss, weil sie auf einer kompetenten, neutralen Beurteilung durch einen Unbeteiligten beruht. 391

III. Risiken und Nebenwirkungen

Die vorerwähnte **faktische Bindungswirkung** ist zugleich Vorzug und Risiko. Die Partei, die sich auf ein Schlichtungsverfahren einlässt, muss sich darüber im Klaren sein, dass der Schlichterspruch einer frei aushandelbaren Lösung möglicherweise im Wege steht. Ein wirklicher Nachteil sollte darin aber nicht gesehen werden. Das Risiko einer Benachteiligung lässt sich durch die sorgfältige Auswahl eines vertrauenswürdigen Schlichters minimieren (dazu Rdn. 394ff.). Es muss auch feststehen, dass die Einschaltung des Schlichters auf dem freien Willen der Beteiligten beruht. Durch AGB kann eine Schlichtungsvereinbarung nur zustande kommen, wenn die Objektivität des Schlichters und das rechtliche Gehör der Parteien sichergestellt sind; anderenfalls läge eine unangemessene Benachteiligung i.a. § 307 BGB vor.[18] 392

Zu beachten ist, dass der einseitige Güteantrag die **Verjährung** grundsätzlich nur bei den durch die Landesjustizverwaltung eingerichteten oder anerkannten Gütestellen hemmt (§ 204 Abs. 1 Nr. 4 BGB; s. dazu Rdn. 37). In der Regel werden dem Schlichtungsantrag allerdings Verhandlungen vorangegangen sein, die bereits zur Verjährungshemmung nach § 203 BGB geführt haben. 393

IV. Praktische Durchführung

Die Akzeptanz des Schlichtungsverfahrens hängt in ganz besonderem Maße von der Person des Schlichters ab. Deshalb wird sich der An- 394

[18] Vgl. *Greger/Stubbe* Schiedsgutachten Rdn. 186.

walt, bevor er ein derartiges Verfahren empfiehlt, zunächst informieren, welche Person oder Stelle für die Behandlung des vorliegenden Konflikts in Betracht kommt, und nähere Erkundigungen über sie einziehen.

395 Im Grunde kann jede Person, die dazu bereit ist und das Vertrauen der Parteien genießt, mit einer Schlichtung betraut werden. Für viele Lebens- und Geschäftsbereiche bestehen aber **institutionelle Schlichtungsstellen**, die zumeist von Berufsorganisationen oder Wirtschaftsverbänden eingerichtet wurden (z.B. Ärztekammern, Architektenkammern, Industrie- und Handelskammern, Schlichtungsstelle für den öffentlichen Personenverkehr e.V., Schlichtungsstelle für Streitigkeiten zwischen Rechtsanwälten und Auftraggebern nach § 191 f BRAO). Außerdem können sich die Parteien auf die Anwendung einer bestimmten **Schlichtungsordnung** verständigen, in der auch das Verfahren zur Auswahl und Bestellung des Schlichters geregelt ist.[19] Nähere Informationen zu einzelnen Schlichtungsstellen und Schlichtungsordnungen unter Rdn. 411 ff. sowie im ABC der Konfliktlösung, Rdn. 720 ff.).

396 Soll eine **institutionelle Schlichtungsstelle** angerufen werden, kann dies in der Regel geschehen, ohne dass vorher eine Einigung mit der Gegenseite über dieses Verfahren herbeigeführt wurde, denn zumeist haben sich die in den Zuständigkeitsbereich dieser Schlichtungsstellen fallenden Unternehmen oder Berufsträger ohnehin deren Verfahren unterworfen. Sie können daher, gegebenenfalls nach einer erfolglosen vorherigen Beschwerde beim Verfahrensgegner, einseitig angerufen werden. Die Einzelheiten sind in der jeweiligen Verfahrensordnung geregelt (Hinweise in Rdn. 411 ff.).

397 Soll der Schlichter dagegen **ad hoc eingesetzt** werden, müssen die Parteien zunächst eine **Schlichtungsvereinbarung** treffen, in der sie sich, gegebenenfalls Bezug nehmend auf eine bestimmte Verfahrensordnung, auf die Durchführung einer Schlichtung und die Person des Schlichters verständigen. Es gibt für bestimmte Bereiche Listen von Schlichtern,[20] die Bestimmung des Schlichters kann aber auch einem Dritten überlassen werden.[21] Mit dem Schlichter schließen die Parteien sodann einen **Schlichtervertrag** ab, der die wechselseitigen Rechte und Pflichten festlegt, z.B. die Pflicht des Schlichters zur Vertraulichkeit und zu bestimmten Vorgehensweisen im Verfahren, sein Recht auf die Anforderung von Unterlagen, die Besichtigung von Gegenständen oder die Einschaltung von Sachverständigen, die

[19] Z.B. die SOBau der ARGE Baurecht im Deutschen Anwaltverein (http://www.arge-baurecht.com/rechtsuchende/sobau), die SLBau der Deutschen Gesellschaft für Baurecht e.V. (http://www.baurecht-ges.de/sl_bau.pdf) oder die SchlO der DIS (http://www.dis.arb.de).

[20] Z.B. die Schlichterliste der ARGE Baurecht im Deutschen Anwaltverein; http://www.arge-baurecht.com/ rechtsuchende/sobau/schlichter_schiedsrichter.

[21] Vgl. § 8 Abs. 1 Satz 2 SOBau.

Pflicht der Parteien zur Übernahme von Vergütung und Auslagen des Schlichters usw. Auch hierfür gibt es Muster.[22]

In vielen Schlichtungsordnungen wird verlangt, dass der Antragsteller einen **vorherigen Einigungsversuch** mit dem Gegner nachweist und dass noch **kein gerichtliches Verfahren** über den Gegenstand der Schlichtung eingeleitet wurde. 398

Das **Schlichtungsverfahren** kommt dann dadurch in Gang, dass von einer Partei (oder beiden) ein entsprechender Antrag bei der Schlichtungsstelle gestellt wird. Der weitere Verlauf hängt von den getroffenen Regelungen ab, z. B. ob und wo eine mündliche Verhandlung stattfindet, welche Aufklärungsmaßnahmen der Schlichter treffen kann, dass er mit den Parteien auch Einzelgespräche führen darf usw. Jedenfalls geht es in dem Verfahren darum, dem Schlichter die Erkenntnisse zu verschaffen, die er benötigt, um einen Spruch fällen zu können. Schlichtung stellt – anders als die Mediation – nicht auf einen Kommunikationsvorgang zwischen den Parteien mit dem Ziel einer selbst erarbeiteten Lösung ab, die Kommunikation ist hier vielmehr, wie in einem Drittentscheidungsverfahren, auf den Schlichter zentriert. 399

Bemühungen um eine **gütliche Konfliktlösung** werden dadurch selbstverständlich nicht ausgeschlossen. Insbesondere wenn mündlich verhandelt wird, wird der Schlichter bestrebt sein, eine einvernehmliche Regelung herbeizuführen. Es kann geregelt werden (und steht ohnehin im Verfahrensermessen des Schlichters), dass vor dem Erlass des Schlichterspruchs ein formloser **Einigungsvorschlag** zur Erörterung gestellt wird; oftmals hat schon dieser so viel Gewicht, dass die Parteien auf seiner Basis eine vergleichsweise Regelung finden. 400

Der Schlichter kann auch auf **vorläufige Regelungen** hinwirken, was sich bei Streitigkeiten während eines laufenden Projekts, etwa eines Bauvorhabens, als sehr wertvoll erweisen kann. In der Schlichtungsordnung für Baustreitigkeiten wird diese Befugnis des Schlichters ausdrücklich hervorgehoben (§ 9 Abs. 3) und zugleich der wichtige Grundsatz aufgestellt, dass getroffene End- oder Zwischenvereinbarungen zu **protokollieren** sind, was am besten in einer vom Schlichter und den Parteien unterzeichneten Niederschrift geschieht (§ 10 Abs. 1). 401

Kommt es nicht zu einer Einigung, unterbreitet der Schlichter einen förmlichen Schlichtungsvorschlag, den **Schlichterspruch.** Dieser kann, muss aber nicht dem Vorschlag zur gütlichen Einigung entsprechen. Er wird in der Regel schriftlich abgefasst. Sofern die Schlichtungsordnung keine abweichende Regelung enthält, ist eine **Begründung** nicht erforderlich; der Schlichter kann frei entscheiden, ob er eine solche für opportun hält. 402

[22] Z. B. für das Baurecht unter http://www.arge-baurecht.com/rechtsuchende/sobau/vertraege.

403 Der Schlichterspruch ist für die Parteien **nicht verbindlich** (zu abweichenden Verfahrensgestaltungen Rdn. 406ff.). Es ist aber darauf zu achten, dass Klarheit über den Ausgang des Verfahrens besteht. Die Parteien sollten sich daher schon in der Schlichtungsvereinbarung darauf einigen, dass der Spruch nach Ablauf einer bestimmten Frist als abgelehnt[23] oder als angenommen gilt.

404 Wird der Vorschlag **abgelehnt,** steht der – durch die Schlichtungsvereinbarung zunächst verschlossene – Rechtsweg wieder offen, sofern die Parteien sich nicht auf ein anderes AKL-Verfahren (etwa Mediation oder Schiedsgutachten) verständigen. Es ist ratsam, auch für diesen Fall in der Schlichtungsvereinbarung bereits Vorsorge zu treffen, zumindest durch eine Schiedsklausel.

405 Wird der Vorschlag **angenommen,** stellt er rechtlich einen außergerichtlichen Vergleich zwischen den Parteien dar. Der Schlichterspruch ist also nicht als solcher vollstreckbar, sondern er gibt den Inhalt eines durch beiderseitige konkludente Annahme zustande gekommenen Vertrags zwischen den Beteiligten wieder. Daher müsste, wenn eine Partei die sich daraus ergebenen Verpflichtungen nicht erfüllt, auf die Erfüllung geklagt werden. Um diese Weiterungen zu vermeiden, empfiehlt es sich, Regelungen, bei denen die Notwendigkeit einer **Zwangsvollstreckung** entstehen könnte, in anderer Weise zu titulieren (z.B. durch Anwaltsvergleich, vollstreckbare Urkunde, Vergleich vor staatlich anerkannter Gütestelle; vgl. Rdn. 82ff.). Ist der Schlichter nach Landesrecht als Gütestelle anerkannt (s. Rdn. 86), kann er selbst den Vergleich nach § 794 Abs. 1 Nr. 1 ZPO beurkunden.

V. Variationen und Kombinationen

406 Die Parteien können die **Unverbindlichkeit** des Schlichterspruchs modifizieren. So kann z.B. eine Seite, um die Akzeptanz des Verfahrens durch die andere zu erreichen, erklären, dass sie den Spruch des Schlichters als für sie verbindlich anerkennen wird, u.U. mit bestimmten Beschränkungen, etwa bis zu einer bestimmten Höhe zu erbringender Zahlungen. Derartige Bindungsklauseln kommen verbreitet bei den sog. Ombudsstellen vor, die von einzelnen Branchenverbänden eingerichtet werden, um Kundenbeschwerden effizienter erledigen zu können. Der Kunde weiß dann, dass er durch die Schlichtung nichts verlieren, aber eine schnelle und einfache Durchsetzung seines Rechts erreichen kann. Systematisch stehen solche Gestaltungen zwischen Schlichtung und Drittentscheidung (Evaluation).

407 Die Schlichtung kann auch mit **evaluativen Elementen** unterfüttert werden. Fehlt z.B. auch dem Schlichter eine bestimmte, für die Bewertung des

[23] So § 10 Abs. 2 Satz 2 SOBau.

Konflikts wesentliche Sachkunde, kann vereinbart werden, dass ein Sachverständiger in das Verfahren einbezogen wird. Dabei kann es sich um eine bloße Hinzuziehung handeln, die dem Schlichter lediglich eine Hilfe bei der Beurteilung tatsächlicher Fragen bietet, aber keinerlei Bindungswirkung entfaltet.[24] Den Vorzug verdient daher oftmals eine Schiedsgutachtenabrede, denn sie vermeidet mit der Verbindlichkeit des Gutachtens weiteren Streit um die fragliche Tatsache (s. § 18). Die Einschaltung des Sachverständigen kann auch dazu dienen, während eines Schlichtungsverfahrens Beweise zu sichern. Hierzu sieht z. B. die SOBau vor, dass der Schlichter auf Antrag einer Partei ein isoliertes Beweisverfahren durchzuführen hat. Er bestellt dann auf Rechnung einer Partei einen Sachverständigen, dessen Feststellungen für das weitere Schlichtungs- und ein etwa sich anschließendes Schiedsgerichtsverfahren bindend sind (§§ 11 ff. SOBau).

Häufig wird für den Fall des Scheiterns der Schlichtung der **Übergang** 408
ins Schiedsgerichtsverfahren vereinbart.[25] Möglich ist aber auch, dass bei den Parteien im Laufe des Schlichtungsverfahrens der Wunsch entsteht, den Schlichter verbindlich und mit urteilsgleicher Wirkung (vollstreckungsfähig) entscheiden zu lassen. Es steht nichts entgegen, eine entsprechende Schiedsabrede zu vereinbaren.[26]

VI. Kosten und Vergütung

Die **Verfahrenskosten** sind in der Regel sehr niedrig, weshalb sich 409
Schlichtung besonders auch im unteren Streitwertbereich anbietet. Schlichtungsstellen der Wirtschafts- und Berufsverbände arbeiten zumeist kostenfrei oder gegen eine geringe Aufwandsentschädigung. Ansonsten wird das Honorar des Schlichters in dem Vertrag, den er mit den beiden Parteien schließt, festgelegt. Sie haften hierfür als Gesamtschuldner. In der Abschlussvereinbarung kann eine besondere Kostenverteilung im Innenverhältnis vereinbart werden; es entspricht aber dem Wesen der Schlichtung, dass jede Partei die Hälfte der Verfahrenskosten und ihre eigenen Auslagen trägt.[27]

Für die **Vergütung des Anwalts,** der den Mandanten in einem Schlich- 410
tungsverfahren vertritt, gilt das in Rdn. 384 Ausgeführte. Die Vertretung in einem Schlichtungsverfahren mit mündlicher Verhandlung dürfte allerdings in der Regel eine deutlich höhere Geschäftsgebühr auslösen. Die Einigungsgebühr nach Nr. 1000 VV-RVG fällt auch dann an, wenn die Parteien den Schlichterspruch übernehmen, denn auch dann hat der Anwalt

[24] So z. B. § 9 Abs. 2 Satz 3 SOBau.
[25] Von dieser Stufenfolge geht auch die SOBau aus
[26] Vgl. § 8 Abs. 5 SOBau.
[27] Vgl. § 17 Abs. 1 SOBau.

am Abschluss eines Vertrags mitgewirkt, durch den der Streit zwischen den Parteien beendet wird.

VII. Hinweise zu institutionellen Schlichtungsverfahren

1. Schlichtungsstelle der Rechtsanwaltschaft (§ 191 f BRAO)

411 Für Streitigkeiten zwischen Mitgliedern von Rechtsanwaltskammern und deren Auftraggebern, z.B. über Vergütungsfragen oder Haftpflichtforderungen, wurde durch Gesetz v. 30. 7. 2009 bei der Bundesrechtsanwaltskammer eine unabhängige Schlichtungsstelle eingerichtet. Das Verfahren wird durch eine Satzung[28] geregelt. Es ist vertraulich, zügig und unentgeltlich (§ 191 f Abs. 5 BRAO). Die Schlichtungsstelle kann sogleich, d.h. ohne Vermittlungsversuch bei der örtlichen Kammer, angerufen werden.

Kontakt: Bundesrechtsanwaltskammer, Littenstraße 9, 10179 Berlin

2. Vorstände der Rechtsanwaltskammern (§ 73 Abs. 2 Nr. 3 BRAO)

412 Sie können bei Streitigkeiten zwischen Mitgliedern der Kammer und ihren Auftraggebern angerufen werden und haben die Befugnis, Schlichtungsvorschläge zu unterbreiten. Die Aufgabe kann einzelnen Mitgliedern des Vorstands übertragen werden (§ 73 Abs. 4 BRAO) Auf Antrag des Mandanten wird das Schlichtungsverfahren eingeleitet, ohne dass es der Zustimmung des Mitglieds bedarf;[29] der Schlichtungsvorschlag ist nur verbindlich, wenn er von beiden Seiten angenommen wird (§ 73 Abs. 5 BRAO). Das Verfahren ist kostenfrei. Es eignet sich nicht bei Vergütungsstreitigkeiten, weil der Kammervorstand hier zugleich die Aufgabe der Gutachtenerstattung nach § 14 Abs. 2 RVG, § 73 Abs. 2 Nr. 8 BRAO hat.[30]

Kontakt: Regionale Rechtsanwaltskammer

3. Gutachter- und Schlichtungsstellen der Ärztekammern

413 Diese Stellen befassen sich mit der Feststellung von Behandlungsfehlern oder Aufklärungsmängeln und daraus resultierenden Gesundheitsschäden. Sie wurden von den Landesärztekammern mit jeweils eigenen, etwas unterschiedlichen Statuten[31] eingerichtet, sind aber organisatorisch von den Kammern getrennt und sowohl mit Ärzten als auch mit Juristen besetzt.

[28] Abgedruckt in BRAK-Mitt 2009, 277 f. und abrufbar unter http://www.brak.de/seiten/pdf/schlichtungsstelle/Satzung.pdf.

[29] Diese Regelung wurde durch Gesetz v. 30. 7. 2009 (BGBl I 2449) m.W.v. 1. 9. 2009 eingeführt.

[30] *Feuerich/Weyland* BRAO § 73 Rdn. 40 b.

[31] Abgedruckt bei *Meurer* Arzthaftungssachen S. 177 ff.

Ihre Voten haben keine rechtliche Bindungswirkung, finden aber hohe Akzeptanz.[32]

Das Verfahren wird durch einen schriftlichen Antrag eingeleitet, der keinen besonderen formalen Anforderungen genügen muss. Beteiligte des Verfahrens sind Patient und Arzt, gegebenenfalls mit anwaltlicher Vertretung; manche Verfahrensordnungen sehen auch die Beteiligung von Krankenhausträgern oder Haftpflichtversicherern vor.[33] Es können auch externe Gutachten eingeholt und Versuche zur gütlichen Beilegung unternommen werden; gegebenenfalls endet das Verfahren mit einem unverbindlichen Votum. Verfahrenskosten entstehen den Beteiligten nicht; aufgrund besonderer Vereinbarungen wird u. U. der Haftpflichtversicherer an den Kosten (z. B. eines Gutachtens) beteiligt. Die Anwaltskosten tragen die Beteiligten selbst bzw. entsprechend der zwischen ihnen getroffenen Regelung. 414

Kontakt: Landesärztekammern (Anschriften im Anhang)

4. Schlichtungsstellen der Zahnärztekammern

Bei den Landeszahnärztekammern bestehen Schlichtungsstellen, die das Vorliegen eines Behandlungsfehlers prüfen und auf Antrag einen Vorschlag zur Streitbeilegung unterbreiten. Im Einzelnen ist das Verfahren unterschiedlich geregelt. Manche Stellen werden erst tätig, wenn der Patient bereits ein zahnärztliches Gutachten vorlegen kann, welches nicht zur Beilegung des Streits geführt hat, oder wenn die Haftpflichtversicherung des Zahnarztes eine Regulierung endgültig abgelehnt hat. In der Regel ist die Schiedskommission mit einem Volljuristen und zwei Zahnärzten besetzt. Das Verfahren ist vielfach kostenfrei; manche Stellen berechnen jedoch eine geringe Gebühr. So sind z. B. nach der Gebührenordnung der Zahnärztekammer Mecklenburg-Vorpommern von der Seite, die das Schlichtungsverfahren beantragt, 210 Euro zu entrichten; für das Sachverständigengutachten fallen 450 Euro an. Bei Feststellung eines fehlerhaften Verhaltens kann die Erstattung der Gebühren angeordnet werden. 415

Kontakt: Landeszahnärztekammern (Anschriften im Anhang)

5. Schlichtungsausschüsse der Architektenkammern

Bei den Architektenkammern der einzelnen Bundesländer sind, z. T. auf landesrechtlicher Grundlage, Schlichtungsausschüsse eingerichtet, die bei Streitigkeiten zwischen Kammermitgliedern oder solchen und Dritten, z. B. Bauherren, angerufen werden können. Die zumeist mit einem Volljuristen 416

[32] *Meurer* Arzthaftungssachen S. 65 ff. Demnach lag die Anerkennungsquote nach einer Erhebung im Jahre 2000 bei 87%.

[33] Näher hierzu *Meurer* Arzthaftungssachen S. 35; *Katzenmeier* AnwBl. 2008, 820 m. w. Nachw.

und zwei Architekten besetzten Ausschüsse verfahren nach unterschiedlichen Ordnungen; teilweise werden Kosten für das Verfahren erhoben. Nach der Schlichtungsordnung der Bayerischen Architektenkammer z. B. werden die Beteiligten zu einer mündlichen Verhandlung geladen; an ihr können auch Rechtsanwälte teilnehmen. Als Verfahrenskosten werden bei Streitwerten über 15.000 EUR 3,5% des Streitwerts berechnet; über die Kostentragung entscheidet, sofern sie nicht im Vergleich geregelt wird, der Ausschuss.

Kontakt: Landesarchitektenkammern (Anschriften im Anhang)

6. Schlichtungsstellen des Kreditgewerbes

417 Bei der Deutschen Bundesbank und den Verbänden des Kreditgewerbes bestehen Schlichtungsstellen, die sich mit Beschwerden im Zusammenhang mit Zahlungsdienstleistungen befassen, wie zum Beispiel Überweisungen, Lastschriften und Kartenzahlungen sowie (nur bei Verbrauchern) Fernabsatzverträgen über Finanzdienstleistungen. Die Beschwerde wird schriftlich unter kurzer Schilderung des Sachverhaltes und Beifügung von Kopien der notwendigen Unterlagen (z. B. Schriftwechsel, Abrechnungen des Unternehmens, Kontoauszüge) bei der Schlichtungsstelle eingereicht. Die Schlichtungsstelle holt zunächst eine Stellungnahme des betroffenen Unternehmens ein. Sofern sich die Beschwerde nicht bereits dadurch erledigt, wird der Vorgang dem zuständigen Schlichter vorgelegt. Dieser trifft seine Entscheidung anhand der im bisherigen Verfahren vorgelegten Unterlagen. Er kann ergänzende Stellungnahmen oder Auskünfte der Beteiligten einholen. Eine mündliche Anhörung findet nicht statt, eine Beweisaufnahme allenfalls durch Vorlage von Unterlagen. Der Schlichter unterbreitet einen schriftlichen begründeten Schlichtungsvorschlag, der für keine der Parteien bindende Wirkung hat.

Das Verfahren vor der Schlichtungsstelle ist für den Beschwerdeführer kostenfrei. Der Vorschlag des Schlichters kann aber einen Vorschlag zur Übernahme von Kosten enthalten, wenn dies zur angemessenen Beilegung des Streits der Beteiligten geboten erscheint.

Kontakt: Deutsche Bundesbank – Schlichtungsstelle – Postfach 111232, 60047 Frankfurt/M.

Anschriften der Verbände des Kreditgewerbes, die eigene Schlichtungsstellen unterhalten, s. Anhang.

7. Schlichtungsstellen der Bausparkassen

418 Bei Streitigkeiten mit privaten Bausparkassen kann beim zuständigen Verband eine schriftliche Beschwerde mit kurzer Schilderung des Sachverhalts und Beifügung von Kopien aller relevanten Unterlagen (Bauspar-/Darlehensvertrag, Allgemeine Vertragsbedingungen, Schriftwechsel) einge-

reicht werden. Die Beschwerdestelle holt Stellungnahmen und gegebenenfalls ergänzende Informationen ein und trifft, falls es nicht schon dadurch zu einer Klärung kommt, eine Entscheidung im schriftlichen Verfahren, gegebenenfalls auch nach mündlicher Anhörung des Kunden oder der Bausparkasse. Der Schlichtungsspruch ist für die Bausparkasse bindend, wenn der Streitwert 5.000 EUR nicht übersteigt. Für den Kunden ist das Verfahren unverbindlich und kostenfrei.

Kontakt: Verband der privaten Bausparkassen e. V., Kundenbeschwerdestelle, Postfach 303079, 10730 Berlin

Eine entsprechende Schlichtungsstelle ist für die Kunden der Landesbausparkassen eingerichtet.

Kontakt: Schlichtungsstelle der LBS, Postfach 7448, 48 040 Münster

8. Schlichtungsstellen für Streitigkeiten mit Versicherungen

Bei Meinungsverschiedenheiten auf dem Gebiet der privaten Kranken- 419
versicherung oder der privaten Pflegepflichtversicherung kann ein Ombudsmann angerufen werden. Er versucht eine Klärung und gütliche Lösung, kann aber auch eine förmliche Empfehlung aussprechen, wie sich der Versicherer verhalten sollte, und begründet diese Empfehlung. Diese ist rechtlich nicht verbindlich, wird aber von den Versicherern in der Regel befolgt. Das Verfahren ist kostenfrei.

Kontakt: Ombudsmann Private Kranken- und Pflegeversicherung, Postfach 060 222, 10 052 Berlin

Für sonstige Streitigkeiten mit Versicherungen (außer Krankenversicherung) ist der Versicherungsombudsmann e. V. zuständig. An Entscheidungen zugunsten des Beschwerdeführers ist der Versicherer bis zu einem Betrag von 5.000 Euro gebunden.

Kontakt: Versicherungsombudsmann e. V., Postfach 080 632, 10 006 Berlin

9. Schiedsstellen des Kfz-Gewerbes

Für die Schlichtung von Streitigkeiten zwischen Kunden und angeschlos- 420
senen Kfz-Betrieben haben die Innungen Schiedsstellen eingerichtet. Darunter fallen z. B. Streitigkeiten über die Notwendigkeit oder Angemessenheit von Reparaturen, die ordnungsgemäße Durchführung von Werkstattleistungen, die Angemessenheit von Reparaturrechnungen, Mängel an gebrauchten Fahrzeugen, nicht aber über den Kaufpreis von Gebrauchtwagen. Die Schiedskommission besteht aus einem unabhängigen Volljuristen sowie sachkundigen Beisitzern (z. B. von ADAC und Sachverständigenorganisationen). Voraussetzung für ihr Tätigwerden ist ein schriftlicher Antrag eines der Beteiligten, der unverzüglich nach Entstehen des Streits

einzureichen ist. Die Entscheidung der Schiedsstelle ist für den Innungsbetrieb bindend, für den Kunden nicht. Im Einzelnen weichen die Verfahrensordnungen für die 130 Kfz-Schiedsstellen in Deutschland leicht voneinander ab.

Die Inanspruchnahme der Schiedsstelle ist für den Verbraucher kostenfrei. Falls Gutachten erstellt werden müssen, wird die Kostentragung vorher abgeklärt.

Kontakt: Örtliche Kfz-Innung (Links unter http://www.kfz-schiedsstellen.de)

10. Schiedsstelle des Bergungs- und Abschleppgewerbes

421 Für Streitigkeiten mit Mitgliedern des Verbandes der Bergungs- und Abschleppunternehmen e. V. (VBA) kann eine Schiedsstelle einberufen werden. Diese erlässt – in der Regel nach einer mündlichen Verhandlung – bei Scheitern einer gütlichen Einigung einen unverbindlichen Schiedsspruch. Es werden nach Streitwert gestaffelte Kosten erhoben.

Kontakt: VBA e. V., Linderhauser Straße 141, 42279 Wuppertal; E-Mail: info@vba-ev.de

11. Schlichtungsstelle für den öffentlichen Personenverkehr

422 Bei Streitigkeiten im Zusammenhang mit Beförderungsverträgen (Bahn-, Bus, Flug- und Schiffsreisen) kann die Schlichtungsstelle für den öffentlichen Personenverkehr e. V. (söp) angerufen werden, die aufgrund des Fahrgastrechtegesetzes vom 29. 7. 2009 eingerichtet wurde. Die Anrufung ist per Briefpost, E-Mail oder telefonisch möglich. Das Verfahren ist für den Kunden kostenfrei. Die Vertretung durch eine dritte Person ist auf eigene Kosten möglich. Eine mündliche Verhandlung findet nicht statt. Die Mitarbeiter der Schlichtungsstelle sichten die Unterlagen, geben dem betroffenen Verkehrsunternehmen Gelegenheit zur Stellungnahme und prüfen die Sach- und Rechtslage. Die Schlichtungsstelle unterbreitet sodann eine schriftlich begründete Schlichtungsempfehlung, die eine einvernehmliche Lösung des Streitfalls ermöglichen soll. Die Empfehlung ist für beide Parteien nicht bindend. Sind beide Parteien mit der Empfehlung jedoch ausdrücklich einverstanden, wird sie verbindlich.

Kontakt: söp Schlichtungsstelle für den öffentlichen Personenverkehr e. V., Fasanenstr. 81, 10623 Berlin; E-Mail: kontakt@soep-online.de

12. Schlichtungsstelle für Reiserecht

423 Für Streitigkeiten, die sich zwischen einem Reisenden und einem angeschlossenen Unternehmen im Bereich der über das Internet vorgenommenen Buchungen von Reiseleistungen ergeben, bietet der Verein zur Förde-

rung der alternativen Streitschlichtung (FaSir e.v.) die Dienste einer Reiseschiedsstelle an. Ihre Inanspruchnahme ist für den Reisenden kostenfrei. Die Kundenbeschwerde ist schriftlich unter kurzer Schilderung des Sachverhalts und unter Beifügung der zum Verständnis der Beschwerde erforderlichen Unterlagen zu erheben. Der Beschwerdeführer kann sich vertreten lassen. Der Schlichter holt Stellungnahmen und gegebenenfalls ergänzende Informationen ein. Gegebenenfalls unterbreitet er einen Schlichtungsvorschlag nach Lage der Akten bzw. einer eventuellen mündlichen Verhandlung. Die Parteien sind zur Annahme nicht verpflichtet, können den Schlichtungsvorschlag aber innerhalb von 3 Wochen ab Zugang durch eine schriftliche Mitteilung an den Schlichter ausdrücklich annehmen.

Kontakt: Reiseschiedsstelle, Schenkendorfstraße 1, 65187 Wiesbaden; E-Mail: beschwerde@reiseschiedsstelle.de

13. Schlichtungsstelle für Telekommunikation

Für Streitfälle zwischen einem Teilnehmer und einem Anbieter von Tele- 424
kommunikationsdiensten für die Öffentlichkeit über die Verletzung von Verpflichtungen aus den §§ 43a, 45 bis 46 Abs. 2 und § 84 des Telekommunikationsgesetzes (TKG) stellt die Bundesnetzagentur gem. § 47a TKG eine Schlichtungsstelle bereit. Diese entscheidet durch ein Schlichtergremium, das aus mindestens drei Bediensteten der Bundesnetzagentur besteht. Der Antrag kann online, aber auch per Brief oder Fax gestellt werden. Jede Partei kann sich durch einen Bevollmächtigten vertreten lassen. Das Schlichtungsverfahren wird in Textform durchgeführt, es sei denn die Schlichtungsstelle hält eine mündliche Verhandlung für eine gütliche Einigung der Parteien für erforderlich. Nach Aufklärung des Sachverhalts unterbreitet die Schlichtungsstelle den Parteien in Textform einen mit Begründung versehenen Schlichtungsvorschlag und setzt eine angemessene Frist zur Erklärung der Annahme. Nehmen die Parteien den Schlichtungsvorschlag an, stellt die Schlichtungsstelle die Verfahrensbeendigung durch gütliche Einigung der Parteien fest; anderenfalls endet das Verfahren mit der Feststellung, dass die Schlichtung gescheitert ist.

Das Schlichtungsverfahren der Bundesnetzagentur ist kostenpflichtig. Die Höhe der Gebühr für das Verfahren bestimmt sich gem. § 145 Satz 7 TKG nach Maßgabe des § 34 Abs. 1 des Gerichtskostengesetzes (GKG), beträgt mindestens 25 € und richtet sich nach dem Wert des Streitgegenstandes. Die anfallenden Gebühren werden anteilig auf die Parteien des Verfahrens aufgeteilt. Die Kostenpflicht beginnt jedoch erst mit der Teilnahmeerklärung des Antragsgegners zum Schlichtungsverfahren. Andernfalls entstehen keine Kosten. Über die Kosten ergeht ein gesonderter Bescheid.

Kontakt: Bundesnetzagentur für Elektrizität, Gas, Telekommunikation, Post und Eisenbahnen, Ref. 216, Schlichtungsstelle, Postfach 8001, 53 105 Bonn

Zur Antragstellung im Online-Verfahren s. http://www.bundesnetzagentur.de

14. Schlichtungsstelle für den Online-Handel

425 Bei Streitigkeiten mit einem Online-Händler können Verbraucher eine vom Bundesverband Die VERBRAUCHER INITIATIVE e. V. im Internet eingerichtete Online-Schlichtung in Anspruch nehmen. Hierzu meldet sich der Verbraucher auf einer Website an und gibt die angeforderten Informationen ein. Die Schlichtungsstelle nimmt Kontakt zum Anbieter auf und fordert ihn zur Teilnahme an dem Einigungs- und Schlichtungsverfahren auf. Lässt er sich ohne plausible Begründung nicht auf das Verfahren ein, wird er in einer Negativliste im Internet aufgeführt (was im Hinblick auf die Freiwilligkeit der alternativen Konfliktlösung bedenklich erscheint).

In einer ersten Stufe des Verfahrens wird versucht, den Sachverhalt zu klären und eine gütliche Einigung zwischen den Vertragsparteien herbeizuführen. Kommt eine Einigung nicht zustande, wird den Vertragsparteien als zweite Stufe ein Schlichtungsverfahren angeboten, das mit einem Vergleichsvorschlag oder einem Schiedsspruch endet. Keine Stufe soll länger als 14 Tage dauern. Das Verfahren ist kostenfrei. Vertretung durch einen Rechtsanwalt ist möglich.

Kontakt: Bundesverband Die VERBRAUCHER INITIATIVE e. V., Elsenstraße 106, 12 435 Berlin; Anmeldung über http://www.ombudsmann.de

15. Hamburger Schlichtungsstelle für IT-Streitigkeiten

426 Für Streitigkeiten zwischen einem Anbieter der Informationstechnologie und seinem Kunden stellt die Handelskammer Hamburg ein Schlichterteam, bestehend aus einem IT-Experten und einem Rechtsanwalt, zur Verfügung. Geschäftspartner und Schlichterteam versuchen, gemeinsam einen interessengerechten Lösungsvorschlag zu erarbeiten. Den Geschäftspartnern steht es frei, den Lösungsvorschlag anzunehmen oder abzulehnen. Nehmen sie ihn an, wird er vertraglich festgehalten. Die Tätigkeit der Schlichtungsstelle ist nicht örtlich begrenzt.

Kontakt: Handelskammer Hamburg, Geschäftsbereich Recht & Fair Play, Adolphsplatz 1, 20 457 Hamburg

16. Schlichtungsstelle des Bestattergewerbes

427 Bei Streitfällen zwischen Bestattern und Auftraggebern kann ein Schlichtungsverfahren durchgeführt werden, in dem sich der Bestatter und der Kunde schriftlich zu der im Raum stehenden Reklamation äußern. Sind klärende Gutachten zu erstellen, werden vereidigte Sachverständige der

Handwerkskammern herangezogen. Das Verfahren ist kostenfrei, die Entscheidung der Schlichtungsstelle für beide Seiten nicht bindend.

Kontakt: Kuratorium Deutsche Bestattungskultur e.V., Schlichtungsstelle, Volmerswerther Str. 79, 40221 Düsseldorf

17. Schlichtungsstellen für grenzüberschreitende Verbraucherstreitigkeiten

Für die Geltendmachung von Ansprüchen gegenüber Unternehmern im 428
EU-Ausland können sich Verbraucher an das Europäische Verbraucherzentrum Deutschland in Kehl wenden. Die Stelle prüft Beschwerden, verweist sie an die passende Schlichtungsstelle und übersetzt erforderliche Unterlagen. Es wird nur an Stellen verwiesen, die den von der EU-Kommission aufgestellten Mindestgarantien für Schlichtungsstellen entsprechen. Dazu gehört neben der Unabhängigkeit des Schlichters, der Transparenz und Freiwilligkeit des Verfahrens, der Gewähr des rechtlichen Gehörs und der Einhaltung der Verbraucherschutzvorschriften auch das Recht des Verbrauchers, sich zu jedem Zeitpunkt durch einen Dritten vertreten zu lassen oder einen Dritten hinzuzuziehen.

Kontakt: Europäisches Verbraucherzentrum Deutschland, c/o Euro-Info-Verbraucher e.V., Rehfusplatz 11, 77694 Kehl

18. Einigungsstellen für Wettbewerbsstreitigkeiten

Aufgrund § 15 UWG und der dazu ergangenen Rechtsverordnungen be- 429
stehen bei den Industrie- und Handelskammern Einigungsstellen zur Beilegung von Streitigkeiten aus dem UWG. Diese versuchen eine gütliche Einigung und können den Parteien einen schriftlichen, mit Gründen versehenen Einigungsvorschlag machen (§ 15 Abs. 6 UWG).

Kontakt: Örtliche Industrie- und Handelskammer

19. Staatlich eingerichtete oder anerkannte Schlichtungsstellen

Diese Stellen bieten den Vorteil, dass auch die einseitige Einreichung des 430
Schlichtungsantrags die **Verjährung hemmt**, und zwar zum Zeitpunkt der Bekanntgabe des Güteantrags bzw. – sofern die Bekanntgabe demnächst nach der Einreichung veranlasst wird, bereits mit der Einreichung (§ 204 Abs. 1 Nr. 4 BGB; näher Rdn. 37ff.).

Die **Öffentliche Rechtsauskunft- und Vergleichsstelle der Freien und** 431
Hansestadt Hamburg (ÖRA) bietet Streitschlichtung in allen zivilrechtlichen Angelegenheiten, unabhängig vom Streitwert, für alle natürlichen und juristischen Personen innerhalb und außerhalb Hamburgs, also ohne örtliche Begrenzung, an. Die Parteien können sich anwaltlich beraten oder ver-

treten lassen. Die Schlichter sind ehrenamtlich tätig und im Hauptberuf Richter oder Rechtsanwälte. Sie fördern die Vergleichsbereitschaft, indem sie die von den Parteien eingebrachten Sach- und Rechtsargumente würdigen, die Prozess- und Kostenrisiken mit ihnen erörtern und gegebenenfalls Einzelgespräche führen; wenn nötig, unterbreiten sie einen Vergleichsvorschlag. Rechtsgrundlage ist die Verordnung über die öffentliche Rechtsauskunft- und Vergleichsstelle v. 4. 2. 1946 (HmbBL I 333-a).

§ 17 Mediation

I. Beschreibung

432 Die Besonderheit der Mediation[34] besteht darin, dass die Konfliktparteien unter professioneller Anleitung darin unterstützt werden, selbst eine Lösung zu finden, die ihren Interessen am besten entspricht. Die Interessenorientierung hat die Mediation mit dem kooperativen Verhandeln, der Vermittlung und der Schlichtung gemein. Der Mediator verhandelt aber nicht für die Konfliktparteien, er beschränkt sich auch nicht auf die bloße Moderation, er bringt keine eigenen Lösungsvorschläge ein und erst recht trifft er keine Entscheidung. Er führt die Beteiligten vielmehr in einem klar strukturierten Verfahren zu einer Einigung, die sie selbst erarbeitet haben, nicht im Wege gegenseitigen Nachgebens wie beim Vergleich, sondern durch eine Vereinbarung, bei der beide Seiten ihre Interessen optimal verwirklicht sehen und die sie daher beide als Gewinn betrachten. Mediation macht sich die Erkenntnisse der modernen Verhandlungspsychologie von der Bedeutung der **Beziehungsebene** zunutze. Sie erreicht mit besonderen **Kommunikationstechniken,** dass die Beteiligten ihre hinter den Positionen stehenden, wirklichen Bedürfnisse erkennen und zu einer veränderten Sicht auf den Konflikt befähigt werden, die auch die Bedürfnisse der anderen Seite in den Blick nimmt. Schließlich weckt sie die **Kreativität** der Beteiligten zum Entdecken völlig neuer Lösungsoptionen und befähigt sie dazu, aus diesen Optionen mittels einer interessenorientierten Bewertung zu einem **Konsens**, d. h. einer beiderseits gewollten Einigung zu gelangen.

433 Entscheidend ist, dass der Blick der Parteien von den aus Vergangenem abgeleiteten Positionen weg und auf die Gestaltung der Zukunft gelenkt wird.

[34] Aus dem reichhaltigen Schrifttum zur Mediation sind für die Anwaltspraxis besonders informativ: *Risse* Wirtschaftsmediation; *Duve/Eidenmüller/Hacke* Mediation in der Wirtschaft; *Henssler/Koch* Mediation in der Anwaltspraxis; *Haft/Schlieffen* Handbuch Mediation.

Es handelt sich um ein anspruchsvolles und gleichzeitig sehr effizientes Verfahren. Es stellt hohe **Anforderungen an den Mediator**, der zugleich auf drei Ebenen agieren muss:[35]

- auf der **Sachebene** – denn es geht darum, die Lösung für einen konkreten Lebenssachverhalt zu finden (und nicht etwa nur um Versöhnung, Friedensstiftung u. dgl.),
- auf der **Beziehungsebene** – weil jeder Konflikt eine emotionale Komponente hat, ohne deren Bereinigung eine sachorientierte Lösungssuche nicht möglich ist, und
- auf der **Verfahrensebene** – weil Mediation nur funktionieren kann, wenn die Struktur dieses Selbstregulierungsprozesses genau eingehalten wird.

Von den **Parteien** verlangt Mediation nur, dass sie sich für dieses Verfah- 434
ren öffnen und der Anleitung des Mediators folgen. Dies setzt zum einen **Freiwilligkeit** voraus; sie wird dadurch gewährleistet, dass jede Partei jederzeit aus dem Verfahren aussteigen kann, ohne dass dies zu ihrem Nachteil gewertet wird. Die **Offenheit** des Gesprächs wird gewährleistet durch die Nichtöffentlichkeit der Gespräche, das besondere Setting (Mediator und Konfliktparteien sitzen an einem Tisch), die empathische Gesprächsführung durch den Mediator (der auch vertrauliche Einzelgespräche mit den Beteiligten führen kann) und insbesondere durch die zwischen den Verfahrensbeteiligten vereinbarte **Vertraulichkeit.**

Der **Ablauf des Mediationsverfahrens** ist durch eine klare Phasenstruk- 435
tur gekennzeichnet, die den psychologischen Abläufen eines konsensualen Selbstregulierungsverfahrens folgt und daher genau einzuhalten ist.

Phase 1: Eröffnung des Verfahrens

Mediation setzt voraus, dass alle Beteiligten über dieses Verfahren in- 436
formiert sind und sich darauf einlassen wollen. Aus diesem Grund legt der Mediator vor Beginn des Gesprächs den Ablauf des Verfahrens und seine Rolle sowie die Notwendigkeit der Beachtung bestimmter Gesprächsregeln, die Eigenverantwortlichkeit der Parteien und die Freiwilligkeit ihrer Mitwirkung dar. Er schließt mit den Parteien einen Vertrag, in dem die wechselseitigen Pflichten, vor allem auch die Pflicht zur Wahrung der Verschwiegenheit über den Ablauf der Mediation, geregelt werden, und klärt die organisatorischen Fragen, wie z. B. den Zeitrahmen.

Phase 2: Informationssammlung und Themenagenda

Sodann tragen die Konfliktparteien vor, worüber in der Mediation ver- 437
handelt werden soll. Dabei wirkt der Mediator bereits darauf hin, dass die

[35] Vgl. *Kessen/Troja* in Haft/von Schlieffen § 13 Rdn. 2.

Forderungen, Beschwerden, Vorwürfe in neutrale, ergebnisoffene Themen umformuliert und in dieser Form, z.B. auf einer Pinn-Wand, visualisiert werden. Er veranlasst die Parteien auch, ihre Beziehung zueinander zu thematisieren, um auf diese Weise den Zugang zur Beziehungsebene zu öffnen, denn Konflikte haben in den meisten Fällen ihre Grundlage auch auf der Beziehungsebene.

Phase 3: Interessenklärung

438 Zu jedem der aufgelisteten Themen veranlasst der Mediator sodann die Parteien, die Interessen und Bedürfnisse, die hinter den Positionen stehen, sichtbar zu machen. Er bedient sich dabei vor allem der Techniken des Aktiven Zuhörens und der offenen Fragestellung (Rdn. 132 ff.), unterstützt die Beteiligten, eigene Interessen erkennen und ausdrücken zu können (Empowerment), aber auch, die Situation des anderen nachvollziehen und respektieren zu können (Recognition). Auch hier hat der Mediator die Beziehungsebene zwischen den Beteiligten im Blick und macht ihnen gegebenenfalls deutlich, dass eine Ursache ihres Konflikts z.B. in dem unbefriedigten Bedürfnis nach Anerkennung, Wertschätzung, Entfaltungsfreiheit u.dgl. liegen kann. Um den kreativen Mediationsprozess nicht zu gefährden, versucht er jede Diskussion über Positionen oder angestrebte Lösungen umzulenken in eine Erforschung der dahinterstehenden Interessen und erklärt den Parteien, dass die Suche nach Lösungen in einem späteren Schritt erfolgen wird.

Phase 4: Sammlung von Lösungsoptionen

439 Hier werden die Konfliktparteien veranlasst, potentielle Lösungen zu den Themen der Mediation zu entwickeln. Der Mediator bittet die Parteien, ihm zuzurufen, was ihnen als denkbares Vorgehen in den Sinn kommt, um die zu jedem Thema herausgearbeiteten Interessen zu realisieren. Diese Vorschläge werden vom Mediator ungefiltert schriftlich festgehalten (sog. Brainstorming). Entscheidend ist dabei, dass die Kreativität der Beteiligten geweckt wird, dass sie die einengende Sicht der bisherigen Konfliktbehandlung überwinden, die Fixierung auf Positionen aufgeben und den Blick auf Gestaltungsmöglichkeiten für die Zukunft richten. Daher werden die Parteien dazu angeregt in diesem Stadium noch jegliche Bewertung der Optionen nach Erwünschtheit, Realisierbarkeit usw. zu unterlassen, um den kreativen Prozess der Lösungssuche nicht zu behindern. Denn selbst zunächst unsinnig erscheinende Ideen können manchmal das Tor zu einer optimalen Lösung (an die vorher niemand gedacht hat) aufstoßen und werden daher in die Liste der möglichen Lösungsoptionen aufgenommen.

Phase 5: Bewertung und Auswahl der Lösungsoptionen

Die schriftlich fixierten Optionen werden sodann mit den Beteiligten auf 440
der Grundlage ihrer zuvor herausgearbeiteten Interessen und Bedürfnisse erörtert und bewertet. Der Mediator veranlasst die Parteien, hierbei die Techniken des kooperativen Verhandelns (Rdn. 226 ff.) einzusetzen, also z. B. objektive Bewertungskriterien heranzuziehen, den Verhandlungsgegenstand zu vergrößern, Paket- oder Kompensationslösungen zu erwägen u. dgl. Er weist auch auf evtl. bestehende rechtliche oder praktische Hindernisse hin (sog. *agent of reality*). Eigene Bewertungen unterlässt er, um den mediationstypischen Selbstregulierungsprozess nicht zu stören und seine Neutralität und Allparteilichkeit nicht zu gefährden.

Phase 6: Abschlussvereinbarung

Die gefundenen Lösungen werden sodann in einer von beiden Seiten un- 441
terschriebenen Erklärung niedergelegt, die alle wesentlichen Punkte, z. B. eingegangene Verpflichtungen, aufgegebene Ansprüche, künftiges Verhalten, weitere Verfahrensschritte, dokumentiert.

Das Mediationsverfahren

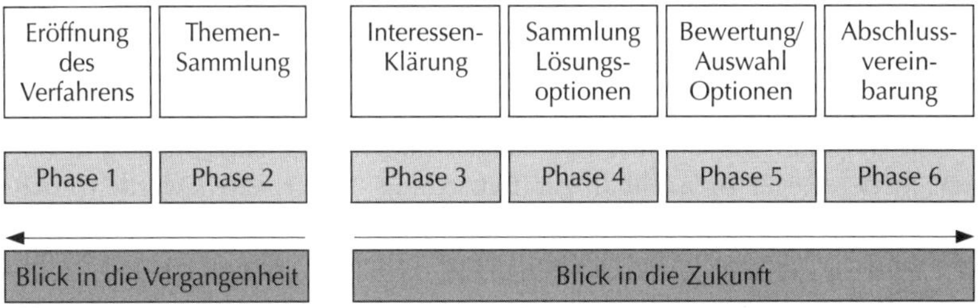

Zur **Dauer** dieses Verfahrens lassen sich keine allgemeingültigen Aussa- 442
gen machen. In einfachen Fällen genügt eine Sitzung von zwei bis drei Stunden. Komplexe Wirtschaftskonflikte erfordern oft länger dauernde Verhandlungen mit mehreren Terminen. In der Familienmediation ist es üblich, in mehreren kurzen Terminen (60–90 Minuten) zu verhandeln, um den Beteiligten die Bewältigung der emotional belasteten Trennungssituation zu erleichtern.

Variieren kann auch die **Rolle der Rechtsanwälte.** Ob sie an den Sitzun- 443
gen teilnehmen, richtet sich nach den Gegebenheiten des Einzelfalles und ist jeweils abzusprechen. In der Familienmediation ist dies eher unüblich, während bei Wirtschaftskonflikten die Präsenz in den Verhandlungen sehr hilfreich sein kann. Der Anwalt ist in der Mediation allerdings nicht Verhandlungsführer – dies widerspräche dem Prinzip der Selbstregulierung – sondern Beistand und Berater seines Mandanten (näher Rdn. 487 ff.). Er

sollte nicht zu stark in den Prozess der Lösungssuche eingreifen. Wichtig ist aber, dass er auf rechtliche Bedenken, etwa von der Partei übersehene Konsequenzen, hinweist und bei der Abfassung der Abschlussvereinbarung mitwirkt. Nimmt der Parteianwalt, wie zumeist in der Familienmediation, nicht an den Gesprächen teil, sollte er sicherstellen, dass der Mandant ihn vor der Unterzeichnung der Abschlussvereinbarung nochmals kontaktiert; hierauf wirken die Mediatoren in der Regel schon von sich aus hin.

II. Vorzüge

444 In der Mediation erzielte Einigungen schöpfen die bestehenden **Gestaltungsspielräume** optimal aus, weil sie von den Parteien selbst aufgrund einer offenen, interessen- und zukunftsorientierten, professionell geleiteten Verhandlung erarbeitet werden. Es gibt in der Regel keinen Verlierer, sondern vielfach echte win-win-Lösungen, die durch eine Vergrößerung des Verhandlungsgegenstands für beide Seiten einen Mehrwert erzeugen, z. B. indem aus einem Abrechnungsstreit eine neue Kooperationsvereinbarung, aus dem Streit um einen Baumangel eine kostengünstige, qualitätsverbessernde Zusatzleistung hervorgeht.

445 Die Parteien können einen Mediator mit **besonderer Sachkompetenz** auswählen (z. B. im Bau-, Verlags-, Speditionswesen usw.). Dies erspart den Aufwand für das Einbringen besonderer Expertise in das Konfliktlösungsverfahren.[36]

446 Die autonom getroffenen Regelungen finden hohe **Akzeptanz** und führen in der Regel zu nachhaltiger **Befriedung.** Nicht selten werden hochkonflikthafte Dauerbeziehungen, etwa zwischen Nachbarn, Wohnungseigentümern, Gesellschaftern umfassend bereinigt. Durch den Konflikt gestörte menschliche Beziehungen werden wiederhergestellt, Geschäftsverbindungen bleiben erhalten.

447 In das Mediationsverfahren können (und sollen) auch **weitere Konfliktbeteiligte** oder -betroffene einbezogen werden. Dadurch können ganzheitliche Lösungen gefunden und Folgestreitigkeiten vermieden werden.

448 Der Konflikt kann **in kürzester Zeit** bereinigt werden, ohne dass der mit einem Streitverfahren verbundene Aufwand (Schriftsätze, Beweisaufnahme, Zusammenstellung von Urkunden, Fristenwahrung usw.) erforderlich wird. Die emotionale Belastung durch den Rechtsstreit wird vermieden. Das Prozessmanagement im Unternehmen entfällt; es werden erhebliche Transaktionskosten eingespart. Mediationsverfahren können innerhalb weniger Tage oder Wochen abgeschlossen werden. Die **Erfolgsquote** ist sehr hoch.[37]

[36] *Bülow* in Walz Formularbuch § 6 Rdn. 10.

[37] Im Durchschnitt ca. 80%; vgl. *Duve* in Duve/Eidenmüller/Hacke S. 60.

Mediation ermöglicht einen **Eintritt in die Konfliktlösung,** der nicht mit einem Negativimage verbunden oder dem Überwinden einer hohen Hemmschwelle verbunden ist.[38] Dadurch wird vermieden, dass Konflikte, z. B. aus Scheu vor dem Gang zu Gericht, nicht aufgearbeitet werden und zu latenten Spannungsverhältnissen führen (eine besonders in Nähebeziehungen, wie sie zwischen Angehörigen, Nachbarn usw. bestehen, häufig anzutreffende Situation). 449

Die **Vertraulichkeit** des Verfahrens ist besonders dort von hohem Wert, wo sich das Bekanntwerden eines Konfliktes oder der hinter ihm stehenden Vorgänge negativ auf das persönliche oder geschäftliche Ansehen auswirken würde, also z. B. bei Personen des öffentlichen Lebens, bei Konflikten innerhalb von Unternehmen, Sozietäten, Körperschaften, bei Vorwürfen beruflichen Fehlverhaltens usw. Gerade in Zeiten erhöhten Medieninteresses, von Internetforen, Blogs usw. ist der geschützte Raum der Mediation von erheblicher Bedeutung. 450

Schließlich ist auch das **Kostenrisiko** bei der Mediation wesentlich niedriger als beim streitigen Verfahren (s. Rdn. 58, 90 ff., 509 ff.). Die Verfahrenskosten stehen in der Regel in einem wesentlich günstigeren Verhältnis zum Streitwert (außer im unteren Streitwertbereich, für den das Mediationsverfahren aus Verhältnismäßigkeitsgründen ausscheidet, sofern nicht ein kostenfreies oder -begünstigtes Angebot besteht).[39] Außerdem muss beim Kostenvergleich beachtet werden, dass die Partei bei der Mediation einen u. U. erheblichen Mehrwert in Form der umfassenden, nachhaltigen Konfliktlösung bekommt und dass sie hohe indirekte Kosten spart.[40] 451

Für den **Rechtsanwalt** bietet Mediation den Vorteil, dass er dieselbe Vergütung wie im streitigen Verfahren mit wesentlich geringerem Verfahrensaufwand verdienen kann (s. hierzu Rdn. 376). 452

III. Risiken und Nebenwirkungen

Wenn zwischen den Parteien ein erhebliches **Kräfteungleichgewicht** besteht, kann sich Mediation nachteilig auswirken. Sie setzt, da sie auf autonome Streitbeilegung baut, eine etwa gleiche Verhandlungsstärke voraus. Die psychisch angeschlagene Ehefrau befindet sich gegenüber dem geschäftsgewandten Partner ebenso wie z. B. der in Geldnot befindliche Darlehensschuldner gegenüber der Bank in einer Situation, die eine eigenverantwortliche, selbstregulierte Konfliktlösung schwierig oder unmöglich erscheinen lässt. Betrachtet man auf der anderen Seite die Alternative zur 453

[38] *Risse* Wirtschaftsmediation § 14 Rdn. 12 f.
[39] S. den Kostenvergleich bei *Hacke* in Duve/Eidenmüller/Hacke S. 280 f.
[40] *Hacke* in Duve/Eidenmüller/Hacke S. 281.

Mediation, nämlich die möglicherweise erst recht zu Ungunsten des schwächeren Partners ausgehende Rechtsverfolgung (Abweisung der Unterhaltsklage; Zwangsversteigerung des Schuldnergrundstücks), bietet Mediation immer noch die besseren Aussichten auf eine zufriedenstellende Lösung. Der anwaltlichen Begleitung kommt hier besondere Bedeutung zu; sie kann das Kräfteungleichgewicht beheben oder auch sicherstellen, dass die schwächere Partei aus der Mediation aussteigt, wenn sich zeigen sollte, dass ihre berechtigten Interessen in diesem Verfahren nicht gewahrt werden können, sondern der juristischen Durchsetzung bedürfen.

454 Mediation kann zur **Verschleppung** des Verfahrens missbraucht werden, da es jederzeit, bis zur Unterschrift unter die Abschlussvereinbarung, sanktionslos möglich ist, aus dem Verfahren auszusteigen. Dadurch kann die (wegen der Mediation zunächst unterbliebene) gerichtliche Geltendmachung verzögert und evtl. erschwert werden. Der Anwalt wird dieses Risiko allerdings durch kritische Beobachtung des Verhandlungsverlaufs geringhalten können; zudem dürften sich etwaige Verzögerungen wegen der in der Regel sehr kurzen Dauer von Mediationsverfahren in Grenzen halten. Besteht die Gefahr von Rechtsverlusten, sind Maßnahmen des vorläufigen Rechtsschutzes (Arrest, einstweilige Verfügung) zu ergreifen, die auch durch eine Mediationsvereinbarung nicht ausgeschlossen werden (analog § 1033 ZPO).[41]

455 Die Gefahr einer **Verjährung** von Ansprüchen besteht nur dann, wenn eine Partei im Vertrauen auf eine bestehende Mediationsabrede auf die gerichtliche Geltendmachung von Ansprüchen verzichtet, zugleich aber nichts unternimmt, um die Mediation in Gang zu bringen. Die Verjährungshemmung durch Verhandeln (§ 203 BGB) setzt voraus, dass ein Meinungsaustausch zwischen den Parteien tatsächlich begonnen hat. Dies ist bei Bestehen einer Mediationsklausel infolge der damit eingegangenen Verpflichtung zur Durchführung der Mediation schon dann zu bejahen, wenn die andere Seite zur Einleitung des Mediationsverfahrens aufgefordert wird (s. Rdn. 38). Muss die Einigung über die Durchführung einer Mediation allerdings erst herbeigeführt werden, reicht eine einseitige Aktion für § 203 BGB nicht aus; hier beginnt die Verjährungshemmung erst, wenn sich die andere Seite auf Verhandlungen über den streitigen Anspruch oder jedenfalls über den Abschluss einer Mediationsvereinbarung in Bezug auf diesen Anspruch einlässt.[42] Einseitig kann die Hemmung der Verjährung aber auch durch einen Antrag bei einer staatlich anerkannten Gütestelle herbeigeführt werden (§ 204 Abs. 1 Nr. 4 BGB; s. dazu Rdn. 37). Wird auf ein etwaiges Ende der Hemmung sowie auf die perso-

[41] *Hess* in Haft/von Schlieffen § 43 Rdn. 72; *Risse* Wirtschaftsmediation § 14 Rdn. 37.

[42] *Hess* in Haft/vonSchlieffen § 43 Rdn. 70.

nelle und gegenständliche Reichweite geachtet (zu alledem Rdn. 40), begründet die Mediation somit kein Verjährungsrisiko.

Der Ablauf von **Ausschlussfristen** muss gegebenenfalls durch vorsorgliche Klageerhebung oder – bei vertraglichen Ausschlussfristen – durch das Hinwirken auf eine entsprechende Vereinbarung verhindert werden (näher Rdn. 46). 456

Größere Risiken birgt der mögliche Missbrauch der Mediation zur **Ausforschung** der Gegenseite. Mediation lebt vom offenen Gespräch, in dem möglicherweise auch Informationen gegeben werden, die die Partei im Prozess nicht preisgeben würde. Zwar wird in der Mediation regelmäßig eine Vertraulichkeitsabrede geschlossen, der zufolge über Erklärungen und Vorgänge in der Mediationsverhandlung Stillschweigen zu bewahren ist (näher dazu Rdn. 480 ff.); dadurch wird aber allenfalls die unmittelbare Verwertung der betreffenden Äußerung in einem nachfolgenden Zivilprozess ausgeschlossen. Nicht zu verhindern ist, dass die erlangte Information von der Gegenseite in anderer Weise verwertet wird oder dass sie an Dritte gelangt, die nicht an die Abrede gebunden sind (z. B. Rechtsnachfolger, Verwaltungsbehörden, Finanzamt, Staatsanwaltschaft).[43] Hier kann lediglich eine vorsichtige Informationspolitik helfen.[44] Brisante Informationen sollten nur eingebracht werden, wenn im Zuge der Verhandlungen eine vertrauensvolle Atmosphäre entstanden ist, etwa im Wege wechselseitigen Gebens und Nehmens. Außerdem besteht die Möglichkeit, die Information zunächst nur im Einzelgespräch dem Mediator anzuvertrauen, der sie dann, z. B. als hypothetisches Szenario, in die Mediation einführt.[45] Insgesamt sollte die Gefahr der Ausforschung aber nicht überschätzt werden; in den allermeisten Fällen kann die Mediation erfolgreich durchgeführt werden, ohne dass Geheimnisse preisgegeben werden müssen, deren Offenbarung nachteilige Folgen hervorrufen kann. 457

In der Mediation getroffene Vereinbarungen haben **keine Drittwirkung**. Während der Zivilprozess es ermöglicht, durch Streitverkündung die Wirkungen eines Urteils in gewisser Weise auf einen Dritten zu erstrecken (vgl. §§ 68, 72 ff. ZPO), wirkt die Abschlussvereinbarung nur zwischen den an ihr Beteiligten. Daraus entstehende Risiken (etwa für einen Regress gegen einen Mitverantwortlichen oder einen Versicherer) lassen sich ausschließen, indem der Dritte an der Mediation beteiligt wird. Darauf hinzuwirken (und bei Misserfolg von der Mediation abzuraten) gehört zu den Aufgaben des Rechtsanwalts. Kommt es dem Mandanten gerade auf eine 458

[43] *Risse* Wirtschaftsmediation § 14 Rdn. 33 ff.

[44] Näher *Risse* Wirtschaftsmediation § 14 Rdn. 34.

[45] Anschauliches Beispiel bei *Risse* Wirtschaftsmediation § 14 Rdn. 34 Fußn. 53: Bei ihm anvertrauten Zahlungsschwierigkeiten einer Partei bringt der Mediator die Option eines Zahlungsaufschubs gegen eine sofortige Abschlagszahlung ein.

Wirkung gegenüber Dritten an (etwa bei der Klärung einer bei ihm in vielen Beziehungen auftretenden Rechtsfrage oder zur Demonstration seines Rechtsdurchsetzungswillens), ist Mediation das ungeeignete Verfahren.[46]

459 Bei der Mediation liegt die **Verantwortung für das Ergebnis** allein bei den verhandelnden Parteien; sie wird nicht, wie bei der Klage, an eine dritte Instanz delegiert oder, wie bei der Schlichtung, durch das Votum des Dritten relativiert. Dies kann sich sehr belastend auswirken, insbesondere wenn ein Beteiligter gegenüber Vorgesetzten oder Aufsichtsgremien (oder auch nur gegenüber Angehörigen) rechenschaftspflichtig ist. Der Anwalt wird deshalb darauf achten, dass die Partei in der Mediation durch einen leitenden Vertreter mit Entscheidungsmacht (also z.B. durch den Geschäftsführer persönlich und nicht nur durch den Abteilungsleiter) repräsentiert wird, und dass etwaige Aufsichtsgremien vor der Abschlussvereinbarung eingebunden werden; er wird auch zu erwägen geben, mittelbar betroffene Angehörige an der Mediation zu beteiligen.

460 Die **fehlende Vollstreckbarkeit** der Abschlussvereinbarung ist kein ins Gewicht fallender Nachteil.[47] Die Vereinbarung kann vielfach so ausgestaltet werden, dass sie gar keiner Vollstreckung bedarf (z.B. indem sie von einem sofortigen Leistungsaustausch abhängig gemacht wird) oder zum Vollstreckungstitel wird (näher Rdn. 82ff.).

461 Das manchmal zu hörende Argument, Mediation könne zu einer **Gefahr für die Rechtsordnung** führen, weil sie die Vorgaben von Recht und Gesetz zur Disposition der Parteien stellt und dadurch die Rechtsgeltung beeinträchtigt, ist nicht stichhaltig.[48] Mediation kann nur im Rahmen des dispositiven Rechts praktiziert werden, also dort wo die Selbstbestimmung der Parteien ohnehin oberstes Prinzip ist. Das zwingende Recht setzt auch der Mediation Grenzen; eine gegen die guten Sitten oder das Gesetz verstoßende Abschlussvereinbarung wäre nichtig, desgleichen eine solche, die eine gesetzliche Formvorschrift oder ein Genehmigungserfordernis missachtet. In der Mediation findet die Recht schöpfende Funktion der Privatautonomie ihren deutlichsten Ausdruck. Und wo es auf Rechtsklärung oder -fortbildung ankommt, scheidet Mediation ohnehin aus.

[46] Näher *Risse* Wirtschaftsmediation § 14 Rdn. 38ff.

[47] Zutreffend *Risse* Wirtschaftsmediation § 14 Rdn. 44.

[48] Ebenso in Auseinandersetzung mit den Thesen von *Fiss* Against Settlement 93 Yale L.J., 1073ff. (1984) *Risse* Wirtschaftsmediation § 14 Rdn. 45ff.

IV. Praktische Durchführung

1. Mediationsvereinbarung

Mediation setzt eine Vereinbarung zwischen den Beteiligten voraus, in der sie sich auf die Durchführung eines solchen Verfahrens einigen.[49] Die Parteien können sich bereits vorab, in dem ihre Rechtsbeziehung begründenden Vertrag (etwa dem Bau- oder Gesellschaftsvertrag) verpflichten, im Falle eines Konflikts vor Anrufung eines Gerichts eine Mediation durchzuführen (Mediationsklausel; s. dazu Rdn. 8), ebenso aber auch nach Entstehen der Streitigkeit. In jedem Fall bedarf es des Abschlusses einer Mediationsvereinbarung, in der die Einzelheiten des Verfahrens geregelt werden. 462

Besondere **Formerfordernisse** bestehen hierfür nicht; zumindest Textform ist aber ratsam.[50] **Vorformulierte** Mediationsvereinbarungen sind keine uberraschenden Klauseln i. S. d. § 305 c BGB und scheitern in der Regel auch nicht an der Inhaltskontrolle nach § 307 BGB.[51] Etwas anderes kann allenfalls gelten, wenn der Streitwert eines zu erwartenden Konflikts in einem Bereich liegt, in dem die Durchführung eines Mediationsverfahrens wirtschaftlich unvernünftig wäre, so dass die Klausel ersichtlich dem Zweck dient, den Vertragspartner von einer Verfolgung seiner Ansprüche abzuhalten.[52] 463

Eine wirksame Mediationsvereinbarung kann grundsätzlich über **jede Art von Konflikten** abgeschlossen werden; die Beschränkungen für das Schiedsgerichtsverfahren (z.B. § 1030 Abs. 2 ZPO, § 101 Abs. 3 ArbGG, § 14 Abs. 6 WahrnG, § 37 WpHG) gelten hier nicht, weil der Konflikt nicht endgültig der staatlichen Gerichtsbarkeit entzogen wird. 464

Essentieller Inhalt der Mediationsvereinbarung[53] ist, dass die Parteien sich verpflichten, zur Beilegung eines konkret bezeichneten Konflikts eine Mediation durchzuführen und zu diesem Zweck einen Mediator gemeinsam zu beauftragen. Soll für bestimmte aus dem Streitverhältnis fließende Ansprüche die Klagbarkeit für die Dauer der Mediation vorübergehend ausgeschlossen werden, sind diese möglichst genau zu bezeichnen. Notwendig ist weiterhin eine Vereinbarung über die Kostentragung und das Aufbringen des Kostenvorschusses; üblich ist hierbei die Regelung, dass die Parteien die Kosten des Mediators je zur Hälfte und die eigenen Ausla- 465

---

[49] Ausführlich *Hacke* ADR-Vertrag S. 31 ff. Muster: *Bülow* in Walz Formularbuch S. 54 ff.

[50] *Bülow* in Walz Formularbuch § 6 Rdn. 33; a. A. *Risse* Wirtschaftsmediation § 3 Rdn. 14: analoge Anwendung von § 1031 ZPO. Durch Einlassung auf die Mediation würde der Formmangel aber geheilt (§ 1031 Abs. 6 ZPO).

[51] *Hess* in Haft/von Schlieffen § 43 Rdn.26; *Risse* Wirtschaftsmediation § 3 Rdn. 16 ff.

[52] *Risse* Wirtschaftsmediation § 3 Rdn. 18.

[53] Sehr ausführliches Muster bei *Bülow* in Walz Formularbuch § 6 II (Muster 6.1).

gen selbst tragen. Haben die Parteien sich bereits auf einen Mediator geeinigt, ist er namentlich zu bezeichnen, andernfalls ist zu regeln, wie der Mediator benannt werden soll (mit Fristen, um eine Verschleppung des Verfahrens zu vermeiden).

466 Darüber hinaus kann die Mediationsvereinbarung folgende **fakultative Abreden** enthalten:

Vereinbarung, das **Ruhen** eines bereits anhängigen Gerichtsverfahrens herbeizuführen;

Vereinbarung zum Nichteingreifen einer vertraglichen **Ausschlussfrist** (s. oben Rdn. 46);

Verpflichtung zur **Förderung des Verfahrens** (z. B. Verpflichtung, alles zu unterlassen, was den Erfolg gefährden oder das Verfahren verzögern könnte, gegebenenfalls Vertragsstrafe oder pauschaler Schadensersatz für den Fall, dass eine Partei sich nicht auf das Verfahren einlässt oder eine Mediationssitzung schuldhaft versäumt);[54]

deklaratorische Klarstellungen, dass das Verfahren von jeder Seite ohne Angabe von Gründen und ohne Rechtsnachteil jederzeit **beendet** werden kann, dass die **Verjährung** während der Dauer der Mediation gehemmt ist und frühestens drei Monate nach dem Ende der Hemmung eintritt (gegebenenfalls mit näheren Regelungen über Beginn und Ende), dass mit der Einlassung auf das Verfahren **kein Anerkenntnis** von Ansprüchen verbunden ist, dass während seiner Dauer **kein Verzug** besteht, usw.

467 **Einzelheiten zur Durchführung** des Verfahrens (Ort, Zeit, Personen, Beiziehung von Beiständen und sonstigen Dritten, Form der Abschlussvereinbarung), zur Sicherung der **Vertraulichkeit** und zur **Rechtsstellung des Mediators** (z. B. Unterbreitung von eigenen Einschätzungen oder Vorschlägen, Überwachung des Vollzugs von getroffenen Vereinbarungen, vertrauliche Einzelgespräche mit den Parteien) können auch bereits in der Mediationsvereinbarung geregelt werden; sinnvoller ist es jedoch im Allgemeinen, diese erst im Verfahren selbst durch einen Verhandlungsvertrag zu treffen, an dem der Mediator selbst mitwirkt oder beteiligt ist (s. Rdn. 477 ff.). Es kann auch auf eine **Verfahrensordnung** Bezug genommen werden.[55]

2. Beauftragung des Mediators

468 Sofern die Parteien sich nicht von vornherein auf einen Mediator oder eine Mediationsstelle verständigt haben, muss nach der Einigung über das Verfahren der von ihnen gemeinsam zu beauftragende Mediator **ausgewählt** werden. Da das Vertrauen der Parteien in seine Kompetenz ebenso wichtig ist wie das Vertrauen in seine Neutralität, gestaltet sich diese Auswahl oft sehr schwierig. Der eine Mediation anstrebende Parteianwalt be-

[54] S. dazu *Risse* Wirtschaftsmediation § 3 Rdn. 24 ff.

[55] Näher *Risse* Wirtschaftsmediation § 3 Rdn. 35 ff. Zahllose Institutionen der AKL und Mediationsverbände haben eigene Verfahrensordnungen entwickelt und veröffentlicht. Beispiel: Hamburger Mediationsordnung für Wirtschaftskonflikte (abrufbar über http://www.hk24.de).

nötigt als erstes eigene Erkenntnisse über geeignete Persönlichkeiten; als zweites muss er nicht nur den eigenen Mandanten, sondern auch die Gegenseite von seiner Einschätzung überzeugen. Oft ruft allein der Umstand, dass der Vorschlag vom Anwalt des Prozessgegners stammt, eine „reaktive Ablehnung“ (s. Rdn. 269) hervor.

Es empfiehlt sich daher, die das Mediationsverfahren beherrschende Gemeinsamkeit der Lösungssuche auch schon bei der Auswahl des Mediators zu praktizieren; mit einer grundsätzlich mediationswilligen Gegenseite sollte dies möglich sein. Dies bedeutet, dass die Parteien oder ihre Anwälte gemeinsam eine Liste von in Betracht kommenden Mediatoren erstellen sollten, die sich aus Empfehlungen und dem Ergebnis von Recherchen ergibt. Die großen Mediatorenverbände und -gesellschaften, auch manche Rechtsanwalts- oder Industrie- und Handelskammern, veröffentlichen in Broschüren oder im Internet Informationen über berufliche und persönliche Profile von Mediatoren, anhand derer eine Vorauswahl getroffen werden kann. Aus dieser Liste wird sodann – gegebenenfalls nach Einholung weiterer Informationen, auch von den in Aussicht Genommenen selbst – der beiden Seiten am geeignetsten Erscheinende ausgewählt. Es kann auch verabredet werden, dass eine Seite die Liste aufstellt und die andere aus dieser den Mediator auswählt. Oder man einigt sich, dass jede Seite eine neutrale Person benennt und diese beiden dann ohne Einschaltung der Parteien den Mediator bestimmen.[56] Außerdem kann die Bestimmung einem Dritten überlassen werden oder einer Institution, die die Auswahl aus ihren Mitgliedern trifft.[57] 469

Auswahlkriterien sollten sein (wobei keines der Kriterien absolute Geltung beansprucht, sondern je nach Fall das eine oder andere im Vordergrund stehen kann): 470

- beruflicher Hintergrund (juristisch, psychologisch, theologisch, technisch usw.)
- Ausbildung (Dauer, Ausrichtung, Praxisbezug)
- Zertifizierung (Neutralität und Kriterien der zertifizierenden Stelle)
- Praxis (Umfang, Ausrichtung, Referenzen)
- Persönlicher Eindruck (Kommunikationsfähigkeit, Empathie)
- Fachkunde auf einschlägigem Gebiet (z. B. Bauwesen, Informationstechnologie, Jugendpsychologie).

Für die Auswahl kann auch entscheidend sein, welche **Art von Mediation** die Parteien anstreben. Soll der Mediator auch mit eigenen rechtlichen Regelungsvorschlägen in die Lösungssuche eingreifen, muss er schon nach dem Gesetz (§ 2 Abs. 3 Nr. 4 RDG) die Erlaubnis zu Rechtsdienstleistungen haben, in der Regel also Anwalt sein; ein dies missachtender Vertrag 471

[56] *Risse* Wirtschaftsmediation § 4 Rdn. 7.

[57] Zu möglichen Auswahlverfahren auch *Hacke* in Duve/Eidenmüller/Hacke S. 297 f.

wäre nach § 134 BGB nichtig.[58] Soll der Mediator auch sachkundige Bewertungen einbringen, wird er vor allem nach der Zugehörigkeit zu einer bestimmten Fachrichtung auszuwählen sein.

472 Ein geeignetes Vorgehen, um eine Mehrheit von Kompetenzen zum Tragen zu bringen, kann in der Bestellung mehrerer Personen als **Co-Mediatoren** bestehen. So werden z. B. in der Familienmediation häufig Mediatoren mit juristischem und psychosozialem Berufshintergrund gemeinsam beauftragt, wobei es sinnvoll sein kann, auch auf unterschiedliche Geschlechtszugehörigkeit zu achten. Es kann auch vereinbart werden, dass jede Seite einen der Co-Mediatoren vorschlägt.

473 Haben sich die Parteien auf einen Mediator geeinigt, schließen Sie mit ihm einen **Mediatorvertrag,** der die wechselseitigen Rechte und Pflichten festlegt. Es handelt sich dabei um einen Dienstvertrag mit Geschäftsbesorgungscharakter.[59] Dieser Vertrag kann – muss aber nicht – nähere Bestimmungen zum **Rollenverständnis** des Mediators enthalten, also etwa zur Frage, ob er auch rechtliche Einschätzungen und Einigungsvorschläge einbringen soll; besser, weil flexibler, ist es jedoch, solche Regelungen dem weiter noch abzuschließenden Verhandlungsvertrag (Rdn. 477 ff.) zu überlassen. **Essentielle Bestandteile** sind somit nur die Übernahme der **Mediationsdienstleistung** und die Regelung seines **Honorars.** Üblicherweise wird mit dem Mediator eine Vergütung nach Zeitaufwand vereinbart; dabei sollte klargestellt werden, ob auch der Zeitaufwand für die Vorbereitung des Verfahrens und der einzelnen Sitzungen berechnet wird (was in der Regel als angemessen erscheint). Bei einem anwaltlichen Mediator unterfällt die Honorarregelung nicht den Vorschriften des RVG über Vergütungsvereinbarungen; es gilt vielmehr die Sondervorschrift des § 34 RVG, die schon von sich aus das Vereinbarte, hilfsweise die Vorschriften des BGB für maßgeblich erklärt: Nach § 612 BGB ist demnach auch ohne ausdrückliche Vereinbarung ein „übliches" Entgelt zu entrichten. Näher zu Entgeltfragen Rdn. 58, 509 ff.

474 Der Vertrag sollte auch klarstellen, dass alle Beteiligten ihn jederzeit **kündigen** können. Für die Parteien folgt dies schon aus der Freiwilligkeit der Mediation, aber auch der Mediator kann nicht verpflichtet werden, ein von ihm als aussichtslos erkanntes Verfahren fortzusetzen.

475 Üblich ist auch eine **Begrenzung der Haftung** des Mediators. Für sie gilt bei anwaltlichen Mediatoren, deren Haftung von der Berufshaftpflichtversicherung gedeckt ist,[60] § 51 a BRAO.[61] Nichtanwaltliche Mediatoren un-

[58] St. Rspr. seit BGHZ 37, 258. Dem Mediator kann aber eine Vergütung aus §§ BGB § 812 ff. BGB zustehen, wenn ihm nicht bewusst war, dass er gegen ein gesetzliches Verbot verstieß; BGH NJW 2000, 1560.

[59] *Risse* Wirtschaftsmediation § 4 Rdn. 11.

[60] *Prütting* in Haft/von Schlieffen, § 46 Rdn. 57.

[61] Dazu im Einzelnen *Vollkommer/Greger/Heinemann* Anwaltshaftungsrecht § 23.

terfallen lediglich den allgemeinen Vorschriften über die Haftungsbegrenzung, insbesondere durch vorformulierte Vertragsbedingungen (§ 276 Abs. 3, § 309 Nr. 7b, § 307, § 310 Abs. 3 BGB).

476 Es empfiehlt sich, den Vertrag bereits **vor der ersten Mediationssitzung** auszuhandeln und abzuschließen; Diskussionen über Einzelheiten der Vertragsgestaltung könnten das Mediationsklima belasten.[62] Wird eine Organisation mit der Mediation beauftragt, genügt in der Regel die Bezugnahme auf deren Mediations- und Vergütungsordnung.[63]

3. Mediationsverfahren

477 Der Ablauf ist einerseits durch die typische Struktur der Mediation (s. dazu Rdn. 435 ff.) vorgegeben, unterliegt andererseits aber als privatautonomes Verfahren in erheblichem Umfang der Disposition der Beteiligten. Dem entspricht es, dass die Parteien zusätzlich zur Mediationsvereinbarung (in der sie sich auf dieses Verfahren einigen) und zum Mediatorvertrag (mit dem sie die Rechtsbeziehung zu dem Dritten begründen) einen weiteren Vertrag abschließen, mit dem sie die Durchführung dieses Verfahrens regeln.

478 a) Bei diesem **Verhandlungsvertrag** handelt es sich um einen mehrseitigen Vertrag, der zwischen dem Mediator, den Parteien und evtl. weiteren Verfahrensbeteiligten abgeschlossen wird; sein Gegenstand sind die Modalitäten des Mediationsverfahrens. Er wird oftmals nur mündlich, z. B. in der ersten Mediationsphase, abgeschlossen und kann einvernehmlich jederzeit geändert, also dem Ablauf der konkreten Mediation angepasst werden. In ihm werden z. B. Regelungen zu Ort, Zeit, Dauer der Sitzungen, persönlicher Anwesenheit oder Vertretung, Beiziehung von Beiständen und sonstigen Dritten, Beibringung und Behandlung von Unterlagen, Einschaltung von Sachverständigen, einstweiliges Verhalten in Bezug auf den Streitgegenstand (z. B. Unterlassen von Veränderungen), Durchführung von Einzelgesprächen, Einbringen von Bewertungen oder Vorschlägen des Mediators, Beendigung des Verfahrens, Form der Abschlussvereinbarung u. v. m. getroffen. Aber auch die Gesprächsregeln (Worterteilung durch den Mediator, Ausredenlassen usw.) sowie die Beachtung des vom Mediator vorgegebenen (und erläuterten) Verfahrensablaufs werden dort vereinbart.

479 Der Erörterung dieser Verfahrensfragen am Beginn der Mediation kommt eine erhebliche **psychologische Bedeutung** zu, weil die Parteien

[62] Ebenso *Risse* Wirtschaftsmediation § 4 Rdn. 14.
[63] Vgl. z. B. die Musterklausel der Handelskammer Hamburg (http://www.hk24.de).

durch sie erkennen, dass das Verfahren auf der Idee der *gemeinsamen* Konfliktbewältigung beruht und von ihnen selbst eingerichtet und kontrolliert wird.[64] Die Parteien erkennen ihre Fähigkeit zum kooperativen Handeln, die Einigung über das Verfahren wird zur Grundlage für die Einigung in der Sache. Der Mediator wird daher auch dann Wert auf diese Verhandlungen legen, wenn bereits in der Mediationsvereinbarung oder im Mediatorvertrag entsprechende Abmachungen getroffen wurden oder wenn die Geltung einer Verfahrensordnung vereinbart wurde.[65]

480 Besonderer Regelungsbedarf besteht hinsichtlich des Schutzes der **Vertraulichkeit.** Diese ist ein wesentliches Element der Mediation (s. Rdn. 434, 450), aber ohne rechtliche Regelungen nicht zu gewährleisten. Der Schutz wird dadurch erzeugt, dass sich die Beteiligten – Parteien, Mediator und evtl. Dritte – vertraglich verpflichten, über die Tatsache und den Ablauf des Mediationsverfahrens, insbesondere die in ihm abgegebenen Erklärungen, Verschwiegenheit zu wahren. Besonders klargestellt werden sollte, dass dies auch für ein etwa sich anschließendes Gerichts- oder Schiedsgerichtsverfahren gilt, dass also Erklärungen und Vorgänge aus der Mediation dort nicht vorgetragen werden dürfen und folglich auch eine Benennung Verfahrensbeteiligter als Zeugen hierfür nicht zulässig ist.

481 Der Parteianwalt wird allerdings darauf zu achten haben, dass die Vertraulichkeitsabrede **nicht zu weit gefasst** wird und dass kein Spannungsverhältnis zu gesetzlichen Offenbarungspflichten sowie legitimen Offenbarungsinteressen entsteht. Eine Verpflichtung, den in der Mediation erörterten Sachverhalt vertraulich zu behandeln, würde zu weit gehen. Es kann nicht ein historischer Vorgang der Jurisdiktion entzogen werden, nur weil er in einem Mediationsverfahren erörtert worden ist; dieser Effekt könnte sonst sogar vorsätzlich herbeigeführt werden.[66] Manche gebräuchliche Vertraulichkeitsvereinbarungen versuchen dem mit dem Vorbehalt zu entgehen, dass die Verschwiegenheitspflicht solche Informationen nicht erfasst, die der Partei nachweislich bereits außerhalb der Mediation bekannt waren, die sie von dritter Seite erfahren hat oder die von ihr hätten ermittelt werden können.[67] Dies ruft jedoch große Rechtsunsicherheit, vor allem Beweisprobleme und Umgehungsstrategien hervor.

482 Anzuraten ist daher, die Verschwiegenheit von vornherein nur auf die *Äußerungen* in der Mediation, nicht auf Tatsachen oder Informationen zu beziehen: Im Nachfolgeprozess verwertet werden darf daher z. B. das tatsächliche Verhalten, auf das der Vorwurf einer Sorgfaltsverletzung des Be-

[64] *Risse* Wirtschaftsmediation § 6 Rdn. 18.

[65] *Risse* Wirtschaftsmediation § 6 Rdn. 19 f.

[66] S. dazu *Risse* Wirtschaftsmediation § 6 Rdn. 52. *Nelle/Hacke* ZKM 2002, 257, 260 sprechen anschaulich vom „Tatsachengrab".

[67] Vgl. die Muster bei *Bülow* in Walz Formularbuch § 6 A II (Muster 6.1, § 10); *Risse* Wirtschaftsmediation § 6 Rdn. 51.

klagten gestützt wird, nicht aber dessen Zugestehen in der Mediation. Nicht verwertet werden darf vor allem auch, dass eine Partei ihr Bedauern über einen bestimmten Umstand, ihr Verständnis für die Sichtweise des anderen u. dgl. zum Ausdruck gebracht hat; diese mediationstypischen Kommunikationsvorgänge müssen auf jeden Fall und vorbehaltlos unter dem Schutz der Vertraulichkeit stehen.

Vereinbart werden kann auch, dass bestimmte Beweismittel, die in der 483
Mediation bekannt werden (z. B. der mit einem bestimmten Geschäftsvorgang befasste Mitarbeiter einer Partei), in einem etwaigen Zivil- oder Schiedsgerichtsverfahren ausgeschlossen sein sollen.[68]

Des Weiteren können die Parteien – am besten erst in der Abschlussver- 484
einbarung – Bestimmungen darüber treffen, inwieweit der Vergleich vertraulich zu behandeln ist: schon die Tatsache der Einigung, nur der Inhalt oder nur einzelne Details, etwa die Höhe der Abfindung.

Dass eine Offenbarung zu legitimen Zwecken, etwa der Vollstreckung, 485
der Geltendmachung von Gebühren- oder Schadensersatzansprüchen, der Information der Haftpflichtversicherung, der Aufsichtsgremien oder der Konzernmutter, nicht ausgeschlossen werden kann, sollte sich bereits aus einer interessengerechten Auslegung der Vertraulichkeitsabrede ableiten lassen, besser aber ausdrücklich vereinbart werden.

Die Vorstellung, Mediation vollziehe sich in einem durch die vereinbarte Vertraulichkeit vollkommen abgeschotteten Schutzraum, ist nach alledem weder faktisch noch rechtlich mit den Realitäten in Einklang zu bringen. Auch eine absolute Vertraulichkeitsvereinbarung kann nicht verhindern, dass in der Mediation offengelegte Informationen der Gegenseite strategische Vorteile verschaffen. Es wäre deshalb auch für den Parteianwalt fatal, den Mandanten in einer entsprechenden Sicherheit zu wiegen, was bei einer zu weit gefassten Vertraulichkeitsabrede der Fall sein könnte.

Zu den Möglichkeiten, trotz begrenzten Vertraulichkeitsschutzes für die Konfliktlösung relevante Interna in das Verfahren einzubringen, s. Rdn. 457; zu den Rechtsfolgen einer Verletzung der Vertraulichkeit Rdn. 498 f.

b) Der **Ablaufs des Mediationsverfahrens** liegt sodann in den Händen des 486
Mediators. Er führt die Beteiligten durch die einzelnen Phasen der Mediation und leitet die Kommunikation mit und zwischen den Beteiligten sowie die Lösungssuche und den Einigungsprozess (s. Rdn. 435 ff.). Von den Be-

[68] Zur Wirksamkeit solcher Prozessverträge s. BGHZ 109, 19, 29; *Wagner* Prozessverträge S. 683 ff.; speziell zur Mediation *Eckardt/Dendorfer*, MDR 2001, 790.

sonderheiten des Verfahrens sind für den Parteianwalt insbesondere die folgenden von Bedeutung:

487 Wesensmerkmal der Mediation und essentiell für ihren Erfolg ist die **unmittelbare Kommunikation** mit den Konfliktbeteiligten. Es gibt keine vorbereitenden Schriftsätze, und anders als in der Gerichtsverhandlung ist der Parteianwalt – sofern er überhaupt an der Mediationssitzung teilnimmt – nicht Wortführer, sondern nur *Beistand* für den Mandanten. Dies bedeutet zwar nicht, dass der Anwalt an dem Mediationsgespräch überhaupt nicht beteiligt wird; der Mediator wird auch ihm immer wieder Gelegenheit geben, ergänzende Aspekte einzubringen. Der Anwalt wird aber seiner besonderen Rolle im Mediationsverfahren, der auch er sich durch den Verhandlungsvertrag unterworfen hat, nicht gerecht, wenn er die Wortführung an sich zieht und sich ungefragt in den Kommunikationsprozess einschaltet.

488 Seiner Aufgabe als **Verfahrensbeistand** entspricht es vielmehr, dass er dann, wenn ihm die Fürsorge für die Partei eine Intervention geboten erscheinen lässt, um eine Unterbrechung der Verhandlung bittet und sich zu einem Gespräch mit dem Mandanten zurückzieht. Der Mediator wird nicht nur, sondern muss dieser Bitte nachkommen, wenn sie auch dem Wunsch der Partei entspricht. Bei der Beratung mit der Partei kann der Anwalt dieser auch strategische Hinweise geben (z. B. bestimmte Punkte nicht anzusprechen); erkennt er eine bestimmte Taktik der Gegenseite (z. B. Ausforschungstendenzen), kann dies sogar geboten sein. Allerdings wird der Anwalt gegebenenfalls zu prüfen haben, ob die Mediation in solchen Fällen überhaupt noch das richtige Verfahren ist, ob man den Verhandlungsvertrag nicht modifizieren, also den Mediator mit seinem Einverständnis zum Schlichter oder Vergleichsmoderator (s. oben §§ 15, 16) bestellen, in ein evaluatives Verfahren (unten §§ 18 ff.) übergehen oder gleich den Rechtsweg beschreiten sollte. Eine als nicht zielführend erkannte Mediation sollte auf keinen Fall nur zum Schein weitergeführt werden; dies erzeugt nicht nur Kosten und Zeitverlust, sondern kann auch eine Verschärfung des Konflikts bewirken.

489 Die Mediation lenkt den Blick **von den Positionen zu den Interessen.** Daher besteht kein Anlass für eine Intervention des Parteianwalts, wenn er bei den Themen, die der Mediator in der *Phase 2* erarbeiten lässt, die rechtlichen Gesichtspunkte vermisst, die aus seiner juristischen Sicht den Kern des Konflikts ausmachen, also z. B. den Schadensersatz- oder den Rückgabeanspruch. Das Bestreben des Mediators geht gerade dahin, die Rechtspositionen in neutrale Themen umzuwandeln (z. B. Wiedergutmachung; Schicksal des Unternehmens); dabei sollte er nicht durch eine erneute Betonung der Positionen gestört werden. Entsprechendes gilt für die *Phase 3*, wo der Mediator die Parteien dazu bringen will, die hinter den Positionen stehenden Anliegen und Bedürfnisse zu erkennen. Wenn der

Mandant hierbei den ursprünglich begehrten Geldbetrag aus den Augen verliert und erkennt, dass ihm ein immaterieller Vorteil oder eine künftige Zusammenarbeit mit dem Gegner viel wichtiger ist, wäre es verfehlt, diesen für eine konsensuale Konfliktlösung essentiellen Vorgang durch erneutes Einbringen juristischer Aspekte zu behindern.

Bei der **Lösungssuche** in *Phase 4* kann und soll sich der Anwalt, etwa beim Brainstorming, aktiv beteiligen. Manche rechtliche Gestaltungsmöglichkeit wird den Parteien gar nicht bewusst sein, so dass es hier ganz besonders auch auf die Kreativität eines Rechtskundigen ankommt. Obwohl es dem Wesen des Brainstorming durchaus entspräche, wird der Anwalt es allerdings vermeiden, den Mandanten durch Beiträge zu irritieren, die diesem als sehr nachteilig erscheinen müssen. Auf keinen Fall sollte er sich in diesem Verfahrensstadium, in dem es auf die freie Kreativitätsentfaltung ankommt, zu Bewertungen der Optionen (etwa als inakzeptabel oder rechtswidrig) hinreißen lassen. 490

Beim **Bewerten der Lösungsoptionen** in *Phase 5* kann dagegen sein Sachverstand sehr wertvoll sein. So muss er z. B. seinen Mandanten aufklären, wenn dieser Rechtsnachteile oder Risiken übersieht, die eine von ihm als positiv empfundene Lösung mit sich brächte (z. B. einen Verzicht auf künftige Ansprüche, die Aufgabe einer Sicherheit, steuerliche Nachteile). Autonom handeln kann nur die aufgeklärte Partei. Zwar muss auch der Mediator darauf achten, dass eine Partei nicht aus Rechtsirrtum einer ungünstigen Lösung zustimmt; seine Möglichkeiten sind aber durch seine Neutralitätspflicht und die ihm durch den Verhandlungsvertrag oder das Berufsrecht auferlegte Pflicht zum Unterlassen rechtlicher Bewertungen eingeschränkt. Es empfiehlt sich, dass die vorgenannte Aufklärung des Mandanten nicht in der Mediationssitzung, sondern im vertraulichen Gespräch stattfindet. Nimmt der Parteianwalt an der Mediationssitzung nicht teil, sollte er seinem Mandanten in rechtlich heiklen Fällen empfehlen, vor einer rechtsverbindlichen Einigung seine Beratung in Anspruch zu nehmen. Für die darin liegende Unterbrechung des Mediationsverfahrens werden die anderen Beteiligten Verständnis haben; der Mediator wird sie grundsätzlich sogar von sich aus anregen. 491

Der Anwalt kann auch, insbesondere wenn die Mediation in *Phase 5* ins Stocken gerät, dadurch einen wertvollen Beitrag zum Verfahrenserfolg leisten, dass er ein **objektives Bewertungsverfahren** vorschlägt, also z. B. die Klärung einer Tatsachenfrage durch einen Schiedsgutachter, die Beiziehung von Tabellenwerken oder Statistiken, eine Marktanalyse, Rechtsprechungsrecherche usw. 492

Hält der Mediator **Einzelgespräche** mit den Parteien für geboten, wird er die anwesenden Parteianwälte in der Regel hinzuziehen; Ausnahmen hiervon sind aber denkbar (und zu akzeptieren), so z. B. zur Wahrung der Parität, wenn für die andere Seite kein Anwalt teilnimmt. Auch Einzelge- 493 spräche allein mit dem Anwalt kommen in der Praxis vor, so z. B. wenn es zu atmosphärischen Störungen gekommen ist. Da der Mediator keine Entscheidungsgewalt hat und der Verschwiegenheitspflicht unterliegt, bestehen gegen die – dem gerichtserfahrenen Anwalt ungewohnt erscheinende – Praxis der Einzelgespräche keine Bedenken.

Nach dem Einzelgespräch fragt der Mediator, ob er den Inhalt in die Mediation einbringen darf oder vertraulich behandeln soll. Auch bei der Entscheidung hierüber kann der Anwalt dem Mandanten wertvolle Beratungshilfe leisten; dabei wird er die mit der Offenlegung der Informationen verbundenen Risiken, aber auch die möglichen Vorteile für den Einigungsprozess aufzuzeigen haben.

4. Abschlussvereinbarung

494 Bei der Niederlegung des Mediationsergebnisses im Abschlussdokument ist der anwaltliche Sachverstand besonders gefragt. Der Rechtsanwalt hat den Mandanten insbesondere bei der Klärung folgender Fragen zu beraten und zu unterstützen:

- Soll ein Vollstreckungstitel geschaffen werden? Wenn ja: Auf welche Weise? Hierzu näher Rdn. 82 ff.
- Wie ist die Vereinbarung zu fassen, um das Gewollte eindeutig und vollständig sowie gegebenenfalls vollstreckungsfähig wiederzugeben?
- Welche rechtlichen Vorgaben sind zu beachten (z. B. Form, Genehmigungserfordernis, Mitwirkung Dritter, Anzeigepflicht)?
- Welche Vorkehrungen sind angezeigt, um neue Konflikte zu vermeiden oder einer schnellen und belastungsarmen Lösung zuzuführen?

495 Sofern in der Abschlussvereinbarung umfangreiche Regelungen über künftige Rechtsbeziehungen getroffen werden, ist auf ihre Abfassung große **kautelarjuristische Sorgfalt** zu verwenden. Sind sie unklar oder lückenhaft, sind neue Konflikte und Regressansprüche vorprogrammiert. Es ist dringend davon abzuraten, die Vereinbarung am Ende einer Mediationssitzung schnell zu Papier zu bringen. Sie sollte vielmehr in Ruhe von den beiderseitigen Anwälten, gegebenenfalls nach Rücksprache mit dem Steuerberater abgefasst werden, sofern nicht ohnehin eine notarielle Beurkundung geboten oder angezeigt ist. Allerdings sollte darauf hingewirkt werden, dass am Ende der Sitzung zumindest die Eckpunkte der vereinbarten Regelung in einem von den Parteien unterzeichneten Memorandum fixiert werden.

5. Störungen des Verfahrens

496 Wenn sich die andere Seite entgegen der Mediationsvereinbarung **nicht auf das Verfahren einlässt**, ergibt es keinen Sinn, die Mitwirkungspflicht

gerichtlich durchsetzen zu wollen.[69] In Betracht kommen nur Sekundäransprüche. Ein Schadensersatzanspruch wegen Verzugs (§§ 280, 286 BGB) dürfte aber in der Regel leerlaufen, da wegen des ungewissen Ausgangs jeder Mediation ein Schadensnachweis kaum geführt werden kann. Da die Mediation von jeder Seite jederzeit abgebrochen werden kann, kann allein dadurch, dass eine Partei zu einem ersten Termin überhaupt nicht erscheint oder die Beauftragung eines Mediators hintertreibt, kaum ein ersatzfähiger Schaden entstehen.[70] Vertragsstrafen oder Schadenspauschalierungen werden in der Praxis kaum vereinbart. Es bleibt somit nur, nach einer fruchtlosen Aufforderung zur Mitwirkung an der Mediation sogleich den Klageweg zu beschreiten; der anderen Seite ist es dann verwehrt, sich auf das Prozesshindernis der Mediationsabrede zu berufen.

Erhebt die andere Seite **Klage,** ohne das vereinbarte Mediationsverfahren durchgeführt zu haben, kann beantragt werden, dass die Klage als derzeit unzulässig abgewiesen wird, sofern – wie im Regelfall – der Mediationsversuch als Klagevoraussetzung vereinbart wurde (s. Rdn. 465). Die Klage ist sogleich abweisungsreif; ein etwa nachträglich unternommener Mediationsversuch vermag daran nichts mehr zu ändern.[71] Dieser würde sonst zur reinen Farce. Der vorschnelle Kläger muss vielmehr zunächst ein Mediationsverfahren in Gang bringen und wird, da er im Falle des Scheiterns erneut Klage erheben müsste, motiviert, dieses ernst zu nehmen. 497

Verletzt eine Partei die vereinbarte **Vertraulichkeit,** indem sie geschützte Vorgänge aus der Mediationssitzung anderen zugänglich macht, muss sie einen daraus entstehenden Schaden nach § 280 Abs. 1 BGB ersetzen, sofern sie nicht ihre Schuldlosigkeit beweisen kann. Der Schaden kann z.B. in entgangenem Gewinn bestehen. Gewinnt die vertragsbrüchige Partei dank ihrer Pflichtverletzung einen Prozess, erleidet die andere dadurch allerdings keinen Schaden, wenn die gerichtliche Entscheidung der wirklichen Sach- und Rechtslage entspricht. Dies folgt aus dem normativen Schadensbegriff: Nach der Rechtsprechung stellt der Verlust oder die Vorenthaltung einer tatsächlichen oder rechtlichen Position, auf die der Kläger auf Grund der objektiven Umstände keinen Anspruch hatte, infolge wertender Betrachtungsweise keinen ersatzfähigen Schaden dar.[72] 498

Gegen die vertragswidrige **Verwertung von Mediationsinterna im Zivilprozess** oder Schiedsgerichtsverfahren bietet jedoch das Prozessrecht einen gewissen Schutz. Trägt eine Partei solche Interna vor, kann die andere die 499

[69] *Risse* Wirtschaftsmediation § 3 Rdn. 25.

[70] Ebenso *Risse* Wirtschaftsmediation § 3 Rdn. 25.

[71] So für den vergleichbaren Fall des § 15 a EGZPO BGH NJW 2005, 437.

[72] BGHZ 163, 223 = NJW 2005, 3071, 3072 m. w. Nachw.

Einlassung dazu unter Hinweis auf die vereinbarte Vertraulichkeit verweigern, ohne dass das Gericht dies als Zugestehen nach § 138 Abs. 3 ZPO werten darf. Da der vertragswidrige Vortrag wegen des aus der Vertraulichkeitsabrede fließenden Beweisverbots auch nicht unter Beweis gestellt werden kann, bleibt er folgenlos.

V. Variationen und Kombinationen

500 Das reine Modell der Mediation, bei dem ein nicht entscheidungsbefugter, neutraler Dritter, die Parteien zu einer von ihnen selbst erarbeiteten gütlichen Einigung zu bringen versucht, wird in der Praxis oftmals als zu schwerfällig und wenig flexibel empfunden. Dies gilt vor allem für die Wirtschaftsmediation, bei der es, anders als bei der Familienmediation, weniger um die Aufarbeitung emotionaler Störungen als um materielle Interessen geht – und auch Zeit ist Geld. Effizienz spielt eine größere Rolle als Emotionen; oft ist auch spezifischer, z.B. technischer, Sachverstand gefragt. Aus diesen Gründen entwickeln sich innovative Verfahren, bei denen Mediation mit Elementen aus anderen Formen der AKL verknüpft wird. Dies kann auf zweierlei Weise geschehen: durch Modifizierungen des Mediationsverfahrens als solchen oder durch den konsekutiven Einsatz von Mediation und einem anderen Verfahren.[73] Schließlich wird es auch immer mehr üblich, Mediation oder zumindest Elemente der Mediation in andere Konfliktlösungsverfahren einzubauen, bis hin zur gerichtlichen Mediation im Zivilprozess. Auf diese Gestaltungsformen wird bei den betr. Verfahren eingegangen.

1. Modifizierungen des Mediationsverfahrens

501 **a) Evaluative Mediation.** Die Parteien können von vornherein oder erst im Laufe der Mediation vereinbaren, dass der Mediator eine **eigene Stellungnahme** zu einer zwischen ihnen umstrittenen Frage abgibt. Es kann sich dabei z.B. um eine rechtliche Beurteilung handeln (ist ein bestimmtes Verhalten als fahrlässig zu beurteilen?), um eine Beweisfrage (wer müsste im Prozess die Fahrlässigkeit beweisen, und könnte er dies voraussichtlich?), um eine tatsächliche Beurteilung kraft besonderer Sachkunde (entspricht das Werk der einschlägigen DIN?), eine Bewertung (welcher Grundstückswert erscheint angemessen?) oder eine Auslegung (wie war die Erklärung im Geschäftsverkehr zu verstehen?). Gegen eine solche Modifizierung der Mediation (auch evaluative Mediation genannt), bestehen keine Bedenken, wenn sie von allen gewollt ist und sich darauf beschränkt,

[73] Zu den „hybriden Formen“ der Wirtschaftsmediation s. *Risse* Wirtschaftsmediation § 15 Rdn. 3 ff.; *Greger* in GS Blomeyer S. 341 ff.

dass der Mediator zu einer einzelnen Frage Stellung nimmt. Er liefert damit ein objektives Kriterium, an dem die Parteien ihre Lösungssuche festmachen können, und vermeidet u. U. ein Scheitern der Mediation. Anders ist es jedoch, wenn der Mediator den Parteien einen Lösungsvorschlag unterbreiten soll. Er verlässt dann seine Mediatorenrolle und geht in die Schlichtung über; diese Gestaltung wird daher unter Rdn. 505 behandelt.

b) **Therapeutische Mediation.** Mediation hat entgegen einem verbrei- 502
teten Vorurteil nichts mit Therapie zu tun. Die Konfliktparteien sollen nicht geheilt, sondern nur befähigt werden, zielorientiert miteinander zu kommunizieren und eine konstruktive Lösung ihres Konflikts zu finden. Insbesondere in der Familienmediation kann es sich jedoch als hilfreich erweisen, wenn die eine Mediation blockierenden emotionalen Beziehungsstörungen auch mit Techniken angegangen werden, die der Psychotherapie entlehnt sind, etwa der Systemischen Aufstellung[74] oder dem Neurolinguistischen Programmieren (NLP).[75] Auch in der Praxis von Familienberatungsstellen werden Mediation und therapeutische Beratung häufig miteinander kombiniert.[76] Sofern die Parteien mit dieser therapeutischen Ausrichtung der Mediation einverstanden sind und sie mit entsprechender Fachkompetenz wahrgenommen wird, bestehen dagegen keine Bedenken. Für die Anwaltspraxis wird die therapeutische Mediation allerdings nur geringe Bedeutung haben. Bei bestimmten Konflikten, z. B. über das elterliche Sorge oder Umgangsrecht, sollte der Anwalt jedoch über die Angebote der Träger der öffentlichen Jugendhilfe (Jugendämter), die zum Teil im Rahmen von § 17 SGB VIII unentgeltlich erbracht werden, beraten.

c) **Online-Mediation.** Bei diesem Verfahren, das vor allem bei grenzüber- 503
schreitenden oder aus Internetgeschäften hervorgegangenen Konflikten Anwendung findet, lässt sich der Mediator zunächst von beiden Seiten per E-Mail über den Sachverhalt informieren. Durch entsprechende Rückfragen versucht er auch die hinter dem Konflikt stehenden wirtschaftlichen und persönlichen Interessen zu klären. Ist der Konfliktstoff hinreichend aufbereitet und die Chance einer Einigung erkennbar, geht der Mediator zur mehrseitigen Kommunikation im Chatroom über. Dort läuft dann im Prinzip derselbe Prozess ab wie in einer Mediationsverhandlung.[77] Das Verfahren spart Zeit und Aufwand, entbehrt aber der psychodynamischen

[74] Beschreibung z. B. bei *Margraf* Praxis der Systemaufstellung. Zu Recht kritisch gegenüber der Anwendung solcher Methoden bei der Lösung rechtlicher Konflikte *Wolf/Weber/Knauer* NJW 2003, 1488 ff.

[75] Einführend *O'Connor/Seymour* Neurolinguistisches Programmieren.

[76] S. dazu *Proksch* Praxiserprobung von Vermittlung (Mediation) in streitigen Familiensachen, 1998.

[77] *Lüer/Splittgerber* Anwalt (NJW-Beil.) 2002 (H. 1/2) 41 f.

Prozesse, die bei der unmittelbaren Kommunikation am runden Tisch ablaufen, und hat daher nur einen begrenzten Einsatzbereich.[78]

504 d) **Cooperative Praxis.** Bei diesem gelegentlich als „Mediation ohne Mediator" apostrophierten Verfahren[79] handelt es sich trotz seiner starken Anlehnung an die Mediation nicht um eine solche, sondern um eine qualifizierte Form des kooperativen Verhandelns, vor allem in Familiensachen; es wird daher im ABC unter Rdn. 730 behandelt.

2. Kombination von Mediation mit anderen Verfahren

505 a) **Mediation und Schlichtung.** Es geschieht in der Praxis nicht selten, dass Mediationsbeteiligte, die beim Erarbeiten der Lösung in Phase 5 nicht weiterkommen, den Mediator um einen Lösungsvorschlag ersuchen. Manche Mediatoren lehnen dies mit dem (zutreffenden) Hinweis auf die Unverträglichkeit eines solchen Vorgehens mit ihrer Mediatorenrolle ab, andere kommen der Bitte unter Berufung auf die Verfahrensherrschaft der Parteien nach. Beide Sichtweisen lassen sich in der Weise zusammenführen, dass es den Parteien im Rahmen ihrer Privatautonomie freisteht, den Verhandlungsvertrag in dieser Weise zu ändern, dass damit aber ein Verlassen des Mediationsverfahrens und ein Übergang in die Schlichtung (oben § 16) verbunden ist. Der Mediator kann sich auf diesen Rollenwechsel einlassen (und sollte es im Interesse des Fortgangs des Einigungsprozesses grundsätzlich tun); er ist aber nicht dazu verpflichtet und kann es unter Berufung auf sein Rollenverständnis ablehnen (was allerdings häufig zum Abbruch der Mediation führen wird). Wichtig ist jedoch, dass der Übergang in das andere Verfahren den Beteiligten bewusst wird und nunmehr die Regeln der Schlichtung (Rdn. 385 ff.) beachtet werden. Dazu bedarf es gegebenenfalls neuer Abmachungen, z. B. zu der Frage, ob auch Erkenntnisse aus vertraulichen Einzelgesprächen, die der (jetzige) Schlichter in seiner Eigenschaft als Mediator geführt hat, bei dem Schlichterspruch verwertet werden dürfen. Das Aufgeben der Mediatorenrolle ist endgültig; eine Rückkehr in die Mediation mit diesem Dritten nicht mehr möglich.

Die Möglichkeit, den Mediator um einen Lösungsvorschlag zu ersuchen, kann auch bereits im Verhandlungsvertrag für die Mediation vorgesehen werden. Dies kann sich allerdings auf die Mediation nachteilig auswirken. Das Schlichtungsverfahren ist auf die – zwar nicht rechtlich, aber doch faktisch bindende – Entscheidung eines Dritten ausgerichtet. Parteien, die eine Beurteilung durch einen Dritten erstreben, agieren aber auf diesen, nicht auf sich selbst bezogen. Sie wollen den Dritten überzeugen und bau-

[78] *Schmidt-Trenz/Graf* ZKM 2001, 116 ff.; offener für weitergehenden Einsatz *Rohde-Liebenau* ZKM 2003, 157.

[79] So z. B. *Mähler/Mähler* in Haft/von Schlieffen, § 19 Rdn. 88.

en entsprechende Strategien auf. Die das Mediationsverfahren kennzeichnende Rückbesinnung auf die wahre Interessenlage unterbleibt. Eine Partei, die damit rechnet, dass der Mediator später einen Schlichterspruch fällt, wird sich deshalb in das Mediationsverfahren weniger offen einbringen als die andere. Dies kann die Beurteilungsgrundlage für den späteren Schlichtungsspruch verzerren, was besonders kritisch wird, wenn in der Mediation vertrauliche Einzelgespräche geführt wurden. Es ist daher nicht anzuraten, eine spätere Schlichterfunktion des Mediators bereits im Vertrag über die Mediation anzulegen.

b) Mediation und Schiedsgerichtsverfahren. Im Wirtschaftsverkehr ist es 506
nicht unüblich, in der Mediationsvereinbarung zu regeln, dass der Mediator beim Scheitern der Mediation als Schiedsrichter fungieren soll (sog. **MedArb-Verfahren**).[80] Solche Vereinbarungen sollen vor allem Zeitersparnis bewirken: Da der Schiedsrichter aufgrund seiner Mediatorentätigkeit bereits mit dem Sachverhalt vertraut ist, kann er schneller zu einer Entscheidung gelangen.[81] Indessen entwertet ein solches Verfahren wegen der negativen Einflüsse auf das Informationsverhalten der Parteien (s. vorstehend) die Mediation,[82] Rollenkonflikte belasten die Stellung des Mediators, insbesondere wenn er im Mediationsverfahren vertrauliche Informationen erhalten hat, die er wegen des im Schiedsgerichtsverfahren geltenden Grundsatzes des rechtlichen Gehörs (§ 1042 Abs. 1 Satz 2 ZPO) nicht verwerten darf.[83] Von derartigen Vereinbarungen sollte daher abgesehen werden. Wenn die Parteien für den Fall des Scheiterns der Mediation eine Konfliktlösung vor einem Schiedsgericht statt vor dem staatlichen Gericht anstreben, sollten sie eine andere Person oder ein institutionelles Schiedsgericht einsetzen, zumindest den potenziellen Schiedsrichter nur als Co-Mediator einsetzen, der nicht an vertraulichen Einzelgesprächen teilnimmt (sog. CoMedArb).[84]

Abgeschwächt werden die vorgenannten Bedenken, wenn nur Teile des 507
Streitgegenstands nach einer an sich erfolgreichen Mediation einer Arbitration zugeführt werden, etwa die Höhe einer Vergleichssumme. Dies ist z.B. bei dem als MEDALOA bezeichneten Verfahren der Fall, bei dem nach der Mediation eine sog. Last-Offer-Arbitration (s. Rdn. 650) durchgeführt wird.[85] Hierbei lassen die Parteien, die sich dem Grunde nach

[80] Vgl. dazu *Lachmann* AnwBl. 1999, 241; *Weigand* BB 1996, 2107 m.w. Nachw.

[81] *Eberl/Friedrich* BauR 2002, 257.

[82] *Eidenmüller* in Henssler/Koch Mediation in der Anwaltspraxis § 2 Rdn. 29; *Eberl/Friedrich* BauR 2002, 257; *Risse* WM 1999, 1865 Fußn. 16.

[83] *Günther/Hoffer* in Henssler/Koch Mediation in der Anwaltspraxis § 11 Rdn. 127.

[84] *Risse* Wirtschaftsmediation § 15 Rdn. 11. Vgl. auch *Eberl/Friedrich* BauR 2002, 257.

[85] *Risse* Wirtschaftsmediation § 15 Rdn. 24 ff.

geeinigt haben, aber über die Höhe einer zu leistenden Zahlung keinen Konsens finden, den Mediator zwischen zwei von ihnen genannten Summen (last offers) entscheiden. Denkbar ist auch, dass sie ihm einen Rahmen vorgeben, innerhalb dessen er den Betrag festzusetzen hat (High/Low-Arbitration; Rdn. 651).[86] Im Einzelfall mag ein solches Vorgehen zur Auflösung von Blockaden geeignet sein, wie sie bei Vergleichsgesprächen nicht selten auftreten, wenn es um die Festlegung einer konkreten Summe geht. Ein für den Fall zu großer Nachgiebigkeit befürchteter Gesichtsverlust (auch im Verhältnis des Verhandlungsführers zu seiner Unternehmensleitung bzw. den Anteilseignern) lässt sich auf diese Weise vermeiden.

Bestellen die Parteien den Mediator nur deswegen zum Schiedsrichter, um ihrer in der Mediation gefundenen Einigung die Rechtsqualität eines Schiedsspruchs mit vereinbartem Inhalt (§ 1053 Abs. 1 ZPO) zu verleihen, handelt es sich zwar um einen Missbrauch prozessualer Gestaltungsmöglichkeiten, doch hat dieser keine rechtlichen Konsequenzen.[87] Einfacher lässt sich ein Vollstreckungstitel allerdings im Wege eines Anwaltsvergleich (§ 796a ZPO) zwischen den – bei wirtschaftsrechtlichen Streitigkeiten in aller Regel am Verfahren beteiligten – Rechtsanwälten oder durch Errichtung einer notariellen Urkunde nach § 794 Abs. 1 Nr. 5 ZPO erreichen (s. Rdn. 84ff.).

Zur Überleitung von Schiedsgerichtsverfahren in die Mediation s. Rdn. 656).

508 c) **Mediation und Schiedsgutachten.** In Mediationsverfahren endet die Einigungsbereitschaft oftmals dort, wo entscheidungserhebliche Tatsachenfragen von den Beteiligten unterschiedlich beurteilt werden. Wo etwa der Lieferant seine Leistung als ordnungsgemäß, der Besteller sie als mangelhaft betrachtet, ist die Konfliktbereinigung schwieriger als dort, wo es um die interessengerechte Abwicklung einer unstreitigen Leistungsstörung geht. Im Gerichtsverfahren würde in dieser Situation ein Sachverständigengutachten in Auftrag gegeben; im Schlichtungs- oder Schiedsgerichtsverfahren könnte vielleicht der (nach entsprechender Sachkunde ausgewählte) Entscheidungsträger die Beurteilung selbst vornehmen. Dem Mediator hingegen wird in der Regel die einschlägige Sachkunde fehlen; außerdem soll er sich ja gerade einer eigenen Stellungnahme enthalten. Stattdessen wird er vorschlagen, dass ein Schiedsgutachter mit der verbindlichen Klärung der streitigen Sachfrage beauftragt und sodann weiter über die Lösung des Konflikts verhandelt wird. Näher zum Schiedsgutachten § 18.

[86] *Risse* Wirtschaftsmediation § 15 Rdn. 29ff.; *Eberl/Friedrich* BauR 2002, 254; *Risse* BB 2001 Beil. 2, 16ff.; *Duve* BB 1998 Beil. 9, 15ff.

[87] Vgl. hierzu *Risse* BB 1999 Beil. 9, 5 Fußn. 35; *Lörcher* Betrieb 1999, 789f.

VI. Kosten und Vergütung

Über die **Kostentragung** können die Parteien in der Abschlussvereinbarung eine individuelle Regelung treffen. Üblich und dem Wesen der Mediation entsprechend, weil nicht auf Obsiegen und Unterliegen abstellend, ist jedoch die hälftige Kostenteilung, die bereits in der Mediationsvereinbarung vorgegeben werden sollte. 509

Die **Verfahrenskosten** werden hauptsächlich durch das Honorar des Mediators bestimmt. Dieses wird in der Regel nach dem Zeitaufwand (Sitzungen einschl. Vorbereitung) bemessen.[88] Die Stundensätze können grundsätzlich frei vereinbart werden, da – außer für Notare, s. unten Rdn. 511) keine gesetzlichen Vorgaben existieren (s. für Rechtsanwälte § 34 RVG i.V.m. § 612 Abs. 2 BGB). Sie variieren sehr stark, da der berufliche Hintergrund und die persönlichen Gegebenheiten beim Mediator sowie die wirtschaftlichen Umstände des Falles sehr unterschiedlich sein können. Ein Anwaltsmediator, der die Kanzleikosten einkalkulieren muss, wird einen höheren Stundensatz berechnen als ein pensionierter Sozialpädagoge, dafür aber auch eine andersartige Dienstleistung erbringen, und in einer Wirtschaftsmediation mit Millionenstreitwert ist ein anderer Satz angemessen als beim nachbarlichen Streit um die Gartennutzung (vgl. auch Rdn. 58). Neben dem Zeihonorar oder einer vereinbarten Pauschalvergütung kann der Mediator eine zusätzliche Gebühr für den Fall der Einigung nur bei besonderer Vereinbarung beanspruchen.[89] 510

Notare übernehmen den Mediationsauftrag als Tätigkeit auf dem Gebiet der vorsorgenden Rechtspflege (§ 24 BNotO), d.h. in ihrer Eigenschaft als Träger eines öffentlichen Amtes.[90] Die Kosten bestimmen sich daher nach § 148 Abs. 1, § 116 Abs. 1 KostO, der Geschäftswert nach § 30 KostO; eine Vereinbarung über die Höhe der Vergütung ist ausgeschlossen (§ 17 Abs. 1 Satz 1 BNotO). Führt die Mediation nicht zu einer Einigung, wird nur die Hälfte der Kosten berechnet (§ 116 Abs. 1 Satz 2 Nr. 1 KostO).[91] 511

Behörden (z.B. Jugendämter) und **gemeinnützige Organisationen** bieten Mediation in bestimmten Bereichen, vor allem im Familienrecht, auch kostenlos oder auf Spendenbasis an. Die Öffentliche Rechtsauskunft- und Vergleichsstelle Hamburg berechnet eine Antragsgebühr von 20 Euro, eine vom Gegenstandswert abhängige Verfahrensgebühr sowie pro Mediations- 512

---

[88] *Mayer* in Gerold/Schmidt § 34 Rdn. 38.

[89] *Müller-Rabe* in Gerold/Schmidt VV 1000 Rdn. 12, 19.

[90] *Bülow* in Walz Formularbuch § 6 Rdn. 101 m.w.N.

[91] Vgl. das Berechnungsbeispiel von *Bülow* in Walz Formularbuch § 6 Rdn. 101: Bei 50 000 EUR Geschäftswert belaufen sich die Kosten, wenn eine Einigung erzielt wird, einschl. der Beurkundung auf 528 EUR, bei Nichteinigung auf 264 EUR.

sitzung von 90 Minuten eine von den Einkommens- und Vermögensverhältnissen abhängige Gebühr zwischen 25 und 130 Euro.[92]

513 Der am Mediationsverfahren **als Parteivertreter beteiligte Rechtsanwalt** erhält eine Geschäftsgebühr zwischen 0,5 und 2,5; in schwierigen oder umfangreichen Fällen, wie sie in der Mediation häufig sind, kann der Regelwert von 1,3 ohne Weiteres überschritten werden. Hinzu kommt neben der Auslagenpauschale die Einigungsgebühr von 1,5, soweit es zu einer Einigung kommt. Selbstverständlich sind auch Honorarvereinbarungen möglich.

Zum Kostenvergleich Mediation – streitiges Verfahren s. oben Rdn. 58, 92).

§ 18 Schiedsgutachten

I. Beschreibung

514 Das Schiedsgutachten mit Feststellungswirkung[93] gehört zu den evaluativen (bewertenden) Verfahren, weil es dazu dient, den Konfliktparteien zu einer einvernehmlichen Lösung zu verhelfen, indem eine zwischen ihnen streitige Frage durch das **Votum eines neutralen, sachkundigen Dritten** entschieden wird. Es zielt, wie alle evaluativen Verfahren, nicht unmittelbar auf die Lösung des Konflikts ab, sondern es soll die Lösung, die die Parteien anschließend im Wege des Verhandelns, eines AKL-Verfahrens oder auch im (schieds-)gerichtlichen Verfahren suchen, erleichtern und fördern. Nach dem Harvard-Konzept spielt es die Rolle eines objektiven Bewertungskriteriums: Durch die Vermittlung einer neutralen Außensicht werden die Konfliktparteien in die Lage versetzt, sich Klarheit über die Nichteinigungsalternative zu verschaffen und dadurch leichter zu einer kooperativen Lösungssuche zu gelangen. Durch das Schiedsgutachten werden die Parteien nicht gehindert, ihren Konflikt streitig entscheiden zu lassen. Sie verschaffen sich lediglich die Chance, durch die neutrale und kompetente Klärung ihrer Streitfrage den Weg zu einer einvernehmlichen Konfliktlösung, sei es auf dem Verhandlungswege oder mit Hilfe eines Vermittlers oder Mediators, zu ebnen. Indem sie vorab die **bindende Wir-**

[92] Gebührenordnung v. 1. 12. 1998 (HmbGVBl. 1998, S. 254), zuletzt geändert durch VO v. 25. 4. 2006 (HmbGVBl. S. 204).

[93] Das Schiedsgutachten mit Gestaltungswirkung, bei dem der Dritte eine Leistungsbestimmung i. S. v. § 317 BGB vornehmen, also die Rechtsbeziehung zwischen zwei Vertragsparteien gestalten soll, bleibt hier, da nicht die Konfliktlösung betreffend, außer Betracht. Vgl. dazu *Greger/Stubbe* Schiedsgutachten Rdn. 83 ff.

kung des Gutachtervotums anerkennen, entziehen sie die konträr beurteilte Frage zugleich etwaigem weiteren Streit und vermindern den Anreiz, eine kontradiktorische Lösung zu suchen.

Das Schiedsgutachten unterscheidet sich von anderen Evaluationsmethoden dadurch, dass es sich nicht auf die Durchsetzbarkeit von Rechtspositionen bezieht (wie die Externe oder die Interne Konfliktbewertung; s. §§ 20, 21), sondern auf die sachkundige Beurteilung einer konkreten Streitfrage. Der Unterschied zum Schiedsgerichtsverfahren besteht darin, dass dieses, wie der Zivilprozess, zu einer verbindlichen Entscheidung über geltend gemachte Ansprüche führt, während beim Schiedsgutachten zwar auch verbindlich, aber nur über ein Element, eine Vorfrage der Konfliktlösung entschieden wird. Anders als bei der Schlichtung wird bei ihm auch keine Empfehlung für die Lösung des Konflikts gegeben.

Beim Schiedsgutachten vereinbaren die Parteien, dass ein Dritter damit 515
beauftragt werden soll, eine zwischen ihnen bestehende Streitfrage auf Grund seiner Sachkunde mit bindender Wirkung zu entscheiden. Zumeist handelt es sich um eine **Tatsachenfrage,** z. B. das Vorliegen eines Werkmangels, eines Behandlungsfehlers, der Kausalität zwischen dem Behandlungsfehler und einer Folgeerkrankung, den Wert eines Grundstücks, die Stärke einer Lärmimmission. Auch die Auslegung einer Willenserklärung kann Gegenstand eines Schiedsgutachtens sein.

Enthält das streitige Tatbestandsmerkmal neben der tatsächlichen auch 516
eine **normative Komponente** (wie z. B. die Begriffe fahrlässig, ortsüblich, angemessen, zumutbar), hindert dies Parteien und Gutachter nicht, das Merkmal insgesamt der sachverständigen Bewertung zu unterziehen (also z. B. nicht nur die Intensität der Geruchsbelästigung, sondern auch deren Wesentlichkeit oder Ortsüblichkeit i. S. v. § 906 BGB). Anders als die Tatsachenfeststellung wäre die rechtliche Bewertung des Schiedsgutachters allerdings für ein mit der Sache befasstes Gericht nicht bindend; insoweit käme dem Gutachten nur eine faktische Bindungswirkung zu.[94] Dasselbe gilt, wenn dem Gutachter die Klärung einer Rechtsfrage (z. B. der Wirksamkeit einer AGB) übertragen wird.

Einen ähnlichen Zweck wie das Schiedsgutachten verfolgt das **selbstständige Beweisverfahren** nach §§ 485 ff. ZPO. Auch hier wird eine Tatsachen- 517
feststellung getroffen, die im Prozess dieselbe Wirkung hat wie eine dort durchgeführte Beweisaufnahme (§ 493 ZPO) und daher ein Hauptsacheverfahren entbehrlich machen soll. Allerdings haben sich die Erwartungen, die der Gesetzgeber in dieses Verfahren gesetzt hat,[95] nicht erfüllt.[96] Auch das selbstständige Beweisverfahren ist ein kontradiktorisches gerichtliches Verfahren mit all seinen Förmlichkeiten, Kostenrisiken und Erschwernissen.

[94] Näher hierzu *Greger/Stubbe* Schiedsgutachten Rdn. 158 ff.

[95] Vgl. BT-Drucks. 11/3621 S. 23 f. Sie findet Ausdruck in § 485 Abs. 2 Satz 2 ZPO.

[96] *Herget* in Festgabe Vollkommer S. 97 ff.

Die Beweisaufnahme richtet sich nach den für den Zivilprozess geltenden Vorschriften (§ 492 ZPO); § 494a ZPO zeichnet in gewisser Weise den Weg in den Hauptsacheprozess vor. Wer eine gütliche Lösung anstrebt, ist daher mit dem Schiedsgutachtenverfahren wesentlich besser beraten. Wenn sich der Gegner auf ein solches nicht einlässt, sollte ein selbstständiges Beweisverfahren jedoch in Betracht gezogen werden. Näher hierzu § 24.

II. Vorzüge

518 Das Schiedsgutachtenverfahren **vermeidet** die oft schwerfällige, zeit- und kostenintensive **Tatsachenaufklärung vor Gericht.** Der Richter muss zu Fragen, deren Klärung eine besondere Sachkunde erfordert, Beweis durch einen Sachverständigen nach §§ 402ff. ZPO erheben. Das Gutachten unterliegt seiner freien Beweiswürdigung. Er muss sich selbst, in Auseinandersetzung mit dem Gutachten, eine Überzeugung zum Beweisthema bilden. Dies hat nicht nur zur Folge, dass Gerichtsgutachten sehr ausführlich (und damit kostspielig) sind, sondern bewirkt auch, dass nach ihrem Vorliegen der Parteienstreit um die Überzeugungsbildung des Richters entbrennt: von Einwendungen gegen das Gutachten, die nicht selten durch Privatgutachten untermauert werden, über die mündliche Anhörung des Sachverständigen bis hin zu Ablehnungsanträgen und zum Erwirken einer neuen Begutachtung nach § 412 ZPO. All dies können die Parteien durch die Verständigung auf ein Schiedsgutachten vermeiden:

519 Sie können den Gutachter **selbst auswählen** und sich hierbei auf einen besonders kompetenten Experten, dessen Unbefangenheit außer jedem Zweifel steht, verständigen. Die Gewinnung eines solchen Gutachters wird dadurch erleichtert, dass sein Honorar ohne Bindung an die Sätze des JVEG frei ausgehandelt werden kann. Im Gegenzug kann ausdrücklich vereinbart werden, dass die Begutachtung vom Sachverständigen **höchstpersönlich** vorgenommen wird; die bei der Ausarbeitung von Gerichtsgutachten verbreitete Delegation auf Mitarbeiter (vgl. § 407a Abs. 2 ZPO) lässt sich dadurch ausschließen.

520 Die **Kosten** sind selbst dann, wenn mit dem Gutachter ein deutlich höherer Stundensatz vereinbart wird, geringer als beim Gerichtsgutachten, weil dieses ausführlicher begründet werden muss und, wie vorstehend aufgezeigt, oftmals erhebliche Nachfolgelasten auslöst.

521 Das Schiedsgutachtenverfahren bewirkt einen erheblichen **Zeitgewinn.** Die für das gerichtliche Sachverständigenverfahren typischen, oft jahrelangen Verzögerungen des Rechtsstreits mit ihren desaströsen wirtschaftlichen Folgen werden vermieden. Der Schiedsgutachter ist Vertragspartner der Parteien und kann von diesen entsprechend in die Pflicht genommen werden.

Sein Gutachten kann in zeitlicher Nähe zum Konfliktanlass und damit auf einer besseren Erkenntnisgrundlage erstattet werden und liegt innerhalb weniger Wochen, in leichten Fällen in wenigen Tagen vor. Dadurch werden auch die mittelbaren Kosten, die ein längerer Klärungsprozess bei den Parteien hervorruft, minimiert. Nicht zuletzt aus diesem Grund wird das Schiedsgutachten in der Wirtschaft zunehmend angewendet.[97]

Die **Befriedungswirkung** des Schiedsgutachtens ist sehr hoch. Es führt 522
zwar nicht unmittelbar zur Beilegung des Konflikts, sondern klärt lediglich einen Streitpunkt. Sehr oft steht aber gerade die unterschiedliche Bewertung einer bestimmten Tatsache einer Einigung entgegen. Hier spielen auch psychologische Faktoren eine Rolle: Der in Anspruch genommene Arzt weist auf Grund natürlicher Selbstschutzmechanismen einen Behandlungsfehler strikt von sich und verbaut damit jede Verhandlung über eine Genugtuung für den geschädigten Patienten; der Geschäftspartner sieht sein Ansehen in Gefahr, wenn er seine Mängelrüge relativiert usw. Das Votum des neutralen, fachkundigen Dritten bietet hier eine Brücke, um zunächst eingenommene Positionen wieder aufgeben zu können. Die Erfahrung zeigt, dass es nach Vorliegen eines Schiedsgutachtens in der Regel zur einvernehmlichen Lösung des Rechtsstreits insgesamt kommt, zumeist auf dem reinen Verhandlungsweg, also ohne (nochmalige) Einschaltung eines Dritten. Doch selbst wenn dies nicht gelingt und noch ein Gerichts- oder Schiedsgerichtsverfahren folgen muss, wird dieses durch die Vorklärung einer zentralen Sachverhaltsfrage im Schiedsgutachten sehr entlastet und beschleunigt.

Damit ist ein weiterer Vorteil des Schiedsgutachtens angesprochen: Es 523
verbaut nicht den Weg zu anderen Formen der AKL, sondern ergänzt diese in sehr hilfreicher Weise; auch in ein bereits eingeleitetes Verfahren, selbst ein Gerichtsverfahren, lässt es sich hervorragend und in einigungsfördernder Weise einbauen (s. dazu Rdn. 553).

Schiedsgutachtenabreden sind für den Anwalt **leichter erzielbar** als die 524
Verständigung auf andere Verfahren der AKL. Dies gilt sowohl für die Überzeugungsarbeit beim eigenen Mandanten, dem klar gemacht werden kann, dass auch im Prozess ein Sachverständigengutachten eingeholt werden wird und welche Auswirkungen dies hat, als auch für die Zustimmung der Gegenseite: Dem Vorschlag, die streitige Tatsache durch einen gemeinsam ausgewählten Experten mit wesentlich geringerem Aufwand als im sonst drohenden Prozess klären zu lassen, wird sich kein einigermaßen rational denkender Gegner widersetzen können. Dies gilt im Wirtschaftsverkehr ganz besonders, wo der Vertreter eines Unternehmens gewärtigen muss, nach einem jahrelangen, ruinösen Gutachterstreit vor Gericht von

[97] *Hobeck/Mahnken/Koebke* SchiedsVZ 2007, 230; *Stubbe* SchiedsVZ 2006, 150.

der Geschäftsleitung gefragt zu werden, weshalb er den Vorschlag eines Schiedsgutachtens nicht angenommen hat.

III. Risiken und Nebenwirkungen

525 Der Vorteil des Schiedsgutachtenverfahrens, eine Meinungsverschiedenheit über Tatsachenfragen schnell und abschließend dem Parteienstreit zu entziehen, hat zur Kehrseite, dass die Partei u.U. ein **ungünstiges Votum** gegen sich gelten lassen muss. Diesen Einwand des Mandanten kann der Anwalt aber leicht mit dem Hinweis entkräften, dass ein Sachverständigengutachten auch im Prozess unumgänglich sein und dass dort kaum ein anderes Ergebnis zu erwarten sein wird als im Schiedsgutachten. Durch die Wahl eines über jeden Zweifel erhabenen Gutachters kann das Risiko zudem gering gehalten werden.

526 Abgesehen davon lässt es die Rechtsprechung in entsprechender Anwendung des § 319 Abs. 1 BGB zu, dass ein Gericht bei **offenbar unrichtigen Feststellungen** des Schiedsgutachters von diesen abweichen und eigene Feststellungen treffen kann.[98] Eher in dieser Auflockerung als in der Bindungswirkung als solcher muss ein Schwachpunkt des Schiedsgutachtenverfahrens gesehen werden, denn sie eröffnet die Möglichkeit, den Tatsachenstreit nun doch vor Gericht auszutragen. Wenn die Partei im Prozess schlüssig vorträgt, das Schiedsgutachten sei wegen offenbarer Unrichtigkeit nicht verbindlich, muss das Gericht die Behauptung der Unrichtigkeit prüfen – was in der Regel die Einholung eines Sachverständigengutachtens erfordert. Der Tatsachenstreit ist dann gleichsam auf eine Meta-Ebene gehoben worden: Es wird nicht mehr über die Tatsache, sondern über die Richtigkeit der Tatsachenfeststellung gestritten. Auch wenn der Angriff gegen das Schiedsgutachten zumeist erfolglos bleibt, weil die Rechtsprechung an das Vorliegen einer „offenbaren" Unrichtigkeit hohe Anforderungen stellt,[99] führt dieses Vorgehen doch zu einer Eskalation des Konflikts (was manchmal auch dazu ausgenutzt wird, über den Lästigkeitswert der drohenden Gutachterschlacht zu einem günstigeren Vergleichsabschluss zu gelangen).[100] Vermeiden lässt sich eine solche Perversion der mit dem Schiedsgutachten verfolgten Absicht, indem der Einwand der offenbaren Unrichtigkeit in der Schiedsgutachtenabrede abbedungen wird (näher hierzu Rdn 547).

527 Da das Schiedsgutachten **keine Drittwirkung** hat, seine Verbindlichkeit also nur zwischen den Parteien der Schiedsgutachtenabrede entfaltet, kann

[98] BGH NJW 1984, 43. Näher zum Kriterium der offenbaren Unrichtigkeit *Greger/Stubbe* Schiedsgutachten Rdn. 170 ff.

[99] Vgl. BGHZ 81, 229, 237; BGH NJW 1983, 2244, 2245.

[100] *Greger/Stubbe* Schiedsgutachten Rdn. 42. Nach *Raeschke-Kessler* BB 1993 (Beil. 17) 19 führt der Einwand der offenbaren Unrichtigkeit häufig zu Prozessen über drei Instanzen.

ein regresspflichtiger Dritter die Richtigkeit der Feststelllungen bestreiten und den Regressnehmer zu einer Beweisführung zwingen; ein der Streitverkündung entsprechendes Hilfsmittel existiert hier nicht. Falls eine solche Regresssituation besteht, empfiehlt es sich, den Dritten zur Teilnahme an dem Schiedsgutachtenverfahren zu bewegen; denkbar, aber weniger erstrebenswert ist auch, die Bindungswirkung für den gegebenenfalls Regressberechtigten auszuschließen. Bei fehlender Kooperationsbereitschaft des Dritten ist eher an ein selbstständiges Beweisverfahren (s. § 24) zu denken, bei dem eine Streitverkündung möglich ist.[101]

Dass die **Kosten** ausufern könnten, kann ausgeschlossen werden, denn 528
die Parteien selbst können den Aufwand durch ihre vertraglichen Abmachungen mit dem Gutachter steuern (anders als im Zivilprozess, wo die beweisbelastete Partei nur die Möglichkeit hat, den vom Gericht festgesetzten Auslagenvorschuss zu zahlen oder den Prozess zu verlieren). Man sollte beim Schiedsgutachten auch nicht nur an Chefärzte oder Leiter von Forschungslabors denken; bei Baumängeln reicht oft eine kurze Besichtigung des Objekts durch den Obermeister der Innung, um Klarheit zu schaffen.

IV. Praktische Durchführung

1. Gewinnung der Parteien

Falls die Parteien sich bereits in dem Vertrag, aus dem die Streitigkeit 529
erwachsen ist, durch eine **Schiedsgutachtenklausel** auf dieses Verfahren festgelegt haben, genügt die Information der Beteiligten, dass der dort geregelte Fall eingetreten ist. Sodann sind die in der Klausel vorgesehenen Maßnahmen zur Ingangsetzung des Verfahrens zu ergreifen, also z.B. die Aufforderung zur Unterbreitung eines Vorschlags für die Person des Schiedsgutachters, das Ersuchen an die IHK zur Benennung eines Schiedsgutachters u.dgl.

Zu prüfen ist allerdings, ob die Schiedsgutachtenklausel *wirksam* ist. Insbesondere bei Klauseln in **AGB** stellt die Rechtsprechung z.T. sehr hohe Anforderungen.[102] Da der Partner des Verwenders sich der grundsätzlich endgültigen Verbindlichkeit eines Schiedsgutachtens unterwirft, also auf einen ihm sonst zustehenden Rechtsschutz verzichtet, muss die Klausel, um § 307 Abs. 2 BGB standzuhalten, ein Verfahren vorsehen, welches seine Mitwirkungsrechte wahrt und Schutz vor einem parteilichen Gutachter bietet.[103]

[101] BGHZ 134, 192 = NJW 1997, 859.

[102] BGHZ 115, 329 hat – zu weit gehend – eine Schiedsgutachtenklausel schon wegen der wirtschaftlichen Bedeutung und Risikobehaftung eines Fertighausvertrags für unwirksam erklärt. Kritisch dazu *Sturmberg* BauR 1992, 693 ff.; *Acker/Konopka* SchiedsVZ 2003, 261 f; einschr. auch BGHZ 157, 102, 117.

[103] *Greger/Stubbe* Schiedsgutachten Rdn. 134 m.w.N.

Sie darf auch nicht den Eindruck erwecken, der Rechtsweg sei (entgegen § 319 Abs. 1 BGB) vollständig ausgeschlossen;[104] auch ein Abbedingen dieser Vorschrift in AGB wäre unwirksam.[105] Bei arbeitsrechtlichen Streitigkeiten erfordert der Regelungszweck der §§ 4, 101 ArbGG Wirksamkeitsbeschränkungen.[106] Bestehen Bedenken gegen die Wirksamkeit, wird aber gleichwohl ein Schiedsgutachtenverfahren gewünscht, empfiehlt es sich, vorsorglich noch eine Individualabrede zu schließen.

530 Bei Fehlen einer Schiedsgutachtenklausel wird der Anwalt zunächst die **Zustimmung des Mandanten** zu diesem Verfahren einholen und sodann den **Vorschlag an die Gegenseite** richten, die streitige Frage durch einen Schiedsgutachter klären zu lassen. Der Anwalt wird dabei kurz die Vorteile, insbesondere die Vermeidung eines Prozesses mit Sachverständigenbeweis, anführen, es aber in der Regel vermeiden, bereits einen Gutachter zu benennen. Dies könnte sogleich eine Abwehrhaltung erzeugen. Vielmehr sollte der Gegenseite vorgeschlagen werden, *gemeinsam* nach einem absolut neutralen Gutachter Ausschau zu halten. Man könnte auch anregen, von der zuständigen Kammer oder Innung Vorschläge einzuholen. Ein richtig kommunizierter Schiedsgutachtenvorschlag kann im Grunde in Fällen, in denen eine sachverständige Beurteilung indiziert ist, von einer vernünftig und wirtschaftlich denkenden Gegenpartei kaum abgelehnt werden, weil er, wie vorstehend aufgezeigt, nur Vorteile bringt. In der Regel wird sogar das Abbedingen des Einwandes offenbarer Unrichtigkeit (Rdn. 526, 547) keine Probleme bereiten. Sollte aber dennoch die Bindungswirkung einen Hemmschuh darstellen, lässt sich eine Einigung leicht durch Ausnutzen des „Ja-aber-Effekts“ (Rdn. 287) erzielen: Die andere Seite wird an ihrer grundsätzlichen Zustimmung festgehalten, indem der Vorbehalt durch den Vorschlag einer nur einseitig oder gar nicht bindenden Begutachtung (Rdn. 548 ff.) ausgeräumt wird.

2. Schiedsgutachtenvertrag

531 Die Verständigung der Parteien über die Einschaltung eines Schiedsgutachters wird durch einen Vertrag, die sog. Schiedsgutachtenabrede, besiegelt (die bereits in dem Vertrag, aus dem die Streitigkeit erwachsen ist, enthalten sein kann; s. Rdn. 529). Die Abrede ist **formfrei** möglich; die Vorschriften für das Schiedsgerichtsverfahren (§ 1031 ZPO) gelten nicht.[107] Ob der Vertrag dem materiellen oder dem Prozessrecht zuzuordnen ist, ist streitig,[108] hat jedoch kaum praktische Auswirkungen.

---

[104] BGHZ 101, 307, 319.

[105] *Schwarzmann* in Walz Formularbuch § 21 Rdn. 30.

[106] Näher *Greger/Stubbe* Schiedsgutachten Rdn. 135.

[107] BGH NJW 1975, 1556.

[108] Eingehend mit Nachweisen des Meinungsstands *Greger/Stubbe* Schiedsgutachten Rdn. 131.

Der Vertrag muss zumindest die Einigung darüber enthalten, dass zur Klärung einer bestimmt bezeichneten Frage ein Schiedsgutachter zu bestellen ist. Außerdem ist der **Gutachter,** auf den sich die Parteien geeinigt haben, zu benennen, hilfsweise das **Ernennungsverfahren** (etwa Ersuchen an die IHK) zu regeln, desgleichen die **Kostentragung.** 532

Soll der Schiedsgutachtenvertrag unter Verwendung vorformulierter Bedingungen geschlossen werden, sind die Anforderungen der §§ 305 ff. BGB zu beachten (s. dazu Rdn. 529). 533

Fakultativ sind Vereinbarungen über die Bindungswirkung (insbesondere Ausschluss des Einwands offenbarer Unrichtigkeit; s. Rdn. 547), über dem Schiedsgutachter zu erteilende Anweisungen (etwa Frist für das Gutachten, Ausführlichkeit der Begründung, mündliche Erörterung mit den Beteiligten, Beiziehung von Unterlagen), Mitwirkungspflichten der Parteien (etwa Zurverfügungstellen von Gegenständen oder Unterlagen, Gewährung von Zutritt), Verschwiegenheit.[109] 534

Vorsorge für den Fall, dass der Schiedsgutachter die **Besorgnis einer Befangenheit** wecken sollte, braucht nicht getroffen zu werden. Ein Ablehnungsrecht wäre mit der vertragsrechtlichen Struktur des Schiedsgutachtenverfahrens nicht vereinbar; die §§ 406 oder § 1036 f. ZPO sind auch nicht entsprechend anwendbar. Bei einem Neutralitätsverstoß des Schiedsgutachters kann die Partei vielmehr auch ohne ausdrückliche Vereinbarung den Schiedsgutachtervertrag außerordentlich kündigen und die fehlende Bindungswirkung des Schiedsgutachtens geltend machen.[110]

Möglich, aber nicht notwendig ist ein ausdrücklicher **Klageverzicht,** d.h. eine Vereinbarung, dass bis zum Vorliegen des Schiedsgutachtens eine gerichtliche Geltendmachung der davon erfassten Ansprüche unterbleiben soll. Zwar besteht hier kein gesetzliches Prozesshindernis wie bei der Schiedsklausel nach § 1032 ZPO. Nach der Rechtsprechung enthält ein Schiedsgutachtenvertrag aber, da er sonst seinen Zweck weitgehend verfehlen würde, in der Regel die stillschweigende Vereinbarung, dass der Gläubiger für die Dauer der Erstattung des Gutachtens trotz der Fälligkeit der Forderung gegen den Schuldner nicht vorgehen werde.[111] Eine derartige Vereinbarung berechtigt den Schuldner, die Leistung jedenfalls vorübergehend zu verweigern, so dass eine dennoch erhobene Klage als derzeit unbegründet,[112] bei Vereinbarung eines dilatorischen Klageverzichts als derzeit unzulässig abzuweisen wäre.

Unnötig ist auch ein ausdrücklicher **Verjährungsverzicht,** denn die Verjährung ist im Schiedsgutachtenverfahren aus mehreren Gründen gehemmt (Verhandlung nach § 203 BGB, Begutachtungsverfahren nach § 204 Abs. 1 Nr. 8 BGB, Leistungsverweigerungsrecht nach § 205 BGB).[113]

Zu empfehlen ist aber, dass sich die Parteien schon in der Schiedsgutachtenabrede darüber verständigen, wie sie nach Vorliegen des Gutachtens verfahren wollen. Zumindest sollten sie sich zur Aufnahme von 535

[109] Ausführliches Muster mit Erläuterungen bei *Schwarzmann* in Walz Formularbuch S. 338 f.

[110] *Greger/Stubbe* Schiedsgutachten Rdn. 152.

[111] BGH NJW 1990, 1231, 1232.

[112] BGH NJW 1960, 1462, 1463; SchiedsVZ 2006, 217 m. Anm. *Greger*; *Greger/Stubbe* Schiedsgutachten Rdn. 138 m.w.N.

[113] So schon zum alten Verjährungsrecht BGH NJW 1990, 1231, 1232.

Verhandlungen verpflichten, besser auch schon für den Fall deren Scheiterns Vorsorge treffen, z.B. durch eine Mediationsklausel (s. hierzu Rdn. 462ff.).

3. Schiedsgutachtervertrag

536 Haben sich die Parteien auf den Schiedsgutachter geeinigt, schließen sie mit diesem gemeinsam (oder einer mit Ermächtigung des anderen) einen Vertrag ab, in dem – gegebenenfalls auf der Grundlage des in der Schiedsgutachtenabrede Vereinbarten – die wechselseitigen Rechte und Pflichten geregelt werden.[114] Es handelt sich um einen Werkvertrag, in dem sich der **Sachverständige** zur Erstellung eines Schiedsgutachtens über die in der Schiedsabrede bezeichneten Fragen verpflichtet.[115] Klar zum Ausdruck zu bringen ist, dass es sich um ein für die Parteien verbindliches *Schiedsgutachten* handelt und dass der Sachverständige wegen seiner besonderen Kompetenz hiermit beauftragt wird. Auch wenn sich bereits daraus ergibt, dass er das Gutachten *höchstpersönlich* zu erstatten hat,[116] sollte dies im Vertrag ausdrücklich ausbedungen werden.

Der Vertrag sollte auch klarstellen, ob der Gutachter reine Tatsachenfeststellungen treffen oder auch rechtliche Bewertungen vornehmen soll, wie ausführlich er sein Votum zu begründen hat, ob und unter welchen Voraussetzungen er einen weiteren Gutachter einschalten darf und ob er sonstige Vorgaben (etwa unstreitige Sachverhaltselemente) oder Verfahrensregeln zu beachten hat. Empfehlenswert sind auch ausdrückliche Abmachungen über die Einbindung der Parteien. Zwar muss der Schiedsgutachter, der ja eine verbindliche Entscheidung trifft, den Grundsatz des rechtlichen Gehörs ohnehin beachten (s. Rdn. 541); es kann aber hilfreich sein, diese Pflicht durch bestimmte Regelungen zu konkretisieren (z.B. dass Informationen, die der Gutachter ohne Kenntnis einer Partei erlangt hat, offenzulegen sind, Gelegenheit zur Teilnahme an Anhörungen oder Ortsbesichtigungen zu geben ist). Da es im Rahmen der Begutachtung zum Einblick in Interna der Parteien kommen kann, sollte die Verschwiegenheitspflicht des Gutachters ausdrücklich geregelt werden.

537 Die **Parteien** verpflichten sich in dem Vertrag, dem Gutachter die erforderlichen Informationen zu liefern (was diesem allerdings keinen durchsetzbaren Anspruch verschafft) und das – frei aushandelbare – Honorar zu zahlen. Fehlt eine Vereinbarung, greift, da es eine taxmäßige oder übliche Vergütung von Schiedsgutachtern i.S.v. § 632 Abs. 2 BGB nicht gibt, das

[114] Muster bei *Schwarzmann* in Walz Formularbuch S. 346ff.

[115] Näher zu den sich daraus für den Gutachter ergebenden Pflichten *Greger/Stubbe* Schiedsgutachten Rdn. 143ff.

[116] MünchKomm-BGB/*Busche* § 631 Rdn. 71.

Bestimmungsrecht des Sachverständigen nach §§ 316, 315 BGB ein.[117] Wurde Unentgeltlichkeit vereinbart, hat der Gutachter Anspruch auf Ersatz seiner notwendigen Aufwendungen nach § 673 BGB.

4. Begutachtung

Wie jedes Gutachten ist auch das Schiedsgutachten auf der Grundlage der sog. **Anschluss- oder Anknüpfungstatsachen,** aus denen sich der zu begutachtende Sachverhalt ergibt (z. B. der Zustand des Bauobjekts), und mit Hilfe der sog. **Befundtatsachen,** deren Kenntnis für den Begutachtungsvorgang als solchen erforderlich ist (z. B. die Eigenschaften eines bestimmten Baustoffs), zu erstatten. Kann der Schiedsgutachter diese Erkenntnisquellen nicht erlangen, muss er dies den Parteien offenlegen und deren Entscheidung über das weitere Vorgehen einholen (z. B. Verschaffung weiterer Unterlagen, Entscheidung nach Beweislastgrundsätzen, Übergang in Schlichtungsverfahren). Keinesfalls darf er von sich aus nach Wahrscheinlichkeiten oder nach Billigkeit entscheiden. 538

Bei der **Feststellung der Anschlusstatsachen** muss der Schiedsgutachter (sofern nichts anderes ausdrücklich vereinbart ist) die zivilprozessualen Grundsätze, insbesondere den Beibringungsgrundsatz, beachten. Er darf nicht ohne Ermächtigung inquisitorisch tätig werden, sondern hat den von den Parteien unterbreiteten Tatsachenstoff zu beurteilen. Reicht dieser für die Erfüllung seiner Aufgabe nicht aus, darf er eine eigene Aufklärungstätigkeit nur insoweit entfalten, als dies auch dem Zivilrichter möglich wäre. In erster Linie hat er den Parteien aufzugeben, ihm die fehlenden Erkenntnisgrundlagen zu verschaffen; hierfür kann er auch Fristen setzen (vgl. § 273 Abs. 2 Nr. 1 ZPO). Wie der Zivilrichter nach §§ 142, 144 ZPO darf er auch schriftliche Unterlagen, auf die sich eine Partei bezogen hat, anfordern oder einen Augenschein einnehmen und diesbezügliche Anordnungen, am besten mit Fristsetzung, treffen, allerdings mangels hoheitlicher Befugnisse nicht gegenüber Dritten. Aus der Nichtvorlage geforderter Unterlagen durch die Partei darf er keine negativen Schlüsse ziehen (zum Vorgehen in diesem Fall s. Rdn. 538). Die Einschaltung eines weiteren Sachverständigen (zur Verschaffung ihm fehlender Spezialkenntnisse) ist analog § 144 ZPO zwar zulässig, doch sollte dies schon wegen der sonst u. U. ihn treffenden Kosten nur mit Einwilligung der Parteien geschehen.[118] Zur Herbeiführung und Würdigung von Zeugenaussagen ist der Schiedsgutachter keinesfalls ohne ausdrückliche Ermächtigung durch die Parteien befugt. 539

[117] *Roeßner* in Bayerlein § 43 Rdn. 3; *B. Meyer* Schiedsgutachtervertrag S. 99; a. A. *Bleutge* Das Schiedsgutachten S. 45.
[118] *Bock* in Bayerlein § 26 Rdn. 28.

540 Erhebungen zur **Feststellung der Befundtatsachen** sind dagegen – wie beim gerichtlich bestellten Sachverständigen[119] – als vom Gutachtensauftrag umfasst anzusehen (z. B. das Einholen von Auskünften privater oder amtlicher Stellen zur Ermittlung eines Marktpreises oder einer Vergleichsmiete).

541 Die prozessualen **Beteiligungsrechte** der Parteien („rechtliches Gehör") sind zu wahren. Der Schiedsgutachter übt eine quasirichterliche Funktion aus, weil er verbindliche Feststellungen trifft, die sonst dem Prozessrichter oblägen. Auf übersehene Gesichtspunkte, zu denen weiterer Vortrag in Betracht kommt, muss er die Parteien (wie der Richter nach § 139 Abs. 2 ZPO) hinweisen.[120] Für seine Entscheidung relevante Informationen, die er von einer Partei oder durch eigene Aufklärungstätigkeit erlangt hat, muss er offen legen; verwerten darf er sie erst, wenn die Parteien Gelegenheit hatten, sich dazu zu äußern.[121] Von einem beabsichtigten Augenschein oder einer Zeugenbefragung hat er beide Parteien zu informieren und ihnen die Gelegenheit zur Teilnahme zu gewähren.

542 Das Ergebnis seiner Begutachtung hat der Schiedsgutachter, soweit nichts anderes vereinbart ist, nachvollziehbar zu **begründen.** Er kann sich, wie der Richter in der Urteilsbegründung (vgl. § 313 Abs. 3 ZPO), auf die tragenden Gründe beschränken. Eine große Erleichterung besteht darin, dass er, anders als der Gerichtsgutachter, dem Auftraggeber nicht seine Sachkunde zu vermitteln braucht, um diesem eine eigene Überzeugungsbildung zu ermöglichen. Es genügt, wenn er aufzeigt, wie er zu dem Ergebnis seiner Begutachtung gefunden hat.

543 Gravierende **Mängel** des Begutachtungsverfahrens können zur Unwirksamkeit des Gutachtens oder zur Unverbindlichkeit analog § 319 Abs. 1 BGB führen. Den Parteien steht aber auch ein außerordentliches Kündigungsrecht zu, wenn die Fortsetzung des Schiedsgutachtenverfahrens unzumutbar wird, weil das Verhalten des Sachverständigen Zweifel an seiner Neutralität oder an der Verwertbarkeit seines Gutachtens weckt; eine Ablehnung wegen Besorgnis der Befangenheit gibt es dagegen beim Schiedsgutachter nicht.

5. Verwertung des Schiedsgutachtens

544 Sobald das Gutachten vorliegt, sollten die Parteien **über das weitere Vorgehen verhandeln** (falls dies nicht, wie anzuraten ist, bereits in der Schiedsgutachtenabrede vereinbart wurde). Kommen Sie trotz der gutachterlichen

[119] Vgl. *Zöller/Greger* § 402 Rdn. 5 d.

[120] Praxishinweise bei *Bock* in Bayerlein § 26 Rdn. 25 ff.

[121] *Schwab/Walter* Kap. 2 Rdn. 11; *Bock* in Bayerlein § 26 Rdn. 26; *Nicklisch* FS Bülow S. 176.

Klärung ihrer Streitfrage bilateral nicht weiter, sollten sie die Hilfe eines Dritten als Vermittler, Schlichter oder Mediator in Anspruch nehmen.

Lässt sich ein **Gerichts- oder Schiedsgerichtsverfahren** dennoch nicht vermeiden, wird die Partei, zu deren Gunsten das Schiedsgutachten ausgegangen ist, sich zur Stützung ihres entsprechenden Parteivortrags auf das Schiedsgutachten beziehen. Der Gegner kann diesen dann nicht mehr bestreiten. Der Schiedsgutachtenvertrag wirkt wie ein Geständnisvertrag: Über die vom Schiedsgutachter entschiedene Frage wird nicht mehr Beweis erhoben.[122] 545

Die **Bindungswirkung entfällt,** wenn das Schiedsgutachtenverfahren mit einem Mangel behaftet ist, der im Urteilsverfahren einen Wiederaufnahmegrund i. S. v. §§ 579, 580 ZPO[123] oder eine Verletzung von Verfahrensgrundrechten darstellen würde.[124] 546

V. Variationen und Kombinationen

1. Modifizierungen der Bindungswirkung

a) **Absolute Bindungswirkung.** Nach der Rechtsprechung entfällt die Bindungswirkung des Schiedsgutachtens analog § 319 Abs. 1 BGB, wenn seine offenbare Unrichtigkeit nachgewiesen wird (s. Rdn. 526). Dieser Vorbehalt, der oft zum Einfallstor für neuen Streit wird, kann durch eine ausdrückliche Vereinbarung (wegen § 307 Abs. 2 Nr. 1 BGB nicht durch AGB) abbedungen werden.[125] 547

Es dürfte keine unüberwindlichen Schwierigkeiten bereiten, die Parteien in dem Stadium, in dem sie sich für die Beauftragung eines anerkannten Experten als Schiedsgutachter entscheiden, auch zu dem Verzicht auf den späteren Einwand offenbarer Unrichtigkeit zu bewegen, der ja voraussetzen würde, dass sie dem von ihnen selbst ausgewählten und gemeinsam beauftragten Sachverständigen völlige Inkompetenz oder mangelnde Neutralität vorwerfen müssten. Die Ablehnung eines solchen Vorschlags müsste Zweifel an der Vertragstreue der Partei oder am Vertrauen in die Integrität des Gutachters wecken; sie sollte eher Anlass geben, eine nur einseitige, vorläufige oder bedingte Bindungswirkung oder sogar den gänzlichen Ausschluss einer solchen zu vereinbaren (s. dazu Rdn. 548 ff.). Der Streit um die „offenbare Unrichtigkeit" sollte auf jeden Fall vermieden werden.

[122] Im Einzelnen, auch zur Reichweite der Bindungswirkung bei rechtlichen Bewertungen des Schiedsgutachters *Greger/Stubbe* Schiedsgutachten Rdn. 157 ff.

[123] MünchKomm-BGB/*Gottwald* § 317 Rdn. 46.

[124] Eingehend *Greger/Stubbe* Schiedsgutachten Rdn. 163 ff.

[125] MünchKomm-BGB/*Gottwald* § 319 Rdn. 3; *Schwarzmann* in Walz Formularbuch § 21 Rdn. 30; *Greger/Stubbe* Schiedsgutachten Rdn. 178, 125. Vgl. auch BGH NJW 1972, 827.

548 b) **Einseitige Bindungswirkung.** Um einer zögernden Partei den Weg ins Schiedsgutachterverfahren zu ebnen, kann es sich empfehlen, ihr eine Regelung anzubieten, wonach die Feststellungen nur zu ihren Gunsten, nicht aber zu ihren Lasten bindend sein sollen. Solche Regelungen sind vom Schlichtungsverfahren her geläufig (vgl. Rdn. 406), sie laufen im Grund auf eine Melange aus Schlichtungs- und Schiedsgutachtenverfahren hinaus. Ihr Sinn liegt darin, dass die Vorteile des Schiedsgutachtenverfahrens auch dann erlangt werden können, wenn die andere Seite, etwa aus Unerfahrenheit oder Misstrauen, sich nicht zur vorweggenommenen Unterwerfung unter das Votum eines Gutachters durchringen kann. Auch wenn das Gutachten ihr gegenüber dann nur die Wirkung eines Schlichterspruchs hat, führt seine faktische Bindungswirkung in der Regel doch zur Erledigung des Streits. Dementsprechend muss das Verfahren aber auch hier dieselben Garantien bieten wie beim beidseitig bindenden Gutachten (Rdn. 538 ff.). Auch die nicht von der Bindungswirkung erfasste Partei muss sich zu den wesentlichen Aspekten des vom Gutachter zu verwertenden Tatsachenstoffes äußern können und darf nicht etwa darauf verwiesen werden, sich das Gehör in einem ihr ja offenstehenden späteren Zivilprozess zu verschaffen.[126]

Für die Schiedsgutachtenabrede, den Schiedsgutachtervertrag und die Wirkungen des Schiedsgutachtens gilt, abgesehen von der fehlenden Bindungswirkung auf Seiten der einen Partei, dasselbe wie beim beidseits bindenden Schiedsgutachten.

Kommt es zu einem Gerichtsverfahren, wird die nicht gebundene Partei für ihre dem Gutachten widersprechende Behauptung (gegebenenfalls gegenbeweislich) den Sachverständigenbeweis nach §§ 402 ff. ZPO antreten. Das Schiedsgutachten kann vom Gegner eingeführt werden, hat aber weder die Wirkung eines bindenden Schieds-, noch die eines vom Gericht eingeholten Sachverständigengutachtens. Es belegt vielmehr nur im Wege des Urkundenbeweises, dass der Schiedsgutachter die betreffende Feststellung getroffen hat. Welchen Schluss der Richter daraus zieht, unterliegt seiner freien Beweiswürdigung (§ 286 Abs. 1 ZPO). Er kann sich aber nicht ohne weiteres über gegenteilige Feststellungen eines Gerichtsgutachters hinwegsetzen, sondern muss diesbezügliche Zweifel durch persönliche Anhörung (§ 411 Abs. 3 ZPO), Anordnung der Ergänzung oder Einholung eines weiteren Gutachtens (§ 412 ZPO) ausräumen.[127]

549 c) **Aufschiebend bedingte Bindungswirkung.** Die Parteien können vereinbaren, dass das Schiedsgutachten erst dann (für eine oder für beide Seiten) verbindlich wird, wenn seinen Feststellungen nicht innerhalb einer bestimmten Frist widersprochen wird. Art. 4 der ICC Dispute Board Ru-

[126] *Greger/Stubbe* Schiedsgutachten Rdn. 188.
[127] *Greger/Stubbe* Schiedsgutachten Rdn. 192.

les[128] sieht eine derartige Regelung vor: Demnach kann die Partei innerhalb von 30 Tagen nach Erhalt der Entscheidung des Dispute Board, eines Sachverständigengremiums, eine Ablehnungserklärung *(notice of dissatisfaction)* abgeben. Geschieht dies nicht, wird die Entscheidung endgültig bindend; ihre Missachtung wäre eine Vertragsverletzung mit haftungsrechtlichen Konsequenzen.

Der Vorteil einer solchen Regelung besteht darin, dass die Parteien sich nicht unbesehen einer Bindungswirkung unterwerfen müssen, aber dann, wenn sie das Gutachten kennen und überzeugend finden, die streitbeendende Wirkung eines Schiedsgutachtens durch Stillschweigen herbeiführen können. Ein Nachteil kann in dem durch die Befristung erzeugten Zeitdruck gesehen werden: Von einem vorsorglich zur Fristwahrung eingelegten Widerspruch wird eine Partei oder ihr Anwalt nur ungern wieder abrücken.[129] In einem parteiautonom geregelten Schiedsgutachtenverfahren kann dem allerdings leicht dadurch begegnet werden, dass bei größerem Zeitbedarf für die Prüfung des Gutachtens mit dem Gegner eine Fristverlängerung ausgehandelt oder der fristwahrende Zweck der Ablehnung von vornherein klargestellt wird.

d) Vorläufige Bindungswirkung. Es kann auch vereinbart werden, dass 550
ein Schiedsgutachten zunächst verbindlich sein soll, eine spätere gerichtliche oder schiedsgerichtliche Überprüfung aber dadurch nicht ausgeschlossen wird. Dies kann z.B. sinnvoll sein, wenn die Parteien wegen eines laufenden Bauprojekts eine schnelle und von ihnen respektierte Entscheidung benötigen, damit der Fortgang des Projekts nicht behindert wird, sie sich aber der in diesem Schnellverfahren getroffenen Entscheidung nicht endgültig unterwerfen wollen.[130] Es handelt sich gewissermaßen um eine Art einstweiligen Rechtsschutzes im Schiedsgutachtenverfahren. So kann der Schiedsgutachter z.B. die Voraussetzungen für die Fälligkeit einer Abschlagszahlung feststellen und auf diese Weise eine angedrohte Einstellung der Arbeiten abwenden.

Derartige Vereinbarungen stehen bereits in einer gewissen Nähe zur Schieds*gerichts*abrede. Da aber eine endgültige Entscheidung des entstandenen Streits nicht getroffen, nicht einmal präjudiziert wird, und die einstweilige Regelung nur mit vertraglichen Sanktionen bewehrt, nicht aber als solche vollstreckbar ist, liegen sie noch auf der Stufe des Schieds*gutachtens*. Sie verhindern gerade, dass zum Zwecke einstweiliger Regelungen ein staatliches Gericht (§§ 935 ff. ZPO) angerufen, ein Schiedsgericht konstituiert (§ 1041 ZPO) oder auch nur ein Pre-Arbitral-

[128] http://www.iccwbo.org/uploadedFiles/Court/Arbitration/other/db_rules_2004.pdf.

[129] *Greger/Stubbe* Schiedsgutachten Rdn. 54.

[130] *Greger/Stubbe* Schiedsgutachten Rdn. 44.

Referee-Verfahren, wie es z.B. die ICC anbietet,[131] eingeleitet werden muss.[132]

Ein Votum mit vorläufiger Bindungswirkung sieht z.B. Art. 5 der ICC Dispute Board Rules[133] vor. In England hat es gesetzliche Ausprägung in der *adjudication* nach Sec. 108 Housing Grants, Construction and Regeneration Act 1996 (HGCRA) gefunden.[134] Es verdient auch in der privatautonomen Praxis größere Beachtung und wird daher in § 19 eingehender behandelt.

551 e) **Nicht bindendes Schiedsgutachten.** Wenn die Parteien vereinbaren, dass zu einem Streitpunkt ein Gutachten eingeholt werden, dieses aber rechtlich nicht verbindlich sein soll, handelt es sich im Grunde nicht um ein „Schieds"-Gutachten.[135] Es hat allerdings denselben Effekt wie ein Schiedsgutachten, aus dessen Verbindlichkeit sich jede Partei durch einseitige Erklärung lösen können soll (s. Rdn. 549). Auch aufgrund seiner faktischen Bindungswirkung kommt ihm in der Regel eine streitbeendende Wirkung zu. Die Parteien werden aufgrund der neutralen Bewertung ihrer Argumente durch den Experten ihre Prozesschancen so einschätzen, dass von einem streitigen Verfahren abgesehen und eine gütliche Einigung gesucht wird. Insbesondere bei Konflikten zwischen Wirtschaftsunternehmen werden nicht bindende Schiedsgutachten in aller Regel von beiden Seiten akzeptiert.[136] Auch das Gutachterverfahren der ICC ist nicht bindend.[137]

552 Das nicht bindende Schiedsgutachten hat Verwandtschaft mit dem Schlichterspruch (oben § 16), soll jedoch nicht den Konflikt in seiner Gesamtheit beenden, sondern nur den Streit um eine bestimmte Frage. Auch ist, da es auf Sachkunde und objektiver Betrachtung beruht, seine Überzeugungskraft wesentlich größer als die eines Schlichtungsvorschlags. Wie bei der Schlichtungsklausel kommt es jedoch auch bei der Vereinbarung eines unverbindlichen Schiedsgutachtens nur zu einem **dilatorischen Klageverzicht.** Erhebt also eine Partei entgegen der getroffenen Vereinbarung

[131] http://www.iccwbo.org/uploadedFiles/Court/Arbitration/other/rules_pre_arbitral_german.pdf. S. dazu *Berger* SchiedsVZ 2006, 176 ff.

[132] *Hobeck/Mahnken/Koebke* SchiedsVZ 2007, 231.

[133] http://www.iccwbo.org/uploadedFiles/Court/Arbitration/other/db_rules_2004.pdf. S. dazu *Harbst/Mahnken* SchiedsVZ 2005, 36.

[134] Näher dazu *Gould/Abel* SchiedsVZ 2005, 190 ff; *Harbst* SchiedsVZ 2003, 68 ff.

[135] *Nicklisch* FS Bülow S. 176 f. spricht von „Gutachten mit empfehlendem Charakter".

[136] *Greger/Stubbe* Schiedsgutachten Rdn. 49, 51; *Hobeck/Mahnken/Koebke* SchiedsVZ 2007, 230; *Schramke* NZBau 2002, 410; *Köntges* ICLR 2006, 310.

[137] http://www.iccwbo.org/uploadedFiles/Court/Arbitration/other/rules_expert_german.pdf.

schon vor Vorliegen des Gutachtens Klage, wird diese auf entsprechende Einrede hin als „derzeit unzulässig" abgewiesen (s. Rdn. 385).

2. Verbindung mit anderen Verfahren

Das Schiedsgutachtenverfahren kann jedem anderen Konfliktlösungs- 553 verfahren, auch einem angestrebten Gerichts- oder Schiedsgerichtsverfahren vorgeschaltet werden. Ist abzusehen, dass ohne eine objektive Klärung einer Sachfrage eine Einigung nicht gelingen, ohne Sachverständigengutachten auch ein Urteil oder Schiedsspruch nicht ergehen wird, empfiehlt sich auf alle Fälle ein solches Vorgehen. Auch während eines bereits eingeleiteten Verfahrens kann es sich empfehlen, sich auf ein Schiedsgutachten zu verständigen. Im Prozess sollte ein Antrag auf Sachverständigenbeweis stets nur hilfsweise gestellt und primär die Beauftragung eines Schiedsgutachters bei Ruhen des Verfahrens vorgeschlagen werden (zu den Vorzügen gegenüber dem Verfahren nach §§ 402 ff. ZPO s. Rdn. 518 ff.).

VI. Kosten und Vergütung

Die **Verfahrenskosten** hängen davon ab, welche Honorarvereinbarung 554 mit dem Schiedsgutachter getroffen wurde und welche Auslagen bei ihm angefallen sind. Möglicherweise fallen auch (geringe) Kosten für die Benennung des Schiedsgutachters durch einen Dritten, z. B. die IHK, an.

Für die **Vergütung des Anwalts**, der den Mandanten in einem Schieds- 555 gutachtenverfahren vertritt, gilt das in Rdn. 384 Ausgeführte.

Wird ein Schiedsgutachten innerhalb eines anderen Verfahrens, z. B. eines Zivilprozesses, eingeholt, entsteht keine gesonderte Gebühr (ebenso wenig wie sie im gerichtlichen Sachverständigenbeweisverfahren entstünde).

Die Kostenverteilung im Innenverhältnis wird in der Schiedsgutachten- 556 abrede geregelt; üblich ist die hälftige Kostenteilung.

§ 19 Adjudikation

I. Beschreibung und rechtliche Einordnung

Um den Parteien insbesondere bei längerfristig zu vollziehenden Ver- 557 trägen im Bau- oder Anlagengeschäft ein effizientes Mittel zur raschen Beilegung aufkommender Konflikte an die Hand zu geben, setzt sich zunehmend ein an das englische Vorbild der *adjudication* angelehntes

Verfahren durch.[138] Es handelt sich dabei um eine Abwandlung des Schiedsgutachtens, die bereits Elemente einer verbindlichen Regelung aufweist.

558 Bei der Adjudikation vereinbaren die Parteien, dass bei Entstehen einer Streitigkeit in ihrer Vertragsbeziehung kurzfristig ein Gutachterspruch herbeizuführen ist, der zwar für ein anschließendes Gerichts- oder Schiedsgerichtsverfahren **nicht präjudiziell,** aber gleichwohl für die Parteien zunächst – sanktionsbewehrt – **verbindlich** ist.

559 Vom Schiedsgutachtenvertrag unterscheidet sich der Adjudikationsvertrag durch die Art seiner **Bindungswirkung.** Diese wird aufgrund spezieller Abreden der Parteien sowohl eingeschränkt als auch erweitert: *Eingeschränkt* wird sie insofern, als auch unterhalb der Schwelle der offenbaren Unrichtigkeit keine Bindung eines (Schieds-) Gerichts an die getroffenen Feststellungen eintritt; *erweitert* wird sie, weil die Parteien unter Sanktionsdrohung zur vorläufigen Unterwerfung unter den Entscheid des Gutachters gezwungen werden. Bei einem solchen Vertrag fehlt es an der – für die prozessuale Qualifizierung des echten Schiedsgutachtenvertrags maßgeblichen – Bindungswirkung für eine spätere Gerichtsentscheidung, an der partiellen Vorwegnahme richterlicher Funktionen. Die Entscheidung des Adjudikators soll den Parteien lediglich helfen, eine akute Störung in ihrer Vertragsbeziehung zu überwinden, indem sie sich gegenseitig verpflichten, einstweiligen Regelungen eines Sachverständigen Folge zu leisten. Die Regelungen sind nicht zwangsweise durchsetzbar, sondern lediglich mit vertraglichen Sanktionen bewehrt.

560 Obwohl die Adjudikationsabrede somit *materiellrechtlich* zu qualifizieren ist, müssen auch bei ihr die Anforderungen an ein **rechtsstaatliches Verfahren** eingehalten werden.[139] Die Parteien unterwerfen sich mit dieser Vereinbarung der Entscheidungsgewalt eines Dritten, die zwar nur vorläufige Regelungen umfasst, deren Missachtung aber mit gravierenden Sanktionen bedroht ist. An seine Person, sein Verfahren und seine Entscheidung sind daher dieselben Anforderungen zu stellen wie an den feststellenden Schiedsgutachter.[140]

---

[138] Seit 2010 stellen DIS (http://www.dis-arb.de) und Deutsche Gesellschaft für Baurecht e. V. (http://www.baurecht-ges.de/sl_bau.pdf) auch Verfahrensordnungen für Adjudikation bereit. Der 3. Deutsche Baugerichtstag vom 7./8. Mai 2010 hat eine gesetzliche Regelung des Adjudikationsverfahrens empfohlen (http://www.baugerichtstag.de; dort unter „Empfehlungen, Arbeitskreis VII“).

[139] Vgl. *Lembcke* ZZP 120 (2007) 80 zum englischen Recht.

[140] S. dazu für das englische Recht *Gould/Abel* SchiedsVZ 2005, 190 ff., für die Dispute Board Rules der ICC *Harbst/Mahnken* SchiedsVZ 2005, 34 ff; *Nicklisch* Der Experte im Verfahren S. 6.

II. Vorzüge

Das Verfahren schafft für die Parteien eine **vorläufige Rechtssicherheit** und verhindert Belastungen bei der Abwicklung des gemeinsamen Projekts, die u. U. ruinöse Folgen haben könnten. Da die Parteien sich nur vorläufig dem Spruch eines neutralen, kompetenten Dritten unterwerfen, muss keine Seite von ihrer Position abrücken und durch freiwillige Konzessionen Schwäche zeigen. 561

Die Störung in der Vertragsbeziehung wird aufgrund der vereinbarten kurzen Fristen **sehr schnell** behoben. Dies verhindert nicht nur die Eskalation des Konflikts und das Entstehen von Schäden, sondern ermöglicht dem Sachverständigen auch **zeitnahe Beweiserhebungen und -sicherungen.** Der Adjudikator kann dadurch auf einer wesentlich sichereren Tatsachengrundlage entscheiden als ein späterer Gerichtsgutachter. 562

Erfahrungsgemäß kommt es nach einer Adjudikation nur selten zu einer gerichtlichen Überprüfung des Gutachterspruchs, so dass das Verfahren trotz seiner vorläufigen Natur eine **hohe Befriedungswirkung** hat. 563

Die Beauftragung eines kompetenten Experten oder Expertengremiums (welches z. B. aus einem Juristen und zwei technischen Experten bestehen kann) bietet eine hohe **Richtigkeitsgewähr.**

III. Risiken und Nebenwirkungen

Die Schnelligkeit des Verfahrens bringt nicht nur Vorteile, sondern auch das Risiko mangelnder Gründlichkeit, sei es dass der Sachverhalt zu oberflächlich aufgeklärt wird oder dass Beteiligungsrechte der Parteien verkürzt werden. Dem summarischen Charakter des Verfahrens entspricht allerdings **seine Vorläufigkeit;** nachlaufend bleibt der vollständige Rechtsschutz gewährleistet. Im Übrigen zeigen die Erfahrungen in England, dass es den hoch qualifizierten Adjudikatoren in der Regel gelingt, Gründlichkeit und Schnelligkeit mit einander zu vereinbaren. 564

Der Adjudikator muss, um seiner anspruchsvollen Aufgabe gerecht werden zu können, besondere Fach- und Verfahrenskompetenz aufweisen, was sich in der **Höhe des Honorars** niederschlagen wird. Besonders kostspielig ist das Verfahren, wenn ein Board von (üblicherweise drei) Adjudikatoren eingesetzt wird, die das Projekt von Anfang an begleiten. Bei Großprojekten fallen diese Kosten jedoch kaum ins Gewicht, vor allem in der Relation zu den durch die Adjudikation verhinderten Schäden. 566

IV. Praktische Durchführung

1. Adjudikationsabrede

567 Die Parteien können bereits in ihrem **Ausgangsvertrag** vereinbaren, dass bei bestimmten Konflikten eine Adjudikation durchzuführen ist; sie können einen Gutachter oder ein Gutachtergremium auch sogleich zur Begleitung des Projekts und zur kurzfristigen Krisenintervention einsetzen.[141] Dies ist ratsam, da in diesem Stadium der Vertragsbeziehung noch keine Spannungen und kein Zeitdruck bestehen. Ebenso möglich ist aber, dass die Parteien sich erst **im Konfliktfall** (ad hoc) auf die Durchführung einer Adjudikation einigen.[142]

568 Inhaltlich kann die **Adjudikationsabrede** auf die Begründung, Aufhebung oder Umgestaltung vertraglicher Pflichten im Zusammenhang mit der Durchführung des Projektes gerichtet sein. Sie weicht vom gesetzlichen Leitbild des zivilrechtlichen Rechtsschutzes so weit ab, dass sie nur bei etwa gleicher Verhandlungsstärke der Vertragspartner, also nicht gegenüber Verbrauchern, als rechtswirksam angesehen werden kann.[143] Auch muss genau bestimmt werden, welche Streitpunkte von der Regelungskompetenz des Gutachters umfasst sein sollen. Durch das vereinbarte Benennungsverfahren muss dessen Neutralität gewährleistet sein. Die Parteien müssen sich daher entweder auf einen Schiedsgutachter geeinigt oder dessen Benennung durch eine unabhängige und sachkundige Institution vereinbart haben; die Benennung durch eine einzelne Partei kommt nicht, auch nicht hilfsweise in Betracht. Ein Adjudikationsgremium („Dispute Board“) kann – wie ein Schiedsgericht (§ 1035 Abs. 3 S. 2 ZPO) – aus zwei parteibenannten Gutachtern und einem von diesen benannten Obmann gebildet werden.

569 Aus der Abrede muss klar hervorgehen, dass es sich nicht um ein gewöhnliches Schiedsgutachten handelt, welches lediglich abweichende Feststellungen in einem späteren Prozess hindert, sondern dass die Entscheidung des Gutachters eine **unmittelbare,** mit Haftungssanktionen verknüpfte, allerdings ein späteres Hauptsacheverfahren nicht präjudizierende **Verbindlichkeit** besitzt.

570 Der **Zeitpunkt,** zu dem die vorläufige Bindungswirkung eintreten soll, ist zu bestimmen. Es kann vereinbart werden, dass die Entscheidung

[141] So die Dispute Boards nach Art. 3 der ICC Dispute Board Rules. Zum Verfahren *Harbst/Mahnken* SchiedsVZ 2005, 37f.

[142] Nach *Hobeck/Mahnken/Koebke* SchiedsVZ 2007, 230 kommen projektbegleitende Dispute Boards vor allem im Baubereich vor, während im Anlagengeschäft ad hoc installierte Boards bevorzugt werden.

[143] Zur englischen Rechtsprechung in dieser Frage s. *Gould/Abel* SchiedsVZ 2005, 192f.

sogleich mit der Bekanntgabe an die Parteien verbindlich wird, es ist aber auch möglich, den Eintritt der Bindungswirkung davon abhängig zu machen, dass nicht innerhalb einer bestimmten Frist ein Gerichts- oder Schiedsgerichtsverfahren eingeleitet wird; im letzteren Fall hat das Gutachten des Adjudikators zunächst den Charakter einer unverbindlichen Empfehlung.[144]

Empfehlenswert sind klare Regelungen über einzuhaltende Fristen und die Folgen einer Fristversäumung (z. B. für die Vorlage des Gutachtens, für die Anrufung eines Schiedsgerichts zur Überprüfung des Gutachtens) sowie über das einzuhaltende Verfahren (z. B. die Ermittlungsbefugnisse des Gutachters). Die Wirksamkeit der Abrede hängt davon allerdings nicht ab; beim Fehlen von Verfahrensregelungen müssen gegebenenfalls mit Hilfe ergänzender Vertragsauslegung interessengerechte Lösungen gefunden werden. 571

2. Adjudikatorenvertrag

Im Vertrag mit dem Gutachter muss die besondere Bedeutung, die seinem Gutachten aufgrund der Adjudikationsabrede zukommt, klar zum Ausdruck gebracht werden; anderenfalls dürfte ihm nur die Wirkung eines nicht bindenden Schiedsgutachtens i. S. v. Rdn. 551 beigelegt werden. Damit der Zweck einer kurzfristigen Konfliktlösung erreicht werden kann, ist mit dem Adjudikationsgutachter ein fixer **Termin** für die Erstattung des Gutachtens zu vereinbaren[145] und der Fortbestand des Leistungsinteresses an die Rechtzeitigkeit der Erfüllung zu binden. Bei Nichteinhaltung können die Parteien dann zurücktreten und einen neuen Gutachter einsetzen (§ 323 Abs. 2 Nr. 2 BGB). 572

Trotz des beschleunigten Verfahrens müssen die **Beteiligungsrechte** der Parteien gewahrt werden. Der Gutachter muss das Verfahren so einrichten, dass sie Gelegenheit haben, sich zu den von der anderen Seite oder durch eigene Nachforschung erlangten Erkenntnissen zu äußern. Sieht er sich wegen der begrenzten Zeit nicht in der Lage, den **Sachverhalt voll aufzuklären,** hat er dies im Gutachten zum Ausdruck zu bringen und unter Abwägung der Folgen einer Fehlbeurteilung zu berücksichtigen. 573

---

[144] So bei Vereinbarung eines Dispute Review Board nach Art. 4 der ICC Dispute Board Rules.

[145] Nach Sec. 108[2][c, d] HGCRA 28 Tage mit Verlängerungsmöglichkeit um 14 Tage (s. hierzu *Lembcke* ZZP 120 [2007] 78 f.), nach Nr. 20.4 Abs. 4 FIDIC-Bedingungen 84 Tage (s. hierzu *Schramke/Yazdani* BauR 2004, 1073 ff.; *Lembcke* RIW 2006, 829 f.), nach Art. 20 ICC Dispute Board Rules 90 Tage (s. hierzu *Harbst/Mahnken* SchiedsVZ 2005, 35 f.).

V. Wirkungen

574 Die **Adjudikationsabrede** verpflichtet die Parteien, an dem Verfahren konstruktiv **mitzuwirken.**[146] Sobald eine Partei durch entsprechende Aufforderung an die andere das Adjudikationsverfahren eröffnet, muss schnellstmöglich auf die Einsetzung des Gutachters bzw. Gutachtergremiums (sofern nicht bereits vorab benannt) hingewirkt werden. Dem Gutachter müssen die erforderlichen Informationen erteilt, der Zugang zum Vertragsobjekt und zu sonstigen Erkenntnisquellen muss ihm gewährt werden. Unberechtigte Weigerung stellt eine Verletzung des zwischen den Parteien bestehenden Vertrags mit der Haftungsfolge nach § 280 Abs. 1 BGB, u. U. auch i. V. m. § 280 Abs. 3, § 282 BGB dar.

575 An der **Erhebung einer Klage oder Schiedsklage** wegen des streitigen Anspruchs wird die Partei, soweit nichts Gegenteiliges vereinbart ist, nicht gehindert. Das Verhältnis zwischen Adjudikation und Gerichtsverfahren besteht nicht in einer Alternativität, sondern es gleicht dem Verhältnis zwischen einstweiligem Rechtsschutz und Hauptsacheverfahren.

576 Die **Verbindlichkeit** des Adjudikationsgutachtens äußert sich darin, dass die Partei, die seinen Feststellungen bzw. Regelungen zuwider handelt, sich – ungeachtet deren eventueller Fehlerhaftigkeit – vertragswidrig verhält. Hat z. B. der Gutachter einen zur Leistungsverweigerung oder zum Rücktritt berechtigenden Umstand verneint, so muss die betreffende Partei den Vertrag weiter erfüllen; kommt sie dem nicht nach, muss sie den daraus entstehenden Schaden des Gegners ersetzen, und zwar wegen der vorläufigen Bindungswirkung des Schiedsgutachtens auch dann, wenn sich in einem späteren Prozess die Berechtigung ihres Verhaltens ergeben sollte. Nur wenn sich bei der retrospektiven Betrachtung ergibt, dass derselbe Schaden auch bei einem gutachtenskonformen Verhalten entstanden wäre, entfällt diese Haftung nach den allgemeinen schadensrechtlichen Grundsätzen mangels Kausalität.

577 Die **Dauer der Bindungswirkung** hängt von den Vereinbarungen der Parteien ab. In Betracht kommt als Beendigungszeitpunkt die Einleitung eines Gerichts- oder Schiedsgerichtsverfahrens, mit dem die Endgültigkeit der Drittentscheidung angegriffen wird, der Erlass eines Schiedsspruchs oder Urteils[147] oder der Abschluss eines Vergleichs hierüber.[148] Bis zu dem betreffenden Zeitpunkt ist das Schiedsgutachten für die Partei grundsätzlich verbindlich, d. h. sie verhält sich vertragsgemäß, wenn sie den (später als un-

---

[146] *Schramke/Yazdani* BauR 2004, 1075; *Lembcke* RIW 2006, 830.

[147] Hierunter wird i. d. R. das erstinstanzliche Urteil zu verstehen sein, weil es gegenüber dem Votum des Gutachters auch bei fehlender Rechtskraft höhere Rechtsschutzgarantien bietet. Klarstellung in der Klausel ist empfehlenswert.

[148] Vgl. Art. 5 Abs. 6 ICC Dispute Board Rules.

richtig erkannten) Feststellungen des Gutachters folgt, und sie verhält sich ungeachtet der später zu ihren Gunsten ergangenen Entscheidung vertragswidrig, wenn sie ihnen zuwiderhandelt. Die Bindungswirkung ist gewissermaßen auflösend bedingt;[149] sie entfällt **nicht rückwirkend,** sondern nur für die Zukunft. Da keine Verpflichtung zur Einleitung eines (schieds)gerichtlichen Verfahrens besteht, kann es, sofern keine Ausschlussfrist vereinbart wurde,[150] zu einem anhaltenden Schwebezustand kommen, den die Parteien aber jederzeit durch eine Vereinbarung beenden können.[151]

Das Adjudikationsgutachten ist, auch wenn es eine konkrete Handlungs- oder Zahlungspflicht bejaht, **nicht vollstreckbar.** Einziges Druckmittel ist die vorgenannte Schadensersatzpflicht, die gegebenenfalls in einem gesonderten Prozess, bei entsprechender Vereinbarung im Schiedsgerichtsverfahren, durchgesetzt werden muss. Dieses u.U. mühsame und aufwendige Verfahren schmälert die Durchschlagskraft der Adjudikation; entscheidender Vorteil bleibt aber die faktische Bindungswirkung für im Grunde kooperative Vertragsparteien. 578

Das Gutachten kann in einem späteren Prozess als **Beweismittel** dienen. Eingeführt wird es im Wege des Urkundenbeweises (§ 420 ZPO). Dementsprechend beweist es nur, dass der Adjudikator zu dem niedergelegten Ergebnis gelangt ist, nicht die streitige Behauptung als solche. Hierfür ist gegebenenfalls ein Sachverständiger nach § 402 ZPO zu bestellen. Wegen der Vorbefassung sollte dies nicht der Schiedsgutachter sein; er kann wegen seiner Wahrnehmungen aber als sachverständiger Zeuge (§ 414 ZPO) in Betracht kommen. 579

Ein **Wegfall der Bindungswirkung** wegen *offenbarer Unrichtigkeit* des Gutachtens analog § 319 Abs. 1 BGB entspricht nicht dem Wesen der Adjudikation und dem mit ihr verfolgten Zweck, im Interesse des Projektvorgangs jede Rechtsunsicherheit kurzfristig auszuschließen.[152] Gravierende *Verfahrensmängel*, die den Grad eines Wiederaufnahmegrundes oder einer Verletzung verfassungsmäßiger Rechte erreichen, führen aber zur Unwirksamkeit des Gutachterspruchs.[153] 580

[149] *Lembcke* ZZP 120 (2007) 81.

[150] Nach Art. 5 Abs. 3 ICC Dispute Board Rules wird die Entscheidung des Dispute Adjudication Board endgültig bindend, wenn nicht eine der Parteien innerhalb von 30 Tagen der anderen eine „*notice of dissatisfaction*" übermittelt (vgl. *Harbst/Mahnken* SchiedsVZ 2005, 36); ebenso Nr. 20.4 FIDIC-Bedingungen mit einer Frist von 28 Tagen (vgl. *Schramke/Yazdani* BauR 2004, 1075; *Lembcke* RIW 2006, 830).

[151] So ausdrücklich Sec. 108 [3] HGCRA; vgl. *Lembcke* ZZP 120 (2007) 81 f.

[152] *Greger/Stubbe* Schiedsgutachten Rdn. 206.

[153] Im Ansatz ebenso für das englische Recht *Lembcke* ZZP 120 (2007) 84 ff.; *Gould/Abel* SchiedsVZ 2005, 191.

VI. Kosten und Vergütung

581 Hier gilt das zum Schiedsgutachten Gesagte entsprechend. Das Honorar eines Adjudikators dürfte allerdings noch höher sein als das eines gewöhnlichen Schiedsgutachters, da die Kurzfristigkeit des Verfahrens und die Verantwortung für die Sachgerechtigkeit der summarischen, aber für die Parteien zunächst verbindlichen Entscheidung hohe Anforderungen stellen.

§ 20 Externe Konfliktbewertung

I. Beschreibung

582 Dieses Evaluationsverfahren unterscheidet sich vom Schiedsgutachten dadurch, dass hier nicht nur bestimmte Streitpunkte, sondern der Konflikt insgesamt einer Bewertung durch einen neutralen Dritten unterzogen wird. Es ist unter der Bezeichnung *Early Neutral Evaluation* in den USA weit verbreitet.[154] Bei ihm tragen die Parteien ihren Konflikt in einer mündlichen Verhandlung einem neutralen Dritten vor, der über keinerlei Entscheidungsgewalt, nach Möglichkeit aber über Sachkunde und Erfahrung auf dem betreffenden Gebiet verfügt. Durch Nachfragen setzt er sich in die Lage, eine Einschätzung des mutmaßlichen Verlaufs einer streitigen Auseinandersetzung vornehmen zu können. Diese gibt er den Parteien sodann bekannt.

Sinn des Verfahrens ist es primär, den Parteien zu einer realistischeren Einschätzung ihrer Situation in dem zwischen ihnen bestehenden Konflikt zu verhelfen und dadurch eine gütliche Einigung zu fördern. Zugleich kann der Dritte aber vermittelnd, schlichtend oder begutachtend in die Konfliktbehandlung eingebunden werden. Das sehr flexible Verfahren bietet hier viele Gestaltungsmöglichkeiten (s. Rdn. 600 ff.).

II. Vorzüge

583 Statt eines Gerichts, welches nach rein rechtlichen Kriterien und ohne spezielle Sachkunde über den Konflikt entscheiden würde, wird hier ein **Kenner der Materie und der wirtschaftlichen Zusammenhänge** mit der Beurteilung des Konflikts betraut.

[154] Zur Entstehungsgeschichte *Hilber* BB 2001 (Beil. 2) S. 22 f. Kurzbeschreibungen bei *Risse* Wirtschaftsmediation § 15 Rdn. 50; *Kapfer* in Walz Formularbuch § 11 Rdn. 2 ff.

Das Verfahren ist zwar sehr **informell,** hat aber Ähnlichkeit mit einer **Prozesssimulation** und ermöglicht den Parteien daher eine – einigungsfördernde – Einschätzung ihrer Prozessaussichten. Den Parteien wird deutlich vor Augen geführt, welche Stärken oder Schwächen die eigene und die gegnerische Position aufweisen; dies relativiert den üblichen Optimismus und bereitet den Boden für Konzessionen. Der sonst zwischen Klageerhebung und Prozessvergleich ablaufende, mit erheblichem Aufwand an Zeit und Transaktionskosten verbundene Denkprozess reduziert sich auf einen einzigen Tag.[155] 584

Durch die Teilnahme von Entscheidungsträgern der Parteien kommt es zur **Bündelung fachlicher Kompetenz,** was interessengerechte und kreative Lösungen ermöglicht. 585

Das Verfahren ist nichtöffentlich, zeitsparend und kostengünstig. Die negativen Auswirkungen einer gerichtlichen Auseinandersetzung werden vermieden. 586

III. Risiken und Nebenwirkungen

In seiner Grundform liefert das Verfahren den Parteien **nur eine Einigungshilfe.** Die Lösung des Konflikts bleibt Sache der Parteien. Durch entsprechende Vereinbarungen können die Parteien dem Dritten später aber auch die Funktion eines Vermittlers, Schlichters oder Gutachters übertragen; lediglich Mediator kann er aufgrund der von ihm bezogenen Stellung nicht mehr sein. 587

Kommt es mangels Einigung doch zu einem Gerichts- oder Schiedsgerichtsverfahren, kann die **Offenlegung von Informationen** im Bewertungsverfahren trotz vereinbarter Vertraulichkeit und Nichtverwertbarkeit dem Gegner strategische Vorteile verschaffen. Dieses – auch bei den meisten anderen AKL-Verfahren bestehende – Risiko kann dazu führen, dass Informationen zurückgehalten werden. Dadurch kann zwar die Qualität der Lösungssuche beeinträchtigt werden, aber dennoch behält das Verfahren seinen Wert. Auch wenn dem Dritten bestimmte Interna vorenthalten werden, hat er keine schlechtere Beurteilungsgrundlage als sie der Richter im Prozess hätte. 588

IV. Praktische Durchführung

Wie bei den anderen AKL-Verfahren müssen sich die Parteien zunächst **auf dieses Verfahren verständigen**[156] – möglichst verbunden mit einem ausdrücklichen befristeten Klageverzicht – und einen **Vertrag mit dem** 589

[155] *Risse* Wirtschaftsmediation § 15 Rdn. 51.
[156] Mustertext bei *Kapfer* in Walz Formularbuch S. 198 ff.

Dritten schließen. Diesbezüglich ergeben sich nur bei der Aufgabenbeschreibung Unterschiede zum Schiedsgutachter (s. Rdn. 536 f.).

590 Ähnlich wie bei der Mediation müssen sie in einem **Verhandlungsvertrag** (der in der Regel mit der Vereinbarung des Verfahrens als solchen und dem Vertrag mit dem Evaluator verbunden sein wird) die Einzelheiten der Verfahrensgestaltung festlegen.

591 Wichtig ist, dass die Parteien sich verpflichten, die maßgeblichen **Entscheidungsträger** in die Verhandlung zu entsenden (nicht nur Bevollmächtigte), denn Sinn des Verfahrens ist es, dass aufgrund der Eindrücke aus der Verhandlung strategische Entscheidungen über die weitere Konfliktbehandlung getroffen werden. Rechtsanwälte können (und sollten) selbstverständlich teilnehmen, nicht aber alleinige Verhandlungsführer sein. Sinnvoll kann es sein, dass für jede Partei mehrere Personen teilnehmen, so dass z. B. technische, betriebswirtschaftliche und Abschlusskompetenz präsent sind. Allerdings empfiehlt es sich, die Zahl der Teilnehmer zu begrenzen, z. B. auf drei.

592 Obwohl bei der hier stattfindenden Prozesssimulation die **Vertraulichkeit** nicht denselben Stellenwert hat wie etwa bei der Mediation, empfiehlt es sich, dass die Beteiligten vereinbaren, über das Verfahren und die dort abgegebenen Erklärungen Verschwiegenheit zu wahren, auch in einem sich etwa anschließenden Gerichts- oder Schiedsgerichtsverfahren.[157]

593 Des Weiteren sollte geregelt werden, ob und inwieweit der Evaluator auch Erkenntnismittel zur **Sachverhaltsaufklärung** (Urkunden, Zeugenaussagen, Sachverständigengutachten) soll verwerten können und wie ihm diese gegebenenfalls zu verschaffen sind. Dem Charakter des Verfahrens als freiwilliges, informelles Instrument zur Beurteilung der Prozesschancen entspräche es nicht, eine unbeschränkte Verpflichtung zur Urkundenvorlage zu begründen; eine hierauf gerichtete Anordnung könnte allenfalls zum vorschnellen Abbruch des Verfahrens führen. Es sollte grundsätzlich den Parteien überlassen bleiben, welche Erkenntnismittel sie dem Evaluator präsentieren; dabei werden schon wegen der gebotenen Zügigkeit des Verfahrens nur präsente Beweismittel in Betracht kommen.

594 Für den – in den Vereinbarungen niederzulegenden – **Ablauf** bestehen insbesondere folgende Gestaltungsmöglichkeiten:

595 Es kann ein **schriftliches Vorverfahren** vereinbart werden. Der Dritte fordert die Parteien dann, möglichst mit Fristsetzung und Umfangsbegrenzung auf, Schriftsätze vorzulegen, gleichzeitig oder (was sich oft empfehlen wird) in der Reihenfolge Anspruchsteller – Anspruchsgegner. Der Evaluator entscheidet, ob er Erwiderungen anfordert; ein zu langes Hin- und Herschreiben ist aber zu vermeiden.

[157] Zu den Rechtsfolgen einer solchen Vereinbarung s. Rdn 498 f.

Im **Verhandlungstermin** tragen die Parteien dem Dritten ihre Darstellung der Sach- und Rechtslage vor und nehmen zu seinen Nachfragen Stelllung. Der Evaluator kann die Redezeit (bereits in der Ladung) begrenzen, muss aber auf Ausgewogenheit und Erwiderungsmöglichkeit achten. Die Verhandlung wird sodann unterbrochen, um dem Dritten Gelegenheit zur Erarbeitung seiner Bewertung zu geben. 596

Es empfiehlt sich, dass der Evaluator nach Wiedereröffnung der Verhandlung fragt, ob die Parteien unter seiner Leitung **Vergleichsgespräche** führen wollen, bevor er seine Einschätzung bekannt gibt. Es wird berichtet, dass dies häufig zum Erfolg führt.[158] Der Grund dürfte darin liegen, dass der ursprüngliche Optimismus der Parteien oftmals aufgrund der simulierten Gerichtsverhandlung schwindet, so dass sie vergleichsbereiter werden und ihren Verhandlungsspielraum nicht durch das Votum des Dritten einschränken lassen wollen. 597

Auf Wunsch der Parteien kann er auch einen **Schlichterspruch** abgeben und sie darüber – mit Fristsetzung – verhandeln lassen. 598

Führen diese Einigungsversuche nicht zum Erfolg oder sieht der Verhandlungsvertrag solche nicht vor, gibt der Dritte seine **Einschätzung des mutmaßlichen Ausgangs** des simulierten Rechtsstreits ab. Diese ist für die Parteien in keiner Weise verbindlich, gibt ihnen aber eine Orientierung für die weiteren Verhandlungen bzw. für die Entscheidung, ob und gegebenenfalls wie ein Prozess geführt werden soll. 599

V. Variationen und Kombinationen

Das Verfahren kann, wie vorstehend aufgezeigt, sehr individuell gestaltet werden. Es können (und sollten) Elemente der Vermittlung und der Schlichtung eingebaut werden. Die Parteien können auch vereinbaren, dass einzelne Feststellungen, die der Dritte im Laufe des Verfahrens trifft, für sie verbindlich sein sollen; insoweit handelt es sich dann um eine Schiedsgutachtenabrede. Sie hindert die Fortsetzung des Verfahrens als externe Konfliktbewertung nicht 600

Denkbar ist auch der **Übergang** von einem anderen AKL-Verfahren in die externe Evaluation. So könnte etwa in einem Mediationsverfahren, in dem die Parteien bei der Lösungssuche nicht vorankommen, weil sie ihre Prozessaussichten völlig unterschiedlich beurteilen, anstelle des Abbruchs mit anschließendem Gerichtsverfahren die Einigung stehen, eine externe Konfliktbewertung durchzuführen. 601

Die Parteien können auch während des Verfahrens zu dem Schluss kommen, dass es die Konflikterledigung fördern würde, die Bewertung des Eva- 602

[158] *Risse* Wirtschaftsmediation § 15 Rdn. 50 unter Hinweis auf Erfahrungen aus den USA.

luators gleich als abschließende, **verbindliche Entscheidung** anzuerkennen. Eine solche Umwandlung des Evaluators in einen Arbitrator (Schiedsrichter) können die Parteien – mit dessen Einverständnis – selbstverständlich vereinbaren. Wenn sie anstreben, dass sein Spruch dann auch die Wirkungen eines vollstreckbaren Schiedsspruchs haben soll, müssen sie allerdings darauf achten, dass die Vorschriften über Form und Inhalt des Schiedsspruchs (§ 1054 ZPO) und die Vorgaben für die Anerkennung des Schiedsspruchs nach § 1060 Abs. 2 i.V.m. § 1059 Abs. 2 ZPO beachtet werden.

VI. Kosten und Vergütung

603 Die **Vergütung des Evaluators** kann frei vereinbart werden. Sie hängt auch von der Ausgestaltung des Verfahrens und dem damit zusammenhängenden Zeitaufwand ab. Zweck des Verfahrens ist nicht die vertiefte Sachverhalts-, Rechts- oder Interessenklärung, nicht die Erarbeitung eines Schlichtungs- oder Schiedsspruches, sondern die summarische Einschätzung der Prozessaussichten aufgrund einer Kurzpräsentation beider Seiten. Das Verfahren wird (und soll) also sehr zügig abgewickelt werden, so dass sich die Kosten in Grenzen halten lassen. Wenn die Parteien den Übergang in ein Vermittlungs-, Schlichtungs- oder Schiedsverfahren wünschen, kommen selbstverständlich weitere Kosten hinzu.

604 **Auslagen** fallen evtl. für die Anmietung geeigneter Räumlichkeiten an, soweit der Evaluator nicht (z.B. als Rechtsanwalt oder Notar) über eigene Lokalitäten verfügt.

605 Für die **Vergütung der Parteianwälte** werden in aller Regel Vereinbarungen maßgeblich sein, denn externe Konfliktbewertung dürfte nur in größeren Wirtschaftsstreitigkeiten zur Anwendung kommen. Bei Geltung des RVG fiele die Geschäftsgebühr nach Nr. 2300 VV-RVG an (0,5–2,5), die in diesem Fall im oberen Bereich des Rahmens anzusiedeln wäre; schließlich agiert der Anwalt hier wie im Gerichtsverfahren. Kommt es zu einer Einigung, entsteht für die Mitwirkung hieran die Einigungsgebühr von 1,5 (Nr. 1000 VV-RVG). Wird der Anwalt dagegen mit der Vertretung im anschließend doch stattfindenden gerichtlichen Verfahren beauftragt, ist bei Abrechnung nach dem RVG die Hälfte der Geschäftsgebühr, höchstens 0,75, auf die Gebühr für das neue Verfahren anzurechnen (Vorbem. 3 Abs. 4 VV-RVG).

606 Für die **Kostenverteilung** im Innenverhältnis wird kaum etwas anderes als die hälftige Kostenteilung angemessen sein: Beide Parteien haben an der Klärung dasselbe Interesse und ein Obsiegen oder Unterliegen kann es bei der rein bewertenden Stellungnahme des Evaluators nicht geben.

§ 21 Interne Konfliktbewertung

I. Beschreibung

Bei diesem Verfahren verzichten die Parteien auf die Bewertung der Prozessaussichten durch einen Dritten. Der Dritte soll ihnen lediglich eine eigene Einschätzung ermöglichen, indem er eine simulierte Gerichtsverhandlung moderiert; auf ihn kann u. U. sogar verzichtet werden.[159] Für das Verfahren ist auch die Bezeichnung *Mini-Trial* gebräuchlich, die aber falsche Vorstellungen weckt und daher hier vermieden wird. 607

Ein wesentliches Merkmal dieses für größere Wirtschaftskonflikte entwickelten Verfahrens ist es, dass die simulierte Verhandlung vor einem Gremium aus hochrangigen Entscheidungsträgern der Parteien durchgeführt wird.[160] Diese sollen einen nicht durch die möglicherweise überoptimistische Sicht oder die Konfliktnähe ihrer Mitarbeiter getrübten Blick auf das Streitverhältnis und die Überzeugungskraft der beiderseitigen Positionen gewinnen, um anschließend in bilateralen Verhandlungen oder mit Hilfe eines Vermittlers oder Mediators interessengerechte Lösungen zu finden. Es geht somit in erster Linie darum, die typische Überschätzung der eigenen Position auszuräumen, die Verhandlungslösungen oftmals im Wege steht,[161] und damit Platz für kooperative Verhandlungen zu schaffen.

II. Vorzüge

Sie entsprechen denen der externen Evaluation (§ 20). Das Verfahren bietet aber ein noch weiter gehendes Maß von **Autonomie und Kooperation.** Die Entscheidungsträger selbst, nicht ein Dritter, bewerten, die Chancen und Risiken einer streitigen Auseinandersetzung, indem sie sich in die Situation eines Richterkollegiums versetzen. Der Rollenwechsel vom Konfliktbetroffenen zum Konfliktbeurteiler bewirkt auch einen äußerst hilfreichen Perspektivenwechsel. Durch die Berufung in das Panel fühlt sich der Unternehmensvertreter in einer richterähnlichen Situation. Er hat zwar keine Entscheidungsmacht, aber er spürt, vergleichbar dem unter Entscheidungszwang stehenden Richter, den Ansporn, eine Lösung zu finden.[162] 608

[159] *Risse* Wirtschaftsmediation § 15 Rdn. 44; a. A. *Kapfer* in Walz Formularbuch § 10 Rdn. 7. Ratsam ist der Verzicht nicht.

[160] *Risse* Wirtschaftsmediation § 15 Rdn. 44.

[161] S. dazu Rdn. 357.

[162] *Risse* Wirtschaftsmediation § 15 Rdn. 47 spricht von einem „Erwartungsdruck“.

609 Durch die **Einbindung der oberen Managementebene** wird zudem erreicht, dass der Konflikt von den unmittelbar betroffenen Personen abgekoppelt und trotzdem im Unternehmen behalten wird. Die unmittelbar Betroffenen sind aufgrund ihrer Nähe zu den streitbegründenden Vorkommnissen häufig „konfliktblind" und zu einer unvoreingenommenen Sicht nicht mehr in der Lage; dies führt zur Verrechtlichung, zur Überschätzung der eigenen Position und zur Delegation des Konflikts an die Justizorgane mit den bekannten Folgen.[163] Die interne Evaluation vermeidet diese Fremddelegation und überträgt die Konfliktlösung an das Unternehmen selbst zurück, nämlich an seine hochrangigen Entscheidungsträger, die nunmehr selbst über den Fall „zu Gericht" sitzen und ihn auf eine auch wirtschaftlich sinnvolle Weise beilegen können.[164]

III. Risiken und Nebenwirkungen

610 Den Unternehmensrepräsentanten im Panel wird häufig die juristische Kompetenz fehlen, um **Fehlbeurteilungen der Prozessaussichten** zu vermeiden. Das Verfahren eignet sich daher nicht für Fälle, in denen es den Parteien auf eine rechtliche Beurteilung komplexer Konstellationen ankommt.[165] Dies ist bei Parteien, die sich für eine alternative Konfliktlösung entscheiden, aber gerade nicht der Fall. Ihnen ist eine wirtschaftliche, zukunftsorientierte Lösung wichtiger als die juristische Aufarbeitung von Vergangenem. Der Zweck des internen Evaluationsverfahrens liegt nicht darin, der Rechtslage möglichst nahe zu kommen, sondern gerade umgekehrt darin, durch Aufzeigen der Unwägbarkeiten einer justiziellen Rechtsverfolgung den Weg zu Verhandlungslösungen zu ebnen.

611 Wie die externe Evaluation liefert aber auch dieses Verfahren den Parteien **nur eine Einigungshilfe;** die Lösung ihres Konflikts müssen sie selbst erarbeiten. Sie können den die Verhandlung moderierenden Dritten jedoch als Moderator oder Schlichters für ihre anschließenden Verhandlungen einsetzen; selbst Mediator könnte er sein, da er anders als der externe Evaluator bisher keine eigene Bewertung abgegeben hat, sondern nur moderierend tätig geworden ist.

IV. Praktische Durchführung

612 Die Parteien müssen sich auf dieses Verfahren **verständigen** und sodann das **Panel** aus Entscheidungsträgern sowie den **Moderator und seine Aufgaben bestimmen.** Mit dem Moderator muss ein entsprechender Vertrag

[163] Anschaulich *Risse* Wirtschaftsmediation § 15 Rdn. 46.
[164] *Risse* Wirtschaftsmediation § 15 Rdn. 47
[165] *Risse* Wirtschaftsmediation § 15 Rdn. 48.

abgeschlossen, zwischen allen Beteiligten müssen die Verfahrensregeln vereinbart werden.

Hierbei bestehen, insbesondere was die **Stellung des Dritten** anbelangt, erhebliche Variationsmöglichkeiten. Ihm kann von vornherein die Aufgabe übertragen werden, dem Panel einen Entscheidungsvorschlag zu unterbreiten,[166] wodurch sich das Verfahren allerdings stark einer externen Evaluation annähert.[167] Vorzugswürdig ist es, dem Dritten zunächst nur die Moderation der simulierten Gerichtsverhandlung zu übertragen und ihn nur dann in die Erarbeitung der Konfliktlösung einzuschalten, wenn hierfür Bedarf besteht; seine Rolle als Moderator, Schlichter oder Mediator kann dann auch situationsgerechter festgelegt werden. 613

Zu regeln sind außerdem Zeit und Ort der Verhandlung, Dauer des Verfahrens, Vertretung durch Rechtsanwälte und Vertraulichkeit (s. dazu Rdn. 592) sowie fakultativ die Durchführung eines schriftlichen Vorverfahrens oder einer Beweisaufnahme, Einzelheiten der Ladung, Regeln für den Fall der Versäumung oder Verlegung eines Termins usw.

Die **Prozesssimulation** läuft – vorbehaltlich anderweitiger Regelungen – so ab, dass die Vertreter der Parteien zunächst kurze schriftliche Zusammenfassungen ihrer Standpunkte austauschen. Danach wird unter Leitung des Dritten eine förmliche Verhandlung durchgeführt, bei der gegebenenfalls auch Zeugen und Sachverständige gehört werden. Den Abschluss bilden Plädoyers der Parteivertreter. 614

Sodann folgen die – gegebenenfalls durch den Dritten gestützten – **Verhandlungen im Panel.** Im Falle der Einigung schließen die Parteien einen (materiellrechtlichen) Vergleichsvertrag. Soll er vollstreckungsfähig sein, müssen noch die hierzu erforderlichen Schritte (s. Rdn. 84 ff.) unternommen werden; möglich ist auch, den Dritten nunmehr zum Schiedsrichter zu ernennen, der dann einen Schiedsspruch mit vereinbartem Wortlaut (§ 1053 Abs. 1 Satz 2, Abs. 2 ZPO) erlässt. 615

V. Variationen und Kombinationen

Zu den unterschiedlichen Gestaltungsmöglichkeiten für den Verfahrensablauf und insbesondere für die Einbringung von Schlichtungs- oder Mediationselementen in die Lösungssuche im Panel s. Rdn. 613 ff. 616

Anzuraten ist in jedem Fall, für den Fall des Scheiterns der internen Evaluation den Weg zum staatlichen Gericht durch eine **Schiedsklausel** abzubedingen. Dadurch wird der nie ganz auszuschließende Anreiz verhindert, 617

[166] So der Mustertext bei *Kapfer* in Walz Formularbuch S. 176.

[167] *Kapfer* in Walz Formularbuch § 10 Rdn. 14 bezeichnet es als „hybrides Verfahren“.

die Prozesssimulation als Testlauf und zur Munitionierung für einen danach zu führenden Zivilprozess zu missbrauchen. Mit der Vereinbarung eines Schiedsgerichtsverfahrens lassen sich diese Gefahren zumindest minimieren. Noch besser wäre natürlich eine Mediations- oder Schlichtungsklausel; diese dürfte jedoch nicht mehr zielführend sein, wenn schon der Leiter des Evaluationsverfahrens eine Einigung versucht hat.

VI. Kosten und Vergütung

618 Hier gilt im Grundsatz dasselbe wie bei der externen Evaluation (Rdn. 603 ff.). Der Zeitbedarf (und damit im Regelfall die Vergütung der Beteiligten) dürften etwas höher sein.

§ 22 Schiedsgerichtsverfahren

I. Beschreibung

619 Das schiedsrichterliche Verfahren ist eine kontradiktorische, auf eine verbindliche Drittentscheidung gerichtete Form der Konfliktlösung und läuft nach dem selben Muster ab wie der Zivilprozess: Der Kläger reicht bei einem Gericht eine Klage ein, über die in der Regel mündlich verhandelt und durch einen Schiedsspruch entschieden wird; dieser hat die Wirkungen eines rechtskräftigen gerichtlichen Urteils und kann auch die Grundlage einer Zwangsvollstreckung bilden. Das Verfahren hat in den §§ 1025 ff. ZPO eine eingehende gesetzliche Regelung erfahren. Es stellt damit im Grunde gar kein „alternatives“ Verfahren der Konfliktlösung dar, sondern eine Variante des Zivilprozesses, deren wesentliche Besonderheit darin besteht, dass das Gericht keine staatliche Instanz ist, sondern von den Parteien auf privatrechtlicher Basis selbst installiert wird. Aufgrund seiner privatautonomen Konzeption weist das Schiedsgerichtsverfahren aber große Spielräume für individuelle Ausgestaltungen auf. Der Anwalt, der nach dem optimalen Weg für die Beilegung eines konkreten Konflikts sucht, muss deshalb auch wissen, welche Vorzüge das Schiedsgerichtsverfahren per se hat oder aufgrund besonderer Abmachungen haben kann.

Zum Schiedsgerichtsverfahren selbst existiert nicht nur eine detaillierte gesetzliche Verfahrensordnung (§§ 1025 ff. ZPO), sondern auch umfangreiches Schrifttum.[168] Die nachstehende Darstellung beschränkt sich daher

[168] Neben den Kommentaren und Lehrbüchern zur ZPO insbesondere *Lachmann* Handbuch für die Schiedsgerichtspraxis 3. Aufl. 2008; *Lionnet/Lionnet* Hand-

auf die Aspekte, die für den Anwalt bei der Entscheidung für oder gegen dieses Verfahren und gegebenenfalls für seine nähere Ausgestaltung von Bedeutung sein können.

II. Vorzüge

Das Schiedsgerichtsverfahren bietet die Möglichkeit, die Konfliktlösung 620
bei Versagen oder Unerwünschtheit kooperativer Verfahrensformen einer **neutralen Entscheidungsinstanz** zu übertragen, **ohne die bei den staatlichen Gerichten bestehenden Erschwernisse** in Kauf nehmen zu müssen, als da sind: Formalismus und Dauer des sich u.U. über mehrere Instanzen hinziehenden Verfahrens, fehlende Sachnähe der Richter, begrenzte Kapazität der mit Hunderten von parallel abzuwickelnden Verfahren belasteten Spruchkörper, Öffentlichkeit der Verhandlung, Zuständigkeits- und Rechtsanwendungsprobleme im internationalen Rechtsverkehr (Zustellungserschwernisse, Sprachbarrieren, mangelnde Vertrautheit mit der lex fori und den Gegebenheiten einer fremdländischen Justiz).

Die Parteien können das **Verfahren selbst regeln,** entweder durch indi- 621
viduelle Vereinbarung oder durch Bezugnahme auf eine schiedsrichterliche Verfahrensordnung, die auch in der Anrufung eines institutionellen Schiedsgerichts liegen kann (§ 1042 Abs. 3 ZPO). Es müssen lediglich elementare Verfahrensregeln beachtet werden, damit es nicht zu einer gerichtlichen Aufhebung des Schiedsspruchs (§ 1059 Abs. 2 Nr. 1 d ZPO) kommen kann bzw. seine Vollstreckbarerklärung versagt wird (§ 1060 Abs. 2 ZPO). Dazu gehören insbesondere die Gleichbehandlung der Parteien, die Gewähr des rechtlichen Gehörs und die Zulässigkeit der Vertretung durch Rechtsanwälte (§ 1042 Abs. 1, 2 ZPO). Frei sind die Parteien aber z.B. bei der Festlegung der Verfahrenssprache und des Verfahrensablaufs, bei Zulassung und Ausschluss von Beweismitteln sowie bei Regelungen zur Vorlage von Urkunden[169] oder zur Vertretung durch Bevollmächtigte.

Auch das **anzuwendende Recht** kann von den Parteien selbst bestimmt 622
werden (§ 1051 Abs. 1 ZPO). Sie können sogar einzelne Rechtsvorschrif-

buch der internationalen und nationalen Schiedsgerichtsbarkeit 3. Aufl. 2005; *Raeschke-Kessler/Berger* Recht und Praxis des Schiedsverfahrensrechts 4. Aufl. 2006; *Schütze* Schiedsgericht und Schiedsverfahren 4. Aufl. 2007; *Schütze* (Hrsg.), Institutionelle Schiedsgerichtsbarkeit 2006; *Schwab/Walter* Schiedsgerichtsbarkeit 7. Aufl. 2005.

[169] Hier besteht insbesondere im internationalen Rechtsverkehr erheblicher Regelungsbedarf, weil die Urkundenvorlage in den *common law*-Ländern einen ganz anderen Stellenwert hat als im kontinentaleuropäischen Rechtskreis und von daher Friktionen vorprogrammiert sind; vgl. *Hobeck/Mahnken/Koebke* SchiedsVZ 2007, 233.

ten aus verschiedenen Rechtsordnungen auswählen[170] oder das Schiedsgericht auch ermächtigen, nach **Billigkeit** zu entscheiden (§ 1051 Abs. 3 ZPO). Von Letzterem wird in der heutigen Praxis aber kaum noch Gebrauch gemacht: Wenn die Parteien ein Schiedsgericht einsetzen, wünschen sie in der Regel auch eine Entscheidung nach Recht und Gesetz.[171] Die Auswahl des anzuwendenden Rechts spielt dagegen, insbesondere im internationalen Rechtsverkehr, eine große Rolle und ist häufig Gegenstand intensiver Verhandlungen; sie kann auch auf die Gestaltung der vertraglichen Beziehung in ihrer Gesamtheit ausstrahlen.

623 Die **personelle Zusammensetzung des Schiedsgerichts** liegt in den Händen der Parteien. Sie entscheiden, ob ein Einzelschiedsrichter oder ein Kollegium einzusetzen ist (§ 1034 Abs. 1 ZPO) und wie der oder die Schiedsrichter auszuwählen sind (§ 1035 Abs. 1 ZPO). Dabei können Sie auf besondere Qualifikation, Sachkunde und Neutralität achten. Die Auswahl von Schiedsrichtern mit speziellem Bezug zu der dem Rechtsstreit zugrundeliegenden Materie (z.B. Informationstechnologie; Bau- oder Verlagswesen) kann u.U. die Einholung eines Sachverständigengutachtens ersparen.

624 Bei Unzufriedenheit mit dem Schiedsgericht können sie den Schiedsrichtervertrag jederzeit ohne Angabe von Gründen einvernehmlich **kündigen** (§ 627 BGB).[172] Das Schiedsrichteramt kann auch durch Ablehnung (bei Zustimmung der anderen Partei ohne Entscheidung des Schiedsgerichts, § 1037 Abs. 2 ZPO) oder Vereinbarung der Parteien nach § 1038 Abs. 1 ZPO enden. Die Parteien können auch das Verfahren insgesamt **beenden** und stattdessen das staatliche Gericht anrufen.[173] Sie haben also eine nahezu unbeschränkte **Verfahrens- und Personalhoheit.**

625 Die **Verfahrensatmosphäre** ist offener und persönlicher als vor dem staatlichen Gericht. Die Schiedsrichter bemühen sich, den Belangen der Parteien und ihrer Vertreter, etwa bei der Terminsbestimmung, gerecht zu werden. Verhandelt wird in Besprechungsräumen, Tagungshotels u.dgl., d.h. in einem gegenüber dem Gerichtssaal wesentlich kommunikationsfreundlicheren Ambiente. All dies trägt dazu bei, dass sich trotz des kontradiktorisch angelegten Verfahrens ein kooperativer Verhandlungsstil entwickeln kann, der oft zu einvernehmlichen Lösungen führt.[174]

---

[170] So ausdrücklich die Begründung zu § 1051 ZPO in BT-Drs. 13/5274 S. 52. Vgl. hierzu und zu Grenzen dieser Gestaltungsmöglichkeit *Lionnet/Lionnet* Handbuch S. 376; *Zöller/Geimer* § 1051 Rdn. 3.

[171] *Lionnet/Lionnet* Handbuch S. 371 ff.

[172] *Schwab/Walter* Schiedsgerichtsbarkeit Kap. 13 Rdn. 8; *Lachmann* Handbuch Rdn. 4368.

[173] *Schwab/Walter* Schiedsgerichtsbarkeit Kap. 8 Rdn. 7.

[174] *Schiffer* Mandatspraxis Rdn. 105 ff.

Der Schiedsspruch wird **sofort rechtskräftig.** Die Parteien können zwar vereinbaren, dass er vor einem Oberschiedsgericht angefochten werden kann; dies ist jedoch wesensfremd und wenig gebräuchlich.[175] Schiedsgerichtsverfahren führen daher in der Regel zu einem **schnelleren Verfahrensabschluss** als der Zivilprozess, bei dem die Einlegung von Rechtsmitteln eher zur Normalität gehört (zum Zeitaspekt s. aber auch Rdn. 629). 626

Das Verfahren ist **nichtöffentlich.**[176] Außerdem können die Beteiligten vereinbaren, dass sie über Tatsache, Ablauf und Ergebnis des Schiedsverfahrens **Verschwiegenheit** wahren.[177] Dem besonders bei Wirtschaftskonflikten sehr ausgeprägten Interesse, die Auseinandersetzung nicht publik werden zu lassen, kann daher im Schiedsgerichtsverfahren in hohem Maße entsprochen werden. 627

III. Risiken und Nebenwirkungen

Die **Kosten** des Schiedsgerichtsverfahrens müssen die Parteien selbst tragen. Diese umfassen neben den Anwaltskosten die Vergütung der Schiedsrichter, die Auslagen für die Durchführung des Verfahrens (z.B. Raumkosten, Reisekosten, Dolmetscher, Schreibdienst) und bei Anrufung eines institutionellen Schiedsgerichts auch die Verwaltungskosten der Trägerorganisation. In der Regel liegen die Verfahrenskosten deutlich über den Gebühren, die nach dem GKG für ein erstinstanzliches Verfahren vor dem staatlichen Gericht anfallen.[178] Beim Vergleich mit einem durch mehrere Instanzen geführten Zivilprozess relativiert sich allerdings dieser Unterschied, erst recht wenn die bei einem langdauernden Prozess entstehenden mittelbaren Kosten in die Rechnung eingestellt werden. Im unteren Streitwertbereich sind die Kosten eines Schiedsgerichtsverfahrens dagegen in der Regel unverhältnismäßig; eine Schiedsklausel kann sich hier wie eine Rechtsschutzbarriere darstellen und daher in AGB wegen unangemessener Benachteiligung (§ 307 Abs. 1 Satz 1 BGB) unwirksam sein. Vor der unbedachten Vereinbarung einer Schiedsklausel ist daher zu warnen; ihre u.U. sehr kostspieligen Konsequenzen sollten eher zu einem alternativen Konfliktlösungskonzept motivieren. Insbesondere eine Schiedsgutachtenabrede 628

[175] *Lionnet/Lionnet* Handbuch S. 424 ff. Anders *Schwab/Walter* Schiedsgerichtsbarkeit Kap. 22 Rdn. 1 („nicht selten").

[176] *Lionnet/Lionnet* Handbuch S. 454 ff.

[177] Näher, auch zu der Schwierigkeit, bei der Formulierung nicht in Konflikt mit berechtigten Offenbarungsinteressen zu geraten, *Lachmann* Handbuch Rdn. 147 ff.; *Lionnet/Lionnet* Handbuch S. 458 ff.

[178] *Lachmann* Handbuch Rdn. 163; *Schiffer* Mandatspraxis Rdn. 74 ff. Es gibt allerdings auch relativ kostengünstige Schiedsgerichte, etwa die kaufmännischen Schiedsgerichte der Industrie- und Handelskammern für ihre Mitglieder.

(oben § 18) oder eine andere Form der Evaluation (§§ 19ff.) könnte oftmals ein aufwendiges Schiedsgerichtsverfahren entbehrlich machen. Zumindest sollten Streitigkeiten unterhalb eines bestimmten Streitwerts von der Schiedsvereinbarung ausgenommen werden.[179]

629 Bevor das Schiedsgericht seine Tätigkeit aufnehmen kann, müssen die Schiedsrichter bestellt werden. Dieses Verfahren **kostet Zeit,** insbesondere bei dem in der Praxis üblichen mehrstufigen Bestellungsverfahren, bei dem jede Seite einen Schiedsrichter ernennt und diese sich auf einen Vorsitzenden einigen (§ 1035 Abs. 3 Satz 2 ZPO). Nicht immer läuft dieses Verfahren komplikationsfrei ab. Der grundsätzlich bestehende Zeitvorteil des Schiedsgerichtsverfahrens, der sich aus dem Fehlen von Rechtsmittelinstanzen ergibt, kann dadurch (teilweise) hinfällig werden.[180] Er kommt in der Praxis ohnehin nicht immer zum Tragen: Auch bei Schiedsgerichten ist eine mehrjährige Verfahrensdauer nicht selten.[181] Sie ist gelegentlich auf notwendige Aufklärungsmaßnahmen, insbesondere Sachverständigengutachten, zurückzuführen, manchmal aber auch auf eine zu wenig stringente Verfahrensleitung des Schiedsgerichts.[182] Manche Verfahrensordnungen[183] und erfahrene Schiedsrichter steuern dem durch Vorgabe fester Zeitpläne entgegen.

630 Befürchtungen bezüglich der **Unabhängigkeit und Unparteilichkeit** der auf privatrechtlicher Basis tätig werdenden Schiedsrichter sind unbegründet. Die Schiedsrichter werden von beiden Parteien gemeinsam beauftragt und vergütet; in der institutionellen Schiedsgerichtsbarkeit werden Erklärungen der Schiedsrichter über etwaige Verbindungen zu einer der Parteien verlangt.[184] Beim mehrstufigen Ernennungsverfahren (s. Rdn. 629) kann zwar jede Partei einen von ihr ausgewählten Schiedsrichter bestimmen; durch die gemeinsame Ernennung des Vorsitzenden und die gemeinsame Arbeit im Richterkollegium würden aber etwaige Einseitigkeiten ausgeglichen (vor denen sich zudem jeder Schiedsrichter im Interesse seiner Reputation und seines Einflusses bei der Beratung schwer hüten würde).[185]

631 Schiedssprüche sind **nicht unmittelbar vollstreckbar,** sondern bedürfen hierzu eines Exequaturverfahrens vor dem Oberlandesgericht (§ 1060ff.

---

[179] Formulierungsbeispiel, welches zugleich Umgehungsstrategien ausschließt, bei *Bandel* in Walz Formularbuch Mustertext 22.2 § 1 Variante 1 a.

[180] *Lachmann* Handbuch, Rdn. 156.

[181] *Hobeck/Mahnken/Koebke* SchiedsVZ 2007, 229.

[182] Anschauliche Schilderung der Entwicklung bei *Hobeck/Mahnken/Koebke* SchiedsVZ 2007, 229f. Verbesserungsvorschläge a. a. O. S. 231ff.

[183] S. z. B. Art. 18 Abs. 4, Art. 24 ICC-SchiedsO (abrufbar unter http://www.iccarbitration.org).

[184] S. z. B. Art. 7 ICC-SchiedsO, § 16 DIS-SchiedsO.

[185] *Lionnet/Lionnet* Handbuch S. 82.

ZPO), in dem auch die Rechtsbeschwerde zum BGH eröffnet ist (§ 1065 ZPO). Dies kann zu Verzögerungen und zusätzlichen Kosten führen. Im internationalen Rechtsverkehr (s. dazu § 1061 ZPO) fallen diese Erschwernisse weniger ins Gewicht, weil dort auch bei Urteilen ein Exequaturverfahren erforderlich ist (§§ 722 f. ZPO, Art. 38 ff. EuGVVO).

Entscheidungen der Schiedsgerichte haben **keine Präzedenzwirkung,** sie 632 tragen nichts zur Klärung oder Fortbildung des Rechts bei. Ist ein solcher Effekt beabsichtigt, muss der Weg zur staatlichen Gerichtsbarkeit und dort bis in die dritte Instanz beschritten werden. Allerdings ist ein solches Interesse bei Konfliktparteien nur ausnahmsweise anzutreffen; in der Regel geht es ihnen nicht um die Herbeiführung einer Musterentscheidung, sondern um eine rasche und interessengerechte Beilegung des konkreten Konflikts.

IV. Praktische Durchführung

Die **Schiedsvereinbarung** wird meistens nicht erst nach Entstehen der 633 Streitigkeit (als Schiedsabrede),[186] sondern schon in dem zugrunde liegenden Vertrag für den Fall des Entstehens einer Streitigkeit vereinbart (Schiedsklausel; vgl. § 1029 ZPO).[187] Sie muss in der Form des § 1031 Abs. 1 ZPO dokumentiert sein; bei Verbrauchern muss sie grundsätzlich in einer von beiden Parteien eigenhändig unterzeichneten Urkunde enthalten sein (näher § 1031 Abs. 5 ZPO).[188]

Auch eine **letztwillige Verfügung** oder eine **Satzung** kann Grundlage ei- 634 nes Schiedsgerichtsverfahrens sein (§ 1066 ZPO).

Eine **Anrufung des staatlichen Gerichts** wird durch die Schiedsvereinba- 635 rung nicht völlig ausgeschlossen. Sie gibt dem Beklagten lediglich eine Einrede (§ 1032 ZPO), von deren Erheben er auch absehen kann. Es empfiehlt sich deshalb für den Anspruchsteller, vor der Einleitung des Schiedsverfahrens nochmals zu prüfen, ob nicht doch der Rechtsweg beschritten werden sollte und zu dieser Frage eine Verständigung mit dem Gegner zu suchen. Ein AKL-Verfahren wird durch die Schiedsklausel natürlich erst recht nicht ausgeschlossen.

Die staatlichen Gerichte können zudem wegen Maßnahmen des **einst-** 636 **weiligen Rechtsschutzes** angerufen werden (§ 1033 ZPO); allerdings kann solche auch das Schiedsgericht anordnen, sofern nichts anderes vereinbart

---

[186] Ausführliches Muster für eine solche ad-hoc-Schiedsvereinbarung mit Erläuterungen bei *Bandel* in Walz Formularbuch S. 376 ff.

[187] Muster bei *Bandel* in Walz Formularbuch S. 408 ff.

[188] Weitere Einzelheiten zu Formfragen bei *Bandel* in Walz Formularbuch § 22 Rdn. 28 ff.

ist (§ 1041 ZPO).[189] Auch ein selbstständiges Beweisverfahren (§§ 485ff. ZPO) ist trotz Schiedsklausel möglich.[190]

637 Das Schiedsverfahren beginnt mit der **Einsetzung des Schiedsgerichts.** Hierzu ist das individuell oder durch Bezugnahme auf eine Verfahrensordnung vereinbarte, hilfsweise das gesetzliche Bestellungsverfahren nach § 1035 Abs. 3 ZPO einzuleiten.

638 Ist die Anrufung eines **institutionellen Schiedsgerichts** vereinbart, muss ein Vertrag mit der administrierenden Organisation abgeschlossen werden (Schiedsorganisationsvertrag). Der Vertragsschluss vollzieht sich in der Regel dadurch, dass die Schiedsklage bei der Organisation eingereicht wird und die Organisation die Übernahme der Bearbeitung bestätigt; aufgrund der Vereinbarung dieses Verfahrens in der Schiedsklausel vertritt der Kläger hierbei zugleich den Beklagten.[191]

639 Der **Beginn** des schiedsrichterlichen Verfahrens liegt nach § 1044 ZPO im Zugang eines entsprechenden Antrags beim Beklagten; die Verfahrensordnungen der institutionellen Schiedsgerichte enthalten dazu aber Sonderregelungen. Mit dem maßgeblichen Zeitpunkt tritt Schiedshängigkeit ein, die nach § 204 Abs. 1 Nr. 11 BGB die Verjährung hemmt.

640 Sobald die personelle Zusammensetzung des Schiedsgerichts feststeht, werden mit den Mitgliedern **Schiedsrichterverträge** abgeschlossen. In ihnen werden die Pflichten des Schiedsrichters sowie seine Rechte, insbesondere der Vergütungsanspruch, geregelt.[192]

641 Die **Verfahrensleitung** obliegt sodann dem Vorsitzenden des Schiedsgerichts. Sie richtet sich nach der **Verfahrensordnung,** deren Geltung die Parteien vereinbart haben. Es kann sich hierbei um Regelungen handeln, die die Parteien in der Schiedsvereinbarung oder einer zusätzlichen Verfahrensvereinbarung getroffen haben, oder um die Vorschriften einer von ihnen in Bezug genommenen Verfahrensordnung. Fehlt es an jeglicher Vereinbarung zum Verfahren, gelten die Vorschriften des 10. Buchs der ZPO; im Übrigen bestimmt das Schiedsgericht die Verfahrensregeln nach seinem Ermessen (§ 1042 Abs. 4 ZPO).

642 In der Regel findet nach dem Austausch von Schriftsätzen eine **mündliche Verhandlung** vor dem Schiedsgericht statt (näher dazu § 1047 ZPO),

[189] Eingehend *Bandel* Einstweiliger Rechtsschutz im Schiedsverfahren; *Schwab/Walter* Schiedsgerichtsbarkeit Kap. 17a.

[190] *Zöller/Geimer* § 1033 Rdn. 3

[191] *Bandel* in Walz Formularbuch § 23 Rdn. 51. Nach *Stein/Jonas/Schlosser* vor § 1025 Rd. 12 und *Lionnet/Lionnet* Handbuch S. 196f. soll der Administrierungsvertrag bereits dadurch zustande kommen, dass die Parteien sich in der Schiedsvereinbarung auf das von der Schiedsorganisation angebotene Verfahren beziehen; dies erscheint sehr konstruiert und wenig interessengerecht (so auch MünchKomm-ZPO/*Münch* vor § 1034 Rdn. 69).

[192] Einzelheiten und Muster bei *Bandel* in Walz Formularbuch § 23 A.

gegebenenfalls mit einer Beweisaufnahme, zu deren Unterstützung auch das staatliche Gericht in Anspruch genommen werden kann (§§ 1049f. ZPO). Auf deren Grundlage erlässt das Schiedsgericht dann seinen **Schiedsspruch,** der die Wirkungen eines rechtskräftigen Urteils hat (§ 1055 ZPO; zu den Förmlichkeiten s. § 1054 ZPO).

Das Schiedsgericht versucht – ebenso wie der staatliche Richter nach § 278 Abs. 1 ZPO – eine gütliche Beilegung des Rechtsstreits zu erreichen. Kommt es zu einem **Vergleich im schiedsrichterlichen Verfahren,** können die Parteien zwischen zwei Formen der Verfahrensbeendigung wählen: 643

Sie können beantragen, dass das Schiedsgericht einen Schiedsspruch mit dem im Vergleich vereinbarten Inhalt erlässt. Dieser **Schiedsspruch mit vereinbartem Wortlaut** (§ 1053 Abs. 1 Satz 2 ZPO) muss denselben Förmlichkeiten genügen wie der gewöhnliche Schiedsspruch (§ 1053 Abs. 2 Satz 1 ZPO), aber nicht begründet werden (§ 1054 ZPO). Er kann für vollstreckbar erklärt werden und ersetzt die notarielle Beurkundung formbedürftiger Erklärungen der Parteien (§ 1053 Abs. 2 ZPO). Die Vollstreckbarerklärung kann auch durch einen Notar erfolgen (§ 1053 Abs. 4 ZPO). 644

Wird kein Antrag auf einen Schiedsspruch mit vereinbartem Wortlaut gestellt, beendet das Schiedsgericht das Verfahren durch einen **Beschluss** (§ 1053 Abs. 1 i.V.m. § 1056 Abs. 2 Nr. 2 ZPO) und erlässt, sofern die Parteien nichts anderes vereinbart haben, einen Schiedsspruch über die Verteilung und die Höhe der von den Parteien zu tragenden Kosten (§ 1057 ZPO). 645

Die Parteien können sich selbstverständlich auch **außerhalb des schiedsgerichtlichen Verfahrens vergleichen.** In diesem Fall teilen sie dem Schiedsgericht lediglich mit, dass sie das Verfahren durch eine Vereinbarung beendet haben. Das Schiedsgericht stellt dann in einem Beschluss die Beendigung des Verfahrens fest (§ 1056 Abs. 2 Nr. 2 ZPO) und entscheidet über die Kosten des Verfahrens in einem Schiedsspruch nach § 1057 ZPO, sofern die Parteien nichts anderes vereinbart haben. 646

Vergleiche, die nicht in einem Schiedsspruch mit vereinbartem Wortlaut dokumentiert werden, können zwar nicht im schiedsrichterlichen Verfahren, wohl aber nach den allgemeinen Regeln, also insbesondere als Anwaltsvergleich oder in einer vollstreckbaren Urkunde, Vollstreckungsfähigkeit erlangen (näher Rdn. 84ff.).

Das Schiedsgerichtsverfahren kennt zwar – außer bei ausdrücklicher Vereinbarung – kein Rechtsmittelverfahren; bei gravierenden Verfahrens- oder Inhaltsmängeln kann aber vor dem staatlichen Gericht ein Verfahren zur **Aufhebung des Schiedsspruchs** beantragt werden (§§ 1059, 1062ff. ZPO). 647

648 All dies zeigt, dass die Parteien sich mit der Vereinbarung eines Schiedsverfahrens auf eine sehr rechtsförmige Konfliktlösungsmethode einlassen – mit allen Rechtsschutzgarantien, aber auch Erschwernissen, die mit der Instrumentalisierung des Rechts verbunden sind. Sie sollten sich fragen, ob dann, wenn eine juristische Lösung gewollt ist (wofür sehr gute Gründe sprechen können), nicht gleich der Weg zum staatlichen Gericht beschritten werden sollte. Mit einem auf konstruktives Vorgehen bedachten Gegner kann auch ein Zivilprozess sehr schnell zu einem befriedigenden Ergebnis geführt werden; ein destruktiver Gegner dagegen hat im Schiedsgerichtsverfahren u. U. noch mehr Möglichkeiten, die Rechtsverwirklichung zu erschweren und die Transaktionskosten in die Höhe zu treiben.

V. Variationen und Kombinationen

649 Das Schiedsgerichtsverfahren kann, insbesondere wenn über eine bestimmte Geldsumme zu entscheiden ist, dadurch vereinfacht werden, dass die Beteiligten durch verfahrensregelnde Prozessverträge (§ 1042 Abs. 3 ZPO) den **Entscheidungsrahmen verengen:**

650 Bei der **Last-Offer-Arbitration** gibt jede Partei nach der streitigen mündlichen Verhandlung schriftlich ein „letztes Angebot" ab, zu dem sie äußerstenfalls bereit wäre, einen Vergleich zu schließen. Es kann sowohl die offene als auch die verdeckte Abgabe des Angebots vereinbart werden; es kann vereinbart werden, dass das Schiedsgericht die Angebote vor oder erst nach seiner Beratung zur Kenntnis nimmt. Das Schiedsgericht darf jedenfalls nur einen Schiedsspruch erlassen, der dem einen oder dem anderen Angebot entspricht. Es muss das Angebot übernehmen, welches am nächsten an der von ihm für richtig gehaltenen Summe liegt. Würde es die Klage ganz abweisen, muss es gleichwohl den vom Beklagten konzedierten Mindestbetrag zusprechen, würde es ihr voll stattgeben, bekommt der Kläger doch nur die höhere Summe aus den beiden Angeboten. In der Regel wird die vom Schiedsgericht für richtig gehaltene Summe allerdings zwischen den beiden Parteivorstellungen liegen. Hier zeigt sich der „erzieherische" Effekt dieses Verfahrens, der darin besteht, dass die Parteien versuchen werden, der mutmaßlichen Entscheidung des Schiedsgerichts möglichst nahe zu kommen. Sie wissen, dass nur ein realistischer Einigungsvorschlag Chancen hat, umgesetzt zu werden; dies wirkt dem einigungshemmenden Verfahrensoptimismus sowie der Tendenz zu möglichst hohen Ausgangsforderungen entgegen und fördert damit die Versachlichung der Verhandlungen.[193] Werden die Angebote offengelegt, wird zudem die ZOPA erkennbar und der Weg zu einer

[193] *Risse* Wirtschaftsmediation § 15 Rdn. 20.

Einigung im Wege kompetitiven Verhandelns eröffnet (s. Rdn. 194 ff.). Das Last-Offer-Verfahren wirkt also einigungsfördernd; darin liegt sein Hauptzweck. Auch wenn es zu einem Schiedsspruch kommt, kann dieser eher akzeptiert werden, weil er nicht so weit vom eigenen Verfahrensziel entfernt ist wie es bei den ursprünglichen Maximalforderungen der Fall wäre. Es verhindert zudem, dass ein Schiedsverfahren, in dem sich die Vorstellungen der Parteien bereits angenähert haben, durch eine streitige Entscheidung beendet werden muss. Bei sehr weit auseinander liegenden Vorstellungen der Parteien birgt das Last-Offer-Verfahren aber ein hohes Verlustrisiko. Das Verfahren sollte deshalb nur dann zur Anwendung kommen, wenn es bereits zu einer Annäherung der Positionen gekommen und nur noch eine im normalen Verhandlungswege nicht auszuräumende Restdifferenz zu überbrücken ist.[194]

Bei der **High/Low-Arbitration** werden die Entscheidungsmöglichkeiten des Schiedsgerichts nicht auf zwei Fixbeträge, sondern auf eine bestimmte Bandbreite verengt. Die Parteien geben einen Rahmen vor, innerhalb dessen sich die Entscheidung zu bewegen hat. Auf diese Weise bleiben bereits erzielte Annäherungen der ursprünglichen Maximalpositionen erhalten, das beiderseitige Prozessrisiko wird verringert; es kann kein „Alles-oder-nichts"-Ergebnis mehr geben.[195] 651

Ein Vorteil beider Verfahren liegt auch darin, dass die **Kostenentscheidung** sich nicht mehr an den ursprünglichen Maximalforderungen, sondern an den letzten Angeboten orientiert.[196] 652

Zur Eindämmung der Dauer und der Kosten des Schiedsgerichtsverfahrens können die Parteien sich auf ein vereinfachtes oder **beschleunigtes Schiedsverfahren** verständigen. Die Deutsche Institution für Schiedsgerichtsbarkeit (DIS) e. V. hat hierfür ergänzende Regeln entwickelt, die neben der DIS-Schiedsordnung zur Anwendung gebracht werden können.[197] Sie sehen z. B. vor, dass grundsätzlich ein Einzelschiedsrichter eingesetzt, ein Zeitplan aufgestellt und auf einen Tatbestand im Schiedsspruch verzichtet wird; Widerklage und Aufrechnung sollen nur mit Zustimmung aller zulässig sein. 653

Des Weiteren stellt die DIS ein besonders auf **gesellschaftsrechtliche Beschlussmängelstreitigkeiten** abgestelltes Schiedsgerichtsverfahren zur Verfügung.[198] 654

Zu den Möglichkeiten, **Mediation und Evaluation** mit dem Schiedsverfahren zu kombinieren, s. bereits Rdn. 506 f., 602, 617. 655

[194] Ebenso *Risse* Wirtschaftsmediation § 15 Rdn. 23.

[195] *Risse* Wirtschaftsmediation § 15 Rdn. 32.

[196] *Risse* Wirtschaftsmediation § 15 Rdn. 33.

[197] http://www.dis-arb.de/download/2008_ERBV_Download.pdf.

[198] http://www.dis-arb.de/download/DIS_ERGeS_%202009_Download.pdf. S. hierzu *Borris* SchiedsVZ 2009, 299 ff.

656 Als sinnvoll kann es sich auch erweisen, dass das Schiedsgericht den Parteien, etwa bei erfolgversprechenden, aber schwierigen Einigungsbemühungen, die **Einschaltung eines Vermittlers oder Mediators** vorschlägt. Einen solchen Vorschlag sollten die Parteien ernsthaft prüfen, weil auf diese Weise die sonst oft mühsamen, kompetitiven Vergleichsverhandlungen im Schiedsverfahren optimiert werden können. Von Vorteil ist es, wenn die Parteien sich schon bei der Einleitung des Verfahrens auf eine Person als „Mediator in Reserve"[199] verständigen, damit beim Auftreten eines Bedarfs kein Zeitverlust durch die Suche nach einem Mediator entsteht.

VI. Kosten und Vergütung

657 Bei der Anrufung eines institutionellen Schiedsgerichts sind zunächst die Verwaltungskosten der Schiedsgerichtsinstitution zu entrichten. Diese bemessen sich in der Regel nach dem Streitwert und sind aus den einschlägigen Kostenordnungen zu ersehen.[200] In den Kostenordnungen sind auch die Honorare der Schiedsrichter geregelt. Teilweise werden diese nach festen Sätzen, abhängig vom Streitwert, bestimmt,[201] teilweise von der Institution am Ende des Verfahrens unter Berücksichtigung von Arbeitsaufwand, Verfahrensdauer und Schwierigkeitsgrad nach Ermessen festgesetzt.[202] Einige Beispiele:

Nach der Kostenordnung der DIS[203] fallen bei einem Streitwert von 5.000,– EUR Verwaltungsgebühren von 416,50 EUR und – bei einem Dreierschiedsgericht – Schiedsrichtervergütungen von 3.465,– EUR an. Hinzu kommen die Auslagen für die Durchführung des Verfahrens sowie Umsatzsteuer. Bei einem Streitwert von 50.000,– EUR belaufen sich die Gesamtkosten auf 12.575,– EUR, bei einem Streitwert von 500.000,– EUR auf 47.630,– EUR, bei einem Streitwert von 5 Mio. EUR auf 176.435,– EUR, jeweils zzgl. Auslagen und Umsatzsteuer.

Der Internationale Schiedsgerichtshof der ICC in Paris[204] berechnet bei einem Streitwert von 100.000,– US $ Verwaltungsgebühren von 4.650,– US $ und Schiedsrichter-

[199] Vgl. das von der amerikanischen JAMS vorgeschlagene Modell unter http://www.jamsadr.com/mediator-in-reserve-policy.

[200] S. z. B. für die Deutsche Institution für Schiedsgerichtsbarkeit e. V. (DIS) http://www.dis-arb.de, für die Internationale Handelskammer in Paris (ICC) http://www.iccarbitration.org.

[201] So z. B. nach der Kostenordnung der DIS (Anlage zu § 40.5 der Schiedsgerichtsordnung; abrufbar a. a. O.).

[202] So beim Internationalen Schiedsgerichtshof der ICC (Anlage III zur ICC-Schiedsordnung; abrufbar a. a. O.). Nach Art. 31 Abs. 2 der ICC-Schiedsordnung kann dabei sogar über die in der Anlage genannten Höchstwerte hinausgegangen werden.

[203] Kostenrechner unter http://www.dis-arb.de.

[204] Kostenrechner unter http://www.iccwbo.org/ourt/arbitration/id4088/index.html.

vergütungen zwischen 3.750,– US $ im Minimum und 14.900,– US $ im Maximum, zzgl. Auslagen und Umsatzsteuer.

Die Deutsche Schiedsgerichtsbarkeit für Erbstreitigkeiten e. V.[205] berechnet für ein mit Vergleich endendes Verfahren vor einem Einzelschiedsrichter bei einem Streitwert von 50.000,– EUR Verwaltungskosten von 456,– EUR sowie eine Schiedsrichtervergütung von 2.719,60 EUR.

Bei **ad hoc eingesetzten Schiedsgerichten** wird das Honorar im Schiedsrichtervertrag vereinbart. Eine vom Deutschen Anwaltverein im Einvernehmen mit dem Deutschen Richterbund erstellte Mustervereinbarung[206] orientiert sich z. B. am RVG und sieht für den Vorsitzenden des Schiedsgerichts oder den Einzelschiedsrichter für jeden Gebührentatbestand (Verfahrens-, Termins- und Einigungsgebühr) eine Gebühr mit einem Satz von 2,0, für die beisitzenden Schiedsrichter eine Vergütung entsprechend den Gebühren eines in zweiter Instanz tätigen Rechtsanwalts vor (Abschnitt 2 VV-RVG). 658

Als **Auslagen** des Schiedsgerichts fallen z. B. Miete für den Verhandlungsraum, Reisekosten der Schiedsrichter, Dolmetscher- und Schreibgebühren, Zeugen- und Sachverständigenentschädigungen an. 659

Die **Anwaltskosten** werden im Schiedsgerichtsverfahren in der Regel nach Stundensätzen berechnet. 660

Über die **Verteilung der Kosten** und deren **Höhe** entscheidet das Schiedsgericht, soweit nichts anderes vereinbart ist, nach pflichtgemäßem Ermessen unter Berücksichtigung der Umstände des Einzelfalles (§ 1057 ZPO). 661

VII. Schiedsgerichtsinstitutionen

Eine Zusammenstellung von Institutionen mit Kontaktadressen findet sich in Anhang 2. 662

§ 23 Zivilprozess

I. Beschreibung

Der Zivilprozess ist ein gesetzlich geregeltes, kontradiktorisches Verfahren vor staatlichen Gerichten, welches dazu dient, die aus der Privatrechtsordnung fließenden subjektiven Rechte mit Hoheitsgewalt durchzusetzen. Er ist ein unentbehrlicher Bestandteil aller Rechtsordnungen, weil Ansprüche – sei es aus Unvermögen, Unwillen oder Rechtsirrtum – nicht 663

[205] Gebührentabelle unter http://www.dse-erbrecht.de/PDF/Gebuehrentabelle.pdf.

[206] Abrufbar unter http://anwaltverein.de/downloads/praxis/mustervertrag/SchiedsrichterverguetungDAV-DRiB.pdf.

immer freiwillig erfüllt werden und die daraus erwachsenden Konflikte sehr oft nicht einvernehmlich gelöst werden können. Um die im Interesse des inneren Friedens unerwünschte Selbsthilfe zu verhindern und die Bereitschaft zur Erfüllung rechtlicher Verpflichtungen zu fördern, bedarf es eines formalisierten Verfahrens, mit welchem der streitige Anspruch festgestellt und zum Zwecke der Zwangsvollstreckung tituliert werden kann.[207]

664 Nach dieser Zweckbestimmung sollte der Zivilprozess an sich **ultima ratio** sein, ein Einsatz der Staatsgewalt zur Durchsetzung privater Rechte nur stattfinden, wenn die privatautonomen Mittel versagen. In der Rechtswirklichkeit wird dieser Nachrang allerdings kaum erkennbar. Der Zugang zum Recht ist, jedenfalls in Deutschland, so komfortabel ausgebaut, dass die Anrufung der staatlichen Gerichtsbarkeit bei Rechtsstreitigkeiten eher die Normalität als den Ausnahmefall darstellt: Es ist einfacher, eine Klage einzureichen und die weitere Verfahrensabwicklung dem Gericht zu überlassen als längere Verhandlungsrunden oder außergerichtliche Streitbeilegungsverfahren zu organisieren. Das Mahnverfahren lädt förmlich dazu ein, unter Überspringen der Verhandlungsstufe sogleich von der Mahnung ins Gerichtsverfahren überzugehen und die Prozesskostenhilfe zwingt die wirtschaftlich schwache Partei geradezu zum Beschreiten des Rechtswegs, weil sie nur die gerichtliche, nicht aber die außergerichtliche Rechtsverfolgung finanziert. Es kommt hinzu, dass erfahrungsgemäß eine Klage die Bereitschaft des Gegners, zu erfüllen oder sich auf einen Vergleich einzulassen, sehr fördert. Die Justizstatistik[208] spiegelt dies sehr deutlich wider:

Die deutschen Amtsgerichte erledigten im Jahre 2008 1.260.064 Zivilprozesse (ohne Familiensachen).

Davon endeten mit

streitigem Urteil	25,2%
sonstigem Urteil	26,5%
Beschluss	6,8%
Vergleich	14,5%
Klagerücknahme	13,1%
Sonstiger Erledigung	13,8%

Die deutschen Landgerichte erledigten im Jahre 2008 in erster Instanz 363.132 Zivilprozesse.

Davon endeten mit

streitigem Urteil	25,5%
sonstigem Urteil	15,8%
Beschluss	7,5%
Vergleich	24,1%
Klagerücknahme	10,5%
Sonstiger Erledigung	16,5%

[207] *Rosenberg/Schwab/Gottwald* Zivilprozessrecht § 1 Rdn. 5 ff.
[208] Statistisches Bundesamt Deutschland, Fachserie 10 „Rechtspflege“.

Beim Amtsgericht wie beim Landgericht enden also etwa drei Viertel der Zivilprozesse ohne dass es zu einer richterlichen Streitentscheidung kommt. Die meisten Verfahren erledigen sich dadurch, dass die beklagte Partei sich unterwirft (Versäumnis- oder Anerkenntnisurteil) oder freiwillig erfüllt (Beschlüsse nach § 91 a ZPO, Teil der Klagerücknahmen), der Kläger die Rechtsverfolgung aufgibt (anderer Teil der Klagerücknahmen, Verzichtsurteil, Nichtbetreiben des Verfahrens) oder beide Parteien sich auf einen Vergleich einigen. 665

Die Zivilgerichte erfüllen somit nicht nur mit ihren Mahnabteilungen, sondern auch mit ihren Spruchkörpern weithin die Funktion von Inkasso-Instituten. Dies ist völlig systemgerecht, denn offensichtlich sind viele Schuldner erst unter dem Druck eines bereits in Gang gesetzten Prozesses bereit, ihre Verpflichtungen zu akzeptieren.

Zu denken gibt dagegen die hohe Anzahl von Prozessvergleichen, die sich nochmals erhöht, wenn die in der zweiten Instanz verglichenen Fälle hinzugerechnet werden: Bei den Oberlandesgerichten endeten 2008 17,1% der Berufungsverfahren mit einem Vergleich. In den süddeutschen Bundesländern, die traditionell eine höhere Vergleichsquote aufweisen, enden mittlerweile deutlich mehr Zivilprozesse durch Vergleich als durch Urteil.[209] Die Haupttätigkeit des Richters besteht nicht mehr im Richten, sondern im Schlichten. So sehr einvernehmliche Lösungen zu begrüßen sind, muss doch die Frage gestellt werden, ob der aufwendige, mit öffentlichen Mitteln subventionierte Zivilprozess der richtige Ort dafür ist. Zwar enthält die ZPO in § 278 Regelungen, die eine gütliche Beilegung von Rechtsstreitigkeiten fördern sollen. Das ultima-ratio-Prinzip sollte dadurch allerdings nicht außer Kraft gesetzt, die Zweckbestimmung und Legitimation des staatlichen Gerichtsverfahrens nicht aus den Augen verloren werden.

Die rege Vergleichstätigkeit der Richter, insbesondere die beachtlichen Erfolge der Modellprojekte mit gerichtsinterner Mediation, zeigen, dass in den zu Gericht gebrachten Rechtsstreitigkeiten erhebliche Einigungspotenziale schlummern. Um eine Fehlnutzung der knappen Justizressourcen zu verhindern, muss der Zivilprozess wieder stärker als das gesehen werden, was er seinem Wesen nach ist: ein kontradiktorisches Verfahren zur hoheitlichen Durchsetzung subjektiver Rechte. 666

Es beginnt mit der Einreichung einer Klageschrift, bei vorangegangenem Mahnverfahren mit dem Antrag auf streitiges Verfahren nach § 696 ZPO. Die Klageschrift bzw. die Anspruchsbegründung nach § 697 ZPO wird dem Gegner zugestellt. Damit entsteht zwischen dem Gericht und den Parteien ein dreiseitiges, öffentlichrechtliches Verhältnis, das sog. 667

[209] In Bayern betrug die Relation im Jahre 2007 bei den LG 1. Instanz ca. 57% (Vergleiche) zu 43% (streitige Urteile).

Prozessrechtsverhältnis.[210] Es dauert an, bis es auf eine in der ZPO vorgesehene Weise beendet wird. In dieser Zeit obliegt der **äußere Ablauf** des Verfahrens (Prozessbetrieb durch Terminsbestimmungen, Ladungen, Zustellung usw.) dem Gericht; die Parteien können darf nur begrenzt Einfluss nehmen (z.B. durch Verlegungsanträge, Antrag auf Ruhen des Verfahrens).

668 Aber auch die **materielle Prozessleitung** obliegt dem Gericht, also z.B. die Vorbereitung des Stoffs für die mündliche Verhandlung, die Erteilung von rechtlichen Hinweisen, die Beiziehung von Urkunden, die Anordnung eines Augenscheins oder einer Begutachtung (§§ 139, 142, 144, 273 ZPO). Die Parteien können zwar in gewisser Weise über den Gegenstand und den Ausgang des Prozesses disponieren (z.B. durch Klageänderung oder -rücknahme) und auch weitgehend bestimmen, welches Vorbringen und welche Beweismittel sie in das Verfahren einbringen; dennoch ist die Parteiautonomie wesentlich geringer ausgeprägt als in den Verfahren der alternativen Konfliktlösung. Die Parteien können nicht einmal darüber bestimmen, ob und in welcher Weise sie im Prozess über gütliche Lösungen verhandeln wollen; die Praktiken der Gerichte sind hierbei auch äußerst unterschiedlich.

669 Völlig fremdbestimmt, lediglich vorgezeichnet durch den Klageantrag (§ 308 ZPO), ist schließlich die kontradiktorische **Entscheidung** über den Prozessgegenstand. Sie wird nach Gesetz und Recht getroffen, einschließlich der Regeln des Beweisrechts und der Beweislast. Das Gericht entscheidet daher u.U. nicht über den realen Sachverhalt, sondern über das Abbild eines Geschehens, das es aufgrund des Vorbringens der Parteien, seiner Beweiswürdigung und gegebenenfalls der Beweislastregeln gewonnen hat. Welche Auswirkungen das Urteil auf die Situation der Parteien und ihr Verhältnis zueinander hat, darf bei der Entscheidung keine Rolle spielen.

670 Der Zivilprozess ist damit zu kennzeichnen als ein weitgehend fremdbestimmtes, den Regeln des öffentlichen Rechts unterworfenes Verfahren, welches nicht auf die Verwirklichung der Parteiinteressen, nicht auf Zukunftsgestaltung und Befriedung, sondern auf die Anwendung objektiver Normen auf einen nach bestimmten Regeln reproduzierten Sachverhalt und die Ermöglichung einer Zwangsvollstreckung gegen die andere Partei gerichtet ist.

Diese fundamentalen Unterschiede zwischen gerichtlicher und alternativer Konfliktlösung sollte sich jeder Rechtsuchende und jeder Anwalt vor Augen führen, bevor er sich für den Rechtsweg entscheidet.

---

[210] *Rosenberg/Schwab/Gottwald* Zivilprozessrecht § 2 Rdn. 4ff.; *Jauernig* Zivilprozessrecht § 32.

II. Vorzüge

Bei der Konfrontation mit einem unkooperativen, uneinsichtigen Gegner bietet das Gerichtsverfahren einen **wirksamen Schutz** vor der Vereitelung begründeter Ansprüche bzw. unbegründeter Inanspruchnahme. 671

Im Erfolgsfall schafft das Verfahren einen **Vollstreckungstitel** sowie Sicherheit vor erneuter Inanspruchnahme durch die **materielle Rechtskraft.**

Die Konfliktbehandlung kann weitgehend **delegiert** werden. Die Partei ist im Wesentlichen nur Zulieferer, nicht Akteur des Verfahrens.

Der Streit wird nach den Maßstäben von **Gesetz und Recht** entschieden.

Wegen der Maßgeblichkeit des Streitwerts besteht eine gewisse **Relation zwischen Verfahrenskosten und Bedeutung der Sache.**

Bei **Prozesskostenhilfeberechtigung** ist das Verfahren kostenfrei oder -begünstigt.

Eine **gütliche Lösung** bleibt auch im Gerichtsverfahren möglich und wird dort sogar gefördert.

III. Risiken und Nebenwirkungen

Die Parteien stehen sich im Prozess als **Gegner** gegenüber. Dies belastet ihre Beziehung und oftmals auch die eigene psychische Verfassung. Der Konflikt wird nicht nachhaltig bereinigt, oftmals weiter verschärft. Es entsteht ein Nährboden für Folgekonflikte. 672

Das Urteil hinterlässt stets einen **Verlierer.** Nicht selten wird die Entscheidung (oder ein auf gerichtliche Empfehlung geschlossener Vergleich) sogar von beiden als Niederlage empfunden, weil sie ihre Vorstellungen nicht voll durchsetzen konnten. Auch dadurch können neue Konflikte entstehen. 673

Zusätzlich zur Niederlage muss der Verlierer auch noch die **Verfahrenskosten** tragen. Diese können trotz der Orientierung am Streitwert eine immense Höhe erreichen (etwa durch aufwendige Beweisaufnahmen, Rechtsmittelverfahren). Die Partei kann dies nur begrenzt steuern (s. dazu Rdn. 49 ff.). 674

Die **Dauer** von Gerichtsverfahren kann erheblich sein und große Zusatzbelastungen hervorrufen. Insbesondere bei komplexen Fallgestaltungen und inkooperativen, alle Rechtsbehelfe ausnützenden Gegnern sind Prozessdauern von mehr als zehn Jahren durchaus zu gewärtigen. Die psychischen Belastungen eines solchen Verfahrens, aber auch die wirtschaftlichen Auswirkungen, sind oftmals ruinös (s. Rdn. 63). Eine nach 15 Jahren ergehende Entscheidung kann keinen positiven Beitrag zur Konfliktlösung mehr liefern. 675

676 Auch wenn (oder gerade weil) die Parteien nur Zulieferer und nicht Akteure des Verfahrens sind, entsteht bei ihnen häufig ein erheblicher **Begleitaufwand,** damit der Prozessbevollmächtigte und die Richter die benötigten Informationen bekommen.

677 Die Konfliktlösung durch Urteil ist **fremdbestimmt.** Sie basiert auf der Sachverhaltsreproduktion durch den Richter, die nicht mit der Wirklichkeit übereinstimmen muss, und sie orientiert sich an den objektiven Maßstäben des Rechts, die nicht immer mit den Wertvorstellungen und Interessen der Parteien korrespondieren.

678 Sie ist **vergangenheitsorientiert.** Der Richter muss die Rechtsfolgen aussprechen, die sich bei der Subsumtion des ihm unterbreiteten Lebenssachverhalts unter die einschlägigen Rechtsnormen ergeben; für zukunftsgestaltende, kreative Elemente ist kein Raum.

679 Ob **Einigungschancen eröffnet oder verschüttet** werden, hängt sehr stark von der Art und Weise der richterlichen Prozessführung ab. Die Palette reicht von pauschalierenden Vergleichsvorschlägen über kommunikativ gestaltete Güteverhandlungen bis zu gerichtsinterner Mediation. Parteien und Anwälte können darauf nur begrenzten Einfluss nehmen. Im Übrigen sind Prozessvergleiche, die auf richterlichen Vorschlag geschlossen werden, oft nichts anderes als Vorwegnahmen des zu erwartenden Urteils. Mit einer konsensualen Konfliktlösung hat dies nichts gemein.

680 Verlorene Prozesse, auch als unvorteilhaft empfundene Vergleiche, führen nicht selten zu **Regressforderungen** gegen den Prozessbevollmächtigten. Die Rechtsprechung zur Anwaltshaftung ist sehr streng: Der Rechtsanwalt muss nicht nur eigene Fehler vermeiden, sondern auch Fehler des Gerichts verhindern;[211] bei Abschluss eines Vergleichs muss er die Vor- und Nachteile, verglichen mit der Fortsetzung des streitigen Verfahrens, sorgfältig abwägen und mit dem Mandanten erörtern.[212] Auch wenn die Regressansprüche zumeist abgewehrt werden können, verursachen sie in vielfacher Hinsicht erhebliche Belastungen, auch durch die schwierige Feststellung des hypothetischen Prozessausgangs bei pflichtgemäßem Verhalten.[213]

IV. Praktische Durchführung

681 Auch wenn der Mandant mit fester Prozessabsicht zum Erstgespräch kommt, ist eine eingehende **Aufklärung** über die Vor- und Nachteile dieses Weges sowie über mögliche Alternativen geboten. Der Anwalt sollte sich

[211] BGH NJW 2010, 73. Näher *Vollkommer/Greger/Heinemann* Anwaltshaftungsrecht § 13 Rdn. 14 ff.

[212] BGH NJW 1994, 2085, 2086. Näher *Vollkommer/Greger/Heinemann* Anwaltshaftungsrecht § 12 Rdn. 39 ff.

[213] Dazu *Vollkommer/Greger/Heinemann* Anwaltshaftungsrecht § 20 Rdn. 9 ff.

nicht sogleich ein Prozessmandat, sondern zunächst den **Auftrag zu außergerichtlichen Verhandlungen** geben lassen und sich intensiv um eine Lösung auf diesem Wege bemühen (s. Rdn. 18 ff.). Zumindest werden diese Bemühungen Aufschluss darüber geben, ob ein AKL-Verfahren (gegebenenfalls welches) in Betracht kommt oder Klage zu erheben ist. Der Anwalt kann sich sodann mit der entsprechenden Vertretung beauftragen lassen und gegebenenfalls eine Vergütungsvereinbarung treffen.

Ist Prozessauftrag erteilt, empfiehlt sich, dass der Anwalt vor Anferti- 682 gung und Einreichung der Klage nochmals mit der Gegenseite Kontakt aufnimmt, um die sich hier bietende Chance zur **Prozessverhinderung „in letzter Minute"** mit ihren erheblichen psychologischen und wirtschaftlichen Vorteilen (s. dazu Rdn. 102 ff.) zu wahren.

Kommt es zur Klage, sollte der Rechtsanwalt in der Klageschrift und den weiteren 683 Schriftsätzen jede unnötige Schärfe, insbesondere jede Polemik vermeiden. Mit einer Eskalation des Streits, wie sie sonst durch den Effekt der negativen Reziprozität und das Phänomen der Konfliktspirale vorgezeichnet ist (s. Rdn. 327 f.), ist niemandem gedient. Je mehr sich die Fronten verhärten, desto schwerer wird es für die Gegenseite, Konzessionen zu machen. Auch die äußerst negative Wirkung unsachlicher Schriftsätze auf den Richter ist zu bedenken (näher zu den Grundsätzen erfolgreicher Kommunikation im Prozess Rdn. 166 ff.).

Ab Klageeinreichung liegt das Verfahren im Wesentlichen in den Händen 684 des Gerichts. Wenn sich der Richter um eine **einvernehmliche Konfliktlösung** bemüht, etwa indem er eine besondere Güteverhandlung mit persönlicher Anwesenheit der Parteien (§ 278 Abs. 2 ZPO) anberaumt oder eine Einschaltung eines Mediations- oder Güterichters (§ 278 Abs. 5 Satz 1 ZPO) oder eine außergerichtliche Schlichtung (§ 278 Abs. 5 Satz 2 ZPO) anregt, ist es wichtig, dass der Mandant eingehend über Sinn und Ablauf dieses ihm möglicherweise fremdartig erscheinenden Verfahrens informiert wird. In aller Regel ist ihm zu empfehlen, diese ihm eingeräumte Chance zu einer umfassenden und nachhaltigen Konfliktlösung zu nutzen.

Sehr gute Erfolgsaussichten hat das **schriftliche Vergleichsverfahren** 685 nach § 278 Abs. 6 ZPO, da es sich quasi um ein innerprozessuales Schlichtungsverfahren, mit einem Richter als (besonders respektiertem) Schlichter, handelt (s. Rdn. 174 ff.). Der Rechtsanwalt kann in geeigneten Fällen ein solches Vorgehen, d.h. einen schriftlichen Vergleichsvorschlag des Gerichts, anregen.

Erweist sich ein **Sachverständigengutachten** als notwendig, sollte in ge- 686 eigneten Fällen die wesentlich vorteilhaftere Alternative eines Schiedsgutachtens vorgeschlagen werden.

Wenn nach Erlass eines ungünstigen Urteils ein **Rechtsmittel** eingelegt 687 werden soll, besteht eine Situation, die jener zwischen Klageauftrag und Klageerhebung vergleichbar ist. Wie dort (vgl. Rdn. 102 ff.) ist es aus psychologischen und ökonomischen Gründen dringend anzuraten, mit der

Gegenseite darüber zu sprechen, ob das Rechtsmittelverfahren durch eine gütliche Lösung vermieden werden kann; diese Bemühungen werden auch gebührenrechtlich honoriert.[214]

V. Variationen und Kombinationen

688 Auch im bereits rechtshängigen Prozess lassen sich, wie bereits aufgezeigt (Rdn. 684), die Vorteile der Schlichtung, der Mediation (§ 278 Abs. 5 ZPO) und des Schiedsgutachtens noch zum Tragen bringen.

689 Dabei kann **Schlichtung** durch den erkennenden Richter nicht nur im schriftlichen Verfahren nach § 278 Abs. 6 ZPO, sondern natürlich auch in der mündlichen Verhandlung oder einem Gütetermin praktiziert werden. Richterliche Vergleichsvorschläge sind unbedenklich, solange der Richter sie ohne Präjudiz für sein Urteil unterbreitet. Würde er bereits vor Schluss der mündlichen Verhandlung sein Urteil als feststehenden Schlichtungsvorschlag präsentieren, wäre eine Ablehnung wegen Besorgnis der Befangenheit (§ 42 ZPO) gerechtfertigt; ein von der Partei als aufgenötigt empfundener Vergleich könnte eine Anfechtung nach § 123 BGB nach sich ziehen.[215] Intensivere Schlichtungsgespräche sollten daher besser vor einem ersuchten Richter (§ 278 Abs. 5 Satz 1 ZPO) geführt werden. Außerdem besteht die Möglichkeit, zum Zwecke einer außergerichtlichen Schlichtung (z. B. bei einer fachkundigen Stelle) das Ruhen des Rechtsstreits herbeizuführen (§ 278 Abs. 5 Satz 2, 3 ZPO).

690 **Mediationsgespräche** kann der erkennende Richter überhaupt nicht führen (vgl. Rdn. 432, 434, 457). Hier bleibt nur die Möglichkeit der Einschaltung eines ersuchten Richters (§ 278 Abs. 5 Satz 1 ZPO: „gerichtsinterne Mediation") oder eines außergerichtlichen Mediators (§ 278 Abs. 5 Satz 2, 3 ZPO).

691 Soll statt eines Gerichts- ein **Schiedsgutachten** eingeholt werden, muss dies von den Parteien ins Werk gesetzt werden (s. hierzu Rdn. 553, 536 ff.). Das Gericht ordnet lediglich das Ruhen des Verfahrens an (§ 278 Abs. 5 Satz 3 ZPO).

VI. Kosten und Vergütung

1. Gerichtskosten

692 Die Höhe der **Gerichtskosten und -auslagen** ergibt sich aus GKG und JVEG. Maßgeblich ist für die Gebühren im Allgemeinen der Streitwert (§ 3

[214] Zur Terminsgebühr nach Vorbem. 3 Abs. 3 VV-RVG s. OLG München Rpfleger 2010, 163. Nach BGH NJW 2007, 2644 soll allerdings keine Terminsgebühr anfallen, wenn das Berufungsgericht durch Beschluss nach § 522 Abs. 2 ZPO entscheidet. A. A. *Müller-Rabe* in Gerold/Schmidt VV Vorb. 3 Rdn. 95 ff.

[215] BGH NJW 1966, 2399.

GKG), so dass eine gewisse Verhältnismäßigkeit sichergestellt ist; bei den Auslagen, insbesondere für aufwendige Beweisaufnahmen, kann es allerdings zu sehr unwirtschaftlichen Ergebnissen kommen.

Eine **unstreitige Verfahrensbeendigung,** insbesondere durch Vergleich, wirkt sich kostengünstig aus: Der Gebührensatz ermäßigt sich von 3,0 auf 1,0 (Nr. 1211 KV-GKG). Bei Klagerücknahmen und Erledigungserklärungen geht die Kostenvergünstigung verloren, wenn das Gericht über die Kostentragung entscheiden muss (a.a.O. Nrn. 1 und 4); dies ist gegebenenfalls bei der Gestaltung der Verfahrensbeendigung zu bedenken. Soweit der Wert des Vergleichsgegenstands den des Verfahrensgegenstands übersteigt, entsteht eine Gebühr von 0,25 (Nr. 1900 KV-GKG). 693

Die Einschaltung eines **Mediations- oder Güterichters** löst keine weiteren Gerichtskosten aus.

2. Anwaltskosten

Für die **Rechtsanwaltsvergütung** gelten, soweit keine Honorarvereinbarung geschlossen wurde, die Vorschriften und Gebührensätze des RVG. Auch diese richten sich nach dem Streitwert (§ 23 Abs. 1 RVG). 694

Die Mitwirkung an einer **einvernehmlichen Streitbeilegung** wird gesondert mit einer *Einigungsgebühr* honoriert, wobei zwischen anhängigen Ansprüchen (Nr. 1003 VV-RVG: Satz 1,0) und nicht anhängigen (Nr. 1000 VV-RVG: Satz 1,5) unterschieden wird, um einen Anreiz für außergerichtliche Streitbeilegung zu schaffen. 695

Die Einigungsgebühr setzt nicht den Abschluss eines Vergleichs i. S. von § 779 BGB voraus; es genügt jede Vereinbarung, durch die der Rechtsstreit beendet wird, also z. B. auch die Abrede, dass sich der Beklagte verpflichtet, die Klageforderung zu erfüllen und auf Kostenerstattung zu verzichten, wenn der Kläger die Klage zurücknimmt.[216] 696

Wird im Prozess ein Vergleich geschlossen, der sich auch auf **nicht rechtshängige Gegenstände** bezieht, so erhöht sich der Streitwert für die *Einigungsgebühr* um den Mehrbetrag. Für diesen gilt zudem der Satz von 1,5; maximal fällt allerdings die Gebühr von 1,5 aus dem Gesamtbetrag an (Nrn. 1000, 1003 VV-RVG; § 15 Abs. 3 RVG). Außerdem erhält der Rechtsanwalt eine *Verfahrensgebühr* für die nicht rechtshängigen Ansprüche in Höhe von 0,8, wenn ihm zuvor für die geltend gemachten oder abgewehrten Ansprüche ein Auftrag zur Vertretung im gerichtlichen Verfahren erteilt worden ist (d.h. 1,3 für die rechtshängigen, 0,8 für die nicht rechtshängigen Ansprüche, wobei er jedoch insgesamt nicht mehr als eine 1,3-Verfahrensgebühr aus der Summe berechnen kann; § 15 Abs. 3 RVG; Nr. 3101 Ziff. 2 VV-RVG). Bei bestehendem Prozessmandat fällt schließlich eine *Terminsgebühr* von 1,2 aus dem Gesamtbetrag bereits dann an, 697

[216] AG München NZV 2010, 261 (LS) = BeckRS 2010, 05961.

wenn insoweit Besprechungen (auch ohne Gerichtstermin) geführt worden sind (VV-RVG Vorbem. 3 Abs. 3 i.V.m. Nr. 3104), also auch dann, wenn das Gericht ohne mündliche Verhandlung einen von ihm oder den Parteien übereinstimmend vorgeschlagenen Vergleich durch Beschluss gemäß § 278 Abs. 6 ZPO feststellt.[217]

Anwaltsgebühren nach dem RVG bei gegenstandserweiterndem Prozessvergleich

<table>
<tr><td rowspan="3">Einigungsgebühr</td><td>für anhängigen Teil</td><td>1,0</td></tr>
<tr><td>für nicht anhängigen Teil</td><td>1,5</td></tr>
<tr><td>maximal</td><td>1,5
aus Summe</td></tr>
<tr><td rowspan="3">Verfahrensgebühr
(bei Prozessmandat)</td><td>für anhängigen Teil</td><td>1,3</td></tr>
<tr><td>für nicht anhängigen Teil</td><td>0,8</td></tr>
<tr><td>maximal</td><td>1,3
aus Summe</td></tr>
<tr><td>Terminsgebühr
(bei Prozessmandat)</td><td>aus Gesamtbetrag</td><td>1,2</td></tr>
</table>

Die Gebühren für nicht rechtshängige Ansprüche zählen aber *nicht zu den Kosten des Rechtsstreits* und können nicht im Verfahren nach § 103 ZPO festgesetzt werden.[218] Diese Kosten haben die Parteien, sofern keine anderweitige Vereinbarung vorliegt, jeweils selbst zu tragen.

3. Kostenverteilung

698 Im Übrigen richtet sich die **Kostenverteilung** nach dem Ausspruch in der gerichtlichen Entscheidung, für die im Allgemeinen der Grad des Obsiegens und Unterliegens maßgeblich ist (§§ 91 ff. ZPO).

699 Über die **Kostentragung bei Abschluss eines Vergleichs** einigen sich die Parteien in der Regel auch im Vergleich.[219] Hilfsweise ordnet § 98 ZPO Kostenaufhebung kraft Gesetzes an. Die Parteien können aber im Vergleich die Kostenentscheidung auch dem Gericht übertragen; dieses entscheidet dann nach den Maßstäben des § 91 a ZPO, also nach billigem Ermessen unter Berücksichtigung des Sach- und Streitstands, nicht etwa nach dem Grad des Nachgebens im Vergleich.[220]

[217] OLG Saarbrücken AGS 2010, 161 = BeckRS 2009, 88514.
[218] BGH NJW 2009, 233.
[219] Zu den negativen Konsequenzen bei PKH-Berechtigung s. *Zöller/Geimer* § 123 Rdn. 6.
[220] BGH NJW 2007, 835.

Haben die Parteien den Prozessgegenstand durch einen **außergerichtlichen Vergleich** erledigt, aber keine Vereinbarung über die Prozesskosten getroffen, liegt eine Erledigung der Hauptsache vor, so dass auf Antrag eine Entscheidung nach § 91a ZPO ergeht; für diese soll aber § 98 ZPO sinngemäß anzuwenden sein, wenn sich aus dem abgeschlossenen Vergleich keine Anhaltspunkte dafür ergeben, dass die Parteien eine Kostenregelung nach anderen Gesichtspunkten im Auge hatten.[221] 700

Ausdrückliche Kostenregelungen im Vergleich sind den Rückgriffen auf § 91a ZPO grundsätzlich vorzuziehen, zumal der Beschluss nach § 91a ZPO die Kostenvergünstigung nach Nr. 1211 Nr. 4 KV-GKG zunichte macht. Die Befürchtung, bei einer nicht mit dem mutmaßlichen Prozessausgang übereinstimmenden Kostenregelung komme die Rechtsschutzversicherung nicht für die Kosten auf, kann häufig durch eine Rücksprache mit dem Versicherer ausgeräumt werden. Im Übrigen muss es Zweifel an der Qualität einer Einigung hervorrufen, wenn sie nicht auch die Kostenfrage umfasst. In solchen Fällen wäre es besser, den Rechtsstreit durch Urteil entscheiden zu lassen.

§ 24 Selbstständiges Beweisverfahren

I. Beschreibung

Es handelt sich um ein Verfahren vor dem Prozessgericht, welches aber nicht auf die Streitentscheidung, sondern auf die **Sachaufklärung** gerichtet ist. Es kann neben oder vor einem Urteilsverfahren betrieben werden (§ 485 ZPO). In letzterem Fall dient es auch dazu, ein Urteilsverfahren entbehrlich zu machen. Da die getroffenen Feststellungen im nachfolgenden Prozess einer dort durchgeführten Beweisaufnahme gleichstehen, kann es – ähnlich wie ein Schiedsgutachten – den Kern des Konflikts ausräumen und das Interesse an einem Rechtsstreit entfallen lassen. Das selbstständige Beweisverfahren ist daher auch ein wichtiges Hilfsmittel zur Herbeiführung einer unstreitigen Konfliktlösung.[222] 701

Wenn der Gegner zustimmt oder zu besorgen ist, dass die spätere Beweisführung unmöglich oder erschwert wird, kann im selbstständigen Beweisverfahren die Einnahme eines Augenscheins, die Vernehmung von Zeugen oder eine Begutachtung angeordnet werden (§ 485 Abs. 1 ZPO). Die Begutachtung durch einen Sachverständigen kann aber schon dann 702

[221] BGH NJW-RR 1997, 510.

[222] So laut Begründung (BT-Drs. 11/3621 S. 2, 23 f.) auch das Ziel seiner Reform durch das Rechtspflege-Vereinfachungsgesetz v. 17. 12. 1990.

beantragt werden, wenn ein Rechtsstreit noch nicht anhängig ist und ein rechtliches Interesse an der Feststellung bestimmter Tatsachen besteht; dabei kann das rechtliche Interesse sich auch aus dem Zweck der **Prozessvermeidung** ergeben (§ 485 Abs. 2 ZPO).

703 Das selbstständige Beweisverfahren dient nur der **Tatsachenaufklärung,** nicht der Entscheidung von Rechtsfragen. Die Erkennbarkeit von Mängeln der Kaufsache ist aber, mag sie auch für die Beantwortung von Rechtsfragen bedeutsam sein, eine Tatsachenfrage.[223] Auch die Feststellung des infolge einer Verletzung entgangenen Gewinns kann im selbstständigen Beweisverfahren beantragt werden; der Antragsteller muss jedoch ausreichende Anknüpfungstatsachen für die begehrte Feststellung vortragen.[224]

704 Wegen der Einzelheiten des **Antrags** und des **Anordnungsverfahrens** s. §§ 486ff. ZPO. Ordnet das Gericht die Beweiserhebung an (durch einen Beschluss gemäß § 490 ZPO), erfolgt die **Beweisaufnahme** nach den allgemeinen Regeln (§ 492 Abs. 1 i.V.m. §§ 144, 355ff. ZPO). Das Gericht kann zum Zwecke einer gütlichen Einigung einen **Erörterungstermin** ansetzen (§ 492 Abs. 3 ZPO). Im Übrigen endet das Verfahren, sobald die Beweisaufnahme erledigt ist, z.B. mit Übergabe des Gutachtens an die Parteien.[225]

705 Wird das Ergebnis im **Hauptsacheverfahren** vorgetragen, kommt eine weitere Beweiserhebung zur selben Frage nur noch aus den allgemeinen Gründen (zum Gutachten s.z.B. § 411 Abs. 4, § 412 ZPO) in Betracht (§ 493 Abs. 1 ZPO). Zu der Möglichkeit des Antragsgegners, ein Hauptsacheverfahren zu erzwingen, s. § 494a ZPO.

II. Vorzüge

706 Das selbstständige Beweisverfahren bietet die Möglichkeit einer **gerichtlichen Beweisaufnahme ohne die Notwendigkeit eines Prozesses.** Es kann einen solchen entbehrlich machen, zumindest entlasten. Denn auch wenn es doch zum Prozess kommt, bleibt das **Beweisergebnis voll verwertbar,** ein Gutachten also nicht nur als Urkunden-, sondern als Sachverständigenbeweis.

707 Für das Verfahren kann **Prozesskostenhilfe** in Anspruch genommen werden.[226] Die Prüfung der Erfolgsaussichten bezieht sich dabei allein auf die Frage, ob der Antrag auf selbstständige Beweiserhebung voraussichtlich Erfolg haben wird, nicht auf die Erfolgsaussichten im Hauptsacheprozess.[227]

---

[223] BGH NJW-RR 2010, 233.
[224] BGH NZV 2010, 22 = VersR 2010, 133.
[225] Näher BGHZ 150, 55 = NJW 2002, 1640.
[226] *Zöller/Geimer* § 114 Rdn. 2 m. w. Nachw.
[227] *Herget* Festgabe Vollkommer S. 101 m. w. Nachw.

Streitverkündung ist möglich.[228] Dadurch kann die Beweiswirkung auf einen Dritten erstreckt werden. 708

In dem Verfahren kann ein gerichtlicher **Vergleich** (Vollstreckungstitel nach § 794 Abs. 1 Nr. 1 ZPO) geschlossen werden.

Das Verfahren kann **einseitig eingeleitet** werden, also auch gegen einen Konfliktgegner, der ein außergerichtliches Verfahren ablehnt. Es hemmt die **Verjährung** (§ 204 Abs. 1 Nr. 7 BGB). Sogar gegen einen **unbekannten Gegner** kann ein selbstständiges Beweisverfahren geführt werden (s. dazu § 494 ZPO), allerdings ohne verjährungshemmende Wirkung. 709

III. Risiken und Nebenwirkungen

Es handelt sich um ein **gerichtliches Verfahren** mit all seinen negativen Seiten: konfrontatives statt kooperatives Vorgehen, Formalisierung, Rechtsmittel gegen ablehnende Entscheidung, u. U. bis zum BGH (§ 567 Abs. 1 Nr. 2, § 574 Abs. 1 Satz 1 Nr. 2 ZPO); Möglichkeit der Überleitung ins Hauptverfahren durch den Gegner (§ 494 a ZPO). Durch Streitverkündung kann sich das Kostenrisiko erheblich vergrößern und die Notwendigkeit eines Hauptsacheverfahrens wachsen.[229] 710

Da beim Verfahren nach § 485 Abs. 2 ZPO nur der Sachverständigenbeweis erhoben werden kann, lassen sich **Anknüpfungstatsachen** u. U. nicht feststellen, weil hierfür andere Beweismittel erforderlich wären.[230] Dies mindert u. U. den Aussagewert eines im selbstständigen Beweisverfahren erstatteten Gutachtens, z. B. in Arzthaftungsfällen.[231] 711

Ist das Hauptsacheverfahren zwischen anderen Personen zu führen oder das dortige Beweisthema mit dem des selbstständigen Beweisverfahrens **nicht identisch**, verliert das Beweisergebnis seinen Wert; die Kosten des selbstständigen Beweisverfahrens sind dann auch nicht als Kosten des Rechtsstreits nach § 91 ZPO erstattungsfähig.[232] 712

Erledigt sich das selbstständige Beweisverfahren (z. B. durch Beseitigung des Mangels, Zahlung der Ersatzleistung), kann keine Kostenentscheidung nach § 91 a ZPO ergehen[233] und auch nicht einseitig die Erledigung der Hauptsache erklärt werden.[234] Der Antragsteller kann lediglich den An- 713

[228] BGHZ 134, 192 = NJW 1997, 859.

[229] S. *Herget* Festgabe Vollkommer S. 109; *Cuyper* MDR 2004, 314 ff.

[230] *Herget* Festgabe Vollkommer S. 107.

[231] BGHZ 153, 302 = NJW 2003, 1741, wo zu Recht ausgeführt wird, dass deswegen nicht das rechtliche Interesse nach § 485 Abs. 2 ZPO verneint werden kann.

[232] *Herget* Festgabe Vollkommer S. 108.

[233] BGH NJW 2007, 3721.

[234] BGH NZBau 2005, 42 = MDR 2005, 227.

trag zurücknehmen und hat dann analog § 269 Abs. 3 Satz 2 ZPO die Kosten zu tragen. Ihm bleibt nur die Möglichkeit, einen evtl. materiellrechtlichen Kostenerstattungsanspruch klageweise geltend zu machen.[235] Der BGH hält es auch für gangbar, eine Klage auf Feststellung zu erheben, dass der Antragsgegner zu der vorgenommenen Handlung verpflichtet war; deren Kostengrundentscheidung umfasse dann die Kosten des selbständigen Beweisverfahrens.[236] Das selbstständige Beweisverfahren hat hier also entgegen seiner Zweckbestimmung eine prozessauslösende Wirkung.

IV. Praktische Durchführung

714 Das Verfahren kommt durch einen Antrag beim Gericht der Hauptsache in Gang (s. §§ 485–487, 494 ZPO) und wird sodann von diesem betrieben (§§ 490–492 ZPO), erfordert also grundsätzlich keine besondere Abstimmung mit dem Gegner oder sonstige organisatorische Aktivitäten. Lediglich im Fall des § 485 Abs. 1 ZPO, also insbesondere, wenn ein Augenschein oder eine Zeugenvernehmung durchgeführt werden soll, muss die Zustimmung des Gegners beigebracht werden.

V. Variationen und Kombinationen

715 Selbstverständlich können die Parteien auch noch nach Einleitung des selbstständigen Beweisverfahrens über eine gütliche Konfliktlösung verhandeln oder ein Schlichtungs-, Mediations- oder Evaluationsverfahren vereinbaren. Es wird dann auf Antrag das Ruhen des Verfahrens angeordnet, sofern nicht der Beweissicherungszweck dem entgegensteht.[237] Kommt es zur gütlichen Einigung, sollte sich diese auch auf die Kosten des selbstständigen Beweisverfahrens erstrecken.

VI. Kosten und Vergütung

716 Der **Streitwert** des selbstständigen Beweisverfahrens entspricht dem der Hauptsache.[238] Dabei ist nicht entscheidend der vom Antragsteller bei Verfahrenseinleitung geschätzte Wert, sondern das Gericht hat

[235] Dazu näher *Herget* Festgabe Vollkommer S. 110.
[236] BGH NJW-RR 2004, 1005 = MDR 2004, 715.
[237] *Zöller/Herget* vor § 485 Rdn. 6.
[238] BGH NJW 2004, 3488.

nach Einholung des Gutachtens das tatsächliche Interesse des Antragstellers, bezogen auf den Zeitpunkt der Antragstellung, zu bewerten.[239]

Für das selbstständige Beweisverfahren fällt eine **Gerichtsgebühr** von 1,0 an (Nr. 1610 KV-GKG), gleich ob es neben einem anhängigen Rechtsstreit oder isoliert betrieben wird. Kommt es zum Abschluss eines gerichtlichen Vergleichs (§ 492 Abs. 3 ZPO), fällt eine Gebühr von 0,25 an, soweit er über den Gegenstand des Beweisverfahrens hinausgehende Ansprüche umfasst. 717

Für die **Anwaltsvergütung** ist das selbstständige Beweisverfahren stets eine gesonderte Angelegenheit.[240] Es fällt die *Verfahrensgebühr* von 1,3 (Nr. 3100 VV-RVG) an, die *Terminsgebühr* von 1,2 (Nr. 3104 VV-RVG) nur dann, wenn es zu einem Termin (z.B. nach § 492 Abs. 3 ZPO) kommt; dies kann auch ein vom Sachverständigen anberaumter Termin sein (Vorbem. 3 Abs. 3 VV-RVG). Die Teilnahme an einer verfahrensvermeidenden Besprechung (Vorbem. 3 Abs. 3, letzte Alt. VV-RVG) reicht allerdings nicht aus, da der BGH hierfür ein Verfahren voraussetzt, in dem eine mündliche Verhandlung vorgeschrieben ist.[241] Kommt es durch Mitwirkung des Rechtsanwalts zur einvernehmlichen Streiterledigung, entsteht die Einigungsgebühr von 1,5, soweit die Hauptsache noch nicht anhängig ist, ansonsten von 1,0 (Nrn. 1000, 1003 VV-RVG). Findet über den Gegenstand des selbstständigen Beweisverfahrens auch ein Hauptsacheverfahren statt, wird die Verfahrensgebühr angerechnet (Vorbem. 3 Abs. 5 VV-RVG). 718

Wirtschaftliche Vorteile bietet das selbstständige Beweisverfahren somit kaum: 719
- Ein gerichtlicher Vergleich im selbstständigen Beweisverfahren verursacht dieselben Gerichtskosten wie ein Vergleich im Prozess: Es fällt jeweils eine Gerichtsgebühr aus dem Hauptsachestreitwert an; hinzukommen die (identischen) Auslagen für das gerichtliche Beweisverfahren. Die Anwaltskosten sind wegen der erhöhten Einigungsgebühr sogar höher, wenn es zu einem Termin, sei es auch nur beim Sachverständigen, kommt.
- Einigen sich die Parteien nach dem selbstständigen Beweisverfahren außergerichtlich, fallen die Kosten für das betreffende Einigungsverfahren zusätzlich an.

[239] OLG Hamburg NJW-RR 2000, 827; näher *Zöller/Herget* § 3 Rdn. 16 „Selbstständiges Beweisverfahren“.

[240] OLG Koblenz JurBüro 2006, 134; *Zöller/Herget* § 490 Rdn. 9.

[241] BGH NJW 2008, 668; 2007, 1461 m. abl. Anm. *Mayer*. Krit. *Zöller/Herget* § 104 Rdn. 21 „Terminsgebühr“; *Mayer* in Mayer/Kroiß RVG VV Vorb. 3 Rdn. 60; *Müller-Rabe* in Gerold/Schmidt VV Vorb. 3 Rdn. 95 ff.

- Kommt es aber zum anschließenden Hauptsacheverfahren, haben sich die Kosten der gerichtlichen Geltendmachung deutlich erhöht. Es fällt eine weitere Gerichtsgebühr an, gegebenenfalls auch eine weitere Terminsgebühr für den Anwalt. Letztere entfällt, wenn im selbstständigen Beweisverfahren kein Termin stattgefunden hat; für den Anwalt bedeutet dies allerdings, dass er für das Betreiben des selbstständigen Beweisverfahrens keinerlei Vergütung erhält.

Das selbstständige Beweisverfahren hat seine Hauptbedeutung somit weiterhin dort, wo es um die Sicherung von Beweisen geht. Das Ziel der Prozessvermeidung sollte besser auf anderen Wegen, insbesondere dem des Schiedsgutachtens, verfolgt werden.

5. Teil
ABC der Konfliktlösung

Nachstehend werden für einige besonders wichtige Rechtsgebiete Hinweise auf Besonderheiten der alternativen Konfliktlösung gegeben. Soweit einzelne Institutionen benannt werden, handelt es sich nicht um Empfehlungen, sondern lediglich um Hinweise, die keinen Anspruch auf Vollständigkeit erheben können. 720

Anlagenverträge

Bei Großprojekten wie Verkehrs-, Energie- oder Industrieanlagen arbeitet eine Vielzahl von Leistungserbringern längerfristig und auf sehr komplexe Weise zusammen. Dabei kann es leicht zu Konflikten kommen, die die Fertigstellung des Vorhabens oder das wirtschaftliche Ergebnis gefährden. Ein effizientes Konfliktmanagement ist deshalb hier besonders wichtig.[1] Um schnell greifen zu können, sollte es bereits in den Anlagenverträgen vereinbart werden. 721

Vorteilhaft ist die Vereinbarung eines **Dispute Board,** der das Projekt von Anfang an begleitet, Konflikte bereits im Stadium des Entstehens erfasst und nötigenfalls vorläufig bindende Entscheidungen trifft (Adjudikation; s. § 19) oder zumindest Empfehlungen abgibt.[2]

Wegen der hohen Kosten eines permanenten Dispute Boards, der bei der Komplexität de Anlagenbaus zudem sehr vielseitige Fachkompetenz umfassen müsste, werden die Boards in diesem Bereich zumeist erst ad hoc im Konfliktfall eingesetzt. Dies verursacht Zeitverlust. Empfehlenswert ist daher eine Kombination von permanentem und ad-hoc-Dispute Board: Es wird von Anfang an ein Jurist eingesetzt, der im Konfliktfall einen Experten (oder mehrere) mit dem jeweils benötigten Sachverstand hinzuzieht.[3]

Im Übrigen gelten für das Konfliktmanagement im Anlagengeschäft die allgemeinen Grundsätze für Wirtschaftsstreitigkeiten (s. dort).

Arbeitsrecht

Für Streitigkeiten aus dem Arbeitsverhältnis schließen §§ 4, 101 Abs. 2 ArbGG das **Schiedsgerichtsverfahren** (bis auf die dort genannten Ausnahmen) aus. 722

---

[1] S. dazu *Greger/Stubbe* Schiedsgutachten Rdn. 218 ff.
[2] Vgl. Art. 4 der ICC Dispute Board Rules
[3] *Greger/Stubbe* Schiedsgutachten Rdn. 339.

Schiedsgutachtenabreden werden davon zwar nicht unmittelbar erfasst. Der Regelungszweck der §§ 4, 102 ArbGG, dass Individualrechtsstreitigkeiten dem ArbG nicht entzogen werden dürfen, greift jedoch auch ein, wenn der Schiedsgutachter eine für das ArbG bindende Vorfragenentscheidung trifft.[4] Bedenkenfrei wäre jedenfalls ein Schiedsgutachten ohne Bindungswirkung (Rdn. 551).

Unbeschränkt zulässig sind **Schlichtung** und **Mediation**,[5] da sie die Zuständigkeit der Arbeitsgerichte nicht ausschließen.

Zu beachten ist, dass durch ein solches Verfahren die **Klagefrist** des § 4 KSchG nicht gewahrt wird. Der Rechtsanwalt muss daher, auch wenn er eine außergerichtliche Lösung des Kündigungsstreits anstrebt, vorsorglich Klage erheben.

Gerade das Arbeitsleben bietet ein weites Betätigungsfeld für **Mediation.** Sowohl Arbeitgeber als auch Arbeitnehmer sind daran interessiert, dass ihre auf Dauer und Kooperation angelegte Beziehung möglichst reibungslos verläuft bzw. auf eine für beide Seiten verträgliche Weise beendet wird. Dabei bieten sich große Gestaltungsspielräume, von Vergütungs- bzw. Abfindungsregelungen über Modifizierungen der Arbeitszeit, Beurlaubung, Beförderung, Umsetzung, Übertragung neuer Aufgaben bis hin zu Arbeitsplatzgestaltung, Kinderbetreuung, Zeugnisgestaltung oder betrieblichen Auszeichnungen.

723 Bei **Konflikten im persönlichen Bereich** (z.B. Mobbing, mangelnde Leistungs- oder Kooperationsfähigkeit) sollte vor rechtlichen Schritten (z.B. Abmahnung) immer zunächst auf **Deeskalation** hingewirkt werden. Diese kann durch klärende Gespräche, Coaching oder Mediation erreicht werden. Viele größere Unternehmen setzen bereits eigene oder externe Fachkräfte für diese Zwecke ein. Auf die Nutzung solcher Möglichkeiten sollte der Rechtsanwalt, der mit einem innerbetrieblichen Konflikt befasst wird, stets primär hinwirken.

Mediatoren mit spezieller Ausrichtung auf innerbetriebliche Konflikte vermittelt u.a. der Bundesverband Mediation in Wirtschaft und Arbeitswelt e.V.[6]

Auch das **Recht der betrieblichen Mitwirkungsorgane** bietet vielfältige Möglichkeiten zu Verhandlungslösungen. Bei Individualstreitigkeiten kann die Vermittlungstätigkeit des Betriebsrats in Anspruch genommen werden (§ 82 Abs. 2 Satz 2, § 84 Abs. 1 Satz 2 BetrVG), bei Meinungsverschieden-

[4] *Germelmann* in Germelmann/Matthes/Müller-Glöge/Prütting/Schlewing § 4 Rdn. 7 ff.; *Greger/Stubbe* Rdn. 135.

[5] A.A. zur gerichtlichen Mediation *Prütting* in Haft/von Schlieffen § 21 Rdn. 51 und (mit anderer Begründung) in Joussen/Unberath S. 110 ff.; dagegen zu Recht *Kotzian-Marggraf* in Joussen/Unberath S. 137 ff.

[6] http://www.bmwa.de.

heiten zwischen Arbeitgeber und dem Mitwirkungsorgan kann eine Einigungsstelle nach § 76 BetrVG eingesetzt werden.

Für Streitigkeiten in einem **Ausbildungsverhältnis** schreibt § 111 Abs. 2 ArbGG vor, dass vor der Klageerhebung der Schlichtungsausschuss bei der Handwerksinnung bzw. der sonstigen sich aus §§ 71 ff. BBiG ergebenden Stelle anzurufen ist, sofern ein solcher eingerichtet wurde.[7] Es handelt sich um eine Zulässigkeitsvoraussetzung der Klage.

Arzthaftung

Eine rasche, kostengünstige und auch diskrete Abwicklung solcher Fälle 724
liegt im Interesse beider Seiten. Zivilprozesse arten in diesem Bereich häufig in einen ausufernden Gutachterstreit aus (Gerichts- gegen Privatgutachten), der alle Beteiligten – nicht nur finanziell – hoch belastet und stark fehlerbehaftet ist.[8] Der Vorwurf eines ärztlichen Versagens lastet schwer auf dem verklagten Mediziner und ruft trotz bestehenden Versicherungsschutzes starke Abwehrreaktionen hervor, die wiederum den vom Schicksal geschlagenen Patienten zusätzlich belasten. Die Publizität und die oft jahrelange Dauer solcher Prozesse lassen unabhängig vom Ausgang des Prozesses vielfach zwei Verlierer zurück.

Zu Recht wird die außergerichtliche Streitbeilegung in diesem Bereich daher besonders stark in Anspruch genommen.[9] Dabei empfiehlt sich folgendes Vorgehen:

Primär sollte auf intensive **Verhandlungen mit dem Haftpflichtversiche-** 725
rer hingewirkt werden. Gegen diesen besteht zwar kein Direktanspruch, er hat aber Regulierungsvollmacht[10] und wird im Außenverhältnis für den versicherten Arzt tätig. Dieser wird hierbei – anders als im Prozess, wo er die Beklagtenrolle einnimmt – nicht persönlich involviert, was die Schadensabwicklung sehr erleichtern kann. Der Anwalt des Patienten wird dem Vertreter der Gegenseite durch eine gut vorbereitete Verhandlung deutlich machen, worin ihre Nichteinigungsalternative besteht (s. Rdn. 208, 283). Sie wird auf dieser Grundlage und nach einer professionellen Prozessrisikoanalyse (Rdn. 358 ff.) häufig zu einem Vergleich bereit sein, ebenso der Mandant, dem der Rechtsanwalt in entsprechender Weise verdeutlicht, was er im Falle eines – zumeist auch mit Vergleich endenden – Prozesses zu erwarten hätte. Es bedarf dann nur noch des richtigen Verhandlungsma-

[7] Zu den Einzelheiten s. *Prütting* in Germelmann/Matthes/Müller-Glöge/Prütting/Schlewing ArbGG § 111 Rdn. 6 ff.: *Greger/Stubbe* Schiedsgutachten Rdn. 304.

[8] Der BGH hebt auffallend oft Urteile wegen Verfahrens- und Beweiswürdigungsfehlern auf; vgl. die Nachweise bei *Zöller/Greger* § 402 Rdn. 7 a.

[9] BT-Drs. 13/11 452 S. 2.

[10] Nr. 5.2 AHB 2008.

nagements, um zu befriedigenden Lösungen zu gelangen. Dieses darf nicht auf ein bloßes Feilschen um Summen reduziert werden, sondern sollte stets auch nichtpekuniäre Elemente umfassen wie z. B. eine Entschuldigung, Ehrenerklärung, Förderung von Nachbehandlungen, Rehabilitation, Umschulung usw. (s. dazu Rdn. 190, 289, 363 ff.).

726 Zur Klärung des Sachverhalts können vom Patienten oder vom Arzt die bei den Ärztekammern angesiedelten **Gutachterkommissionen und Schlichtungsstellen** angerufen werden.[11] Die Bereitschaft der Ärzte, sich auf diese Verfahren einzulassen, ist hoch; ihre Voten werden in aller Regel von beiden Parteien und auch von den Haftpflichtversicherern anerkannt.[12] Kommt es doch zum Rechtsstreit, werden die Gutachten in aller Regel bestätigt.[13] Bedenken gegen die Objektivität der Stellen sind nicht begründet.[14] Das Verfahren genügt rechtsstaatlichen Anforderungen,[15] wenngleich eine mündliche Anhörung des Patienten in den meisten Fällen nicht erfolgt.[16] Das Verfahren ist grundsätzlich kostenfrei. Zu näheren Informationen s. Rdn. 413 ff.

Die Beteiligten können sich zur Klärung des Schuldvorwurfs, der Kausalität oder der Schadenshöhe auch auf die Einholung eines **Schiedsgutachtens** verständigen (§ 18). Anders als das Gutachten der vorgenannten Stellen kann dieses allerdings erhebliche Kosten verursachen.

Eine **Mediation** wird eher nicht in Betracht zu ziehen sein, solange die Schädigung des Patienten durch einen ärztlichen Behandlungsfehlers streitig ist. Ist diese Frage aber geklärt oder wünscht der Arzt eine Genugtuung für seinen Patienten unabhängig von der Feststellung seiner Haftung, kann Mediation sehr hilfreich sein, um eine beiderseits befriedigende Lösung herbeizuführen. Sie kann den Patienten von einer auf Geldersatz gerichteten Anspruchshaltung, den Arzt von einem als unangemessen erscheinenden Verteidigungsverhalten abbringen und eine Kommunikationsbasis schaffen, in der es zu wechselseitigem Verständnis, Anteilnahme und nichtpekuniären Kompensationen kommt. Unter Umständen kann schon das Eingeständnis des Arztes, vielleicht nicht alles Menschenmögliche getan oder einen unklaren Befund nicht richtig gedeutet zu haben, dem Patienten Genugtuung verschaffen, möglicherweise sogar die Arzt-Patienten-Beziehung erhalten, jedenfalls einen Prozess mit ungewissem Ausgang vermeiden.

Der Anwalt wird durch eingehende Gespräche mit Mandant und Gegenseite herauszufinden haben, welche der genannten Vorgehensweisen

---

[11] Anschriften s. Anhang.

[12] *Meurer* Arzthaftungssachen S. 137 f. Statistische Angaben auch unter http://www.baek.de/downloads/gutachterkommissionen_statistik_2006.pdf.

[13] *Meurer* Arzthaftungssachen S. 66.

[14] S. die eingehende Untersuchung von *Meurer* S. 87 ff.

[15] Eingehend *Meurer* Arzthaftungssachen S. 104 ff.

[16] *Meurer* Arzthaftungssachen S. 110.

dem konkreten Fall am besten gerecht wird. Falsch wäre es in jedem Fall, vor Ausschöpfung dieser Möglichkeiten Klage zu erheben (und diese gar noch mit einer das ärztliche Selbstverständnis verletzenden Begründung oder einer Strafanzeige zu untermauern). Auch die in solchen Fällen immer wieder praktizierte Information der Presse ist einer schnellen und kooperativen Konfliktlösung ausgesprochen abträglich.

Für Streitigkeiten mit **Zahnärzten** haben einige Landeszahnärztekammern ebenfalls Schlichtungsstellen eingerichtet.[17]

Banken

s. Verbraucherstreitigkeiten 727

Baustreitigkeiten

Streitigkeiten aus Bauvorhaben beschäftigen in hohem Maße die Gerichte,[18] obwohl weithin Einigkeit besteht, dass der **Prozess** gerade für diese Konflikte das am wenigsten geeignete Verfahren zur Streitbeilegung ist.[19] Sie setzen zumeist eine spezielle Sachkunde auf bautechnischem Gebiet voraus und erfordern daher regelmäßig die Einschaltung von Sachverständigen.[20] Typisch für den Bauprozess sind die sog. Punktesachen, bei denen eine Vielzahl von Einzelpunkten, zumeist Mängelrügen, zur Überprüfung gestellt wird. Nicht selten erreicht der Umfang des Streitstoffs die Grenze der Justiziabilität und führt zu Prozessdauern von über 10 Jahren mit einem „faktischen Vergleichszwang“.[21] 728

Schiedsgerichtsverfahren stellen insofern eine bessere Alternative dar, als die Schiedsrichter nach spezieller Sachkunde ausgewählt werden können. Es gibt spezialisierte Bauschiedsgerichte,[22] auch bei Handwerkskammern[23] und Technischen Überwachungsvereinen.[24] Auch in diesem Verfahren wird allerdings streitig verhandelt, was die Tendenz zur Verhärtung der

---

[17] Informationen über die Webseiten der Landeszahnärztekammern (erreichbar über http://www.bzaek.de).

[18] Statistik und Analyse bei *Schröder* NZBau 2008, 1 ff.

[19] Vgl. *Kraus* in Haft/von Schlieffen § 22 Rdn. 11 ff.; *Haghsheno/Kaben* in Kapellmann/Vygen Jahrbuch Baurecht 2005 S. 278; *Kniffka* NZBau 2000, 2.

[20] *Werner/Pastor* Bauprozess Rdn. 520. *Schröder/Gerdes/Teubner Oberheim* in Kapellmann/Vygen Jahrbuch Baurecht 2009 S. 81, 99 schlagen die Einrichtung spezialisierter Kammern für Bausachen vor.

[21] *Englert/Franke/Grieger* Streitlösung ohne Gericht S. 1 f.

[22] Z.B. Schiedsgericht für Privates Baurecht Deutschland, Wilhelmstraße 11, D-53 604 Bad Honnef, http://schiedsgericht.org.

[23] S. z.B. http://www.hwk-muenster.de/uploads/media/Flyer_Bauschiedsgericht.pdf.

[24] S. z.B. http://www.tuev-sued.de/haus_wohnen/bauen_kaufen/hausmaengel/bauschiedsgericht.

Fronten und zur Ausweitung des Streitstoffs in sich trägt. Wie der Zivilprozess folgt das Verfahren dem Zwei-Parteien-System, welches den im Bauwesen typischen Netzstrukturen (Bauträger, Generalunternehmer, Subunternehmer, Architekt, Statiker usw.) nicht gerecht wird. Während der Zivilprozess hierfür wenigstens noch das Instrument der Streitverkündung (§§ 72ff. ZPO) bereit hält, kann das Schiedsverfahrensrecht nur die mit erheblichen Problemen behaftete Figur der Mehrparteien-Schiedsgerichtsbarkeit anbieten.[25]

Bei Baustreitigkeiten bietet sich daher ganz besonders die konsensuale Konfliktlösung an, die am besten bereits im oder zusammen mit dem Bauvertrag vereinbart wird. Die Parteien können hierfür auf die **Verfahrensordnungen** etablierter Institutionen Bezug nehmen, die sich, der aktuellen Tendenz folgend, zunehmend für die AKL öffnen. Nach der am 1. 1. 2010 in Kraft getretenen SLBau,[26] die auch entsprechende Mustervereinbarungen enthält, können die Parteien z.B. zwischen Mediation, Schlichtung, Schiedsverfahren und Adjudikation wählen. Die DIS bietet seit 1. 5. 2010 gesonderte Verfahrensordnungen für Schlichtung, Mediation, Schiedsgutachten, nicht bindendes Gutachten, Adjudikation sowie ein Konfliktklärungsverfahren an (näher Rdn. 741). Nach der SOBau wird eine Schlichtung mit gegebenenfalls anschließendem Schiedsverfahren durchgeführt (s. Rdn. 395, 408).

Mediation empfiehlt sich, wenn es den Konfliktparteien vor allem darauf ankommt, eine positive (Geschäfts-)beziehung wiederherzustellen, wenn also der Blick auf eine zukünftige Zusammenarbeit gerichtet werden soll. Sie bietet auch die Chance, weitere, über den konkreten Streitpunkt hinausgehende Interessen der Beteiligten aufzudecken und im Wege der Vergrößerung der Verhandlungsmasse kreative Lösungen zu entwickeln. Nicht zuletzt trägt die Mediation der vorerwähnten Netzstruktur des Baukonflikts Rechnung, weil sie es ermöglicht, unter Beteiligung aller (evtl. auch noch der baufinanzierenden Bank, der Baubehörde, des Haftpflichtversicherers) zu einer Gesamtlösung zu finden.

Vorteilhaft ist es, wenn der Mediator ebenfalls über Erfahrung im Bauwesen verfügt. Es ist zwar nicht seine Aufgabe, eigene Lösungen zu entwickeln, aber die Verhandlungsleitung kann effizienter gestaltet werden, wenn der Leiter die bautechnischen Begriffe und Abläufe kennt. Sinnvoll kann auch eine Co-Mediation durch einen Rechtsanwalt (wegen § 2 Abs. 3 Nr. 4 RDG) und einen Bausachverständigen sein.[27]

---

[25] S. dazu *Lionnet/Lionnet* Kap. 7 I.

[26] Streitlösungsordnung für das Bauwesen, herausgegeben von der Deutschen Gesellschaft für Baurecht e.V. und dem Deutschen Beton- und Bautechnik-Verein e.V.; abrufbar unter http://www.baurecht-ges.de/sl_bau.pdf.

[27] Unterstützung bietet z.B. der Verband der Baumediatoren e.V., 10178 Berlin, Anna-Louisa-Karsch-Straße 2, http://www.verband-der-baumediatoren.de.

Sehr oft benötigen die Parteien aber zu einer Beilegung ihres Konflikts die sachkundige **Bewertung** der aufgetretenen Streitpunkte durch einen neutralen Dritten.

So kann z.B. eine streitige Tatsachenfrage, etwa das Vorliegen eines Mangels oder die Auslegung des Leistungsverzeichnisses, durch einen **Schiedsgutachter** wesentlich schneller und wirtschaftlicher als durch einen Sachverständigen im Gerichtsverfahren geklärt werden.[28] Die Bindungswirkung können die Parteien frei vereinbaren (vgl. Rdn. 547ff.). Bei der Vermittlung von Schiedsgutachtern können die Handwerkskammern behilflich sein. Bei Streitigkeiten über die Eigenschaft von Stoffen oder Bauteilen kann bei VOB-Verträgen eine staatliche oder staatlich anerkannte Materialprüfungsstelle angerufen werden (§ 18 Nr. 4 VOB/B 2006).[29]

Die Anrufung eines **Schlichters** bietet sich an, wenn ein Lösungsvorschlag, etwa zur Höhe der Werklohnminderung oder zum Umfang der Nachbesserung, hilfreich erscheint. Die Parteien können sich auf eine institutionalisierte Schlichtungsstelle verständigen,[30] die Geltung einer Schlichtungsordnung (z.B. der SOBau) vereinbaren[31] oder eine Person ihres Vertrauens zum Schlichter bestellen. Sie können sich auch dazu verpflichten, den Schlichterspruch als vorläufig bindend zu behandeln, um während eines laufenden Vorhabens einstweilige Rechtssicherheit zu haben.[32]

Die Einholung eines Schiedsgutachtens kann auch im Rahmen einer Mediation, Schlichtung oder eines (Schieds-)Gerichtsverfahrens sinnvoll sein. §§ 11ff. SOBau sehen dies, sogar als baubegleitende Begutachtung, auch zur Beweissicherung, ausdrücklich vor.

Für baubegleitende Konfliktbehandlung eignet sich besonders die **Adjudikation.**[33] Mit ihr soll erreicht werden, dass während des Baus auftretende Meinungsverschiedenheiten schnell geklärt werden, damit der Baufortschritt nicht beeinträchtigt wird. Die Parteien können entweder von vornherein ein Dispute Board einsetzen oder bei Entstehen einer Streitigkeit einen Adjudikator bestellen (was aber tunlichst ebenfalls schon im Vertrag vereinbart werden sollte). Dessen Spruch ist für sie vertraglich bindend,

---

[28] Näher zum Schiedsgutachten im Baurecht *Greger/Stubbe* Schiedsgutachten Rdn. 236ff

[29] *Greger/Stubbe* Schiedsgutachten Rdn. 246m.w.N.

[30] S.z.B. Niedersächsische Bauschlichtungsstelle (http://www.bauschlichtungsstelle.de), Bauschlichtungsstelle der Handwerkskammer Düsseldorf (http://www.hwk-duesseldorf.de/tippskunden/bauschlichtung.html) und der Handwerkskammer Münster (www.hwk-muenster.de).

[31] S. dazu *Zerhusen* BauR 1998, 849ff. sowie oben Rdn. 395.

[32] *Greger/Stubbe* Schiedsgutachten Rdn. 248.

[33] Ausführlich dazu mit Text einer Verfahrensordnung *Boldt* in: Kapellmann/Vygen Jahrbuch Baurecht 2009 S. 115ff. Zur Praxis in Großbritannien *Borowsky* ZKM 2007, 54ff.

ohne einen späteren Rechtsstreit auszuschließen oder zu präjudizieren (näher Rdn. 576 ff.).

Für die Einsetzung eines Dispute Adjudication Board, die insbesondere im internationalen Rechtsverkehr gebräuchlich ist, gibt es Standardvertragsbedingungen der FIDIC (Fédération Internationale des Ingenieurs Conseils), eines Berufsverbands der Beratenden Ingenieure mit Sitz in Genf.[34] Auch die Internationale Handelskammer in Paris (ICC) bietet hierfür ein ausführliches Regelwerk und Mustervereinbarungen an.[35]

Kommt es dem Auftraggeber hauptsächlich auf Beweissicherung an, kann er auch ein **selbstständiges Beweisverfahren** in Betracht ziehen, insbesondere wenn der Gegner einem Schiedsgutachten oder einer Adjudikation nicht zustimmt (näher § 24).

Erbrecht

729 Bei Erbschaftsstreitigkeiten ist auf die Beziehungsebene besonderes Augenmerk zu richten. Zwischen den Streitparteien bestehen hier zumeist enge persönliche, vor allem verwandtschaftliche Bande. Verletzungen der subjektiven Gerechtigkeitsvorstellungen werden daher als besonders tiefgehend empfunden; verdrängte Konflikte aus der Vergangenheit brechen auf. Auf diese psychologischen Besonderheiten muss der Anwalt Bedacht nehmen. Er muss sich dessen bewusst sein, dass er hier – ähnlich wie im Familienrecht – in einer höchstpersönlichen Angelegenheit in Anspruch genommen wird, weil die Beteiligten sich zu einer – an sich gebotenen – Selbstregulierung nicht in der Lage sehen. Eine rein rechtliche Betrachtungs- und Vorgehensweise führt in der Regel zur Eskalation des Konflikts mit belastenden, nicht selten ruinösen Folgen für die Beteiligten und läuft deren Interesse an der Wiederherstellung einer unbelasteten Familiensituation zuwider.

Die Gespräche mit dem Mandanten, die Kontaktaufnahme mit der anderen Seite und die Verhandlungen müssen daher mit größter Sensibilität vorgenommen werden. Zu standardisierten Verteilungsverfahren, wie sie bei Nachlassauseinandersetzungen angewendet werden können, s. Rdn. 356.

Zu **Verhandlungen** müssen gegebenenfalls weitere Personen (z. B. Miterben) hinzugezogen werden. Grundsätzlich sollten alle Seiten anwaltlich vertreten sein, schon um nicht den Eindruck unterschiedlicher Verhandlungsstärke entstehen zu lassen. Außerdem kann die Gegenwart der An-

[34] Dazu *Hök* FIDIC Dispute Adjudication (2007); *Wagner* NZBau 2001, 169, 171. Die Liste deutscher Adjudicators für die FIDIC führt der Verband Beratender Ingenieure (http://www.vbi.de/de/international/dispute-adjudication.html).

[35] http://www.iccwbo.org/uploadedFiles/Court/Arbitration/other/db_rules_2004.pdf.

wälte zur Versachlichung beitragen; die Beteiligten halten ihre Reaktionen eher im Zaum, weil sie sich vor den Anwälten keine Blöße geben wollen. Natürlich erfordert dies eine entsprechende Verhandlungsführung durch die Anwälte. Lässt sich ein kooperativer Verhandlungsstil wegen der Haltung der Gegenseite nicht realisieren, sollte die Verhandlung abgebrochen werden. Keinesfalls sollte sich der Anwalt zu einer streitigen Auseinandersetzung mit unvereinbaren Positionen hinreißen lassen.

In dieser Situation wird vielmehr die **Einschaltung eines neutralen Dritten** angezeigt sein. Im Erbrecht kommen hierfür vor allem folgende Formen in Betracht:

Vermittlung, bei der sich der Dritte auf die Moderation der Verhandlung beschränkt. In Betracht kommen hierfür z.B. Notare, Rechtsanwälte mit ausschließlichem Mandat für diese Funktion, Gütestellen nach BaySchlG.

Schlichtung durch eine Vertrauensperson, die den Beteiligten Lösungsvorschläge unterbreitet.

Mediation, evtl. durch einen auf Erbstreitigkeiten spezialisierten Mediator.

Schiedsgutachten, vor allem bei Bewertungs- und Auslegungsfragen.

Ein **Vermittlungsverfahren** nach §§ 363ff FamFG. Zuständig hierfür sind die Nachlassgerichte (Rechtspfleger), in Baden-Württemberg die staatlichen Notariate, in Bayern, Hessen, Niedersachsen, Nordrhein-Westfalen, Schleswig-Holstein und Berlin die Notare. Dieses Verfahren bietet sich an, wenn um die Aufteilung eines Nachlasses gestritten wird. Verglichen mit der Auseinandersetzungsklage nach § 2042 BGB ist es wesentlich schneller und kostengünstiger. Es ermöglicht den Einsatz mediativer Elemente und genießt hohe Akzeptanz, da es sich um ein gesetzlich geregeltes Verfahren der (freiwilligen) Gerichtsbarkeit handelt. Auch bei Nichterscheinen eines Miterben ist eine Regelung möglich.

Der Notar bzw. Rechtspfleger wirkt zunächst auf Vereinbarungen allgemeiner Art hin (zB die Art der Teilung, die Durchführung des Aufgebotsverfahrens zur Ermittlung von Nachlassgläubigern, die Durchsetzung von Nachlassforderungen, die Bewertung einzelner Gegenstände, Beibringung von Unterlagen, Veräußerung von Gegenständen) und beurkundet diese (§ 366 FamFG), sodann erstellt er einen Auseinandersetzungsplan (§ 368 FamFG) und bestätigt diesen im Falle der Annahme. Die Vereinbarungen und der Auseinandersetzungsplan sind vollstreckbar (§ 371 Abs. 2 FamFG).

Der Rechtsanwalt verdient die Verfahrens-, Termins- und Einigungsgebühr wie im streitigen Verfahren (denn es handelt sich um ein Verfahren der freiwilligen Gerichtsbarkeit i.S.v. Teil 3 des VV-RVG), hat aber wesentlich geringeren Aufwand. Zudem richtet sich der Gegenstandswert – anders als bei der Auseinandersetzungsklage – nach dem Wert des gesamten Nachlasses (§ 116 Abs. 5 KostO).

Ein **Schiedsgerichtsverfahren** (§§ 1025ff ZPO) sollte – als Alternative zum Prozess – ebenso wie dieser nur als ultima ratio in Erwägung gezogen werden. Es bietet sich aber an, bei Einigung über eines der vorstehenden Verfahren für den Fall des Scheiterns sogleich eine Schiedsklausel zu vereinbaren, damit der Weg zum staatlichen Gericht auf jeden Fall gesperrt ist. Aus Kostengründen empfiehlt sich ein Ein-Mann-Schiedsgericht.[36]

Familienrecht

730 Bei Konflikten im Zusammenhang mit Scheidung und Trennung muss das Bemühen des Anwalts ganz besonders darauf gerichtet sein, **streitige Auseinandersetzungen vor Gericht zu vermeiden.** Ansonsten besteht die Gefahr, dass die in solchen Fällen immer bestehende emotionale Belastung noch vergrößert wird, die gestörte Beziehung auch das künftige Leben der Beteiligten beeinflusst. Wenn Kinder betroffen sind, gilt dies in ganz besonderem Maße auch für diese. Zukunftweisende Lösungen, mit denen alle Beteiligten leben können, lassen sich in der Regel nur auf einvernehmlichem Weg erreichen.

Die **Mediation** erweist sich daher gerade auf diesem Gebiet als sehr wertvolles Instrument der Konfliktlösung und sollte den Mandanten grundsätzlich nahegebracht werden. Der Parteianwalt bleibt an diesem Verfahren als Berater und Begleiter beteiligt, ohne an den Mediationssitzungen persönlich teilnehmen zu müssen. Diese erstrecken sich in der Familienmediation häufig über mehrere Termine und längere Zeit. Der Anwalt bleibt in der Regel im Hintergrund und unterstützt seinen Mandanten bei der Lösungssuche. Er richtet dabei sein Augenmerk auch darauf, dass der Mandant nicht aus Unkenntnis auf wichtige Rechte verzichtet und dass die Abschlussvereinbarung den rechtlichen Anforderungen genügt. Dies ist besonders wichtig, wenn ein Nichtjurist (z. B. Psychologe, Sozialpädagoge) als Mediator fungiert (was im Bereich der Familienmediation häufig der Fall ist und sehr förderlich sein kann).

Um den Mandanten **fundiert über Mediation beraten** zu können, sollte jeder familienrechtlich tätige Rechtsanwalt nicht nur die Vorzüge und Abläufe dieses Verfahrens kennen, sondern auch gute Kontakte zu Familienmediatoren seines Vertrauens pflegen, die er über Informationsgespräche in seine Beratung einbauen kann.

An vielen Orten bestehen „Arbeitskreise Trennung und Scheidung“, die der Vernetzung von Anwälten, Richtern, Verfahrensbeiständen, Beratern und Mediatoren dienen; außerdem bieten Mediatoreninitiativen, veranlasst durch die Neuregelung in § 135 Abs. 1 FamFG, kostenlose Informationsgespräche über Mediation an. Mediatoren mit spezieller Ausrichtung auf Familienkonflikte finden sich u. a. in den Verzeichnissen der Bundes-Arbeitsgemeinschaft Familien-Mediation e. V.[37] und des Bundesverbandes Mediation.[38]

---

[36] Z. B. Deutsche Schiedsgerichtsbarkeit für Erbstreitigkeiten e. V. (http://www.dse-erbrecht.de).

[37] http://www.bafm-mediation.de.

[38] http://www.bmev.de.

Mehr noch als in anderen Bereichen sind bei Familienkonflikten **Gespräche mit den Beteiligten,** am besten mit kooperativ verhandelnden Anwälten auf beiden Seiten, anzustreben. In weniger belasteten Beziehungen lassen sich schon auf diesem Wege konsensuale Lösungen erzielen. Ein eventuelles Scheidungsverfahren lässt sich dadurch sehr erleichtern. Auf jeden Fall aber liefern die Gespräche die Grundlage für die sachgerechte Weiterbehandlung des Konflikts. Können die Parteien für eine Mediation gewonnen werden? Ist ihnen eine Beratung oder eine Therapie zu empfehlen? Streiten Sie im Kern um den Wert des gemeinsamen Wohnhauses, so dass ein Schiedsgutachten weiterhelfen kann?

Nach dem in den USA erfolgreichen Modell des Collaborative Law verpflichten sich die Anwälte, die Eltern nicht in einem streitigen Verfahren vor Gericht zu vertreten, sondern bei einem Scheitern der Gespräche das Mandat niederzulegen.[39] Dieses Modell findet inzwischen auch in Deutschland Beachtung[40] und wird hier unter der Bezeichnung **Cooperative Praxis** ausgebaut zu einem mediationsähnlichen Verfahren, bei dem die entsprechend ausgebildeten Anwälte, unterstützt von Coaches und Experten (z.B. Kinderpsychologen) eine konsensuale Lösung fördern sollen.[41] Ob sich dieses sehr anspruchsvolle und aufwendige Verfahren gegenüber der klassischen Mediation durchsetzen wird, erscheint fraglich. Der Grundgedanke einer intensiv auf Prozessvermeidung gerichteten, kooperativen Anwaltstätigkeit sollte aber verstärkt aufgegriffen werden.

Bei **kinderbezogenen Streitigkeiten,** etwa um die Übertragung oder Ausübung des Sorgerechts oder um das Umgangsrecht, empfiehlt es sich dringend, die Eltern an eine **Beratungsstelle** zu verweisen. Die Behandlung solcher Konflikte erfordert in der Regel eine intensive, längerfristige Arbeit mit den Eltern. Therapie- oder Mediationsangebote können dort besser vermittelt werden als in einem auf Rechtsdurchsetzung gerichteten Verfahren. Zahlreiche Stellen der Jugendfürsorge bieten im Rahmen von § 17 SGB VIII auch kostenlose Mediation an. Bei gemeinnützigen Organisationen gibt es Beratungs- und Mediationsangebote auf Spendenbasis.[42]

Für Streitfälle aus den Bereichen **Unterhalt und Vermögensauseinandersetzung,** in denen es im Wesentlichen um Rechtsfragen geht, bietet sich die Anrufung eines spezialisierten **Familienschiedsgerichts** an.[43]

---

[39] S. dazu *Mähler/Mähler* ZKM 2009, 70 ff.

[40] Vgl. das Internetportal http://www.cooperative-praxis.de.

[41] Näher *Lenz/Salzer/Schwarzinger* Konflikt, Kooperation, Konsens.

[42] Z.B. Familien-Notruf München e.V. (http:// www.familien-notruf-muenchen.de).

[43] Z.B. Süddeutsches Familienschiedsgericht (http://www.familienschiedsgericht.de); Südwestdeutsches Familienschiedsgericht (http://www.familienschiedsgericht.eu).

Gesellschaftsrecht

731 Konflikte in **Personengesellschaften und personalistisch ausgestalteten Kapitalgesellschaften** bedürfen einer raschen und nachhaltigen Behandlung, damit das gemeinsame Unternehmen nicht Schaden erleidet. Häufig werden derartige Konflikte durch eine Störung in den persönlichen Beziehungen zwischen den Gesellschaftern hervorgerufen, etwa im Zusammenhang mit dem Generationenwechsel im Familienunternehmen, mit einer Scheidung oder infolge unvereinbarer Vorstellungen über die Geschäftspolitik. **Gerichtliche Auseinandersetzungen,** wie sie häufig in Form von Beschlussanfechtungen geführt werden, sind destruktiv und nach Möglichkeit zu vermeiden.

Soweit es nicht möglich ist, in diesen Fällen durch bilaterale Verhandlungen, Vermittlung oder Schlichtung – z. B. unter Einschaltung des Steuerberaters, Wirtschaftsprüfers, Notars oder der IHK – eine Lösung herbeizuführen, bietet allein die **Mediation** eine erfolgversprechende Option. Mit ihrer Hilfe können die drei Voraussetzungen einer konstruktiven Konfliktlösung erfüllt werden: die Bereinigung der Beziehungsebene, die Klärung der Interessenlage und das Auffinden kreativer, zukunftsgerichteter Gestaltungsmöglichkeiten.[44] Zugleich wird verhindert, dass die Streitigkeit (etwa in einer Anwaltssozietät oder einer ärztlichen Gemeinschaftspraxis) in die Öffentlichkeit dringt.

An die **Qualifikation des Mediators** sind in diesen Fällen besonders hohe Anforderungen zu stellen. Er muss zum einen die kommunikativen und empathischen Fähigkeiten besitzen, die erforderlich sind, um zwischen den oftmals zutiefst verletzten und zerstrittenen Kontrahenten wieder eine sachbezogene Gesprächsbasis herzustellen und die Offenheit zu einem Perspektivenwechsel auszulösen; zum anderen muss er aber auch über juristische Kompetenz verfügen, um die rechtlichen Gestaltungsmöglichkeiten sowie ihre Vorzüge, Nachteile, Schranken und Risiken zu erkennen. Oftmals wird sich diese Doppelqualifikation nur über eine Co-Mediation erreichen lassen. Auf jeden Fall aber sollte in der Schlussphase der Mediation, wenn es um die Abfassung der Abschlussvereinbarung geht, der Steuerberater oder Wirtschaftsprüfer der Gesellschaft eingeschaltet werden. Gesellschaftsrechtliche Umstrukturierungen, die in solchen Fällen häufig vorzunehmen sind, können steuerliche Konsequenzen auslösen, die nur der Experte überblickt; umgekehrt können steuergünstige Gestaltungsmöglichkeiten leicht übersehen werden. Dem Rechtsanwalt, der einen Mandanten in der Mediation begleitet, ist daher dringend zu empfehlen, die in der Mediation erarbeitete Option vor der Abschlussvereinbarung entsprechend überprüfen zu lassen. Es kann sich auch empfehlen, frühzei-

[44] S. auch *Duve* AnwBl 2007, 389 ff. mit Vorschlägen zur Gestaltung des Gesellschaftsvertrags.

tig den Notar zu beteiligen, der oftmals ohnehin für die Beurkundung des Vereinbarten benötigt wird.

Für Streitigkeiten zwischen den Organen von **Kapitalgesellschaften** liegt die Mediationseignung zwar nicht so klar auf der Hand wie bei den personalistisch strukturierten Korporationen; sie ist aber im Einzelfall dennoch ernsthaft zu prüfen. Auch hinter solchen Konflikten stehen oft persönliche Motive, Verletzungen oder Fehleinschätzungen, die nur in einer Mediation aufgearbeitet werden können. Außerdem bietet dieses Verfahren die Möglichkeit, auch andere, an dem Konflikt mittelbar beteiligte Personen in die Lösungssuche einzubeziehen, also z. B. Führungskräfte, Controller, Compliance-Verantwortliche, Vertreter von Konzernunternehmen, Betriebsrat, Aktionärsvereinigungen usw.

Bei Beschlussmängelstreitigkeiten ist die **Klagefrist** des § 246 Abs. 1 AktG zu beachten, so dass eine vorsorgliche Einreichung der Anfechtungsklage u. U. unumgänglich ist.[45] Bei der GmbH, für die nach der Rechtsprechung die Einmonatsfrist im Grundsatz ebenfalls gilt,[46] dürfte auch eine Verlängerung oder Hemmung durch Vereinbarung der Gesellschafter möglich sein.[47]

Da ein Gesellschafterbeschluss nicht von einzelnen Gesellschaftern oder der Gesellschaft aufgehoben werden kann, sondern nur durch actus contrarius aller Gesellschafter, müssen an dem Mediationsverfahren alle Gesellschafter, zumindest durch Bevollmächtigte, beteiligt werden.[48]

Das **Schiedsgerichtsverfahren** ist zur konstruktiven Aufarbeitung gesellschaftsinterner Streitigkeiten grundsätzlich ebenso wenig geeignet wie das Gerichtsverfahren. Es ist zu stark auf Rechtspositionen ausgerichtet, verdeckt damit die wirklichen Konfliktursachen, ist schwerfällig und zeitraubend. Schiedsvereinbarungen können noch dazu in eine fatale Sackgasse führen, weil die Schiedsfähigkeit von Beschlussmängelstreitigkeiten auch nach der neuen Rechtsprechung des BGH von oftmals schwer zu beurteilenden Voraussetzungen abhängt.[49]

So kann es – wie im Falle BGHZ 180, 221 – geschehen, dass das LG sich erstmals mehrere Jahre nach der Beschlussfassung einer Gesellschafterversammlung sachlich mit der

---

[45] *Casper/Risse* ZIP 2000, 440.

[46] BGHZ 137, 378 = NJW 1998, 1559; BGH NZG 2009, 1110.

[47] *Duve* AnwBl 2007, 393.

[48] *Casper/Risse* ZIP 2000, 442 f.

[49] Nach BGHZ 180, 221 = NJW 2009, 1962 muss das schiedsgerichtliche Verfahren „in einer dem Rechtsschutz durch staatliche Gerichte gleichwertigen Weise – d.h. unter Einhaltung eines aus dem Rechtsstaatsprinzip folgenden Mindeststandards an Mitwirkungsrechten und damit an Rechtsschutzgewährung für alle ihr unterworfenen Gesellschafter – ausgestaltet“ sein. Die Deutsche Institution für Schiedsgerichtsbarkeit e. V. bietet nunmehr ein speziell auf solche Streitigkeiten ausgerichtetes Verfahren an; http://www.dis-arb.de/download/DIS_ERGeS_%202009_Download.pdf. S. hierzu *Borris* SchiedsVZ 2009, 299 ff.

Anfechtungsklage befasst, weil zunächst der Instanzenzug bis zum BGH durchlaufen wurde, um das Eingreifen der Schiedsklausel (mit negativem Ergebnis) zu klären. Dieser Fall kann in der Mandantenberatung durchaus als abschreckendes Beispiel eingesetzt werden.

Gewerblicher Rechtsschutz

732 Für Streitigkeiten aus der Verletzung geistigen Eigentums offeriert die World Intellectual Property Organization (WIPO) in Genf ein umfassendes Angebot an AKL-Verfahren,[50] von Schiedsverfahren über Schiedsgutachten bis zur Mediation, sowie ein spezielles Verfahren für Domain-Streitigkeiten.

Generell eignen sich Streitigkeiten aus dem gewerblichen Rechtsschutz und dem Urheberrecht sehr für alternative Konfliktlösungen, da es hier oftmals um einen zukunftsorientierten Interessenausgleich geht.[51]

Kaufmännische Streitigkeiten

733 Einige Industrie- und Handelskammern unterhalten Schiedsgerichte für kaufmännische Streitigkeiten, d. h. Konflikte mit und zwischen Kaufleuten.[52] Besonders breit ist das Angebot der Handelskammer Hamburg.[53]

Das traditionelle Verfahren der **Hamburger freundschaftlichen Arbitrage** wird allerdings nicht von der Handelskammer Hamburg administriert. Es handelt sich um ein ad hoc-Schiedsverfahren, für welches § 20 der Platzusancen für den Hamburgischen Warenhandel gilt.[54] Wird mit dem Antrag lediglich eine Qualitätsarbitrage (Mängelfeststellung) begehrt, handelt es sich um ein Schiedsgutachtenverfahren.[55] Auch ohne Bezugnahme auf die Hamburger freundschaftliche Arbitrage können (und sollten) bei Mängelstreitigkeiten **Schiedsgutachtenvereinbarungen** getroffen werden. Schiedsgutachter können die Industrie- und Handelskammern und Sachverständigenverbände benennen.

Das Vorhandensein kaufmännischer Schiedsgerichte bedeutet aber nicht, dass die Konfliktlösung in diesem Bereich auf arbiträre Formen festgelegt ist. Selbstverständlich steht auch hier das volle Spektrum der AKL offen. Gerade bei derartigen Konflikten lassen sich häufig im Wege der **Mediation** Lösungen finden, von denen beide Seiten profitieren.

---

[50] S. http://www.wipo.int.

[51] Überblick bei *Groß* Mediation im Gewerblichen Rechtsschutz und Urheberrecht.

[52] Z. B. IHK Nürnberg (http://www.ihk-nuernberg.de); IHK München (http://www.muenchen.ihk.de); HK Bremen (http://www.handelskammer-bremen.ihk24.de).

[53] S. unter http://www.hk24.

[54] Abrufbar unter http://www.hk24.de.

[55] Näher *Greger/Stubbe* Schiedsgutachten Rdn. 272 f.

Mietrecht

Im Bereich der Wohnungsmiete werden die zwischen den Vertragspartnern bestehenden Interessengegensätze verstärkt durch menschliche Grundbedürfnisse wie Existenzsicherung, Geborgenheit, Selbstverwirklichung, Harmonie, Ruhe usw. Im Gegensatz hierzu steht die extreme Verrechtlichung dieses Lebensbereichs durch Gesetzgebung und Rechtsprechung sowie die teilweise sehr konfrontative Interessenvertretung durch Mieter- und Vermieterverbände. Dennoch sollte auch hier im Interesse der Beteiligten, ganz besonders bei fortbestehendem Mietverhältnis, primär nach einem Interessenausgleich im Wege alternativer Konfliktlösung gesucht werden. Dies erfordert, sowohl die Gespräche mit dem Mandanten als auch die Verhandlungen mit dem Vertragspartner nicht auf Rechtspositionen, sondern auf die individuellen Interessen zu zentrieren. 734

Ein **Gerichtsverfahren** sollte nur dann angestrengt werden, wenn die Gegenseite keine Bereitschaft zu einer außergerichtlichen Lösung zeigt, eine solche ergebnislos versucht wurde, wegen unlauterer Machenschaften oder evidenter Leistungsunwilligkeit der anderen Partei eine stringente Rechtsverfolgung geboten ist oder die Parteien ausnahmsweise gerade Wert auf eine am Gesetz orientierte Entscheidung legen.

Für die Anrufung eines **Schiedsgerichts** (§§ 1025 ff. ZPO) gilt dasselbe. Eine solche liegt in Mietsachen ohnehin eher fern und ist für Bestandsstreitigkeiten nach § 1030 Abs. 2 ZPO gesetzlich ausgeschlossen.

Verhandlungen, gegebenenfalls mit Hilfe eines Vermittlers oder Schlichters (z.B. Notar, Schiedsperson, Schlichtungsstelle) verdienen den Vorzug. Werden sie vor einer staatlich anerkannten Gütestelle geführt, können sie zu einem vollstreckbaren Vergleich nach § 794 Abs. 1 Nr. 1 ZPO führen. Ansonsten kann ein Vollstreckungstitel nur durch einen Anwaltsvergleich oder durch Errichtung einer notariellen Urkunde geschaffen werden, wobei diese Möglichkeiten ausscheiden, wenn es um den Bestand eines Mietverhältnisses über Wohnraum geht (§ 794 Abs. 1 Nr. 5, § 796 Abs. 2 ZPO).

Für **Mediation** bieten Mietverhätnisse reiche Anwendungsfelder. Insbesondere wenn Mieter und Vermieter im selben Haus wohnen, kann die offene Kommunikation und Verständigung sowie die gemeinsame Suche nach Gestaltungsmöglichkeiten in einem Mediationsverfahren zu optimalen, für beide Seiten befriedigenden Lösungen führen.

Schiedsgutachten kommen im Mietrecht vor allem bei Streitigkeiten über Mängel und Schäden, die Miethöhe, die Wohnflächenberechnung sowie die Auslegung von Vertragsklauseln oder Willenserklärungen in Betracht. Eine kurze Stellungnahme des Sachverständigen kann eine u.U. jahrelange Auseinandersetzung vor Gericht vermeiden.

Reiserecht

s. Verbraucherstreitigkeiten 735

Schadensersatz

736 Über Schadensersatzansprüche wird zumeist kompetitiv verhandelt. Der Geschädigte stellt eine Forderung auf, die seinen maximalen Vorstellungen entspricht. Entweder es gelingt, mit dem Ersatzpflichtigen einen akzeptablen Betrag auszuhandeln, oder der Maximalbetrag wird eingeklagt (und typischerweise dann im Urteil oder Prozessvergleich auf das realistische Maß gekürzt). Dieses unökonomische Vorgehen lässt sich vermeiden, wenn die Grundsätze für erfolgreiches Verhandeln (§§ 10 ff.) beachtet werden.

Dies gilt ganz besonders auch für die Schadensregulierung mit **Haftpflichtversicherern.** Hier sind für den Vertreter des Geschädigten, der die Grundsätze des kompetitiven Verhandelns (Rdn. 189, 194 ff., 232 ff.) nicht beherrscht und die Taktik des (in diesen Fällen zu niedrigen) Ankerns nicht durchschaut, ungünstige Ergebnisse vorprogrammiert. Zu Verhandlungen mit Schadensversicherern s. Rdn. 739.

Liegt dem Streit um die Schadenshöhe eine unterschiedliche **Bewertung von Bemessungsfaktoren** zugrunde (etwa des Wiederbeschaffungswerts), empfiehlt sich die Verständigung auf die Bewertung durch einen unabhängigen Experten. Ein solches Drittvotum ist im Rechtssinne ein *Schiedsgutachten* (§ 18) kann jedoch mit minimalem Aufwand erlangt werden und ist im Vergleich zum Prozess mit Gerichtsgutachten oder richterlicher Schätzung nach § 287 ZPO die eindeutig günstigere Alternative. Dasselbe gilt, wenn die Beteiligten den Spruch eines *Schlichters* einholen, der zwar nicht rechtlich, aber faktisch bindet (näher § 16).

Mediation kommt im Bereich der Schadensregulierung insbesondere dann in Betracht, wenn im konkreten Fall nicht nur Geldersatz, sondern auch eine andere Form des Schadensausgleichs möglich erscheint, oder wenn der Ausgleich im Rahmen einer bestehenden oder anzubahnenden Nähebeziehung persönlicher oder geschäftlicher Art zu leisten ist (also z. B. zwischen Angehörigen, Freunden, Nachbarn, Vereinsmitgliedern, Geschäftspartnern usw.). Hier bestehen oftmals verdeckte Möglichkeiten, eine Lösung zu erzielen, die dem Ersatzpflichtigen mehr bringt als ein, evtl. gar nicht vollstreckbares, Schadensersatzurteil (Rdn. 432 ff.; zu „Kuchenvergrößerung“ und Kompensation s. Rdn. 289).

Unternehmenskauf

737 In der Praxis wird für Streitigkeiten aus solchen Verträgen das **Schiedsgerichtsverfahren** der staatlichen Gerichtsbarkeit vorgezogen, weil es den dortigen Richtern in der Regel an dem hierbei gefragten Spezialwissen mangelt.[56] Da es zumeist um Bilanzierungs- und Bewertungsfragen geht, lassen sich Aufwand und Zeitverlust durch ein Schiedsgerichtsverfahren

[56] *Greger/Stubbe* Schiedsgutachten Rdn. 259.

jedoch oft durch eine **Schiedsgutachtenabrede** vermeiden, die möglichst bereits im Kaufvertrag getroffen wird.[57] Mediation kommt in diesen Fällen weniger in Betracht.

Verbraucherstreitigkeiten

Wegen der im Allgemeinen relativ geringen Streitwerte sind Gerichts- 738
verfahren, aber auch Mediationen, in diesem Bereich zumeist unwirtschaftlich. Um hier gleichwohl den Rechtsschutz zu gewährleisten, wurden für viele Bereiche **Ombuds-, Schieds- und Schlichtungsstellen** geschaffen, die Verbraucherbeschwerden, zumeist kostenfrei, bearbeiten. Über diese Möglichkeit muss der Anwalt den Mandanten aufklären, bevor er Klage erhebt.

Die wichtigsten Institutionen für Verbraucher sind unter § 16 zusammengestellt. Sie umfassen insbesondere die Bereiche Banken und Versicherungen, Mobilität und Reiserecht. Sehr hilfreich ist die Schlichtungsstelle für grenzüberschreitende Verbraucherstreitigkeiten des Europäischen Verbraucherzentrums Deutschland (Rdn. 428). Auch einige Industrie- und Handelskammern (z. B. Osnabrück-Emsland) haben Schlichtungsstellen für Verbraucherstreitigkeiten eingerichtet.

Versicherungsrecht

Zu **Verbraucherstreitigkeiten** mit Versicherern s. dort. 739

Zu Regulierungsstreitigkeiten mit **Haftpflichtversicherern** s. Schadensersatz.

In einigen Sparten der **Schadensversicherung** kann der Versicherungsnehmer bei Meinungsverschiedenheiten über die Höhe des Schadens ein Sachverständigenverfahren beantragen.[58] Der Spruch des Sachverständigenausschusses hat die Wirkung eines (außer bei offenbarer Unrichtigkeit) verbindlichen Schiedsgutachtens (§ 84 VVG). Dieses Verfahren kann für den Versicherungsnehmer Kosten auslösen.[59]

Für Meinungsverschiedenheiten über die Eintrittspflicht des **Rechtsschutzversicherers** sieht § 18 ARB 2009 ein nur für den Versicherer bindendes Schiedsgutachten vor. Bestätigt dieses die Leistungsverweigerung, trägt der Versicherungsnehmer seine eigenen Kosten und die des Schiedsgutachters (§ 18 Abs. 5 ARB 2009).

---

[57] Gestaltungsvorschläge bei *Greger/Stubbe* Schiedsgutachten Rdn. 261 ff.

[58] § 14 AKB für die Kraftfahrtversicherung; § 10 AFB 2008 für die Feuerversicherung; § 15 VHB 2008 für die Hausratsversicherung.

[59] S. § 14 Abs. 5 Satz 2, 3 AKB, § 10 Nr. 6 AFB 2008, § 15 Nr. 6 VHB 2008. AGB-rechtliche Bedenken bei *Greger/Stubbe* Schiedsgutachten Rdn. 279.

Wettbewerbsrecht

740 Wegen Ansprüchen aus unlauterem Wettbewerb können die bei den Industrie- und Handelskammern bestehenden **Einigungsstellen** (§ 15 UWG) angerufen werden, wenn die Gegenseite zustimmt; soweit die Wettbewerbshandlung Verbraucher betrifft, kann auch ohne diese Zustimmung zu einer Aussprache vor der Einigungsstelle geladen werden. Die Einigungsstelle strebt einen gütlichen Ausgleich an und kann einen Einigungsvorschlag unterbreiten. Ein vor ihr geschlossener Vergleich ist Vollstreckungstitel. Die Verjährung wird durch die Anrufung der Einigungsstelle gehemmt.

Der Rechtsanwalt erhält für die Vertretung im Verfahren vor der Einigungsstelle eine Geschäftsgebühr von 1,5 (Nr. 2303 Ziff. 4 VV-RVG). Ist in derselben Sache bereits eine Geschäftsgebühr nach Nr. 2300 VV-RVG entstanden, wird die Hälfte dieser Gebühr, höchstens mit 0,75, angerechnet. Kommt es zum Vergleich, verdient er zusätzlich die Einigungsgebühr von 1,5. Die Vergütung ist somit nicht wesentlich niedriger als in einem mit hohem Aufwand zu führenden Prozess.

Wirtschaftsrecht

741 In diesem Bereich ist die Umstellung auf ein **differenziertes Konfliktmanagement** für die Anwaltschaft besonders wichtig. Nur so wird sie den veränderten Erwartungen der Mandanten in Zukunft entsprechen können.

Nach einer Studie, die von der PricewaterhouseCoopers AG in Zusammenarbeit mit der Europa-Universität Viadrina (Frankfurt/Oder) im Jahre 2004 durchgeführt wurde, setzen Wirtschaftsunternehmen im Konfliktsfall – nach dem Verhandeln – am häufigsten das Gerichtsverfahren ein, obwohl sie diesem Verfahren den geringsten Vorteilswert beimessen und daher Mediation, Schlichtung, Schiedsgutachten und Schiedsgerichtsverfahren (in dieser Reihenfolge) bevorzugen würden.[60] Einschätzung und tatsächliches Verhalten klaffen also weit auseinander. Eine Folgestudie hat ergeben, dass dies u.a. auf lückenhafte Kenntnisse und Erfahrungen der Unternehmensvertreter und der Anwälte in Bezug auf die außergerichtliche Konfliktbearbeitung zurückzuführen ist.[61]

Der Wandel wird auch darin deutlich, dass die etablierten Schiedsgerichtsinstitutionen zunehmend die Verfahren der AKL in ihr Angebot aufnehmen.[62]

---

[60] PricewaterhouseCoopers AG (Hrsg.) Commercial Dispute Resolution – Konfliktbearbeitungsverfahren im Vergleich (2005) S. 7, 15 ff.

[61] PricewaterhouseCoopers AG (Hrsg.) Praxis des Konfliktmanagements deutscher Unternehmen (2007) S. 7.

[62] S. z. B. die ADR-Rules der ICC: http://sharpview.de/fileadmin/ICC_Dokumente/ADRRegeln_ICC.pdf.

So bietet z. B. die Deutsche Institution für Schiedsgerichtsbarkeit e. V. (DIS) seit 1. 5. 2010 eine ganze Palette von Verfahrensordnungen an:[63]

- eine *Schlichtungsordnung* (DIS-SchlO), nach der die Schlichter den Ablauf des Verfahrens in Abstimmung mit den Parteien festlegen;
- eine *Mediationsordnung* (DIS-MedO) für die Fälle, in denen die Parteien ein einigungsorientiertes Verfahren durchführen wollen;
- eine *Schiedsgutachtensordnung* (DIS-SchGO) für die Fälle, bei denen die Parteien eine Drittentscheidung mit vorläufiger (oder endgültiger) Bindungswirkung zu einem bestimmten Streitpunkt anstreben;
- eine *Gutachtensordnung* (DIS-GO) für die Fälle, bei denen die Parteien ein Drittvotum ohne Bindungswirkung erhalten wollen;
- eine Verfahrensordnung für *Adjudikation* (DIS-AVO) für die Fälle, bei denen die Parteien bereits zu Projektbeginn ein – meist aus drei Personen bestehendes – Dispute Board einsetzen, das für alle Konflikte während der Projektabwicklung zuständig ist.

Zudem hat die DIS ein neuartiges *Konfliktklärungsverfahren* eingerichtet, in dem ein Konfliktmanager mit den Parteien möglichst innerhalb weniger Tage nach Ausbruch des Konflikts klärt, wie und mit welchem neutralen Dritten der Konflikt einer Lösung zugeführt werden soll.[64]

Die **Schiedsgerichtsbarkeit** wird vor allem im internationalen Rechtsverkehr ihre Bedeutung behalten. Ansonsten aber sollte sie nur als ultima ratio nach Lösungsversuchen im Wege des Verhandelns und der einvernehmlichen Streitbeilegung in Anspruch genommen werden (s. dazu Rdn. 648).

An die Stelle von Schiedsklauseln, wie sie bisher oft routinemäßig in Wirtschaftsverträge aufgenommen wurden, treten daher zunehmend **differenzierte Konfliktmanagement-Klauseln**, in denen ein **dreistufiges Vorgehen** festgeschrieben wird:[65]

1. **Verhandlungen** (möglichst mit Fortsetzung auf höherer Managementebene, falls auf der Arbeitsebene keine Einigung erzielt werden kann);
2. Konfliktlösungsverfahren mit **Einschaltung eines Dritten** (z. B. Mediation, Schlichtung, Evaluation);
3. Gericht oder Schiedsgericht.

Für die konkrete Ausgestaltung der 2. Stufe, d. h. die **Wahl des passenden AKL-Verfahrens**, sind folgende Kriterien entscheidend:

- Soll in erster Linie eine die beiderseitigen Interessen umsetzende, win-win-Lösungen ermöglichende und die Geschäftsbeziehung schonende Einigung gesucht werden, bietet sich die **Mediation** an (oben § 17).
- Suchen die Parteien dagegen mehr eine am konkreten Sachverhalt orientierte Lösung, bietet sich ein Verfahren an, in dem der Dritte eine **Empfehlung, Bewertung oder Entscheidung** abgibt (s. dazu §§ 18 ff.).

---

[63] Abrufbar unter http://www.dis-arb.de.

[64] Verfahrensordnung unter http://www.dis-arb.de/KMO_2010.pdf.

[65] S. dazu *Greger/Stubbe* Schiedsgutachten Rdn. 225; *Stubbe* SchiedsVZ 2009, 322 ff.

Die Entscheidung für das eine oder andere Verfahren ist oftmals schwierig, denn die Art potenzieller Konflikte ist schwer vorherzusehen. Nur allgemein AKL zu vereinbaren, ist ungünstig, weil die Parteien dann erst eine Einigung über diese Verfahrensfrage herbeiführen müssen.[66] Eher ist zu empfehlen, zunächst eine Mediation zu vereinbaren, weil in diese auch evaluative Elemente eingebracht werden können (vgl. Rdn. 501, 508), während das sofortige Einschwenken auf ein Drittentscheidungsverfahren interessenorientierte Lösungen verschütten könnte. Auf der anderen Seite führt bei Wirtschaftskonflikten ein an der Sachlage (Schiedsgutachten) oder der Rechtslage (externe oder interne Bewertung) orientiertes Verfahren u. U. schneller zu einer Lösung mit hoher Akzeptanz.

Die ADR-Rules der ICC lösen das Problem in der Weise, dass die Parteien sich zunächst auf den neutralen Dritten verständigen; dieser verhandelt mit den Parteien unverzüglich über die anzuwendende Streitbeilegungsmethode; falls sie sich nicht einigen können, findet Mediation statt.[67]

Die Parteien können auch – bereits im Ausgangsvertrag oder nach Entstehen eines Konflikts – vereinbaren, dass beim Scheitern von Verhandlungen ein neutraler Dritter die **Entscheidung über das anzuwendende AKL-Verfahren** treffen soll.[68] Auf diese Weise können sie ihre Konfliktlösung mit fachmännischer Hilfe den Gegebenheiten des konkreten Falles anpassen.

Konfliktmanagement-Klauseln in Verträgen können im Übrigen auch dazu beitragen, dass die Parteien zu einer Verhandlungslösung finden, weil sie bestrebt sind, das vereinbarte AKL-Verfahren zu vermeiden.

Wenn für den Konfliktsfall **keine vorsorgende Regelung** getroffen wurde, wird der Anwalt gleichwohl zunächst in intensive Verhandlungen mit der Gegenseite eintreten. Führen diese nicht zum Erfolg, wird er nicht sogleich Klage erheben, sondern prüfen, welches AKL-Verfahren den Zielen des Mandanten am besten dient. Die Erkenntnisse aus den Verhandlungen und den Mandantengesprächen bieten die Grundlage für die hierzu erforderliche Analyse des Konflikts und der Interessenlage (s. § 2). Sodann wird er prüfen, welches der im Wirtschaftsrecht besonders vielfältigen AKL-Verfahren – von der Vermittlung, Schlichtung und Mediation bis zu Schiedsgutachten, Externer und Interner Bewertung (§§ 15–21) – er im konkreten Fall vorschlägt.

[66] *Stubbe* SchiedsVZ 2009, 324.

[67] Internationale Handelskammer in Paris (ICC), ADR-Regeln 2001, Art. 5 Abs. 1, 2 (s. oben Fußn. 61).

[68] So nunmehr das Konfliktmanagementverfahren der Deutschen Institution für Schiedsgerichtsbarkeit (oben Fußn. 63). Dazu *Stubbe* SchiedsVZ 2009, 326.

Für die Suche nach geeigneten Verfahren und Personen oder Stellen zu ihrer Durchführung stehen vielerorts die Industrie- und Handelskammern[69] oder andere Wirtschaftsorganisationen zur Verfügung.[70]

[69] Z.B. Mediationszentrum der IHK München (http://www.muenchen.ihk.de); Mediations- und Schlichtungsangebote der Handelskammer Hamburg (http://www.hk24.de).

[70] Z.B. Bundesverband Mediation in Wirtschaft und Arbeitswelt e.V. (http://www.bmwa.de); EUCON – Europäisches Institut für Conflict Management e.V. (http://www.eucon-institut.de).

Anhang

1. Musterformulierungen

Verfahren der alternativen Konfliktlösung setzen immer eine Vereinbarung zwischen den Parteien voraus – entweder bereits im Ausgangsvertrag oder nach Entstehen der Streitigkeit. Nachstehend sind Formulierungsvorschläge für solche Vereinbarungen zusammengestellt. Sie beschränken sich auf einige wesentliche, stets zu bedenkende Punkte, da die Parteien die Einzelheiten des Verfahrens sehr individuell regeln können.[1]

I. Bausteine für eine AKL-Klausel als Bestandteil eines Vertrags

1. Allgemeine Good-will-Erklärung und Verhandlungsklausel
(immer zu empfehlen)

Die Parteien werden sich bemühen, etwaige Meinungsverschiedenheiten im Zusammenhang mit diesem Vertrag einvernehmlich beizulegen.

Sie verpflichten sich für diesen Fall, eine Einigung in Verhandlungen [zwischen ihren organschaftlichen Vertretern] zu suchen. Die Verhandlungen finden innerhalb von zwei Wochen nach dem entsprechenden Verlangen einer Seite statt. [Zu ihnen können auch Rechtsanwälte hinzugezogen werden.]

2. Vermittlung / Schlichtung

Für den Fall, dass sie keine Einigung im Wege von Verhandlungen herbeiführen können, vereinbaren sie, unter der Vermittlung von .... [z.B. Notar, Schlichter, anerkannte Gütestelle] nach einer Lösung zu suchen. [Der Vermittler soll auch einen Vorschlag zur gütlichen Einigung unterbreiten].

---

[1] Ausführliche Muster bei *Walz* Formularbuch Außergerichtliche Streitbeilegung. Einige Optionen sind nachstehend in [] gesetzt.

3. Mediation

Für den Fall, dass sie keine Einigung im Wege von Verhandlungen herbeiführen können, vereinbaren sie die Durchführung eines Mediationsverfahrens
- gemäß der Verfahrensordnung des ...... / beigefügter Verfahrensordnung
- bei Rechtsanwalt/Rechtsanwältin ...... als Mediator(in)
- bei einem Mediator (einer Mediatorin), der (die) wie folgt bestimmt werden soll: ......
  [z.B. Auswahl aus drei Vorschlägen der IHK].

4. Schiedsgutachten

Für den Fall, dass sie keine Einigung im Wege von Verhandlungen herbeiführen können, vereinbaren sie die Einholung eines Schiedsgutachtens
- des ...... [z.B. Institut / Innungsobmann]
- durch einen unabhängigen Sachverständigen, der wie folgt bestimmt werden soll: ...... [z.B. Auswahl aus drei Vorschlägen der Handwerkskammer].

Das Schiedsgutachten
- hat bindende Wirkung; [der Einwand offenbarer Unrichtigkeit wird ausgeschlossen].
- hat für ...... bindende Wirkung
- hat keine bindende Wirkung.

5. Ausschluss des Rechtswegs

Die Parteien vereinbaren, dass eine Klage aus diesem Vertrag nicht erhoben werden kann, solange das vorstehend vereinbarte Verfahren nicht abgeschlossen ist. Das Verfahren kann von jeder Partei für beendet erklärt werden, wenn
der Vermittler / Schlichter / Mediator / Schiedsgutachter nicht innerhalb eines Monats seit dem Verlangen auf Durchführung des Verfahrens benannt wurde
oder die Verhandlungen / Schlichtung / Mediation nach mindestens einer gemeinsamen Sitzung von einer Partei oder dem Schlichter / Mediator für gescheitert erklärt wurde(n).

Verfahren des einstweiligen Rechtsschutzes werden hiervon nicht berührt.

6. Kostenregelung

Die Kosten der Vermittlung / Schlichtung / Mediation / des Schiedsgutachtens tragen die Parteien je zur Hälfte. Die eigenen Kosten trägt jede Partei selbst.

II. AKL-Vereinbarung nach Entstehung des Konflikts

Konfliktbeschreibung und Grundvereinbarung

Zwischen den Parteien besteht Streit darüber, ob ……

Die Parteien streben eine einvernehmliche Streitbeilegung an. Sie vereinbaren daher ……

< wie I.2–I.6 >

III. Vereinbarung eines Konfliktmanagementverfahrens

(Musterklausel der Deutschen Institution für Schiedsgerichtsbarkeit e. V. (DIS)

Hinsichtlich aller Streitigkeiten, die sich aus oder in Zusammenhang mit diesem Vertrag ergeben und für deren Lösung die Parteien noch keine Vereinbarung über das Streitbeilegungsverfahren getroffen haben, wird ein Konfliktmanagementverfahren nach der Konfliktmanagementordnung der Deutschen Institution für Schiedsgerichtsbarkeit e. V. (DIS) (DIS-KMO) mit dem Ziel der Festlegung eines Streitbeilegungsverfahrens durchgeführt.

2. Institutionen der alternativen Konfliktlösung

Wohin eine Klageschrift zu adressieren ist, weiß jeder Rechtsanwalt. Schwieriger ist das Auffinden der zuständigen Stelle, wenn ein Verfahren der AKL durchgeführt werden soll. Nachstehend werden daher die Anschriften wichtiger überregional tätiger Institutionen der AKL zusammengestellt. Auf den angegebenen Internet-Seiten finden sich weitere Informationen, z. B. über die Verfahrensordnungen.

Hinweise zur Auswahl des im Einzelfall angezeigten AKL-Verfahrens und der in Frage kommenden Anbieter werden bei den Verfahrensbeschreibungen in §§ 16 ff. sowie im „ABC der Konfliktlösung" gegeben.

Schiedsgerichtsinstitutionen

(Diese bieten zunehmend auch die Organisation von sonstigen Verfahren der alternativen Konfliktlösung an)

Deutsche Institution für Schiedsgerichtsbarkeit e. V. (DIS)
Beethovenstr. 5–13
50 674 Köln
http://www.dis-arb.de

ICC International Court of Arbitration
38, Cours Albert 1er
75 008 Paris, France
http://www.iccwbo.org

Deutsch-Französische Industrie- und Handelskammer
18, Rue Balard
75 015 Paris, France
http://www.francoallemand.com

London Court of International Arbitration
70 Fleet Street
London EC4Y 1EU
United Kingdom
http://www.lcia-arbitration.com

Ständiges Schiedsgericht der Wirtschaftskammer Wien
Stubenring 8–10
1010 Wien
http://www.wkw.at/schiedsgericht

Arbitration Institute of the Stockholm Chamber of Commerce
P. O. Box 16050
SE-103 21 Stockholm
Schweden
http://www.sccinstitute.com

American Arbitration Association
Case Filing Services
1101 Laurel Oak Road, Suite 100
Voorhees, NJ 08043
http://www.adr.org

JAMS Judicial Arbitration and Mediation Services, Inc.
1920 Main Street
Suite 300
Irvine, CA 92614
http://www.jamsadr.com

World Intellectual Property Organization
Arbitration and Mediation Center
34, Chemin des Colombettes
P. O. Box 18
1211 Geneva 20
Schweiz
http://www.wipo.int

Deutsche Schiedsgerichtsbarkeit für Erbstreitigkeiten e. V.
Hauptstraße 18
74918 Angelbachtal/Heidelberg
http://www.dse-erbrecht.de

Gutachter- und Schlichtungsstellen der Ärztekammern

Berlin, Brandenburg, Bremen, Hamburg, Mecklenburg-Vorpommern, Niedersachsen, Sachsen-Anhalt, Schleswig-Holstein und Thüringen:

Schlichtungsstelle für Arzthaftpflichtfragen der
norddeutschen Ärztekammern
Berliner Allee 20 – Ärztehaus
30175 Hannover

Baden-Württemberg:

Gutachterkommission bei der Bezirksärztekammer Nordwürttemberg
Jahnstraße 32
70597 Stuttgart

Gutachterkommission bei der Bezirksärztekammer Nordbaden
Keßlerstr. 1
76185 Karlsruhe

Gutachterkommission bei der Bezirksärztekammer Südbaden
Sundgauallee 27
79114 Freiburg

Gutachterkommission bei der Bezirksärztekammer Südwürttemberg
Haldenhaustr. 11
72770 Reutlingen
Tel.: 07121/917–0

Bayern:

Schlichtungsstelle der Bayerischen Landesärztekammer
Mühlbaurstr. 16
81677 München

Hessen:

Gutachter- und Schlichtungsstelle für ärztliche Behandlungen
bei der Landesärztekammer Hessen
Im Vogelsgesang 3
60488 Frankfurt / Main

Nordrhein – Westfalen:

Gutachterkommission für ärztliche Behandlungsfehler
bei der Ärztekammer Nordrhein
Tersteegenstr. 31
40474 Düsseldorf

Gutachterkommission für ärztliche Haftpflichtfragen
bei der Ärztekammer Westfalen- Lippe
Kaiser-Wilhelm-Ring 4–6
48145 Münster

Rheinland- Pfalz:

Landesärztekammer Rheinland-Pfalz, Schlichtungsausschuss
zur Begutachtung ärztlicher Behandlungen
Deutschhausplatz 3
55116 Mainz

Saarland:

Gutachterkommission für ärztliche Behandlungsfehler
bei der Ärztekammer des Saarlandes
Faktoreistr. 4
66111 Saarbrücken

Sachsen:
Schlichtungsstelle der Sächsischen Landesärztekammer
Pohlandstr. 19
01 309 Dresden

Gutachter- und Schlichtungsstellen der Landeszahnärztekammern

Landeszahnärztekammer Baden-Württemberg
für den Bereich der Bezirkszahnärztekammer Karlsruhe
Josef-Meyer-Str. 8–10
68 167 Mannheim

Landeszahnärztekammer Berlin, Schlichtungsausschuss
Georg-Wilhelm-Str. 16
10 711 Berlin

Landeszahnärztekammer Brandenburg, Patientenberatung
Am Turm 14
03 046 Cottbus

Zahnärztekammer Mecklenburg-Vorpommern KdöR,
Schlichtungsausschuss
Wismarsche Str. 158
19 053 Schwerin

Zahnärztekammer Niedersachsen, Bezirksstelle Hannover,
Schlichtungsausschuss Hannover
Postfach 66 43
30 066 Hannover

Begutachtungsstelle zur Beurteilung Zahnärztlicher
Behandlungsfehler
bei der Zahnärztekammer Westfalen-Lippe KdöR
Postfach 88 43
48 047 Münster

Landesärztekammer Rheinland-Pfalz KdöR
Frauenlobplatz 2
55 118 Mainz

Ärztekammer des Saarlandes KdöR, Abteilung Zahnärzte
Feldmannstr. 103
66119 Saarbrücken

Schlichtungsstellen des Kreditgewerbes

Deutsche Bundesbank – Schlichtungsstelle
Postfach 111232
60047 Frankfurt/M.
http://bundesbank.de

Ombudsmann der öffentlichen Banken Deutschlands
Bundesverband Öffentlicher Banken Deutschlands e. V.
Lennéstraße 17
10785 Berlin

Kundenbeschwerdestelle beim
Bundesverband deutscher Banken
Postfach 04 03 07
10062 Berlin

Kundenbeschwerdestelle beim Bundesverband der Deutschen Volksbanken und Raiffeisenbanken e. V. (BVR)
Schellingstraße 4
10785 Berlin

Deutscher Sparkassen- und Giroverband
Kundenbeschwerdestelle
Charlottenstr. 47
10117 Berlin

Sparkassenverband Baden-Württemberg – Schlichtungsstelle
Am Hauptbahnhof 2
70173 Stuttgart

Rheinischer Sparkassen- und Giroverband – Schlichtungsstelle
Kirchfeldstraße 60
40217 Düsseldorf

Ombudsfrau der privaten Bausparkassen
Postfach 30 30 79
10730 Berlin

Schlichtungsstelle der Landesbausparkassen
Postfach 7448
48040 Münster

Schlichtungsstellen der Versicherungswirtschaft

Versicherungsombudsmann e. V.
Postfach 08 06 32
10006 Berlin
http://www.versicherungsombudsmann.de

Ombudsmann Private Kranken- und Pflegeversicherung
Postfach 06 02 22
10.052 Berlin
http://www.pkv-ombudsmann.de

Bauschlichtungsstellen

Niedersächsische Bauschlichtungsstelle
Ferdinandstraße 3
30175 Hannover
http://www.bauschlichtungsstelle.de/

Handwerkskammer Düsseldorf
Georg-Schulhoff-Platz 1
40221 Düsseldorf
http://www.hwk-duesseldorf.de/tippskunden/bauschlichtung.html

Bauschlichtungsstelle der Handwerkskammer Münster
Bismarckallee 1
48151 Münster
http://www.hwk-muenster.de

Schlichtungsausschüsse der Architektenkammern

Architektenkammer Baden-Württemberg
Danneckerstraße 54
70182 Stuttgart
http//www.akbw.de

Bayerische Architektenkammer
Waisenhausstraße 4
80637 München
http://www.byak.de

Architektenkammer Berlin
Karl-Marx-Allee 78
10243 Berlin
http://www.ak-berlin.de

Brandenburgische Architektenkammer
Kurfürstenstraße 52
14467 Potsdam
http://www.ak-brandenburg.de

Architektenkammer der Freien Hansestadt Bremen
Geeren 41/43
28195 Bremen
http://www.architektenkammer-bremen.de

Hamburgische Architektenkammer
Grindelhof 40
20146 Hamburg
http://www.akhh.de

Architekten- und Stadtplanerkammer Hessen
Bierstadter Straße 2
65.189 Wiesbaden
http://www.akh.de

Architektenkammer Mecklenburg-Vorpommern
Alexandrinenstraße 32
19055 Schwerin
http://www.architektenkammer-mv.de

Architektenkammer Niedersachsen
Friedrichswall 5
30159 Hannover
http://www.aknds.de

Architektenkammer Nordrhein-Westfalen
Zollhof 1
40221 Düsseldorf
http://www.aknw.de

Architektenkammer Rheinland-Pfalz
Hindenburgplatz 6
55118 Mainz
http://www.akrp.de

Architektenkammer des Saarlandes
Neumarkt 11
66117 Saarbrücken
http://www.aksaarland.de

Architektenkammer Sachsen
Goetheallee 37
01 309 Dresden
http://www.aksachsen.org

Architektenkammer Sachsen-Anhalt
Fürstenwall 3
39 104 Magdeburg
http://www.ak-lsa.de

Architekten- u. Ingenieurkammer Schleswig-Holstein
Düsternbrooker Weg 71
24 105 Kiel
http://www.aik-sh.de

Architektenkammer Thüringen
Bahnhofstraße 39
99 084 Erfurt
http://www.architekten-thueringen.de

Sonstige Schlichtungsstellen

Schlichtungsstelle der Rechtsanwaltschaft
Bundesrechtsanwaltskammer
Littenstraße 9
10 179 Berlin
http://www.brak.de

Europäisches Verbraucherzentrum Deutschland
c/o Euro-Info-Verbraucher e. V.
Rehfusplatz 11
77 694 Kehl
http://www.eu-verbraucher.de

ombudsmann.de – Schlichtungsstelle für den Online-Handel
Die Verbraucher Initiative e. V.
Elsenstraße 106
12 435 Berlin
http://www.ombudsmann.de

eCommerce-Verbindungsstelle
Rehfusplatz 11
D-77 694 Kehl
http://www.ecom-stelle.de

söp Schlichtungsstelle für den öffentlichen Personenverkehr e. V.
Fasanenstr. 81
10623 Berlin
http://www.soep-online.de

Reiseschiedsstelle
Schenkendorfstraße 1
65187 Wiesbaden
http://www.reiseschiedsstelle.de

Schiedsstellen im Deutschen Kfz-Gewerbe
Anschriften der örtlichen Schiedsstellen unter
http://www.kfz-schiedsstelle.de

Verband der Bergungs- und Abschleppunternehmen e. V. (VBA)
Informations- und Beschwerdestelle
Linderhauser Straße 141
42279 Wuppertal
http://www.vba-service.de

Bundesnetzagentur für Elektrizität, Gas, Telekommunikation,
Post und Eisenbahnen
Ref. 216, Schlichtungsstelle
Postfach 8001
53105 Bonn
http://www.bundesnetzagentur.de

Schlichtungsstelle für IT-Streitigkeiten
Handelskammer Hamburg, Geschäftsbereich Recht & Fair Play
Adolphsplatz 1
20457 Hamburg
http://www.hk24.de

Kuratorium Deutsche Bestattungskultur e. V. – Schlichtungsstelle
Volmerswerther Str. 79
40221 Düsseldorf
http://www.bestatter.de

Öffentliche Rechtsauskunft- und Vergleichsstelle der
Freien und Hansestadt Hamburg (ÖRA)
Dammtorstraße 14
20354 Hamburg
http://www.hamburg.de/oera

Mediatorenvereinigungen

(nur überregional tätige eingetragene Vereine)

Deutsche Gesellschaft für Mediation e. V. (DGM)
Beethovenstr. 32
58097 Hagen
http://www.info@dgm-web.de

Deutsches Forum für Mediation e. V. i. G.
Postfach 2261
76 322 Pfinztal
http://www.deutscher-mediationsrat.de

Bundes-Arbeitsgemeinschaft für Familien-Mediation e. V. (BAFM)
Eisenacher Str. 1,
10 777 Berlin
http://www.bafm-mediation.de

Bundesverband Mediation e. V. (BM)
Kirchweg 80,
34 119 Kassel
http://www.bmev.de

Bundesverband Mediation in Wirtschaft und Arbeitswelt e. V. (BMWA)
Welserstrasse 9
86 368 Gersthofen
http://www.bmwa.de

Deutsche Gesellschaft für Mediation in der Wirtschaft e. V. (DGMW)
Grünstraße 1
75 172 Pforzheim
http://www.dgmw.de

EUCON – Europäisches Institut für Conflict Management e. V.
Schackstraße 1
80 539 München
http://www.eucon-institut.de

Verband der Baumediatoren e. V.
Anna-Louisa-Karsch-Straße 2
SpreePalais am Dom
10 178 Berlin
http://www.verband-der-baumediatoren.de

Sachregister

Die Zahlen verweisen auf die Randnummern